摩天楼とアメリカの欲望

バビロンを夢見たニューヨーク

The Skyward Trend of Thought

トーマス・ファン・レーウェン●著
三宅理一＋木下壽子●訳

工作舎

摩天楼とアメリカの欲望◉目次

ニュージャージー側から見た19世紀末のマンハッタン。初期のニューヨークの摩天楼にひるがえる巨大な旗は、ビルの名前やオーナーの名前を掲げ、広告効果をあげるとともに、ビルの高さを嵩上げしていた(photo by George P. Hall, New York, 1899)。

「思想、殿堂、建築物、ビル、構造物、建造物、建設、大建築物、ドーム、塔、摩天楼」。——
『ロジェのシソーラス』「因果関係」

「なぜ何かが存在するのか?」——ヴォルテール

「前人未到の行為をなそうとする願望がいかにして生じるのか?」——ハーバート・スペンサー[★001]

「国家と文明が盛衰しようとも、遠い未来の歴史家は、われわれが今思うように多くのことではなく、一点だけは評価するだろう。われわれは建設者の、偉大な建設者の、歴史上もっとも偉大な建設者の国家だと、彼らは言うにちがいない」。——コロネル・W・A・スタレット[★002]

「著者の広告」

「読者がこのあとに続くページを読んで、著者があの滑稽で不愉快な存在、つまりアメリカの人々と団体を保護するお偉い……ヨーロッパ人だと想像しないことを切に、切に、切にお願いする。彼、つまりこの著者は、人間は皆平等という感覚を生来もっており、その平等の感覚があまりに本能的であるために、彼らのことをよく知らない限り、すべての人々を非常にまじめに、そして愛想良く、さらには人情深く接する」。——フォード・マドックス・フォード[★003]

まえがき

不思議な二面性をあわせもったアメリカの摩天楼を研究しようと思いついたのは一九七一年のことだった。この年、その後一九八四年に賞を受けて著名となったフィリオ・ブレグスタインの記念碑的映画『オットー・クレンペラーの生涯の長い旅(Otto Klemperer's Long Journey Through His Times)』の助手として北アメリカを旅した。

数年後、オランダ国立建築博物館のフォンス・アセルバーグとクロラー・ミュラー美術館のルディ・オクセナーが、今回は音楽ではなく建築に専念するよう、再出発を促してくれた。そして一九七五年、建築年の催しのひとつとして行われた「アメリカーナ」展のための研究を通して、さらに詳しくアメリカ文化について学ぶ機会を得た。私がアメリカの摩天楼に的を絞ってまじめな、とはいいながら未完成な考察を行うことを決意したのはこのときである。

ニューヨークで、レム・コールハースとマデロン・ヴリーゼンドープと知り合った。彼らは、深い洞察と優れた想像力で私に多大なるインスピレーションを与え、アイディアを交換する十分な機会を提供してくれた。一方シカゴにおいては、ランドン・ギルキーが彼らしいソクラテス的な知識の転換で、思考することの重要さと宗教と思想の歴史を紹介してくれた。ギルキー教授の教えは、アメリカの特徴と文化を理解しようと試みるうえで不可欠なものだった。

六年間の中断の後、私は再びこのテーマをとりあげ、建築的な「もの」としてというよりも、それぞれに個別の配慮が必要とされるさまざまなアプローチを通して視覚化された「思想」として摩天楼の研究に専念する決意をした。

休暇を与えてくれたライデン大学、オランダ・アメリカ教育交換委員会や米国学術団体評議会の助成により、コロンビア大学と同大学のたいへん貴重なエイブリー図書館、そして摩天楼を本来の環境で観察するのを手助けしてくれたニューヨークの人々の厚遇を享受することができた。ヘレン・ジェサップ、フィリップ・ジェサップ・Jr.、クリスティーン・ワレウスカ、アドルフとビバリー・プラクチェク、そして晩年のアルフレダ・ラシュモアにとくに御礼を申しあげたい。一九八〇年六月から一九八一年四月まで、研究は、学習、議論、そして講義がダイナミックに絡み合いながら進められた。私を招き、自らあるいはその学生たちと私の考えを分かち合う労をいとわなかったすべての方々に感謝の意を表する。とりわけ、ロバート・G・ブルーグマン、レオナルド・K・イートン、ウィリアム・H・ジョディ、アラン・K・ラスロップ、ナルシソ・G・メノカル、そしてヘレン・シーリングに御礼を申しあげたい。シーリング教授は、その後のわれわれの国際的な創造的、教育的やりとりの要となった。アメリカに関するテーマに対するヨーロッパ人研究者の考察がアメリカ人の読者よりもヨーロッパ人にとって価値があるという考えをハーバート・ダミシュ、マリステラ・カッシアート、スタニスラウス・フォン・モース、デニス・シャープと分かち合った。彼らは、確固としたオプティミズムで私の思考形成を激励してくれた。もっとも厚くお礼を申しあげたいのは、惜しみなくさまざまな貴重な資料を有する機関に私が出入りできるよう努力してくださったフォン・モース教授である。

ニッキー・カッツ、ヘレン・ジェサップ、ヘレン・シーリング、メアリー・ウォールは、オランダ人の私の英語を人前に出せるテキストに修正するという作業を通して私を陰から支えてくれた。言うまでもないが、テキストの不十分な箇所は、彼らではなく、すべて私の責任に帰する。

テキストの校正は、個々の論文に限られたため、この版は全体としての統一性に欠けるかもしれない。使用した写真は、とくに明記していないかぎり私自身が撮影したものであり、印刷可能な状態に改善するうえでライデン大学の美術史研究所印刷室の協力を得た。度重なる準備の中断と時とともに失われる記憶のために、多くの名前がこの謝辞から抜け落ちているが、知らずに、あるいは期せずして私の研究に影響を与えた方々の名前を記しておきたい。ジョン・クライブ＝コックス、晩年のテオ・ドベールマン、モートン・ゴールデン、トマス・A・ハインツ、マヤ・モラン、トマス・ゴードン・スミス、ブライアン・スペンサー、ロバート・H・トゥオンブリー。

私を奮起させてくれた出版社のエルコ・ファン・デル・ワールスとサスキア・テル・クイルの情熱も忘れてはならない。また熱心に手伝ってくれたインゲ・アンジェバール、この本のかたちを作ってくれたヘンク・デ・ロームにも感謝の意を表する。

もっとも感謝しているのは、つねに愛と理解をともにし、力強く寛容な存在であったハンス・ファン・レーウェンとカタリーナ・M・ファン・レーウェン＝ハマースである。この本は、もちろん、彼らに捧げたいと思う。

【序章】——すばらしき摩天楼の時代

本書『摩天楼とアメリカの欲望』はパラドックスの分析である。ここで扱われる題材は、一八七〇年から一九三五年にかけての時期、言い換えればアメリカがいまだかつてない商業、富、そして建築物の増加へと転換する時期から得たものである。この時代、すなわち「帝国の時代」、もしくは「金ぴか時代」、あるいはこれら「黄金の日々」、場合によってはさらに細かく「褐色《ブラウン》」の年代、あるいは「藤色《モーブ》」の年代と名づけ分けられた時代は、まるで太古の大爆発のように力強い文明が勃興し、半世紀以上にもわたって百花繚乱の相を呈した。[★004] 生来のものであれ、後天的なものであれ、富と商業と競争はいくつものすばらしい作品を世に送りだす、いわば美しい花火を打ちあげるための火薬の役割を果たしたが、その中でももっとも想像力に富んでいたのが摩天楼であった。そのため、とくに一八七〇年から一九三五年という時期は、「摩天楼の時代」とも言われている。[★005]

「摩天楼《スカイスクレーパー》」（あまりにも想像力を欠いたドイツ語およびオランダ語の対応語、すなわち「空」のかわりに「雲」という代用語を用いた‘wolkenkratzer’，‘wolkenkrabber’と同一視してはならない）という言葉は、それを生みだした文明というものをじつに巧みに映しだした建築タイプを表現している。それは建築の領域におけるもっとも特徴的な表現であるばかりでなく、アメリカという国のミニチュアでさえある。摩天楼を研究する者はまさにアメリカを学ぶのである。ルイス・マンフォードはかつて、摩天楼こそ「われわれ特有の弱点をことごとく示している」と語ったことがあり、確かにそのとおりなのだが、同時に、想像力と荒々しさをあわせ持ったアメリカの強さのすべてをも示しているのだ。★006 ここで想像力というのは、構築的な発明能力ではなく芸術的で詩的な創造性を意味しているが、少なくともアメリカの摩天楼の建築史のなかでは一般的に低く評価され、抑圧すらされていた。ハムリン、トールマッジ、マンフォード、ヒッチコック、およびさらに枠を広げるならばシュイラーら同様、C・W・コンディットのようなペヴスナーとギーディオンの流れをくむ人々が記した同時代の資料のなかには、摩天楼の美的イデオロギー的価値をそれなりに中立からやや肯定的な範囲で評価してきたものもある。しかしながら、摩天楼はもっぱら「そこそこの容れ物」をつくればよいという程度の欲望に駆り立てられた「実務的建築家」が生みだした、まったくの「ビジネス物件」として扱われてきた。★007 もっとも、実務的建築家と、発想の貧しいビジネスマンがかなりの数の高層の商業建築を生みだしたことは事実だが、古代世界の驚異にも匹敵する摩天楼の創造に、想像力豊かな建築家と発想がすぐれて詩的なビジネスマン――詩的なうえに数もおびただしい！――の存在が必要であったことはまちがいない。しかしながら、モダニズムの史料編集が登場して以来、建築史の領域において摩天楼は「高層の商業ビル」でしかなかった。ペヴスナー、ギーディオン、ヒッチコックらが近代建築運動の正統的な源流としてシカゴ派の建築を選んだという点において、彼らの権威は実質的に不動の地位を誇っていた。★008 彼らが選んだいわゆる無名のシカゴ建築は、東海岸《イーストコースト》建築の旧世界に範をおくデザインの対極として前面に押しだされた。

ミュンヘン国立装飾美術館のノイエ・ザムルンクによって企画された一九七三年の「シカゴ建築の百年」展覧会では、「これほどまでに現代建築の起源と発展をはっきりと視覚化し、認知可能とした都市は全世界どこを見渡しても他に例を見ない」とシカゴに格別な関心を寄せている。★009

当時、同時代の建築の栄誉の殿堂に名を刻んだのは、ホラバード&ローチ、アドラー&サリヴァン、バーナム&ルートであったが、第二次大戦後になると、ミース、スキッドモア・オウィングス&メリル(SOM)、マーフィー&アソシエイツが嗜好《テイスト》を支配することになった。実際、建築を学ぶほとんどの学生にとって、SOMのレヴァー・ビルとミースのシーグラム・ビルこそ正統な摩天楼を表現していた。一九七五年、摩天楼の鑑定家たちが集まったときには私自身痛感したことだが、一九一三年に建てられたキャス・ギルバートのゴシック風のウールワース・ビルを取りあげることはいわば悪趣味で、アメリカ文化を完全に誤解したと断じられるに十分な雰囲気だった。

今日、嗜好は大々的な転換を遂げ、ポストモダンのデザイン概念の影響のもとでかつての修正論者の姿勢は今日的「思潮」となっている。ほんの二〇年前には信じられないくらい俗悪とされていたキャス・ギルバートも今ではこの道の巨匠である。当然、批評眼のこのような転換は、嗜好の揺れ動きにもとづくもので、それにしたがって摩天楼の評価が変化したと考えたくなるものだ。しかし実際にはそうはなっていない。ごく最近、ポール・ゴールドバーガーが著書『摩天楼』(1981)のなかで、キャス・ギルバートの現存するウェストストリート・ビル(第5章図07参照)とウールワース・ビルについて評価する必要に迫られ、さらにその過去にまでさかのぼってしかるべき敬意を表した。だがそれも渋々と、ギルバートにとってあまり都合の良くないルイス・サリヴァンとの比較によってのことである。「そしてギルバートはサリヴァンのような構造の表現をめざさなかったにもかかわらず、結局そのような結果を生みだした(中略)」。しかも、ギルバートの「ゴシックの構造要素を模倣してデザインされた垂直にのびる窓間壁は、サリヴァン特有の垂直要素と驚くほどよく似ていて、やや懲り過ぎの観はあるものの純粋な優雅さをもって建物を上方に立ち昇らせている」[★010]。

鉄骨の架構をサリヴァン風に表現するという道徳的基準は、正確に言えば、建築的純粋性をめぐるペヴスナー/

ギーディオンの概念の変わらぬ継続にほかならないが、ゴールドバーガーが東海岸スタイルの建築を再評価しているにもかかわらず伝統的解釈から逃れられなかったことを示している。嗜好は変わったが、芸術的身振りを規定する歴史概念の性格と構造は昔のままなのである。

　摩天楼の魅力は、アメリカが「旧体制《アンシャンレジーム》」のヨーロッパにおいては受け入れがたいすべてのもののイデオロギー的反映として出発したというアピールと本質的に深く関係している。アメリカは自由であり、限りない空間であり、天然資源も資金も豊富であった。いっさいの伝統を持たず、歴史もなく、そして言うに値するほどのまっとうな芸術もなかった。確かに美的に満足のいくものを生みだしたが、それらは美的素朴さがもたらしたものだった。同じアメリカ人がヨーロッパの人間と等しく同じ文化的系譜(例えば、プラトン、ホメロス、ウィトルウィウス、パラディオ、シェイクスピア、そしてバッハは両文化に共通の文化的遺産である)を心に抱くことは、かなうべくもなかった。アメリカの文化において称賛されたのはその文化ではなく、文化の不在であっ

図01———すべての摩天楼の話に共通しているのは、この建築類型の起源の絶え間ない探索である('The First Skyscraper, 1631', *Above the Clouds & Old New York, an historical sketch of the site and a description of the many wonders of the Woolworth Building*, by H. Addington Bruce, New York, 1913)。

た。ヨーロッパ人が伝統的教訓に従っていることをひどく見苦しいとみなし、ましてやアメリカ人があえて同じように伝統に従うことなど許されないばかりか、まったく考えられないことだった。

頑とした《ノーナンセンス》摩天楼をとくに好み、またシカゴスタイルの建物を評価する態度は必ずしもヨーロッパのモダニズムのみに帰しうるわけではない。アメリカのナショナリズム、愛国心、そしてフロンティアの神話の力の再発見もその態度に同じくらい貢献した。したがって、フロンティアの歴史的過去の否定と、自己をひたすら頼る姿勢は、彼らの祖先のルーツに逆って、むしろモダニズムに影響を及ぼしたにちがいない。神話を作りあげた要素はシンプルかつ明瞭であり、そのレトリックの力においてじつに魅力的であった。その点はC・W・A・スタレットによってもっとも明確に表現されている。彼は一九二八年になってみずから語っているように、初めて摩天楼の歴史を記している。まずもって、スタレットはまったく何の疑問もさし挟むことなく以下のように述べている。「摩天楼が摩天楼たるには、スケルトンフレームによって構築されなければならず、現在それはおおむね鋼構造になっている。しかしそれだけではなく、外壁の内側に柱を並べ、よってわれわれの眼に入る外観は窓によって区切られた石の連続するカーテンのようになることが必要である。それをカーテンウォールと呼ぶ」[★011]。

スタレットは次いで、摩天楼が「完全なるアメリカ的創造物」[★012]であることの重要性を強調し、「くり返しになるが、その点において、それは本質的に、また完全にアメリカ的なものであり、今のところその広大さ、速さ、効用、そして経済性を要約するところのアメリカ的生活やアメリカ文明において、今まで試みられたものすべてを卓越し、事実われわれの国家的進歩を築きあげ育んできた」[★013]。このことが第二の要素なのである。つまり、摩天楼はまったく先例がないという事実である。構造および形態はゼロから発明され、建築的ないかなる伝統にも影響を受けていない。建築家と施工者《ビルダー》は自身の芸術的潜在意識のなかで、絶えずバベルの塔の存在に心をかき乱されていたが、それでも古代の様式への傾斜は好ましくないとした。バベルの塔は古代人の技能と工学技術の勝利として激賞されたが、「われわれは古代人と彼らの工学技術に対し、感傷的になってはならない」とスタレットは読者に忠告し、ピサの斜塔、ヴェネチアの鐘楼、ロードス島の巨人像、そしてロンドンのセントポール寺院とウェストミンスター寺院のような「まちがった構造」をもった多くの建築的「過ち」を指摘した[★014]。

スタレットはアカデミックな古典的修養モデルを排除し、叩きあげの建設者《ビルダー》を自負する新世紀の世代を称えた。彼らこそエンジニアと建築家の間に生まれた新たなタイプの建築人にほかならない。彼らは独学の道を選び、他人に自慢できるような輝かしい学歴とはおよそ無縁であった。理想は、アイン・ランドの『水源』の主人公、すなわち強く、荒々しく、自立し、少なくとも一回は学校から追いだされたことのあるふてぶてしいヒーローのような資質を有していた[★015](図02)。スタレットがこのような基準でみずからのヒーローを選んだのは明白で、だからこそ西部開拓地への神話的交差路、シカゴに彼らを位置づけたのである。ス

図02———『水源』の英雄は、叩きあげの建築家の最後の世代だった。強く、粗野で自立し、少なくとも一回は学校から追いだされたことがある(映画『水源(邦題:摩天楼)』でハワード・ローク役のゲーリー・クーパー(Andew Saint, *The Image of the Architect*, New Haven/London, 1983)。

タレットが「ダニエル・バーナムは西部から来た牛列車からその都市に降り立った」と書いているように、バーナムはまさにそのように現れ、学歴もまた、ヒーローの役割にふさわしいものだった。つまり「彼はハーバード大学、イェール大学の入学試験に失敗し、フランスの時代遅れの植民政策にのってネバダ州へ行った。坑夫生活を続け（中略）上院議員に立候補するが失敗に終わり、かろうじてシカゴにまでたどり着いた」[★016]。その他の「偉大なるパイオニアは」とスタレットが続けたのは、ウィリアム・ルバロン・ジェニー、ジョン・W・ルート、そしてウィリアム・ホラバードである。ジェニーは残念なことに「古典主義的建築教育」を享受してしまったので、彼を真の「パイオニア」として認知するために、彼が一八四九年のゴールドラッシュの波にのって（わざわざ南米最南端の）ホーン岬を回ってカリフォルニアへ渡ったという事実が強調された。そしてスタレットが誇りと安心をもって述べているように、彼はじつにフィリピンにまで足をのばし、そこで「鉄道建築の可能性に気づき、故郷に帰りエンジニアリングを学ぶ決心をした」[★017]。伝記が記された当時はどちらかといえば過去を技術優位で解釈する風潮が強かったこともあり、スタレットはジェニーの専門を建築家からエンジニアにかえなければならなかった。イスラーム教にとってのカーバ神殿同様、摩天楼の物語にとって決定的なモニュメントである、ホーム生命保険会社ビル（シカゴ 1885）によって、ジェニーが「最初の」摩天楼の「父」であるという事実が打ち固められたときから、彼の神格化が急務の課題となった[★018]。話の内容に多少手を加え、言葉を言い換え、見方がそのつど異なるにもかかわらず、この作業こそ摩天楼の歴史をつくりあげる出発点となった。ここで言っておかねばならないのは、スタレットの著書が研究書として真に受けるべきものではないということだ。彼の参照した事実のほとんどは、施工者としての自身の経験にもとづいており、当然ながらみずからの存在の原点として初期の中西部の風景を称えていた。別の見方からすれば、彼のデータや事例は十分正確であり、変更されたり歪められたり、あるいは操作された箇所は皆無であった。すべて筋が通り、ストーリー全体はどこまでも信頼のおける印象を与えている。多少西部劇の映画のようにも思われるが、例えば一九五二年にカール・コンディットによって書かれた『摩天楼の興隆』のような著書と比べてその本質が学問的に劣るということはない。コンディットの本はむろんずっと詳細で体系的な研究がなされてはいるが、歴史をなぞるパターンにおいてスタレットと大差ない。一九六四年にコンディットがこの本のタイトルを『シカゴ派建築』と変更したとしてもである。★019 この変更は、ウィンストン・ウェイスマンのような東部の建築史家から批判をあびていたことからも賢明な決断であった。ウェイスマンは、摩天楼がシカゴのみでなく他の場所にも建てられていたという事実を明らかに無視しているとしてコンディットを批判し、さらに議論に踏みこんで、どの摩天楼が史上初のもので、どこの誰によって建てられたかという点に迫ろうとした。その結果、東部と西部の間の、そしてニューヨーク対シカゴ間の論争が激化する。この論争の大半は技術の問題に終始したきらいがあり、東部に拠点を置く建築家が、西部の同業者と同じくらいに創意に富み、現実的で、頑としている、等々ということを論証したのはウェイスマンくらいであった。これが、ウェイスマンが注目していたジョージ・ポストのような人物を再評価するきっかけとなった。★020 とはいってもストーリーの基本的構造が変わるわけではない。説話の枠のなかで強調点が移動したにすぎない。以後、スタレットからゴールドバーガーにいたる摩天楼の歴史のすべてが従ったのがこの基本的枠組なのである。

本書に収められている論文の主題は、現在までに「アメリカの摩天楼の歴史」として一般に知られてきた神話的構造を検証することにある。時に論争的になるかもしれないが、今までの摩天楼の扱われ方に何としても「同意」しかねるという結論を導こうとしているのではない。それどころか、突然思いだしたように進化の論理を強調しようとしたり、鉄骨造の高層ビルの源流がどこにあるのかその位置づけを思い立ってみたとしても、神話的性格がむしろ強調されてすべてを覆いつくす。[021] 私は真実を追求すれば真実が現れ、実証的な歴史によって神話は駆逐されるといった幻想を抱いているわけではない。すでに存在する神話の彼方にはもうひとつの神話が控えている。サルトルは、ジャン・ジュネの自伝『泥棒日記』に寄せた文章のなかでこう書いている。「彼は確信するために、われわれにすべてを話す。真実のすべて、他のなにものでもなくただ真実を。しかしそれは聖なる真実。彼は彼の神話を語りはじめる。〈物質が何からできているか知ることになるだろう〉。そしてわれわれはもうひとつの神話を見つける。彼はただわれわれをさらに混乱させるために元気づける。それはただひとつのように思われる。それは聖なる宇宙創造である[022]」。

ウィリアム・レサビーは、ジェイムズ・フレイザー卿の神話的思考の構造に関する研究にまちがいなくインスピレーションを受け、建築の源は自然を模倣しようとする人間の欲望に見出せるという、古典的なテーマに力を注いだ。『建築・神秘主義・神話』(1891)の冒頭で彼はわかりやすい例をあげて説明している。「もしわれわれが人間によってつくられた事物の起源に遡って芸術的形態を明らかにするとすれば、われわれはそこに自然の直接的模倣を見出す。船の背後にある考え方は魚の模倣である。つまりエジプト人やギリシア人にとって〈黒い船〉はこの関係の写しを伝えており、船首には二つの目が描かれている[023]」。レサビーはこの理由づけをバビロニアの「ジグラット」にまで広げた。なぜならその源が「星辰の集合から神話的な山が生みだされ、その人為的な再生を経て模倣されたもの〈アララトとエデン〉がジグラットの源にほかならない」と考えたからである。[024] その考えは独創性という点で注目に値するところは何もなく、いかなる観点からみても進歩的とは言えなかった。ただ、特筆すべきはそのアルカイズムである。後の「プロトモダニスト」としての名声に抗うように、レサビーはここで、当時ほとんどの人々がまったく時代遅れだと考えていた建築の神話的概念を紹介したのである。確固とした文献学的な歴史を重んずる旧世界では、神話的叙事詩が時代遅れとされるのは無理もなかった。

ならばアメリカはどうなのか？　アメリカには歴史が無い。少なくとも無いと公言してきた。アメリカ人は新しい宇宙を創造し、新しい時代を創始し、近い過去との関係を断ち切るために、故意にヨーロッパとその歴史から逃れてきた。アメリカという場所と時間はどちらも歴史の拒絶そのものであり、ヨーロッパの拒絶そのものであると見なされた。過去は神話的時間の際限のない「広がり」のなかで計られ、どこまでも広がりうる領域が選ばれた。バビロンやテュロスのような場所をともなう、どこか商業的なエデンの地である。これは近代の宇宙創造《コスモゴニー》であった。宇宙創造の概念は本書のなかでくり返し扱われる主題である。ミルチャ・エリアーデはこれを神々の原創造の模倣であると定義しているが、本書では新しく発見された、あるいは少なくとも新たに経験された世界における建築と秩序の確立に関連して用いられる。[★025] 宇宙創造という意味合いにおいて、建築は住まいのための実用的な道具というより、新たな始まりを画すにふさわしい。アメリカの摩天楼はその意味でまさに新たな始まりである。その起源を定めるにあたって、伝説的コスモポリスたるバビロンと塔のパラダイムが求められた。建築的方法の範囲は広いといえども限りがあり、意識して、また無意識のうちにバベルの塔の元型が掘りだされ、摩天楼の施主、建築家、そして施工者の手元にたぐりよせられた。第1章「天空志向」および第2章「万物の復興」は、この問題を扱っている。「バベルの塔の混乱以来、つねに世俗と精神世界の野望を具現化してきた」[★026]塔は、摩天楼としてアメリカに林立しはじめ、新たな混乱をもたらした。ニューヨークでもっとも高い塔はそれまでトリニティ教会の尖塔であった。伝統的に塔が表現しているものは、地上と天国の中間領域に対する、教会の占有権であった。摩天楼が建てられるようになって、この占有権に挑戦状が突きつけられた。一八七五年に、ニューヨークでトリニティの尖塔の高さをしのぐ最初の摩天楼が建てられた時から、この教会は何度となく屈辱を受けてきた。ヘンリー・ジェイムズは「美こそがトリニティ教会の尖塔を作りあげた者にとっての目的であったにもかかわらず、今やこの教会は惨めで救いようのない蔑みのなかで（中略）無残にも頂上を奪われ、辛うじて見分けることができると記している。[★027] トリニティ教会の塔は実際、新しい摩天楼を測るスケールにすぎず、世俗の野望を抱いた新しい塔《タワー》によって、「矮小化され」たり「蝕」にされたり、もてあそばれるだけだ。二つの勢力の闘争が第3章「聖なる摩天楼と世俗的な大聖堂」の主題である。最後の二つの章は、起源と創造の問題に関するものである。摩天楼の出現をめぐる実証主義的・物質主義的な論法に相対して、自然成長の固有の神話の結合した作用、施主の夢と念願、そして建築家のこの「自然成長」に形を与えるための果てしない探求がないまぜになって事業が動きだし、そのなかで空間が生みだされていくという、自然的＝形而上学的枠組が与えられる。第4章「自然成長の神話」の最初の部分は、一八七〇年代半ばのマンハッタンで、新聞街にいくつもの高層建築がまとまって出現したことを取り扱っている。続く第5章で、個々の摩天楼に形態が付与される状況が取り扱われる。

天空志向

本書の原題「天空志向」は、モーゼス・キングの『ニューヨーク案内』(1906, 図03)の口絵から引用した。その口絵には、ターミナル駅の上に市当局のオフィスを収めるためにデザインされた四五階建の巨大なオフィスタワーが描かれている。低層部が正面にかまえ、その中央に奇妙なロココ調の時計台をのせたこの駅は、明らかに広場の反対側にある古い市庁舎を映しだしてデザインされている。説明にはこう書いてある。

ニューヨークにおける天空志向——市庁舎近くの市のオフィスビルおよびターミナル駅。ニューヨーク市という自治体ビジネスの巨大さ、そして華々しい都市生活の繁栄にともなう交通量の増加が、前橋梁建設局長グス

図03———天空志向。摩天楼神話に枠組を与えた屈折した原理の建築紋章。上部の隅のカルトゥーシュ（渦形装飾）は、増築可能な二つの面を示している（Moses King, *King's Views of New York, 1906*, Boston 1905, 口絵）。

ターヴ・リンデンタールおよび建築家ヘンリー・ホーンボステルとジョージ・ポストによって計画された高さ六五〇フィート(198m)もの巨大な四五階建のビルのデザインを生みだした。

この文章を面白くしているのは、「天空志向」といったロマンティックな言いまわしと、「ビジネスの巨大さ」とか「交通量」といったクールな文体の組み合わせだ。相反する要素を合わせただけでなく、それらが互いに支えあい、奇妙なかたちで共存している。天をめざす傾向は、ビジネスと交通によって引き起こされるものではなく、それ自体が、ビジネスであり交通であるということを前提としている。天空志向はビジネスを示唆している。ビジネスを考えるものは天をめざすのである。明らかに対極にあるにもかかわらず、現実的ビジネスと摩天楼には呼応しあうものがある。含蓄は深い。そこには白日夢があり、ロマンがあり、サリヴァンがかつて記した「ハイロマンス」があり、ドラマと超越性がある。★028 本書の目的は、超越的なものと実証的なものの共存・対比を明らかにすることにある。たまたま見出し、選んだ「天空志向」というキイワードは、無理なくこの目的を反映している。

資料

この研究で使った資料のほとんどは、美術史、建築史をはじめ、哲学、思想史、宗教史、生物学、文化人類学、文学その他の関連分野にわたるさまざまな事実および人々の見解からなっている。これらの資料を選択するうえで、今まであまり知られてこなかったものに重点を置いた。大学、美術館、公立図書館などの公的機関よりも、古書店や古本市などに出回る数多くの著作、パンフレット、小冊子、絵葉書といったものである。クロード・ブラグトンの著書は、まさに時宜をえた掘りだしものだった。この驚くほど興味深い男の著作は数多く、二〇世紀の最初の四半世紀における建築理論の発展にとってきわめて重要なものであるにもかかわらず、これまでほとんど見過ごされていた。ハーノ＝ヴァルター・クルフトの『建築理論史――古代から現代まで』(ミュンヘン 1985)のような建築理論に関する、今日のもっとも意欲的な参考書ですら、ブラグドンの著作にはほとんど触れていない。無視される理由のひとつは、彼の理論的作業があまりに性急かつ安易にアメリカ文化のオカルト的側面に触れてしまったからにちがいない。一九世紀においては熱狂的に研究されたオカルト性も、二〇世紀のモダニズムからは忌避されてきた。サリヴァンの著作に関するきちんとした研究が、シャーマン・ポールの『ルイス・サリヴァン――アメリカ的思考の建築家』によって初めて世に問われるまでにほぼ半世紀を要したという事実がそのことを例証している。これに続いて一九八一年に、同じテーマをめぐって第二の独創的研究『自然としての建築――ルイス・サリヴァンの超越主義的観念』を出版したナルシソ・メノカルは、サリヴァンの著作の重要性に気づくのが遅れたのは、近過去の実証主義の方法論が確立した時代において、サリヴァンの秘儀的かつ茫漠とした性格が一九世紀のロマンティシズムの亡霊を呼び戻すものとして敬遠されたから、としている。[★029] 同様に、フランク・ロイド・ライトが典型的「機械主義《マシニスティック》」の建築家であるという信じられないようなイメージが、ヨーロッパ、とりわけオランダの建築家たちの間でつくりあげられた。彼らはライトの「ロマンティックな」著作を無視し、一九〇一年に書かれた「機械によるアーツ・アンド・クラフト」という記事の表題を勝手に解釈して、ライトを一九世紀の観念論の支持者というよりも、二〇世紀《モダン》合理主義の先駆者に仕立てあげた。[★030] アメリカの摩天楼における実証主義的イメージとその形而上学的内容のバランスを調整するために、私は「明快な」側面よりもむしろ「茫漠とした」側面により多くの関心を向けることにした。「明快な」側面はすでに、身近なハンドブック、参考書、そして先にあげた多くの個別の研究によって十分すぎるほど網羅されている。[★031]

慎重に選ばれた事実をひねくり回して、誰かの観点を操作しすぎるのは危険なことだ。また、あまりに多くの証拠を一度にそろえてみても議論の仕方しだいではその効力を喪失しかねない。このようなリスクは私自身十分に承知しているつもりである。しかし、摩天楼を物としてではなく観念とみなすことによって、見えてこなかった側面が浮かびあがってくることを知っておくべきだ。いつもはAからBに歩いているのを、一度BからAに歩いてみるとまったく違った見え方がするのと同じようなものである。私はアメリカ建築の歴史に興味をもった人々が、AからBへの旅にすでに十分馴れ親しんでいると勝手に仮定してみた。したがって、往路を省いて復路のみを進むことに何の不安も感じていない。

道端の光景が量的にも質的にも不自然に見えるとしたら、それはただの幻想である。その光景はつねにそこに存在してきたのだ。

形式

本書は五つの試論から構成され、それぞれが独自の主題をもち、別々に議論が進められている。他面、そのすべてが摩天楼の二重の性格とかかわっている点は変わりがない。そもそも、ここに収められている試論は、一九八三年から一九八五年の間に、会議用のための論文、あるいは招待講演などの機会に発表したものである。最初の三つの試論は少し違う形式で、雑誌の記事もしくは会報の紀要として印刷された。最後の二つの試論は何らかのかたちで短縮し、近いうちに出版物とする予定である。[★032]

ニューヨーク
世界の中心に私はいる
偉大で、厳然とし、雄大な都市
偉大な人間のためのモニュメント
すばらしい！　抜きんでている！　他に類を見ない！
古代バビロンよりもすばらしい、
巨大な壁！　テュロスよりもすばらしい、
海の女王！　ニネヴェよりもすばらしい、
東洋の真珠！　ローマよりもすばらしい、
途方もなくそびえたつ、偉大だ！
臨終のパリよりもすばらしい！
霧に埋もれたロンドンよりもすばらしい！
ヴェネチア、ウィーンよりもすばらしい！
あるいはペトログラード！　これらのどこよりもすばらしい！
まさしく！　わたしの高い塔を見たまえ！

――A・C・インマン（A・H・バートレット編『都市のアンソロジー』より）

第1章

天空志向*

この主題に関するいくつかの覚書「摩天楼――革新か伝統か」

摩天楼は商業用途の高層建築物にほかならない。その点で今や摩天楼は誰の目にも明々白々だと言えば、多少の例外はあったとしても、たいていの人は受け入れるだろう。事実、摩天楼の起源と発展をめぐる歴史もほぼこうした通念にもとづいてつづられている。こうした書物のしばしば「物語」と称される伝統的な骨組は、決定論的かつ進化論的な確信に裏づけられた語り口である（例えば、トーマス・トールマッジの『アメリカ建築物語』1936、アルフレッド・モーガンの『摩天楼物語』1934、エルンスト・ゴンブリッチの有名な『芸術物語』1950）。これらは摩天楼の「革新」性を明かす。

だが「伝統」という側面についても、摩天楼がタイミング良く登場した模範《パラダイマティック》的建築の典型であり、まさしく宇宙創造の塔となったとみなして歴史的に紹介する必要があるだろう。[★001]

アメリカの高層商業建築に対する当初のヨーロッパ人の反応をみると、このように奥行のある視点を証明する例が数多く認められる。

例えば、フランスの小説家ポール・ブルゲは、マンハッタンのブロードウェイとウォール街が交差するあたり、まさにダウンタウンの中心に身をおいて感動のあまり声を震わせる。一八九三年八月のことであった。

> そこに建ち並ぶ建築群との遭遇に身を震わせつつ、われわれはかのバビロンの感覚を重ねて経験するのである。気高く、しかもまちがいなく諸君の心をとりこにしてしまうあのバビロンだ。[★002]

他のヨーロッパ人の場合も、その反応は、仮に想像力では劣るとしても同様にロマンティックで熱のこもったもので

図01（上）———自由が世界を照らす。
図02（下）———太陽に捧げられたロードスの不思議の像（Johann Bernhard Fischer von Erlach, *Entwurff einer historischen Architectur*, Wien, 1721, 図31）。

あった。重要なのは、ジュール・ユレ、カール・ランプレヒト、A・A・アンペール、ポール・ド・ルジエ、そしてアンドレ・モーロワ[★003]のような評論家たちが、摩天楼を新たな領分として評価できず、あるいは意図的にしなかったのか、アタナシウス・キルヒャーの本（とくに『バベルの塔』、そしてより一般的なJ・B・フィッシャー・フォン・エルラッハの『歴史的建築の構想』）で述べられているように、つねに模範《パラダイマティック》的な建築の範囲で摩天楼を解釈し、分類しているという点である。[★004]

旅行者が大西洋を汽船で横断していたころ、自由の女神の前を横切るという行為は過去の建築的驚異を納めた図集の序文を読むことに等しく（図01・02）、まさにその点から、歴史的空想《ファンタジー》がほとばしりでることになった。ドイツの歴史家であるカール・ランプレヒトは、一九〇四年にマンハッタンを訪れたとき、多くの塔が建ち並ぶサン・ジミニアーノの街を即座に思い浮べ、初期の資本主義が芽生えた封建領地トスカーナと高度資本主義都市ニューヨークという大胆な比較を始めた。彼は『アメリカーナ』という論集でその点をたった二枚の写真、マンハッタンとサン・ジミニアーノの写真で説明した（図03・04）。「これらの塔は二四階すべてにタイプライターが鳴り響くニューヨークの摩天楼に似ていないだろうか。……ニューヨークは現代のサン・ジミニアーノであり、銀行家と商会はそれぞれモンテッキ家とカプレティ家の役割を果たしている」[★005]（図05）。

一九一〇年一一月、アメリカ合衆国を訪れたオランダ人の建築家ヘンドリック・ペトルス・ベルラーヘはランプレヒトの「トスカーナ的経験」に同調したものの、一方でマンハッタンの摩天楼について考えれば考えるほどバベルの塔のイメージが沸きあがってくる衝動を抑えることができなかった。彼は次のように記している。

— それらはバベルの塔の夢が完成した姿のように思われ

図03（左上）———ハドソン川から見たニューヨーク（Karl Lamprecht, *Americana*, Freiburg i.B.,1906, p.81）。

図04（左下）———ロッカからみたサン・ジミニアーノ（Karl Lamprecht, *Americana*, Freiburg i.B.,1906, p.82）。

図05（下）———ジュゼッペ・マリア・ミテッリ「イタリアの著名な七塔」（1701）.このテキストは、まったく単調だが大袈裟な調子が気にかかる（*Le collezioni d'arte della cassa di Risparmio in Bologna*, Vol. I, *Le Incisioni*, Giuseppe Maria Mitelli, *a cura di Franca Varignana*, Bologna, 1978, p.404）。

高く立ちあがりそびえ建つこれらの建物は
今にも天に届かんばかりである[★006]

これに対して、後に訪れたル・コルビュジエやサルヴァドール・ダリなどはそこにエジプトのピラミッドや古代バベルの街の復活を見てとった。[★007]

以上のような比較論が興味深く感じられるのは、批評家たちが摩天楼を過去と比較しているからというより、さまざまなやり方で歴史の連続性を感受しているからである。摩天楼は、おそらく人々が考えているほどショッキングで目新しいものとしてつねに経験されてきたわけではない。新しい、あるいは未来的な形はすでに見慣れたものとの比較によってのみイメージすることができる。遠い過去の形態が近未来を視覚化するために再生されたのである。

ル・コルビュジエのような人物の場合は、ほとんどやっかみ《ジェラシー》半分でニューヨークを見ていたことを考慮する必要がある。彼はこの近代建築のもっともすばらしいヴィジョンを創造したのが自分でないことを悔しがった。[★008]しかしこのような反応もむべなるかな、古き約束事は、しかるべき場所で成就される。創世記の再来、すなわち新世界としてのアメリカ。初期の移民が抱いた期待は、当然壮大で、神秘的かつ宗教的な衝動に満ちたものであったが、彼らがこの地に辿り着いたときに見出したものは、メソポタミアや天上のエルサレムではなかった。[★009]しかし彼らを駆り立てたものがより良き世界の実現を目にせんとする衝動だとすれば、歴史的、神話的、そして聖書的な元型との対比は可能なだけでなく、必然的でもある。この新世界は、天地創造のときの世界のように生々しく、まだいささかも汚されていないという意味でより良い世界であった。「清らかで美しい都市」ライデンからやってきたピルグリム・ファーザーズは、「この地こそ主が新しき天と地を創りたもう場所」であることを知っていた。[★010]「ピルグリム・ファーザーズがメイフラワー号に乗ってアメリカに向けて航海する直前まで教会として使っていたオランダはライデンの家」から持ってこられた一片の煉瓦が、ヨーロッパから持ち寄られた他の遺物と一緒にシカゴ・トリビューン・ビルの南側の壁に埋めこまれているが（図06）、これはまさしく神話と歴史が混同されていくなかで見失われたリアリティをかろうじて繋ぎ止めているかのようである。コロンブスがノアに、そしてメイフラワー号が方舟に、ついにはアメリカが、ノアの子孫がアララト山から下山したあと最終的に住みついたセナーの地になぞらえられたとすれば、荒々しい大西洋を横断する航海は、大洪水のなかを漂っているかのように感じられたにちがいない[★011]（図07）。

その後の、ディートリッヒ・ニッカーボッカー［ワシントン・アーヴィングの筆名］となると圧巻だ。彼は著書『ニューヨークの歴史』を「バベルの塔の建設の時代に」、ノアによってアメリカ大陸が発見されたと書きはじめ、さらに聖書仕立てのふざけた文章のなかで、彼なりの英雄《ヒーロー》を登場させる。そのひとり「賢人オロッフ」がバビロン的ニューヨークのありさまを目にしようと木に登ぼる。「われわれはここに都市と、天に届くほどの塔を建設する」[★012]（創世記11）。

このように摩天楼は、決定論的、あるいは実用主義的《プラグマティック》なものとしてではなく、より高次の建築原理の実現としてアプローチが可能であった。つまりそのような原理を発見することは、グランドテトン山脈のイメージによってじつに巧みに説明されたように、啓示、永遠性、そしてもっとも重要なことだが、宇宙創造にかかわる表現豊かな方法と教訓的モデルの、時を超えたレパートリーを掘り起こすことにほかならない（図08）。

アーヴィング・ポンド、クロード・ブラグドン、ヒュー・フェリス、ハーヴィ・ウィリー・コーベット、そしてフランシスコ・ムジカらが追い求めたのは、数ある人々のなかでも[★013]ミルチャ・エリアーデとアンリ・ベルグソンが「永劫回帰」[★014]として引き合いにだしたもの、あるいはポンドが「過去の偉大な建築のなかにおのが実体を求めてきた、精神の崇高なる本質への絶え間ない探求」[★015]と定義したものにほかならない。

このような永劫性、もしくは変化なき変化という考え方は、当今の標準的な美術史の埒外にあると思われる。進化プロセスとしての建築の歴史は、永劫の建築類型《タイプ》が示す持続性《ライフスパン》に根本的に相反しているようだ。永劫性なるものの歴史的現前を記述するには、通常の単位よりもはるかに長い歴史的時間によって、その持続性を測らねばならない。

幸い、「歴史的時間」を分割していくつかの「時間的持続《デュレ》」に分ける試みを行う機会に恵まれた。こうした持続による考えは、アルチュセールとブローデルによって実践されているが、私は模範的《パラダイマティック》な建築と永劫性の建築類型（バベル、ピラミッド、ソロモン神殿など）のためには、いわゆる「地質学的時間」と呼ばれている「永い持続性」を、美術史の大半を構成している出来事には短いタイムスパンを当てはめることにする。[★016][★017] 美術史の世界（とくに近代運動が自らのために構成した、あるいはそれによって構成された出来合いの歴史）では、芸術の展開は、強固な因果関係の論理によって結び合わされ、一連の因果関係のモデルの構成によって、いかようにも整理可能となった。われわれは一連の出来事として視野に飛びこんでくる出来事群のひとつのレベルを見ているにすぎず、このようなモデルの論理的構成要素としてあらわれる事実だけを認めているにすぎない。これらの出来事は、言語によってのみ、並べられ、編成され、そうしたことで出来事の位置だけでなく、因果関係にも影響を及ぼしてしまう。「～の結果」が「～ゆえに」になってしまうのだ。作用＝反作用や原因＝結果という主題をつらぬく自然法則のつねとして。

自然法則ではなく、史料編纂におけるただの解釈学的手続きであるにせよ、この反転を完成させることこそ、私が「両極の法則」と呼んでいるものである。[★018] この法則の機能は、仮定のうえで、相互に対立する力をともに増大させ、強めることである。その方法は、外交史や軍事史のような極度の相克をはらむ分野で用いられており、短期の時間的推移、逸話の内容、分極化の度合に左右される。歴史の束縛から身を守るために、これらの様態には内的な防御メカニ

図06(右上)―――シカゴ・トリビューン・ビルの南面の壁に埋めこまれた「ライデンの家」からもたらされた煉瓦(写真:著者)。
図07(左)―――ノアの子孫の放浪を示したアララト山とサヌアの地(Athanasius Kircher, *Turris Babbel*, Amsterdam, 1679, lib. 1. p.13.)。
図08(右下)―――聖なる山の現代的光景(「American Architecture: Innovation and Tradition」展のポスター, ニューヨーク, 1983)。

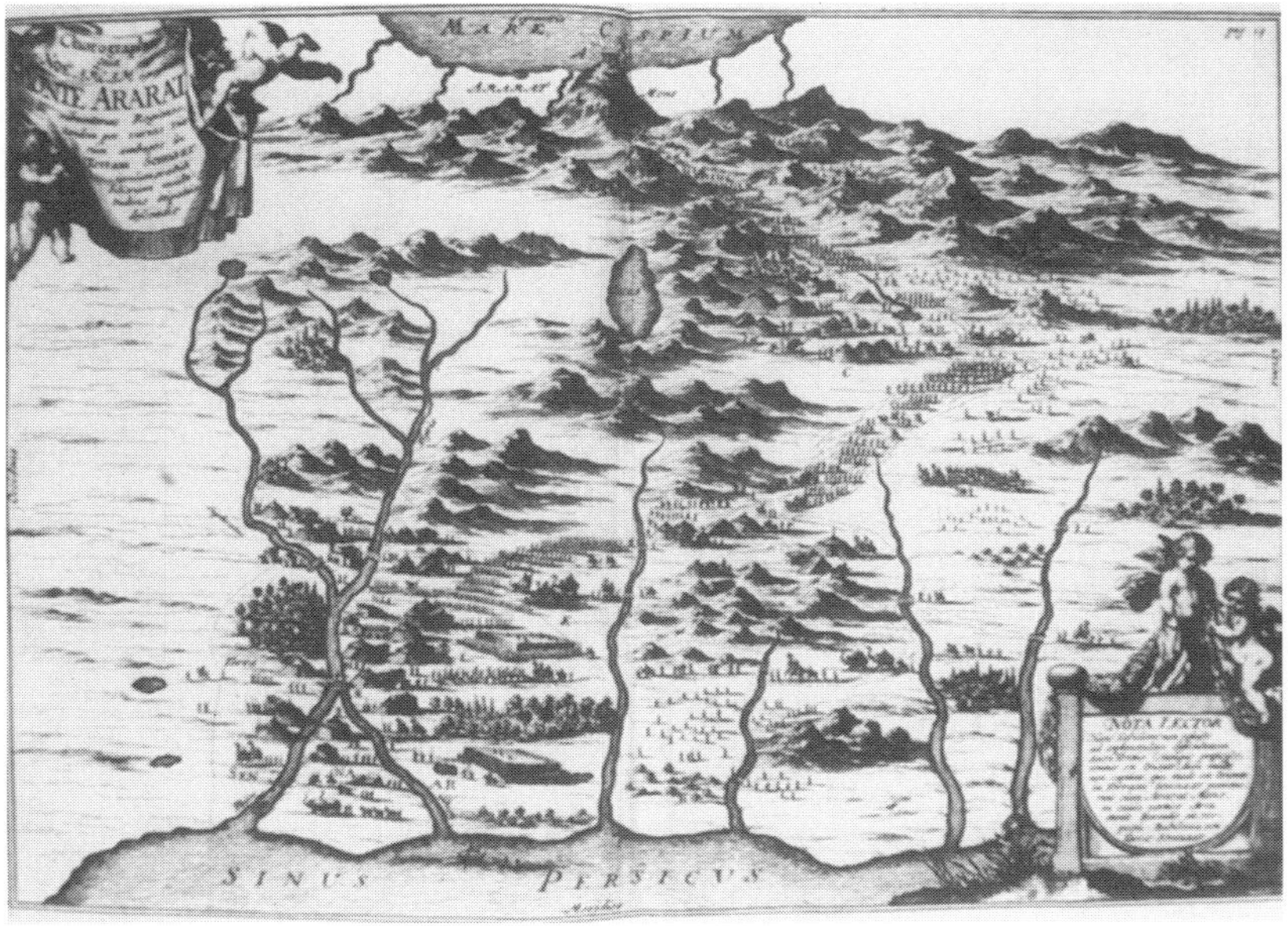

ズムが組みこまれている。

運動と「イズム」は、プレハブ化され、モノが現われたときには取り付けが終了しているのである。

一九二七年、ヴァルター・クルト・べーレントは「新たな建築様式への闘争」という好戦的なパンフレットを出版し、そのなかでa敵のようなものが存在し、b闘争があり、cその闘争は新興の施工者の勝利に終わった、という考えを示した。[★019] 二項対立的な歴史意識に裏づけられた似たような例は容易に見出すことができる。例えばル・コルビュジエ、ギーディオン、そして他のCIAM（近代建築国際会議）のメンバーの宣言は、多少控えめにその意識を表したものであり、それ以外にもヒッチコックの『近代建築』(1929)やチェニーの『新世界の建築』(1930)など、運動の余波にのった擬・歴史の書に同種の態度が目に余る。おそらくは、ヨーロッパの革命主義と結合したアメリカの「新世界的性格」が積み重なって生みだされたにちがいないが、これらの著作を読むとヨーロッパの記述をはるかにはみでた、建築史のもっともラディカルな場面に出くわす。建築は一九世紀にさかのぼり、軍事作戦と位置づけられ、芸術家と技術者《エンジニア》、伝統主義者とプロトモダニストの対立は厳然たるものとされている。[★020]

シカゴ・トリビューン社設計競技

逸話によって歴史を眺め、その補助的なメカニズムの作用を知るために、私は以下の三つの理由から一九二二年のシカゴ・トリビューン社設計競技を選んでみた。まず第一に、トリビューン社設計競技が美術史のなかで象徴的な事件となったおかげで、構成要素すべてが過度に引き伸ばされてしまった点。第二に、その歴史的素材が、私が右に述べた二つの方法で解釈されうるという点。第三に、（ほとんど）実験室内の状況のもとで、ヨーロッパ的構想とアメリカ

図09(右)―――「世界でもっとも美しいオフィスビル」、キャス・ギルバート設計のウールワース・ビル(ニューヨーク, 1913:絵葉書)。
図10(左)―――リチャード・ヨシロウ・ミネ、シカゴ・トリビューン・タワー設計競技(1922)のデザイン(*International Competition for a New Office Building for the Chicago Tribune*, Chicago, 1923, pl.82)。

的構想が観察されうる、稀なケースだという点である。一九二二年のシカゴ・トリビューン社設計競技は、歴史的時間のうえでも、解釈上の分極化のうえでも、まさに象徴的であった。

この設計競技の要項は簡潔ではあったが実際には非常に難解であった。「世界でもっとも美しく、格調高いオフィスビルこそトリビューン社の望むところである[★021]」。この至上命令をもっとも鋭く読み取った人物こそが勝者となる。キイワードは「世界」という言葉であった。この言葉は一九二三年のトリビューン社設計競技参加者カタログの序文で少なくとも八回使われ、最初の八ページで合計二一回も登場している。そこには二つの解釈が可能である。ひとつは「世界」をトリビューン社の世界、すなわちシカゴとイリノイ州、さらにはたんに対抗上ではあるがニューヨーク州を含む世界と理解することである[★022]。

もっとも美しいオフィスビルとなるためにはこの「世界」のなかで当時存在していたもっとも美しいビルより美しくなければならない。それは一〇年前に建てられたギルバートのウールワース・ビル(図09)であるというのが衆目一致するところだった。参加者のひとり、日系アメリカ人の建築家リチャード・ヨシジロウ・ミネが自分のスケッチ(図10)のひとつに付け加えた文章からもそれは確認できる。

> 有名なリッカー建築図書館で建築デザインを研究しつくした結果、私はニューヨークのウールワース・ビルに行き着いた。何かインスピレーションを感じさせるものがあった[★023]。

ミネは一〇の等外賞のひとつを勝ちとったが、あまりにギルバートのデザインに近すぎたため、一等賞には選ばれなかった。そのままのコピーは求められていなかったのである。フッドとハウェルズは似たような結論ではあったが、

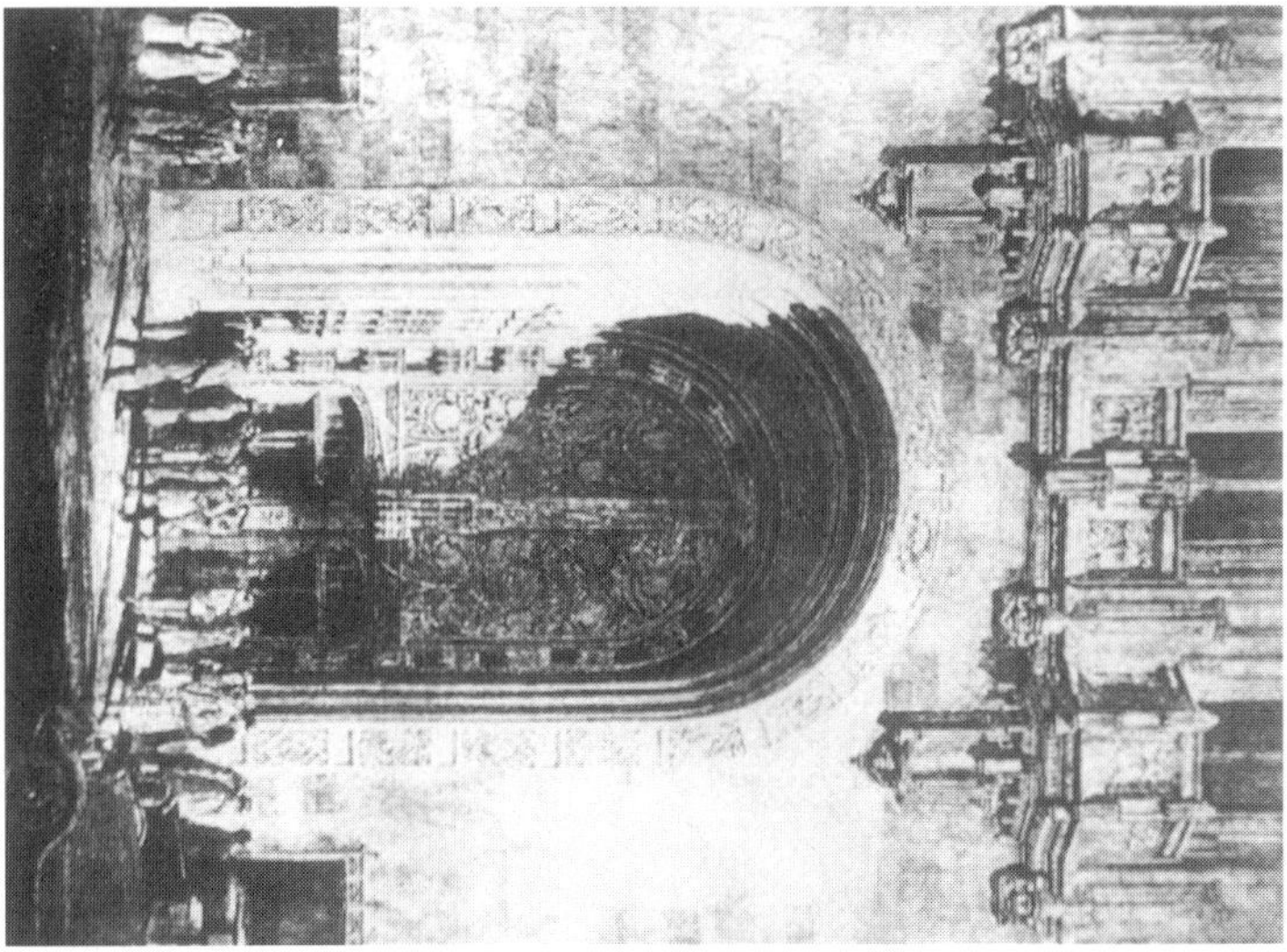

図11——設計競技の勝者であるレイモンド・フッドとウィリアム・ディーン・ハウェルズですら、ウールワース・ビルの魅力に逆らうことはできなかった。**左**：ウールワース・ビルの入口(*The Cathedral of Commerce*, 1916)。**右**：シカゴ・トリビューン・タワーの入口(Raymond M. Hood, 'The Tribune Tower – The Architect's Problem', *The Western Architect*, November 1925, p.114. Etching by Birch Burdette Long)。

ゴシック精神の解釈をはるかに精緻かつ気のきいたやり方で装ってみせた。そしてフランク・ロイド・ライトを信じるならば、このゴシック精神は中西部では誰もが納得する主題であった。「建築におけるゴシック精神の復興は、〈西部および中西部〉の自然を抱いた環境でのみ可能だ」[★024](図11)。このように、審査員はルーアンのバター・タワーを思い起させる、尖塔に釣り合いを与えているフライング・バットレスのすばらしい仕掛けの誘惑にすっかり心を奪われてしまったのである(図12)。

もうひとつの「世界」という言葉に対する解釈は、おそらくさらに鋭いものであった。それは二等を獲得し、実質的には真の勝者と認められているエリエル・サーリネンによるものである。[★025]

この設計競技がこれほどまでに有名になったのは、ひとつにはその典型的な競技的性格のためである。賞金総額が巨額なうえに、優劣をめぐって巷間でも激論が交わされた。ヨーロッパのモダニズムが設計競技の主催者たちの期待に沿えなかったという事実は、不幸な誤算だった。進歩主義者の目にはシカゴが無情な実用主義、無遠慮な機能主義の、「ノイエ・ザッハリヒカイト(新即物主義)」の黄金郷《エル・ドラード》であり、芸術家は歓迎されない地と映っていた。「シカゴの〈建築〉は、自然力のようなある種の非人格的な力、抗しがたい非情な力が作りだしたもの」であり、「建築家は投機家の課した条件を素直に受け入れた」と語り、さらに、「美の一原則としての必要から生まれたその単純な力」について言及したポール・ブルゲを引用したのは、ギーディオンその人ではなかったか。[★026]

したがって、グロピウス、マックス・タウト、ブルーノ・タウトの案が拒絶されたとき、彼らはまずアメリカに、しかし何よりも「時代」に裏切られたと感じた。近代の論理的継続と思われたものが承認されず、目的にかなっているともみなしてもらえなかった。未来はプログラムのなかに含まれてはいなかった。「現在」の祝福こそがすべてだったのである。

図12———「尖塔の釣り合いを与えているフライング・バットレスのすばらしい仕掛け」、冬のシカゴ・トリビューン・タワー(フッド&ハウエルズ, 1922–25)。

彼らは、恨みと憤りの入り交じった幻滅のあげく、敵勢が、歴史の正しい道筋をねじ曲げようと陰謀を企てたにちがいないとの確信を抱いた。例えば、建築家と技術者、目に見える構造体と「見せかけの」あるいは「偽の」装飾といった、一九世紀（この場合、時間的な区切りとしてではなく、ペヴスナーの言うところの「芸術の大いなる不正直」という人間的特徴をもつものとして）と新しい時代という両極が存在した。これらはすべて、アメリカならではの、東部対西部、アカデミズム対叩きあげ、といった対立と重なり合っていた。[★027] 続く「冷戦」の時期には、他の何にもまして、フレーム（鉄骨）の露出が広く信仰の的となり、コーリン・ロウが述べているように、フレームは目的を達する手段以上のものであった。それは目的そのものであった。[★028]

ヨーロッパ人は自らがアメリカを生みだしたとの使命感から、アメリカ人が信仰を失いつつあることを指摘せずにはいられなかった。と同時に、シカゴ・トリビューン社設計競技によって、ヨーロッパ人がフレームの原理にきわめて忠実であることもますます明らかになった。ギーディオンは「外国の案のほうがはるかにシカゴ派の精神に近かった」と公言した。[★029] 言いかえれば、アメリカ人建築家たちの伝統の扱い方はますます軽薄さを増し、そのことに気づかせるためにはグロピウスの優れた知性が必要だったのである。ギーディオンの見解のなかでは、初期のシカゴ建築家たちは理性よりも本能によって創造する天性のアーティスト、己れを知らぬ高貴な野性人として理想化された。

このようにモダニズムは汚れなきエデンを発見し、偉大な神話がシカゴを中心に生みだされた。およそ芸術性を欠いた人間を、もっとも高貴なる野性人となそうとするルソー風の試みのおかげで、ウィリアム・ルバロン・ジェニーのような人物が、フレームの発明者（序章参照）として担ぎだされた。これは証拠不足によるお粗末なミスキャストの例だが、その当時、誰も異議を申し立てなかっただけでなく、アメリカの進歩的建築一般を代表する全能の人物としてルイス・サリヴァンを選んだことを誰も疑問に思わなかった。野性人の天才、芸術の真実の孤立した良心、アカデミズムの陰謀の犠牲者、自国の人々に信じられないほど無視されつづけた人物と、皆こぞってサリヴァンを称えたのだ。これは、とりわけヨーロッパ人にとって、パラダイスにおけるモダニズムの理想的先駆者としてサリヴァンを公認する絶好のチャンスであった。摩天楼の熱烈な信仰者で、「摩天楼家具」までデザインしたポール・フランクルは、サリヴァンこそ摩天楼の発明者であるとかたく信じていた。「この革新における功績は、著名な建築家、ルイス・サリヴァンに帰する」★030。

ライトはバスムート社のシリーズ本を通して、一九一〇年にはすでにヨーロッパでの地位を確立していた。一九一一年、サリヴァンはライトを通して知られるようになり、一九一三年ヘンドリック・ペトルス・ベルラーへが『アメリカ旅行記』を出版して以来、ヨーロッパにおけるサリヴァンの地位は確固たるものとなった★031。こうして、「芸術家伝説」がつくりだされ、サリヴァンはシカゴ派の総代となったのである。

もちろん、一九二二年に様式がもはや一貫しなくなった

図13(上)———「消滅する都市《バニッシングシティ》」、シカゴ万国博覧会(1893)の写真ガイドブックの表紙。

図14(下)———シカゴ万博に与した「敵」:「鈍く惰性的な力」の象徴(マンフォード)。左から右へ:G.E.グラハム、E.バドラー、D.バーナム、新聞記者、Ch.G.フラー博士、Ch.アトウッド(*The Western Architect*, August 1924, p.90)。

という理由からシカゴ派に死が宣告されてまもなくサリヴァンも死を迎えたというのは、偶然にすぎない。淵源はすべて一八九三年のシカゴ博覧会にある。「ホワイトシティ」はなりゆき上必然であり、大衆には大いにもてはやされた。一八五一年のロンドン博覧会や一八八九年のパリ博覧会など他の万国博覧会が歓迎され、規範とさえされたのに対し、シカゴ万博は、何か憎悪にも似たものを感じさせた。ヒッチコックはサリヴァンの『観念の自伝』から影響を受け、一九二九年の『近代建築』のなかで、それを「白い伝染病」と呼んだ。[★032]

しかし、一般大衆はこの博覧会にまったく満足しており、会期終了後は他の万博同様、姿を消した。それゆえ「消滅する都市《バニッシングシティ》」と呼ばれ(図13)、そのまま残された公園と後に再建された「博覧会の女王」ことチャールズ・アトウッドのファインアート・ビルを除いて、他は跡形もなく姿を消した。アトウッドの作品であるリライアンス・ビルに対してギーディオンは『空間・時間・建築』のなかで「シカゴ派の精神を象徴する最後の作品」ともちあげたが、このアトウッドの作品はまだ十分に評価を得てはいない。「物語」における博覧会の機能は、建築における「嫌われ者」だ。アメリカ派の人間同様、モダニストたちは、この博覧会が何か邪悪なもので、アメリカをそれから守らなければならないと思いこんでいた。

ルイス・マンフォードは、一九三一年、『褐色の時代』のなかで、「人々がつねに前進であると考えていたにもかかわらず、実際には深刻な後退であった万国博覧会の後、アメリカの嗜好はまったく低迷した」と書いている。[★033]

マンフォードにとっては、この博覧会こそ、彼の意図する建築の自然な道筋に立ちはだかった鈍く、惰性的な力の集合の象徴だった。[★034] 世の中の偏見や伝統的な意見によれば、これらの「力」は、通常「東部出身」の建築家によって生みだされたことになる。万国博覧会当時、設計に携わった建築家の写真が数枚撮られた(図14)。後にこれらは、(「敵」と、ヴァルター・クルト・ベーレントが称したように)謀議をめぐらす一味の証拠写真となったのである。[★035]

かくして、一九二二年、一九二三年の状況の論証にも同様の「鈍く、惰性的な力」がもちだされ、博覧会が、トリビューン設計競技の前兆であったと仮定することが論理的であり歴史の筋道にかなっていると考えられた。サリヴァンは「シカゴ博覧会によってこの国にもたらされた損害は、半世紀間続くだろう」と託宣した。実際この文章は一八九三年ではなく一九二四年に出版された『観念の自伝』の一部であったが、ギーディオンとペヴスナーは、シカゴ博の約七〇年後にサリヴァンに賛同し、こうした重要な預言者としてもちあげた。ペヴスナーは『ヨーロッパ建築序説』のなかで、「シカゴは近代建築の中心となるはずであったが〈万国博覧会〉……すなわちサリヴァンがその害は半世紀続くであろうと指摘したシカゴ博覧会のために それは実現されていない。この預言が正しかったことが証明された」と書いている。★036

この預言は、ペヴスナーとギーディオンの考える理想的歴史のあり方、さらには彼らのモダン(近代的)および若々しさに対する理解という意味合いにおいてのみ正しかったのである。まさに鈍くて惰性的なものに対立するものがモダンで若々しいものであり、つまりは、サリヴァンであり、フレームだった。前兆、託宣、預言を探し求めるうちに、彼らは、一九世紀から新時代への移行期につくられたサリヴァンのカーソン・ピリー・スコット百貨店に、グロピウスのトリビューン・タワーの徴候を見出したのであった。「ニュートラル・スケルトン」を表すという点においてサリヴァンの建築作品をもちだしたのは確かに良い選択であったが、この建築家は明らかにいくつかの違反を犯しており、その点で有罪であった。モダニストの歴史家たちによって説明されたこの構想は次のように発展する。まずこの建物は、ギーディオンによって真実の建築の理想が具現化したものとして描かれる。「その内部は、やはりウェアハウス・タイプ(商品陳列倉庫形式)のもので、ひとつづきの切れ目のない床面になっている。前面は採光という欠くことのできない機能を満足させるように設計されている★037」(後半の説明は当然まちがいである。百貨店でまず避けねばならないのは道路側正面からの直射日光である)。ギーディオンは続けて、「その基本的要素は、鉄骨の架構と合致するように処理されたすばらしく均一な、水平に伸びた〈シカゴ窓〉である[★038]」。しかし、ステート通りとマディソン通りの交差点に面した、この「世界最大の繁華街」が位置する一角は、エレガントにカーブし、(モダニズムの)理想にひどく反している。ギーディオンは、サリヴァンは施主の要求に応えたのだと釈明した。「オーナーは、昔の店舗の楼閣を偲ばせるものとしてこの曲線を要求したのである[★039]」。

この曲線の入り口が「世界最大の繁華街」のもっとも効果的な用法であり、しかもギーディオン自身が指摘するように、最終的なデザインの決定をオーナーに帰して昔の店の「様式的なごり」を取り入れてしまうなどとはまったく一貫性を欠いている。シカゴスタイルの信念は、「真の美しさ」は「必要の簡素な力」の結果であるはずだった。建築家、あるいは技術者は「投資家/オーナーが課した条件を忠実に受け入れる」べきではなかったのか。似たようなギーディオンの詭弁は、この建物の装飾を無視したことにも明らかである。「薄い金属性の枠のついた窓はファサードに鋭く切りこんでいる。下層階の窓はテラコッタに刻みこまれた幅の細い装飾の線でつながれている。この線は細すぎて写真では見にくいが……[★040]」(図15)。実際は、手に入りうる最悪の写真ですらこの装飾をおおい隠すことはできず、左下の部分からエントランスパビリオンにかけて通っている不可解な切りこみを見たとしても、装飾の細いラインは十分はっきり見ることができる。一九三七年に出版されたヴァルター・クルト・ベーレントの『近代建築』のルイス・サリヴァンの章で用いられた写真では、意図的かどうかは分からないが、この装飾は取り除かれてしまった(図16)。

ギーディオン自身、負い目を感じたのだろう。彼は、明々白々にもかかわらず、ほとんど見えないと弁じたてて、かえって装飾のラインに読者の注意をひきつけた。

ベーレントはそれより一年ほど前に、カーソン・ピリー・スコット百貨店に関する論考において、これとは違った

図15（上）――――「幅の狭い装飾の線……細すぎて写真では見にくい」カーソン・ピリー・スコット百貨店（Sigfried Giedion, *Space Time and Architecture*, Cambridge, 1941, 図183）。

図16（下）――――同じく「通りから唯一見わたせる下から二層の部分」（Walter Curt Behrendt, *Modern Building*, New York, 1937, p.110b）。

アプローチをとっている。彼は上層階が無装飾でありながら下二層は細部まで手が入っているという（とりわけヨーロッパのモダニストにとっての）矛盾を見過ごすことができなかった。言い含める代わりに、彼は読者の注意をここに集中させた。「……決して完全には押さえることのできない芸術家の自己表現への強い衝動と喜びが、通りから唯一見わたせる下から二層の部分にこめられているのである」。しかし、機能主義を純粋な美学と思いこんだため、二人とも機能主義をアメリカのビジネス界などの特定の要求に最適解を見出すシステムとはみなせなかったのだ。つまり、ギーディオンは興奮するあまりこの建物が百貨店であるということをまったく忘れ、ベーレントは、視野に飛びこむ以外の建物のデザインなど気にも止めないウィンドウショッピングの人々の関心を引くことがこの建物の第一の目的である、と半ば弁解がましく指摘するのである。それどころか、店主なら誰でもわかっていることだが、購買者の興味はほとんど完全に目線の先のショーウィンドウに集中する。そしてこれが、凝ったつくりの、そしてまちがいなく当時としては大胆な装飾がまるでまつげのように色気たっぷりに窓を飾っている真の理由である。

ベーレントは「アール・ヌーヴォー運動の抽象的装飾との明らかな類似」にも言及している。[★041] 施主はパリの有名な店舗から、イメージを好き勝手に拝借したようだが、当時豪華なアール・ヌーヴォー的装飾でサマリテーヌ百貨店を飾ったフランツ・ジュルダンのようなデザインができる地元の建築家を見つけ、大いに満足していたにちがいない。ベーレントは、一九世紀の伝統を引きずっているサリヴァンのデザインに一定の芸術的資質を見出そうとした。そして移行期であることを考慮して、サリヴァンに多少後退の兆しがあったとしても、許すことができたのである。

ギーディオンの場合、そうはいかなかった。それは彼がベーレントよりもモダン・ムーブメント（近代運動）に傾倒していたからではなく、サリヴァンこそリーダーであるとベーレント以上に信じていたからであり、ゆえに、サリヴァンは何があっても正しくなければならなかった。したがって、サリヴァンは「清め」られねばならなかったのであ

図17（**左・中**）———仲良く向かい合った二つのテューダー様式の破風の魅力的なアンサンブル（H. P. Berlage, *Amerikaansche reisherinneringen*, Rotterdam, 1913, 図6・7）。
図18（**右**）———美術史的切り離し法の古典的ケース。二つの鑑賞法の比較（図17と比較せよ）（Carl W. Condit, *The Chicago School of Architecture*, Chicago, 1964, p.31）。

る。ギーディオンは次のように書いている。「すでにサリヴァンのもっとも忠実な共同者のひとりとして紹介したジョージ・エルムスリーがサリヴァンの建物の装飾のほとんどをデザインした」。さらに彼はベーレントのあいまいな分析に反論している。「同時代のアール・ヌーヴォーに影響を受けたのではない」[★042]。（アール・ヌーヴォーは、一九世紀の病理すべてのなかで、もっとも致命的なものと考えられていたことを心に留めておく必要がある）。

ベルラーへもサリヴァンの装飾をあまり快く思ってはいなかった節がある。現に一九一三年の旅の回想記のなかで、彼はとくにニューヨークのベイヤード・ビルとシカゴのカーソン・ピリー・スコット百貨店を評して、サリヴァンが「あまりにも装飾に偏った」と記している[★043]。ベルラーへもこの建物のむきだしのマッスと「過剰な装飾」との違和感に眼がいったのだが[★044]、結局のところ、サリヴァンの装飾の本質を見抜くにはいたらず、彼のサリヴァンへの賛美は、十分な理解を欠いた、どちらかといえば見境いのないものとなってしまった。事実、サリヴァンという偉大な人物への敬意の念を表して、彼は自著のなかで典型的なサリヴァン風の建物の写真を載せ、これを「シカゴのメイソニック・テンプル――建築家サリヴァン」と説明した（図17中）。ベルラーへほど博識なヨーロッパ人ですら、有名なバーナム&ルートの建物をサリヴァンの作品と取り違えてしまったこと自体はとくに驚くに値しないが、寄せ棟屋根と尖塔破風をサリヴァンの特徴としてそのまま無条件に受け入れてしまった点は釈然としない。さらに不可解なのは、ベルラーへの資料写真の選び方だ。図版6として、彼はほとんど知られていないうえにあまり重要とは思われないシカゴ建築を紹介している。ユニバーシティ・クラブである（図17左）。どうやらベルラーへは明確な理由もないままこの図版を用いているようだ。この写真は本文と関係ないだけでなく、たんに「シカゴのクラブ」と記されているのみである。では、なぜ彼はこの写真を用いたのか？　それにはいくつかの理由が思い当る。おそらく第一の可能性は、本文中からも読み取れるように、彼がアメリカ滞在中のある日、昼食をとった建物の写真をその後も手元に残していたが、その使い道を考えあぐねていたというものである。それを建てた建築家の名前(この建物はバーナム&Co.のシカゴ・ユニバーシティ・クラブと思われる)は明らかに彼の記憶から消えていたが、彼が持っていた他の写真と比べてみて、サリヴァン作と信じていたメイソニック・テンプルとのなんらかの類似性に気づいたのにちがいない(図17中)。この二つの建物に見られるチューダー風のディテールの扱いは、様式的に類似しており、これらを見開きページに載せて、ベルラーへは伝説的人物ルイス・サリヴァンのデザインと目された一対の建物を示した。もっとも、ほかにもユニバーシティ・クラブを引用した理由を説明することは可能である。写真の右手角に、ホラバート&ローチの設計、そしてサリヴァン自身が写真右端のファサードをつくり直したことで知られているゲージ・グループの建物がのぞいている(図18)。多少なりとも上質の嗜好をもつ者なら、他の建物と比べるまでもなく惚れぼれとするような魅力を感じるはずだ。当時ベルラーへの案内役を務めたのは、以前ルイス・サリヴァンのところで働いていた建築家のウィリアム・グレイ・パーセルであったが、彼がゲージ・グループの建つミシガン街の並びなどの典型的な建築写真をベルラーへに提供したということは十分考えられる。それをベルラーへがどう用いたかは読者の想像にお任せする。しかしながら、ベルラーへが横の二つのつまらない箱のような建物を大幅にカットし、寄せ棟屋根の建物を並べて、いかにもピクチャレスクに対比した事実はまことに意味深長である。本当の理由が何であれ、この芸術的干渉は、サリヴァンの建築をめぐるベルラーへの考え方に光を当てる。これはまた、モダニズムの布教者たちの間ですらこの偉大な先駆者に対する解釈がいかに大きく異なるかを証明することにもなる。

ギーディオンもベルラーへも、共にサリヴァンの名声と権威にとらわれるあまり、サリヴァンのスタイルと観念を見抜く試みは無惨にも失敗したのである。ギーディオンの場合、複雑さが躓きの石となった。逸話のうえに実証を成り立たせる彼流の歴史観では、さほど重要ではない、意義のない出来事を受け入れることはできず、サリヴァンの建築における矛盾した性格は何らかのかたちで解決されなければならなかった。だから、ギーディオンは精神分析医のようにわけ知り顔で、手慣れた調子で結論を導くのである。

> 新たな解決を求めていたサリヴァンの世代の建築家でさえ、往々にして一九世紀の伝統にとり憑かれているようだ。サリヴァンのカーソン・ピリー・スコット・ビルはまさしく一九世紀の建築家に潜む二重人格が具現化したもの★045だ。

サリヴァンとサーリネン

ヨーロッパのモダニストたちのフレームに対する評価は、つまるところ、若々しさにある。フレーム建築は、新たな時代のイメージを表すものであり、新しい世代にとっては自身の若さを表現するための媒介である。しかしそれは何ゆえか。なぜフレームはかくも安易に若さを示すものと理解されたのか。明確な説明はできそうにないが、具体例ならいくらでもある。一九二三年オランダの建築雑誌『週刊建築』のなかでJ・J・P・アウトがシカゴ・トリビューン社設計競技について書いた文章は、いかにも示唆に満ちた論評ということができよう。

この設計競技に参加したオランダ人の大半は、他のフランス人やイタリア人とは違い、モダニズムに傾倒しており、それゆえ設計競技の結果に対する彼らの反応は旧世界の人間特有の横柄さと、モダニストならではの怒りが入り交じったものだった。彼らの怒りは度を越し、フッドとハウェルズの一等案を拒否して、入賞すらしていないデンマークのモダニストのデザインを熱狂的にもちあげた。そのデザインとは、水平線が支配し、上部に二つのライト風

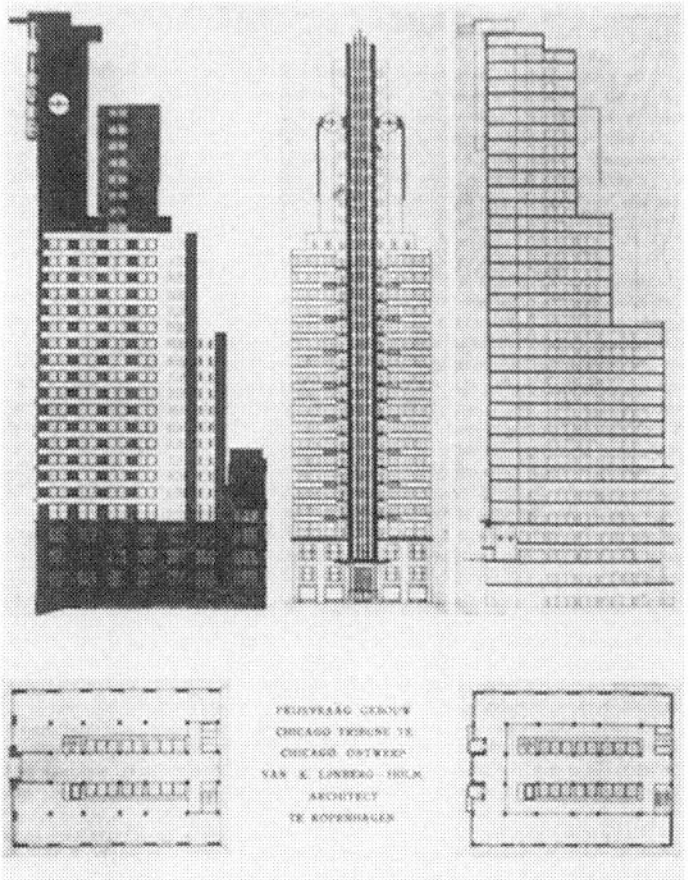

図19(左)———クヌート・レンベルク＝ホルムによるシカゴ・トリビューン・ビル設計競技(1922)のデザイン(J. J. P. Oud, 'Bij een Deensch ontwerp voor de Chicago Tribune', *De bouwwereld*, XXXXIV, no.45, 10 November 1923, p.457)。

図20(上)———「聖トマスの懐疑」の宗教的な情熱にかられ、トールマッジは瀕死の建物の傷口に指をつっこんだ(*The Origin of the Skyscraper*, Chicago, 1931)。

照明設備を取り付けた、まさにフレームの聖画ともいうべきクヌート・レンベルク＝ホルムの案である（図19）。「家のための弁舌（oratio pro domo）」のなかで、アウトはサーリネンの案もフッドの案も拒絶してレンベルク＝ホルムの案を評価した。彼はこう記す。

> （フッドのデザインは）「形もどき」である。近代の要求が伝統、ゴシック調、カウンターモールドのなかに化石化してしまった……。かのフィンランド人のデザインは、アメリカの商業主義と西洋世界の宗教的「崇高さ」への傾倒とが融合している[★046]。

さらにアウトは次のように述べている。「レンベルク＝ホルムの案はこの〈二人の年長の紳士〉（フッドとサーリネン）の〈化石化した〉デザインよりもよほど新鮮で若々しい[★047]」。「化石化」した建築を「古い」とし、「新鮮さ」と「若々しさ」をレンベルク＝ホルムの透明なフレームに結びつけた。そして、彼はさまざまな文化の源流にある宇宙創造譚をくり返した。「人間は透明な身体とともに創造され、……反対勢力はそれをつぎつぎに化石化して破壊しようとしている[★048]」。フレームと脊椎のアナロジーはおなじみだが、心の内側にも喩えられた。つまり、モダニズムはフレームを「真の建築それ自体」とみなし、ギーディオンのようなフロイト主義者は、「建築の潜在意識[★049]」と呼んだ。彼らは、真実とはフレームの露出によって測定されると考えた。

　摩天楼というわれわれの主題を考えるさい、このような道徳＝神学風の判断基準が、ただの摩天楼と真の摩天楼を峻別することをあらかじめ知っておかねばなるまい。ただの摩天楼とは高くそびえた建物でしかなく、鉄骨を使用しない限りは真の摩天楼とはみなされなかったのである。摩天楼の真実はその内部にある。これは、どの建物が最初の

図21—「聖トマスの懐疑」（詳細）（ミケランジェロ・ダ・カラヴァッジョ，1598–99）。

摩天楼かという問い対して、もう数十年も前に厳かに提示された答えにまさしく関わっている。見た目にはあまり摩天楼らしくない、一八八五年に建てられたルバロン・ジェニーのニューヨーク・ホーム生命保険会社のシカゴ支店ビルこそがそうなのだという答えである。もっとも、倫理的な観点からすれば、それが最初の摩天楼として承認されたのも、至極当然であった。

実際一九三一年になって、トーマス・エディ・トールマッジは半ば宗教的な情熱に駆られて、命あるものには見出しえなかった何物かが、死せる遺物のなかに潜んでいることを確かめようと、瀕死の建物、つまりは最初の摩天楼の傷口に指をつっこんだのである[★050](図20・21)。

このようにフレームがあまりに強調されたために、摩天楼の他の局面、驚くべき高さ、塔のようにそびえる姿といった崇高性や神性に帰するあらゆる意味が見落とされてしまった。原因と結果をうんぬんするだけの歴史の埒外とされた。設計競技の要項に示された「世界」という言葉はフッドとハウェルズによって適切に解釈されたが、もっとも的確で直截な回答を出したのはサーリネンである(図22)。サーリネンは「新世界における世界都市の建物」というフレーズが異なった時間のレベルを示唆していることに気づいていた[★051]。いうなれば「世界都市」はコスモポリス、コスミックな都市を意味し、「新世界」はたんにアメリカ合衆国ではなく、まさしく「新しい」世界なるものを意味したのである。すべてのものは、創造(宇宙創造)そして地質学的時間の喚起(永劫回帰)という二つの点から意味をもたねばならない[★052]。さらに、この世界は根本的に異質の空間および時間の概念という点から理解され、経験されなければならない。地上の天国、ピルグリム・ファーザーズが予知した、天上のエルサレムとして。

このような世俗離れした考え方は、宮殿や神殿ならぬ商業建築物であり、市場取引の結果にほかならない摩天楼にふさわしくないと思われるかもしれない。確かにビジネスとビジネスマンの存在が、装飾や形態をめぐり摩天楼の形

図22（上）———エリエル・サーリネンによるシカゴ・トリビューン・ビル設計競技（1922）のデザイン（*The International Competition for a New Office Building for the Chicago Tribune*, Chicago, 1923, pl.13）。

図23（下）———朝日を背にしたサーリネンのシカゴ・トリビューン・ビルのデザインをモチーフにした挿絵（Thomas Eddy Tallmadge, *The Story of Architecture in America*, New York, 1936の表紙）。

成を左右してきた。多くの場合、ビジネスマンの創造力のほうが、建築家や施工者よりも最終結果に寄与してきたと言えそうだ。ビジネスというと機能性のみを想起しがちだが、ビッグ・ビジネス、とりわけアメリカのビッグ・ビジネスにおいては、実用性と気紛れが闘いつつも調和的に共存しているのが現実で、きわめてパラドキシカルで形而上学的な趣を含んでいる。アメリカの摩天楼においては、詩的イマジネーションと荒々しい物質主義が完全に結合するのであって、この二つが矛盾すると考えるのはまちがいだ。夢はビジネスに根をおろしてこそ、摩天楼の礎となるのである。

『中世の秋』の著者、オランダ人歴史家、ヨハン・ホイジンハは、一九一八年と一九二六年出版の二冊の小著で、アメリカおよびその文化について論じ、この一見矛盾するように思われるモチーフを取りあげた。[★053] ホイジンハはなぜアメリカ人がこれほど宗教的で神秘的、さらには先祖返りの資質まで有していながら、同時に実用性にことさら重きをおいて、形而上学的なものを軽んじるのかを問うた。彼は、アメリカ文化にも精通した読書家で、ウィリアム・ジェイムズやジョン・デューイなどもしばしば引用している。アメリカのプラグマティズムや行動主義を理解することは彼にとって何の問題もなかった。理解できなかったのは、プラグマティックな態度を表明する時のその激しさであった。一九二六年に書かれた『アメリカ、その生活と考え』の最後の章で、彼は「アメリカの反形而上学的態度」について書いている。J・B・ワトソンの『行動主義』から断定的な一節（「誰も精神、あるいは神秘的観念がどのように始まったのか知らない。それはおそらく人間の一般的怠惰に起因するのだろう」）を引用したのち、アメリカが一八世紀に逆戻りしたのかといぶかしむ。[★054] 彼はアメリカ的物質主義の神秘性を説明するために「若いアメリカの社会学者、エリザベス・エフルッシ」を引用する。

摩天楼に具現化されている巨大ビジネスの隆盛をもって、アメリカを物質主義の国と考えるのはまちがいだろう。本質的にはまちがいなく物質主義なのだが、それがあまりに激しく、熱烈で、一途なので、物に注がれた信仰が新たな霊性にまで達したのである。衝動は度を超すと超越的なものとなる。[★055]

超越的な物質主義は、実際のところ摩天楼物語を形づくる要素のなかでもっとも支配的である。サリヴァンのもつ二面性は、ヨーロッパの評論家にとっては躓きの石であったとしても、アメリカ社会では矛盾とは受けとめられなかった。それはシカゴ建築一般についても同様である。初期の、あるいは「英雄」時代はその断固たる物質主義によって賛美され、シカゴ・トリビューン社設計競技によって始まったその後の、世にいう「退廃《デカダン》」時代とは明らかに異なるものとみなされた。[★056]

しかしトールマッジのような断固たる排他主義者にとって、その境界線はたんに表面的なものにすぎなかった。トールマッジは原因結果の逸話を好む神話記録者であり、彼の「新建築の進展」に関する記述は、同時代のアメリカ人進歩主義者マンフォード(1931)や、アメリカ人モダニストのチェニー(1930)、さらにはベーレント(1937)、ギーディオン(1941, 1938)といったヨーロッパ人モダニストと同一線上にあった。[★057]

しかし彼らとは違い、トールマッジは断絶と対立ではなく継続を強調した。一般的になされているように、新に対する旧、モダンに対する折衷主義という観点からサーリネンとフッドのデザインを比較する代わりに、彼はもっとも論理的で、かつ近代におけるシカゴ精神の素直な継続としてサーリネンの案を選んだ。一八八〇年代および一八九〇年代において露骨な即物性とみなされていたものが、彼の見解においては、そのまま一九二〇年代における形而上学に変化した。トールマッジはサーリネンにより「深く地球に植えられたタイタンの種」から勢いよく飛びだした鉄と石でできた木のようだ、と喩えた。[058]

トールマッジはまた、創造のプロセスの重要性を強調した。サーリネンを称えて曰く、「オーロラの閃光につつまれた氷の城ないしは氷の洞窟に無数の妖精を集めて仕上げたようなタッチの図面。妖精たちの手になるドローイングは魔法の導きを受け、神わざに近い力を発揮し、じつに神秘的な情感を宿すことになった」[059]。昔のシカゴ建築の美しさが主として「必要《ニーズ》の簡素な力」のなかに存在していたとすれば、アクセントはここで、魔法の導きと神わざにも近い力へと変化したのである。「真の摩天楼」が簡素な技術と、中西部の叩きあげの精神にささえられて建てられるとしても、「真の塔」は神の執り成しによって導かれた「観念の貯蔵庫」から復活されなければならない。旭日を背にしたサーリネンの「真の塔」の神聖化は、例えばトールマッジの『アメリカ建築物語』の表紙や、『ウェスタン・アーキテクト』誌の新たなカットなどにまで遡れる[060](図23)。

モニュメンタルな建築を作りあげるのに、神わざにも近い力を発揮したのはサーリネンだけではなかった。数年後の一九二五年、フランク・ヘルムールとハーヴィ・ウィリー・コーベットは、ジョン・ウェズリー・ケルクナーの教えに従って、ソロモン王の神殿と城塞を復原するよう依頼された。このケルクナーは「宗教的昂揚から霊感を受け、三〇年以上もの間、人生の最大の目的としてきた神殿の復原を行った」[061](図24)。一八七六年のイラスタス・ソールズベリー・フィールドによって造られた共和国記念のモニュメントは、多くの塔が建ち並ぶことでも知られているが(第2章図17)、このソロモン神殿のプロジェクトはアメリカの偉業を称える祝典、すなわち一九二六年のフィラデルフィア博覧会の目玉とされた。

ケルクナーの建築家たるヘルムールとコーベットによるソロモン神殿の前庭のデザインは、ジョン・マーティンが「ベルシャザールの饗宴」(1821)を描いたさいのバビロニアの復原を下敷きとしている[062](第2章図24・25)。

図24(左)———フランク・ヘルムールとハーヴィ・ウィリー・コーベットによるソロモン王の神殿の復元(ヒュー・フェリス画, 1925; *Pencil Points*, VI, November 1925, p.79)。

図25(右)———シカゴの計画図、1909年。ミシガン・アベニューとパイン・ストリートの大通りと公園の提案。クリス・U・バッジ画(詳細)。「不規則なスカイラインのカオス的原始都市は、まるで草刈り機で刈り取られたようだ。民間主導の摩天楼は一掃され、単調で、集合的で人工的な山並みが現れる(図24–28参照; John Zukowsky, et al., *The Plan of Chicago, 1909–1979*, Chicago, 1979, pl.114)。

図26（左）――――エリエル・サーリネン、塔のスケッチ、シカゴ・レイクフロント計画、1923年。「……支配的な精神は、軽やかで、上へと伸び、そして上昇する強さである（Albert Christ-Janer, *Eliel Saarinen, Finnish-American Architect and Educator*, Chicago/London, 1979, p.50, pl.59）。

図27（右）――――フランシス・S・スウェイルズ「モニュメンタルな建築がシビックセンターの主たる特徴として提案された」（Thomas Adams, et al., *Regional Plan of New York and its Environs*, Vol. II, *The Building of the City*, New York, 1931, p.384）。

図28a（上）———「ダンテの時代のボローニャ：初期の摩天楼都市」(Francis S. Swales, 'The Architect and the Grand Plan', *Pencil Points*, II, March 1931, p.167)。

図28b（中）———「ダンテの時代のボローニャ」（イタリア，20世紀初頭：絵葉書）。

図29（下）———フランシス・S・スウェイルズ「大学の高台から見たアッパー・マンハッタン。未来の構想」（Thomas Adams, et al., *Regional Plan of New York and its Environs*, Vol. II, *The Building of the City*, New York, 1931, p.25）。

「真の摩天楼」がたんに、太古の商業都市のカオスのなかで、場所もわからず、得体の知れない姿で立ちあがる建物にすぎないとすれば、「真の塔」は空間を確定しカオスに秩序をもたらすために人目を惹く目印となるべく運命づけられた。あたかも完全な世界軸のように。[★063] 一九〇九年のシカゴ計画では、不規則なスカイラインのカオス的原始都市はまるで草刈り機で刈り取られたようだ（図25）。民間主導の摩天楼は一掃され、単調で、集合的で、人工的な山並みが現れる。一九二三年、実際にシカゴ・レイクフロント計画で提案されたように、サーリネンのデザインはこの考え方を完璧に実践したものである[★064]（図26）。一九三一年、ニューヨーク市の地域計画委員会のために計画した市庁舎街の改造案を見るとフランシス・スウェイルズは、明らかに、サーリネンの概念に従っているし、チェスター・プライスの場合も多少そのことが指摘できる。[★065] スウェイルズによる「シビックセンター案」のスケッチ（図27）は、確かにサーリネンのレイクフロント・グランドホテルに負うところが大きいが、さらに重要なことは、伝統的な八つのゾーンから構成された威圧的なリヴァイアサン［旧約聖書に登場する巨大な幻獣］のなかにニムロデ＝バベルの元型を融合しようとした点である。[★066] スウェイルズ自身、古代の壮大さに心を奪われた男であると自負していた。一九三一年の彼の記事「建築家とグランドプラン」のなかで「エジプトに始まりバビロニア、ギリシア、カルタゴ、ローマへと発展し……ダンテの時代には初期の摩天楼都市、ボローニャで展開した統一的ないし、モニュメンタルな計画、あるいはシビックプラン[★067]」からの神話的かつ歴史的な事例を称賛し、カオス的なアメリカ都市を改造するうえで、これらの例を下敷きとするよう強く訴えた（図28）。

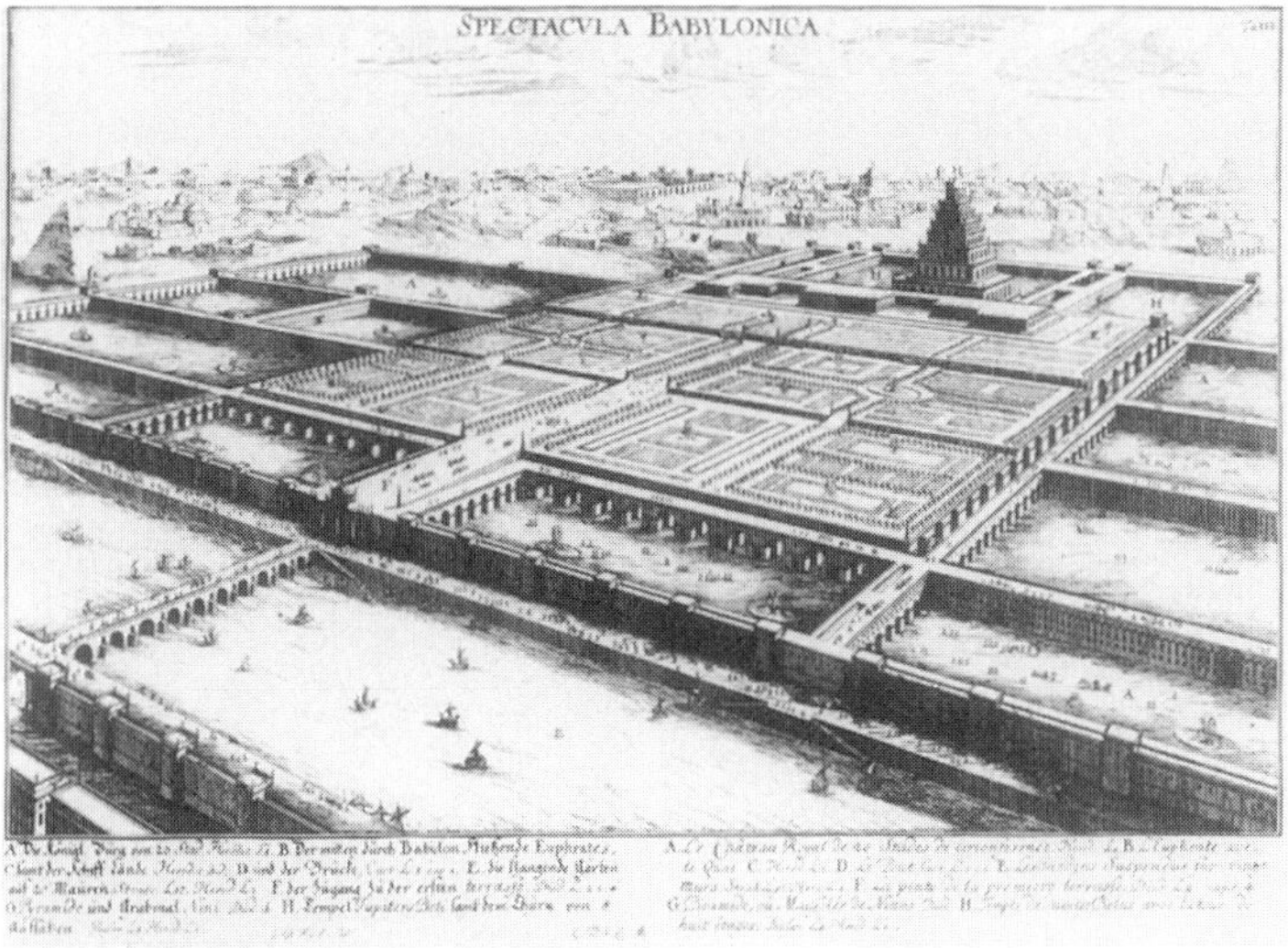

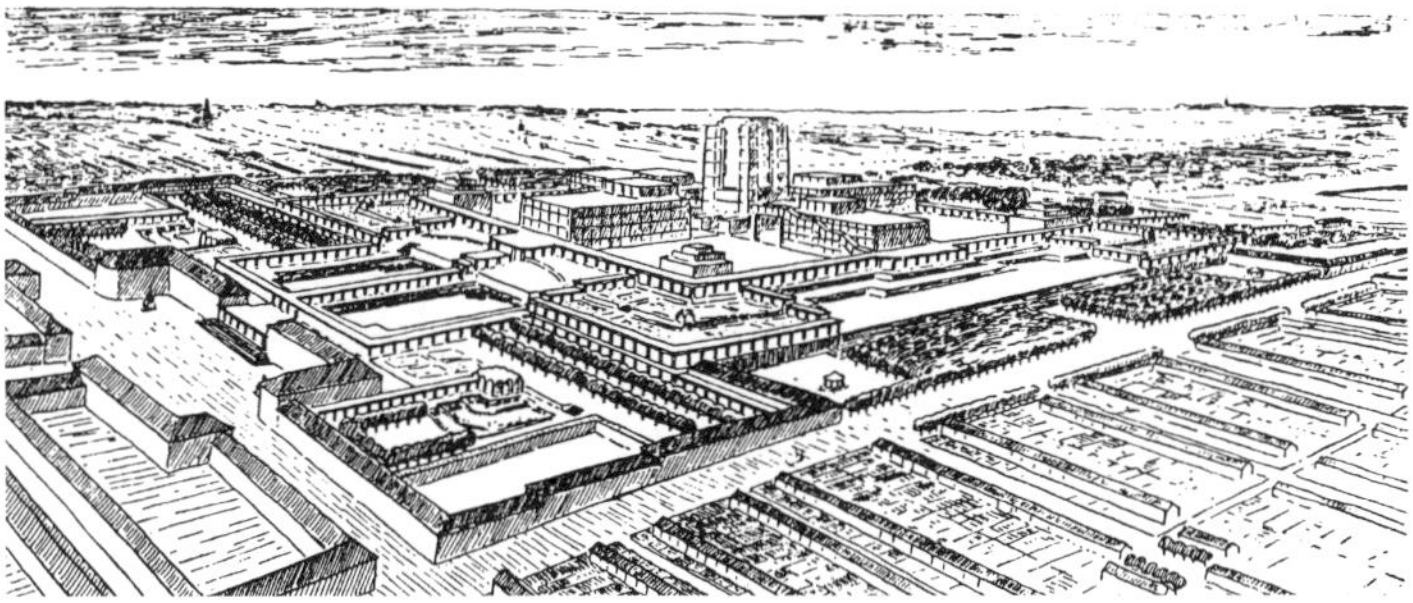

図30（上）———ヨハン・フィッシャー・フォン・エルラッハ「バビロンの景観」（*Entwurff einer historischen Architectur*, Wien, 1721, p.16, plate III）。
図31（下）———ブルーノ・タウト「都市の冠」（*Die Stadtkrone*, Jena, 1919）。

スウェイルズがもっとも理想に近づけたのはおそらくアッパー・マンハッタンのデザインにおいてであろう。すなわち「未来の構想」、これは中央のピラミッド状のモニュメント(図29)、空墓、あるいは神殿を特徴とし、明らかにブーレーとルドゥーからの例にもとづいているが、フィッシャー・フォン・エルラッハの『歴史的建築の構想』の「バビロンの景観」(図30)からはるかに多くのインスピレーションを受けている。かつては「近代美術史の父」と呼ばれたフィッシャーはまた、ブルーノ・タウトが一九一九年に描いた「都市の冠」(図31)に見られるように、ヨーロッパの「大スケール」プランナーに影響を与えた。[★068] キルヒヤーとフィッシャー・フォン・エルラッハが建築の黄金期における偉大なる建造物に対して、同じように惹きつけられ、さらには同じサークル(彼らはスウェーデンのクリスティナ女王を取り巻く文人たちのグループに加わっていた)に出入りしていたように、ブルーノ・タウトのような建築思想家は、アーヴィング・ポンド、クロード・ブラグドン、そして彼らほどではないが、ルイス・サリヴァンに合衆国における同時代の精神を看てとったのである。[★069] アドルフ・ベーネがタウトの本に寄稿して、「宇宙の存在は逸話に対立する」と記したように、彼らはみな自著のなかで、変化よりも継続を強調した。[★070]

タウトは文明に内在する宇宙的インスピレーションに着目し、四〇の例を引いて、ひとつの巨大な塔ないしはいくつもの塔が重なりあった「世界都市」を描きだした。過去の都市から同時代のアメリカを参照してマッキム、ミード&ホワイトのニューヨーク市庁舎ビルとマンハッタンのスカイラインの南端なども取りあげられていた[★071](図32)。このように、今まで預言、あるいは未来のイメージとして理解されてきたものは、じつは建築的連続を示す兆候なのだと得心できよう。すなわち、ワシントン・アーヴィングによって描写された塔の都市、あるいはエドガー・アラン・ポオ

図32―――「十分なセットバックと中庭のあるシビックセンターの代案」。この図は、マッキム、ミード＆ホワイト設計の市庁舎（ニューヨーク，1913）を小さく見せ、チェスター・B・プライスがトマス・アダムと共同で提案したシビックセンターがバビロン的プロポーションに大きく誇張されている（Thomas Adams, et al., *Regional Plan of New York and its Environs*, Vol. II, *The Building of the City*, New York, 1931, p.387）。

が一八四九年に描いた摩天楼のマンハッタンのイメージと同じ光景なのである。ポオの物語は、ニューヨークが地震によって崩壊するとされる二〇五〇年以降の世界が舞台である。考古学者たちは、マンハッタンの九割が教会、あるいは教会に類した建物でおおわれていたことを発見する。つまり、「ニッカーボッカー族」は「決して非文明的ではない」ことが明らかになったのである。

> それは、彼らが……古代アメリカで「教会」――富とファッションという名の二つの偶像を崇拝するために生みだされたパゴダのようなもの――と名づけられた建物に対する異常なまでの偏執に悩まされたことを語っている。[★072]

同様に、トム・ネイストが一八八一年にマンハッタン端部の摩天楼群を示そうと描いた一見「幻想的」な版画も、おそらくはわれわれが頭に描くほど幻想的ではなかった[★073]（図33）。最初の摩天楼がどれかという問いかけは、じつに一八世紀的性格ゆえに今ではますます意味を失いつつある。[★074]ヤンキー的（アメリカ東部の）技術、さもなくば構造上の発明としての摩天楼を強いて強調することが同じく無意味であるように。

これまで私は、摩天楼が発明ではなく、たんなる技術上の結果でもないということを十分納得のいくよう説明してきたつもりだ。塔の「永劫回帰」は技術にのみ依存しているのではない。これが信じられない人は、一九五〇年代後半から一九六〇年代初めにかけて、月旅行というもうひとつの永遠の夢が、ジュール・ヴェルヌの空想小説のなかで月に打ちこまれた弾丸と比べて、さほど洗練されたとは思えない技術的手段で達成されたことを想起してほしい。地球からたった二四万マイル（38万km）しか離れていないところで撮影された、窮屈な人工呼吸装置のなかの不恰好で体の

図33———トーマス・ネイスト、マンハッタンの先端に群がった摩天楼、ハーパーズ・ウィークリーのために描かれた漫画(1881: Charles Lockwood, *Manhattan Moves Uptown*, Boston, 1976, p.277)。

自由が利かない宇宙飛行士の映像をテレビで見たとき、あまりに原始的なのにショックを覚えたものだ。

最後に私が強調したいのは、永遠の夢のなかでの未来の観念がどこに位置するかという点である。未来は真の未来ではありえない、なぜなら未来は少なくともつねに現在の一部でなければならないからだ、と言ったヘーゲルの見解は正しかった。言い換えれば、未来は現在によって、あるいは逆説的ではあるが過去によってのみ想像されうるのである。もし未来の存在を「信じる」としても、前・未来のイメージの助けを借りてこれを視覚化することが限界であろう。そうした場合、摩天楼は二つの機能を実現した。未来の存在を楽観的な態度で信じるということ、そして見慣れた暗示的イメージの助けを借りてそれを行ったということである。この場合、未来への信頼は未来への確信へと変形する。シーザー・ペリは最近のインタビューのなかで、現在の摩天楼の根底にあるものは「未来に対する確信の表現である」と言っている。★075 どうやら人々の意見は過去百年以上もの間変わっていないらしい。一八七五年一一月の『不

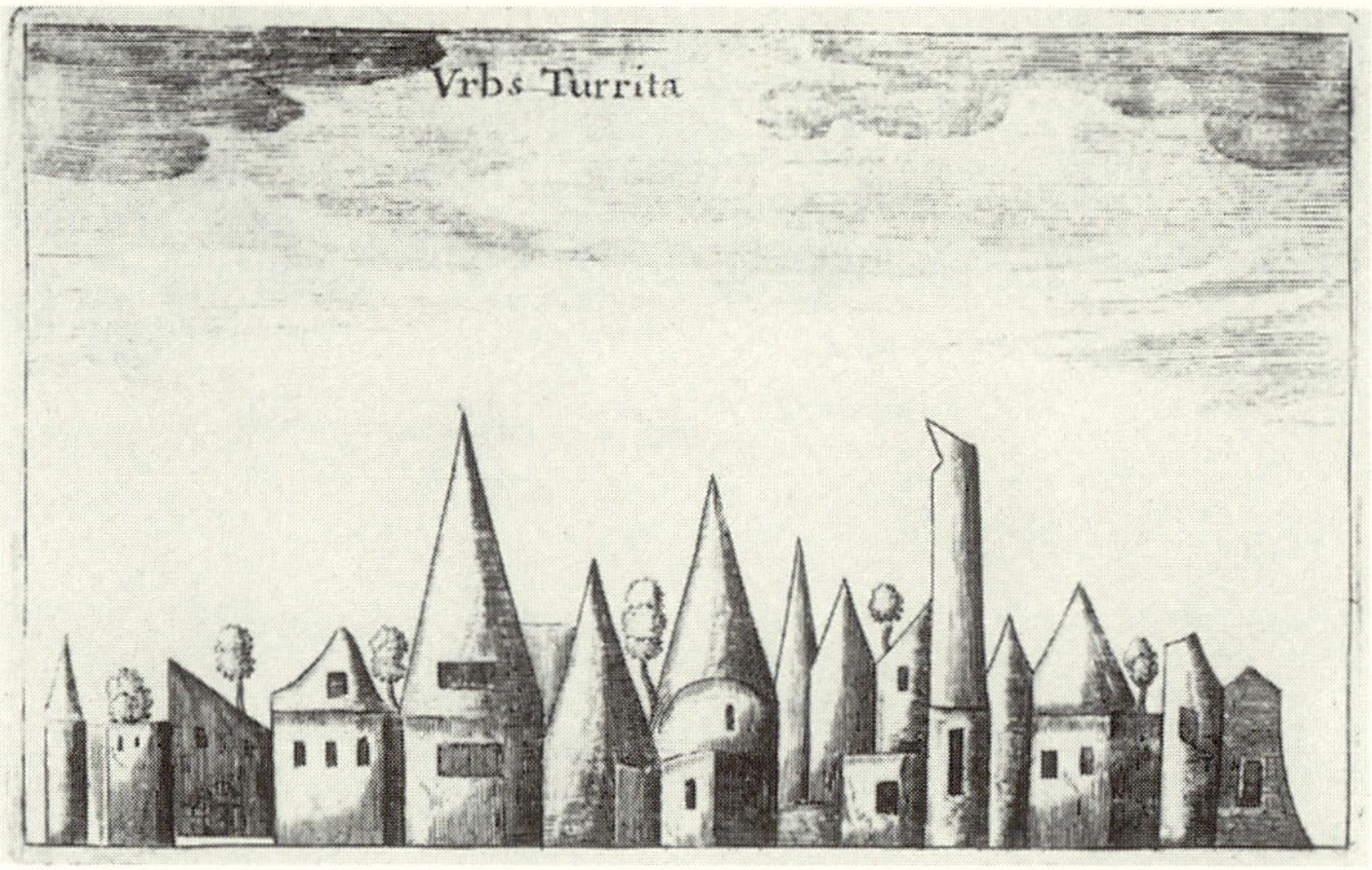

図34———「ウルブス・トゥリタ(塔の街)」(Athanasius Kircher, *Mundus Subterraneus, De Onderaards Wereld*, Amsterdam, 1682, lib. III, p.29所収)。

図35———シティコープ・ビル（ヒュー・スタビンス&アソシエイツ，ニューヨーク、1977）。

動産記録と建物ガイド』は、有名な最初の摩天楼《プロトスカイスクレーパー》について、「あまりに大きく、うっとうしいウェスタンユニオン・ビルやトリビューン社ビル、エクイタブル・ビルを見てほしい。これぞ、われわれの現在の能力を顧みずして、未来への限りない確信を抱いた建築にほかならない」[★076]と記している。こう考えてみると、とくに一八七五年、一九二九年、一九八二年という、経済恐慌の時期に摩天楼が建てられたということがわかる。摩天楼は、不況の厄を払い除けるための魔法のトーテムとして役立っているように思える。

このようなトーテミズムの参照という点から見れば、キルヒャーの集成ともいえる一六八二年の『地下世界』は珠玉の事例をわれわれにもたらしてくれる。キルヒャーのこのじつに不思議な書物は、たまたま通りがかった人や公認の試掘者によって掘りだされ、著者の手元に寄せられた琥珀の御符に刻みこまれた魅惑的なイメージで埋めつくされている。その内なる世界は、創造の黙示録的地下室、すべての神秘が明かされる場所となるとみなされた。太古以来の問題と、来たるべき重要な問題を内包したメッセージがこの驚異に満ちた琥珀の書に示されている。キルヒャーの書の琥珀のひとつには、とある塔の街、「ウルブス・トゥリタ」の図像が含まれている[★077](図34)。

この謎めいた絵を見れば、誰しもシティコープ・ビルがずっと昔に予示されていたことを、否定できはしまい(図35)。

●――「シュメールの平原に建つジグラット建築とニューヨークのセットバックした摩天楼この間には、いくつかの点で著しい類似性が認められるが、同時に大きな隔たりがある。今でも実際そうする人々がいるようだが、あなた方が新しい「近代主義的な」建築のためにニネヴェやテュロスに辿り着いていたとしても、あなた方はまだ問題の足元にすらおよばない。というのも、建築の分野で太古の人間が行った努力は、人類の経験をはるかに昔までさかのぼり、記録された歴史の中では触れられることがなく、おぼろげな古代の遺物の霧のなかに覆い隠されているからだ」。

――キャス・ギルバート『回想と講演』(p.50, ニューヨーク 1935)

●――「魂(Psyche)と魂天楼(Pskyscraper)。
もしあなたが哲学者ならば、次のことが可能である。高い建物の頂上にのぼり、三〇〇フィート(100m)下の人々を昆虫のように見降ろす。……哲学者は頭上の果てしない天国に見入り、新たな眺めに導かれて、自身の魂を拡大することができる。彼は自分が永遠性の後継者であり、時間の申し子であると感じる。……そして哲学者がエレベーターで下に降りるとき、彼の精神は広がり、心には平安がおとずれ、宇宙創造という概念はオリオン座の夏のベルトのバックルのように広がっている」★001。

――ジョン・オーヘンリー

第2章

万物の復興*、あるいは摩天楼の再興

建築史家がまず始まりをもって建築の歴史を書きだすのはごく当たり前のことだ。だが、記述の論理については大目に見るとしても、「始まり」をうんぬんするには疑問が少なからず生じてくる。問いは大まかに三つのグループに分けられよう。①何が建築として理解されるべきなのか、②歴史とは何か、③時間の概念を如何に扱うべきか。これらの問いに対して適切な答えを用意するのがそれなりに不可能ではないとしても、たいていの場合、これらを言葉巧みに避けながら研究の目的を掲げることがつねである。建物の在り方を定義する方法は非常に多様であり、建築およびその理論家のどちらもこれらの問いを考慮してこなかった。時間軸を根幹に据えて過去を再構築する方法としての歴史はしたがって、究極的には建築の本質そのものである永続性という主題を求めるよりも、変化の流れを分節づけて立ちあげることを目的とした領域なのだ。

さて、ここでこの問題から少し距離をおき、バベルの塔とニューヨークの摩天楼の比較を考えてみるのもまた一興である。

例えば、ドイツ人の批評家であり建築をめぐる著述家たるヨーゼフ・アウグスト・ルックスは自著『技術の美学』(ミュンヘン1910)の序文の中で近代のテクノロジーは古代の夢と幻想の現実化にほかならない、と記している。

> 技術は夢や詩、ユートピアとして描かれなかったものを実現することはできない。「私が小鳥ならば……」と昔の人々は憧れの気持をうたったものだ。バベルは人間には完成できない塔の象徴になった。バビロンの超人的な塔は人類の夢。しかし今日の技術はこの夢を実現し、地上のもっとも高い塔すら矮小化するような摩天楼を建設した。★002

摩天楼は、言い換えれば、技術的な謎およびユートピア的コスモポリスの目標を実現するという意味で、バビロニアの約束(望み)の成就にほかならない。以下の論稿はこの主題がどこまで広がりうるかを探るものである。

始源において、すべての世界はアメリカだった

ヨハン・ベルンハルト・フィッシャー・フォン・エルラッハは建築の歴史を記した最初の人物と考えられてきた。★003 しかし彼が一七二一年に著した『歴史的建築の構想』は、建築を歴史的に扱うという点からみると歴史にはなっていない。フィッシャー・フォン・エルラッハは確かに、手に入りうる限りの過去の資料、ギリシアとローマの旅行者、年代記作家、そして古代史家のなかから偉大な建築の例を収集したが、それらをまとめたときの順序は、時間軸に沿うものではなく、その建築がいかに優れているかによるものであった。そのことを如実に示すのは、本を開いて最初にでてくるのが人類最初の建物ではなく、もっとも完璧な建

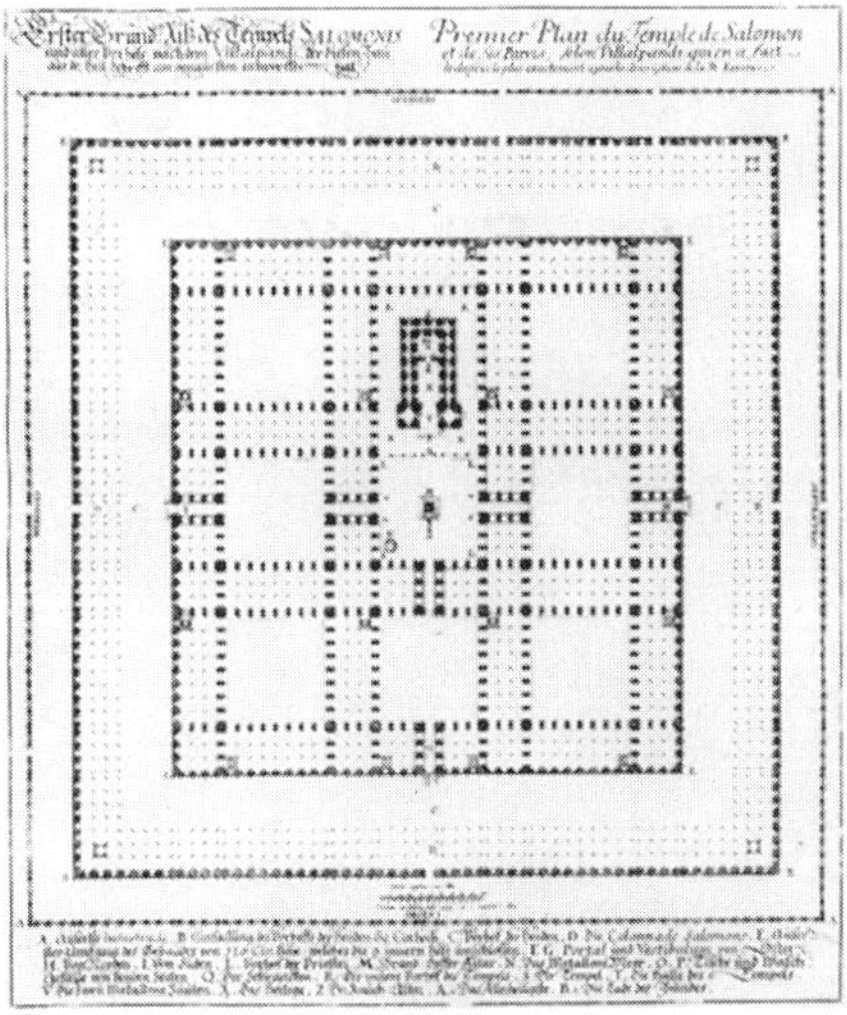

図01―――ヨハン・ベルンハルト・フィッシャー・フォン・エルラッハ、ヴィリャルパンダ風のエルサレムの神殿平面図(*Entwurff einer historischen Architectur*, Wien, 1721, p.10, plate 1)。

物とでもいうべきエルサレムの神殿であるということだ[★004]（図01）。神がソロモンや後にはエゼキエルを通じてデザインを施し実現した地球上で唯一の建物というこの神殿は、この神殿をして建築一般の規範のみならず建築それ自体として存在せしめるに十分だった。

ここでは、意図した歴史をわかりやすく書きだすために、建築を言葉のうえで定義するといったかたちをとっていない。フィッシャー・フォン・エルラッハは彼の第一書の冒頭をエルサレム神殿で飾り、そのことから主題を定義したのである[★005]。

この神殿の力は、起源の神聖さと宇宙を開示する能力のうちに宿っている。寸法と平面は、カオスから秩序が生みだされるさいの手段として理解され、結果として、理論的に可能な限り完璧なデザインへと近づくことができた[★006]。その平面が指し示す完璧な正方形は、他のほぼ完璧な正方形平面の類型《タイプ》およびモデルとして生成された[★007]。

この神殿は、世界の七不思議として一般に知られているものを含む建築の類型およびモデルと象徴性を分かち合っている。マルチェロ・ファジオロは、ナジアンゾスのグレゴリオスの解釈に関して、不思議（驚異）は「世界」のというよりもどちらかといえば「生命」そのものにおいて生みだされると指摘した[★008]。

バビロンの城壁が「壁（*the* wall）」と記され、ロードス島の巨像が「像（*the* statue）」に変わり、セミラミス女王の空中庭園が「庭園（*the* garden）」などとなった。このように解釈すると、いかなるデザインであれ、驚異なるものは、本質的な内容を含む抽象概念のレベルに到達する。それゆえバビロンは、その後のすべての理想都市の母胎《マトリックス》として役立つ一般的な原理となる。フィッシャー・フォン・エルラッハは、古代の偉大なる建造物の復原をまっとうな史料にのっとって行った点では信用できるコレクターとしてふるまったが、それらがあたかも彼と同時代の環境に属しているかのように描いたことは特筆されねばならない。ローマの骨董収集家《コレクター》、ジョヴァンニ・ピエトロ・ベローリのコレク

図02（左）———ヴァスダーラの曼陀羅（ネパール，1504：大英博物館，ロンドン：Arnold Toynbee, *A Study of History*, New York, 1972, plate 5）。

図03（下）———「ローマの墓廟」（J.N.L. Durand, *Recueil et Parallèle des édifices de tout genre, anciens et modernes, etc.*, Paris, 1800, plate 20）。永遠の建築にふさわしい理想的平面としての完璧な正方形や円形。

ションにある貨幣の裏面の絵を元に描かれたニネヴェの円形神殿は、奇妙なことにフィッシャー・フォン・エルラッハの時代の建物が並ぶ四角い広場に置かれている。本来ならば場所的にも時間的にもあいまいに位置づけられていた驚異の建築を、説得力をもったものに仕立てるための方策のようだ。

ニネヴェの神殿は確かに、本来の意味での驚異には属さないわけだが、それがいかにも「玄人《くろうと》の目を楽しませる」という理由から第一書に紹介された[★009]。

一見したところ古代と近代の建築の組み合わせは歴史的な正確さという意味ではまるでいい加減に思えるが、類型《タイプ》の普遍性を表そうとする人にとってはじつにまともな表現である。あたかも太陽に捧げられたかのような円形平面の神殿が、完璧な正方形のなかに彫りこまれ、さまざまな曼陀羅の図像を通して知られているような天と地の宇宙的二元性を象徴している[★010]（図02・図03）。

これと関連したことだが、「バビロンの景観」（図04）を眺めてみると、一七世紀の庭園デザインと、ロバート・コールドウェイのような二〇世紀初頭の考古学者の知見に匹敵する考古学的正確性との意外な結び付きに驚かされる[★011]。

考古学的実証主義の時代が訪れるのはまだ先のことであり、フィッシャー・フォン・エルラッハは意識的に史料を自在に解釈して用いた。ほとんどの場合、彼は不十分な情報しか手にしておらず、たとえば装飾のような細部を正確に表現するには知識が追いついていないことをはっきりと述べている。とはいえ建築研究における主要な問題が普遍原理の探求である以上、これは注意深い読者を決して落胆させるものではないはずだ——「しかし建築芸術においては個々の違いにもかかわらず、一般的な原理が存在する。この原理を忘れると、さまざまな弊害がもたらされる[★012]」。

何が歴史的とみなされるべきかに関するフィッシャー・フォン・エルラッハの考えは、過去に属し、しかも時間の経過に影響されないものという基準であった。自然が創りだした作品と並んで、芸術作品がもちうる最上の質は永遠

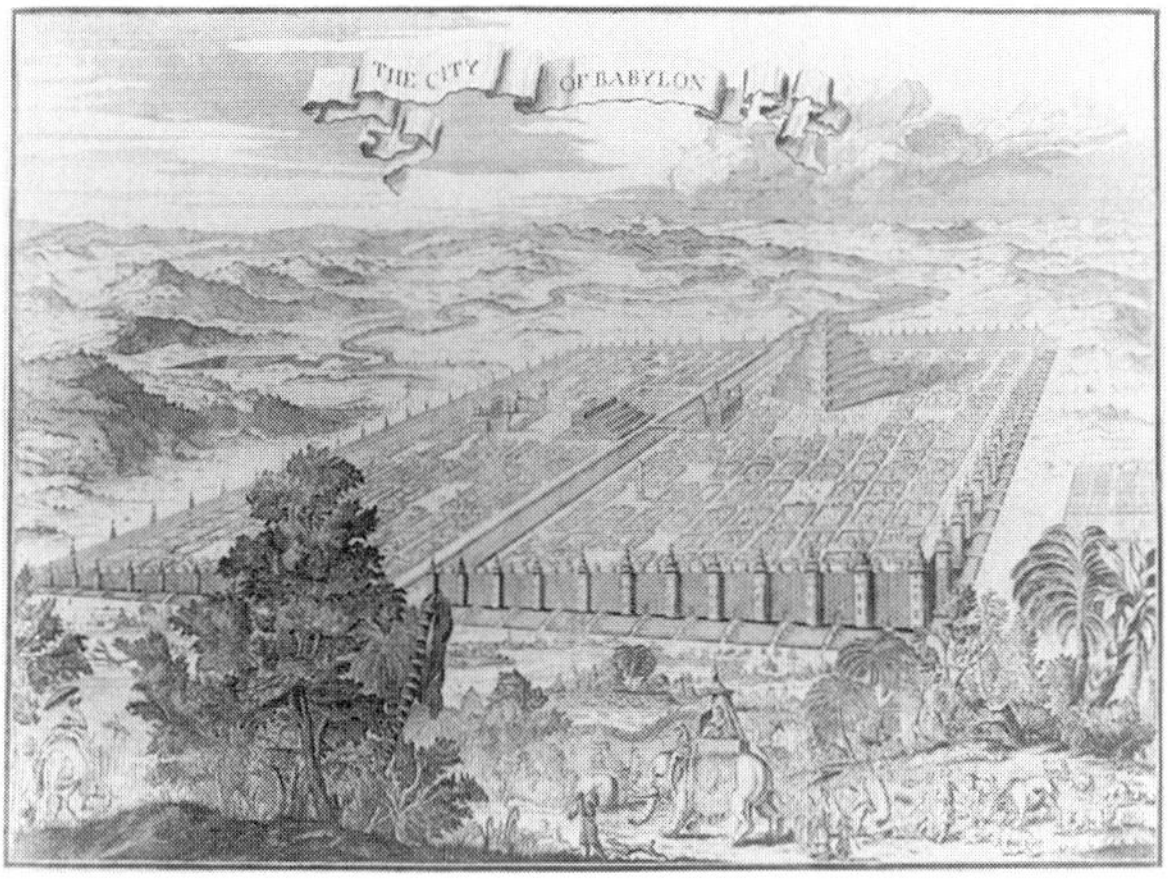

図04(上)―――ヨハン・ベルンハルト・フィッシャー・フォン・エルラッハ、「バビロンの景観」(*Entwurff einer historischen Architectur*, Wien, 1721, p.16, plate III)。フィッシャー・フォン・エルラッハの版画は、キルヒャーの『バベルの塔(*Turris Babel*)』に掲載された「バビロンの街(Babilonia Muris)」をもとにしている(図06)。

図05(下)―――「バビロンの街」(Christopher Wren, 'Discourse on Architecture', *Parentalia etc.*, London,1750). この図版はもともとキルヒャーの『バベルの塔』に掲載するために描かれたものを、レンの死後出版された「建築講話」で使い回したものである。デッカーの署名は消されて、円形平面の塔が正方形平面のものに描き換えられている。塔の平面に関する解釈は、ヘロドトスによる*Histories*, Book 1, p.181に基づくものである。

性である。この質を共に備えた作品を、年代順の配列によってではなく、類型《タイプ》およびモデルによって整理し、それぞれの類型学的要素、つまり正方形、円、長方形の平面とか塔、ピラミッド、像、墓廟、神殿といった具合に表示してそれなりの効果をあげている。配列はあくまでも比較を前提としており、時代や場所には無関係である。アカデミックな教育の場ではよく用いられる方法で、後にJ・N・L・デュランが一八〇〇年に著した『建築比較集成論』によって有名になる(図02・03)。

これらの建築の類型《タイプ》(ここでは、元型《アーキタイプ》、類型《タイプ》、モデルに関して学術的な使用にしたがっている。バベルの塔を例にすると、宇宙山は元型、バビロンの塔は類型《タイプ》、そしてそのまま模似の対象となりうるその他の塔はモデルとする)[★013]は、建築それ自体と較べてはるかに大きな比重をしめる文化史のなかでそれなりの役割を果たす。

実際、バベルの塔とノアの方舟は、クリストファー・レンが「建築講話」[★014]の手稿のなかで「市民の」建築あるいは「船艦の」建築と呼んだものの始まりだけでなく、文明それ自体の始まりをも表しているのだ(図04・05)。

かくして、創造の歴史の決定的瞬間を描くという魅力的なテーマが浮かびあがる。とりわけ博覧強記のイエズス会士、アタナシウス・キルヒャーは、彼独自の汎キリスト教的なミクロコスモスおよびマクロコスモスを構築する絶好の機会を看て取った。

キルヒャーは、いかにも創意に富んだ言語学者らしく、バベルの塔に関する自著の表題および副題を『バベルの塔――存在の起源に関する研究』[★015]とした。

新世界の歴史と文化の研究に立ち入れば立ち入るほど、旧世界の始まりをめぐる研究と似た要素を見出すことはすでに述べた。「始源において、すべての世界はアメリカだった」というジョン・ロックの有名な言は、アメリカが、実際に今観察できる世界創造の実験室のようなものとみなす同時代の考えを裏づけている。アメリカを研究する者は創

世記を研究するのだ！★016

こう考えれば、アメリカの摩天楼がなぜこれほどまでにバベルの塔と関係づけられるかということが、一気に理解できるだろう。どちらもメトロポリスの文化のしるしであり、ひとつの民族によってではなく、地上の楽園を築くという共通の野心によってひとつにまとまった、言語の数と同じくらい多様で異なった人々が集まっているのだ。

ワシントン・アーヴィング、別名ディートリッヒ・ニッカーボッカーは、自著『ニューヨークの歴史』(1809)を「世界の始まりからオランダ支配の終わりへ」と表し、「宇宙の開闢《コスモゴニー》あるいは世界の創造」という章から始めた。★017 バビロンの建設において果たされたノアおよびその子孫の役割は、ノア自身を聖書には存在していない大陸の発見者たらしめることで、アメリカに転化された。そのためアーヴィングは、二人の博識なフランス人、マルク・レカルボーおよびイエズス会士シャルルヴォワの助けを必要とした。彼らはおそらく創世記一〇章の欠落を補う必要性を感じた最初の人々であろう。

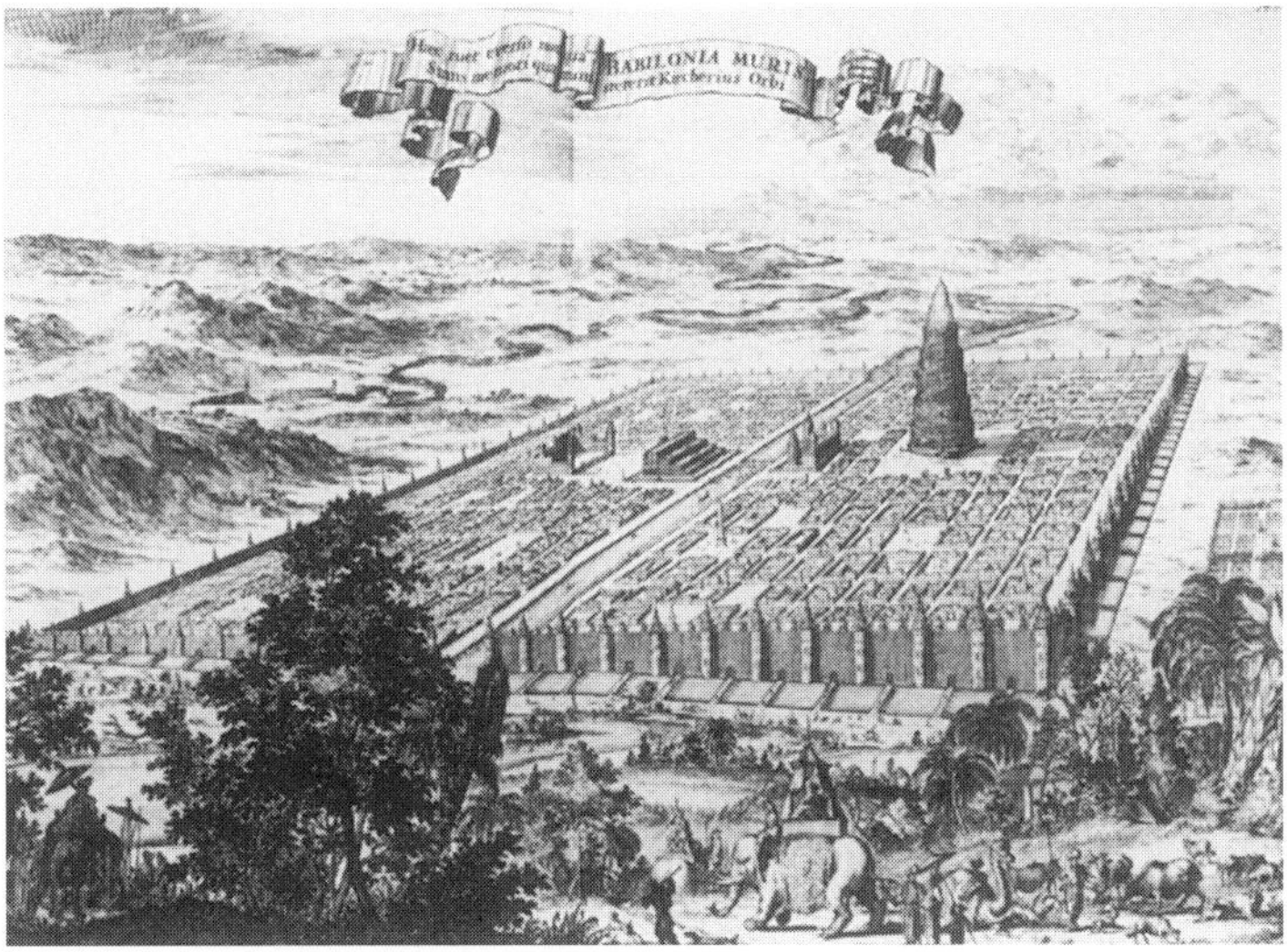

図06———壁に囲まれたバビロンの街(C.Decker, inv. et fec., Athanasius Kircher, *Turris Babel*, Amsterdam, 1679, p.52)(図04・図10と見比べよ)。

> ノアとその子孫がわれわれよりも知識がないとか、前代未聞の大がかりな船を作り、操った者が大洋の航海術に無知だったとか、誰が真面目に信じることができようか。故に彼らは大洋を航海したのであり、故にアメリカにむけて航海したのであり、故にアメリカはノアによって発見されたのである。[★018]

おどけた表現、頑固な信仰生活のなかでのひそかな楽しみ、あまりに字義どおりの聖書解釈にもかかわらず、ニッカーボッカーのテキストは、一七世紀末から現在に至るアングロアメリカに広がったユートピア的願望を背景にした運命論者の態度を映しだしている。そこには二重性があり、黙示的預言の成就としてのアメリカの役割は、二つの方向で意識される。千年王国の教義を厳格に守ることを公言する「道徳的」な方向と、最終的に文明の帝国が実際に西方に位置する新世界に築かれなければならないという確信にもとづく「自然な」あるいは世俗的な方向である。後者の「帝国の移動(translatio imperii)」は、都市のなかの都市たるバビロンこそ先駆者としての役割を果たした。言い換えれば、アウグスティヌスが「最初のローマ」と記したように、世俗のメトロポリスの幕開けを告げたバビロンを始まりとし、ローマが華麗にその役割を引き継ぎ、最終的にはアメリカのメトロポリスがその論理的帰結として登場するわ[★019]けだ[★020](図18)。

建築画家ヒュー・フェリスは、未来都市をかたどるべく一九二三年から一九二九年にわたって描き続けたバビロン的構図のドローイングを『明日のメトロポリス』のなかにまとめている[★021](図08)。一九一六年に施行されたニューヨーク・ゾーニング法に刺激され、彼はさまざまな高さの重なり合う塔および空中庭園からなるモニュメンタルな建築群を描き、一九三〇年代の「新バビロン」ロックフェラー・センターの形態を暗示した[★022]。バビロンの形から抽きだされた

図07（左）———「バビロンの建設」マーティン・ルイスによるドライポイント銅版画（*Pencil Points*, October 1930）。

図08（下）———「現代のジグラット群」。建築画家ヒュー・フェリスは、『明日のメトロポリス』のなかで、くまなくバビロンを引用している。テラスは「空中庭園」となり、セットバック状の摩天楼は「ジグラット」になった。果たしてフェリスがキルヒャーの『バベルの塔』の図版を知っていたかどうかは不明だが、両者とも象が描かれていることは確かだ（Hugh Ferriss, *The Metropolis of Tomorrow*, New York, 1929, p.98, Fig.99）。

セットバック状の摩天楼は、その意図と呼応して「ジグラット」(文字どおり「宇宙山」の意)と呼ばれた。[★023] 結果的にこれら「ジグラット」は、例えば「フレンチ・ビル」(フレッド・フレンチ&H・ダグラス・アイヴス 1927:図09)のようにアッシリア=バビロニア的モチーフで装飾された。あるいは都市全体が幻想にあふれ古代の「驚異の都市」のレプリカとでもいうべきものに近づいた(図15)。バビロンとニューヨークという二つの都市の鳥瞰図(図06・10)を眺めると、両者の類似性がうかがえよう。アタナシウス・キルヒャーの『バベルの塔』(図06)を飾るC・デッカーの図版は、伝説に名高い周壁のなかにきれいにおさめられ、世界の不思議の名に恥じないバビロンの街を表現している。正方形の平面計画は、長方形グリッドに分割され、そのいくつかの区画にはこの街のもっとも重要なモニュメントが配されている。空中庭園と塔は、周壁が喚起する集合としての驚異に対して個としての驚異の役割を果たし、いわば都市公園とシビックセンターとしての装いを整える。キルヒャーの作品のなかでは決まってなされることだが、バベルの塔は完成した姿で描かれ、未完の部分を敢えて補完することによってその建設に関わった人々への共感と称賛を隠さない。通常なされる、チグリス川とユーフラテス川に囲まれた都市の表現とは対照的に、真ん中を流れる一本の川が街を分割し、回りの堀に水を流しこんでいる。画面の右端には整然と区画された庭園が描かれているが、これはコスモポリスの考え方を植物のレベルで試みる、バビロンのミニュチュア版と考えてよい。[★024]

キルヒャーとこのオランダ人画家は、バビロンを人間の傲慢さへの戒めというより、都市的パラダイムを示すものとみなして、通常のような荒廃した姿ではなく、静けき壮大さをたたえた姿で描いた。

口絵を含む大版の挿し絵には、塔の工事が著しく進むようすばかりか、完成された状態まで示されている。つまり創世記第一一章八に記される直前のところまで目に見える形で工事が完了し、残りの階は画家が補う形で付け加えられた。J・ファン・ムニヒュイセン(1679)の版刻になる、ジェラール・ド・レレスの口絵はこの問題を興味深いかた

図09(上)―――フレンチ・ビル(フレッド・フレンチ & H・ダグラス・アイヴス, ニューヨーク5番街551, 1927)。

図10(下)―――「都市の顔」マンハッタンの鳥瞰図。「エリック・ガグラー氏の提案によるバッテリー・パークの効果を示している」(Thomas Adams et al., *The Regional Plan of New York and its Environs*, Vol. II, *The Building of the City*, New York, 1931, 口絵)。島の突端にある巨大なオベリスクとモニュメンタルな日時計を見よ。

ちで扱っている(図11)。このページは中心軸の最上部から始まる下向きの螺旋状の動きによって理解されるべきである。そこでは、神聖なる賢知を表す目が雲の天幕に囲まれ、二人のケルビム(智天使)によって導かれた霊感の光線が下向きに、光によって神の啓示を受けるに値する唯一の人物、つまりバビロンの王にしてノアの末裔たるニムロデを照らしている。ニムロデは彼の考えを、というよりは塔の構想を工事責任者、すなわち「アルキテクトン」に示している。この建築家は、当然完成した状態の透視図を用意し、助手に支えさせながら、ほぼ完成しつつある後方の塔を指さしている。しかしながら、螺旋状に立ちあがる塔の上方にはいくつかの稲妻が走り、迫りつつある悲劇が暗示されている。

キルヒャーのものの見方は、神学者というよりも科学者の態度にのっとっている。それゆえ彼は天に届かんばかりの塔は到底実現不可能だということを明らかにし、そこからニムロデおよび後のセミラミス女王が抱いた企図の実現可能性を否定することに努めた。それは、時間がかかりすぎる、あるいは想像を絶する量の煉瓦を使うにちがいないという理由からだけでなく、そのように高層の建物は文字どおり地球と塔とのバランスが崩れて、転覆してしまうと考えたからである[★025]。

その一方で、バベルの塔がもつ多くの「存在の起源」としての機能に魅了されたキルヒャーは、次世代の人々がコスモポリスの中心に建てる「ジグラット」を設計するうえでの類型《タイプ》として使われるようにそれを復原し後世に残した[★026]。

最後のコスメトロポリス

アメリカ人は、理由はさまざまだが、ことあるごとに原コスモポリスに魅了されずにはいられなかった。アメリカに

図11———ジェラール・ド・レレス Athanasius Kircher, *Turris Babel*, Amsterdam, 1679の口絵。神聖なる賢知が主任建築家に指示するニムロデ王に啓示を与えている。

とって、都市計画上の反省にはいつもバビロニア的厳格さが呼び戻された。野性の荒々しさをもつ植民地のなかにおのずと育ってきたものは、切開手術の後に、清潔となった街並にスラムが貼りついたまま再び縫い合わされねばならなかった。一八九三年と一九〇九年のシカゴおよび、一九三〇年のニューヨークにおける古典主義的なクリーンアップ事業（都市の浄化事業）は、アカデミックな訓練を受けた建築家たちが、オースマン的「切開」とバビロン的「シビックセンター」によって都市を設計しなおすという、整形手術のモデルケースであった。[★027]

　これらの事業と平行して、過去のもっとも偉大な文明の後継者としてアメリカが選ばれ、文明の発展に対して無比の責任をおっているという自負が一世を風靡した。ミズーリ州の上院議員トーマス・ハート・ベントンは、文明の空間が徐々に進化するという考え方を推し進め、それが旧世界の初期の中心たる、バビロン、ニネヴェ、テュロスから西の方角に進み、アテネやアレクサンドリア、ローマやパリ、アムステルダムやロンドン、そしてついには大西洋を横断して最後に発見された大陸、すなわちアメリカに落ち着いた、とした。[★028] アメリカの発見、そしてそこでの首都の建設によって、文明の「グレート・サークル」は閉じられた。世界の最後の仕上げに行き着いたわけだ。この考え方は、部分的ではあるがフレデリック・ジャクソン・ターナーが援用し、一躍広く知られるようになった。彼は折りしも一八九三年にシカゴで開催されたコロンブス博覧会（シカゴ万博）における有名なスピーチで、「アメリカ史におけるフロンティアの重要性」を論じた。「アメリカの社会的発展は、フロンティアにおいて継続的にくり広げられてきた。このつねに新しく生まれ変わり、生活に変化を与え、新たな機会をともなった西方への拡大を続け、原始的社会の簡素さに絶えずふれつづけるという点は、アメリカ的性格を支配している原動力にほかならない。この国の歴史において本当に着目しなければならないのは、大西洋岸ではなく、大西部である」[★029]。

　しかしここで提出されたグレート・サークルが西部において閉じるという考えは、じつはそう新しいものではなかった。バークリー主教は彼の有名な詩で指摘していた。

> 西方へ、帝国は進む。
> 最初の四幕はすでに終わり、
> 第五幕は日とともに幕を閉じるだろう。
> 時間の高貴な所産が最後(の幕)である。[★030]

結果的に悲劇だったのは、最後に発見されたものが他に先がけて創造の最終段階に入らねばならないことであった。サークルが最終的に閉じるということは、希望と約束の地が死の大陸とならねばならないことを意味した。

ハドソンリバー派の画家、トーマス・コールは一八三五年ごろ「帝国の進路」というタイトルで、バークリーの構成を五つの比喩的な絵のシリーズとして描いた[★031](図12・13)。ウォルト・ホイットマンは一八七一年以降、自著『インドへの旅』で、この論理の必然性を強調した。

図12(上) ————トーマス・コール、連作「帝国の進路」第3作「帝国の完成」1833–1866, New York Historical Society, New York (*Architectural Design*, 52, nos. 11/12, 1982)。

図13(下) ————トーマス・コール、連作「帝国の進路」第4作「帝国の破壊」1833–1866, New York Historical Society, New York (*Architectural Design*, 52, nos. 11/12, 1982)。

見よ、魂、汝は最初から神の御意志ではなかったか?
地は網の目によって結びわたされ、
民族、隣人が結婚し、嫁を授かるために、
大洋は交差し、距離は縮められ、
陸はひとつに繋ぎ合わされる★032。

この詩の冒頭の部分でホィットマンは、たとえばスエズ運河、大西洋定期船と太平洋ケーブル、そして大陸横断鉄道など、テクノロジーによる新たな不思議を、古代の七不思議と比較し、合目的的な創造的発展の理論を強調した。

ホィットマンは次のように彼の詩を説明した。「他のどの詩にもまして、この詩のなかに私が存在している。本質的で究極的な私が存在しているのだ。一貫していようといなかろうとこの詩には哲学などない……しかしそこで私を締めつけるのは進化、他のものから逃れつづけるという宇宙の目的の表明★033」。

一八八三年『センチュリー・マガジン』は、「ニューヨークは最後のメトロポリスになるか」と題された注目すべきウィリアム・C・コナントの小論を世に問うた。コナントはカルデアの都市(バビロンなど)の模範《モデル》としての重要性を認め、宇宙のカオスを「世界組織」に作り替えるそれらの都市の能力をくわしく論じた。彼は「世界組織が過去に経験した未完成の段階は一時的であり、部分的に不首尾におわっている(バビロン!)が、つねに進歩を求め、歴史的に顧みると突出した段階が主に三つ存在する。すなわち、バビロン、ローマ、ロンドンである★034」。

次いで、バークリーの先例に従って、コナントは次のように述べる。「旧世界は、西方に向かって動いている渦に文字どおりのみこまれてしまったかつての帝国の中心の多くを擁してきた……アメリカでの最後の目的地に到達する動き、そして結果的に、アメリカのメトロポリスが未来の偉大なる都市にちがいないことは、ここではこれ以上議論することなしに当然とみなしてかまわない」[★035]。

さらに、急速に成長しつつあった中西部の都市、とりわけシカゴから公然たる抗議の声があがったにもかかわらず、歴史が模範的な三位一体の正統的後継者としてニューヨークを選んだとするのも彼にとっては当然の成り行きであった。コナントがなしえたのは、ニューヨークは最後の「メトロポリス」でもなく、最後の「コスモポリス」でもなかったが、何よりも「最後のコスメトロポリス」にほかならないと論証することであった[★036]。

素敵！これぞ都市ね

アメリカの摩天楼が塔のパラダイムを継承するにあたり、シカゴとニューヨークの対立には象徴的なものがあった。シカゴの建築家は数多くの高層の商業ビルを建てたが、「摩天楼」と正確に呼びうるものはまれにしか生みださなかった。というのも、「摩天楼」とは、いかなる場合もその内なる意味に対応した記号的表現をまとう建築の一形態として理解されなければならなかったからである[★037]。高層で、天を突き刺さんばかりの塔のかたちをとり、白地に色を交えて光り輝くクラディング（被覆）、そして「ジグラット」のようなアウトラインを特徴とするニューヨーク型の建築は、「都市」のイデアが具現化されたものと容易に了解できよう。ニューヨークはしばしば「都市のなかの都市」と言われてきた。それに対してその他のアメリカ都市は、どんなに頑張っても、あるいはその規模や発展ぶりにもかかわらず、「次点者」あるいは「二番煎じの都市」という地位を脱することはできなかった。ニューヨークの「都市らしさ」は、お伽話的で、さらには陳腐で漫画的でさえある塔の鋸の歯のようなシルエットによるものと考えてもかまわない。

一九八一年二月一九日付の『ニューヨーカー』誌に掲載された風刺漫画(図15)がまさにそれだ。いくぶん派手な成りあがり風の男女が、ややスケール・オーバーの展望窓からマンハッタンのスカイラインを眺めている。この窓は、メトロポリス然とした風景を切り取る巨大な額縁の役割を果たしているようだ。男女のどちらもその壮観さに満足しているようだ。しかし、あえて女性に「素敵！　これぞ都市ね」という台詞《セリフ》を言わせて、作者バーナード・ショーエンバウムは、理屈よりも「女の直感」ないし、潜在意識に訴求して、記号的プロセスへの精通ぶりを窺わせている(たいていの漫画家の例にたがわず)。

世俗的風景、俗な主人公とこのメッセージの詩的な繊細さの対照は、地上の楽園がはらむ矛盾をほのめかす。バビロンの例において明らかとなった地上の楽園と天の楽園との間の張り詰めた関係は、ニューヨークをコスモポリスとする新たな「地上の楽園」、アメリカにおいて再び姿を現した。物質主義とプラグマティズムの対極に形而上学なるものへの希求を置く微妙なバランスが保たれている。マンハッタンの塔は、街《ストリート》の具象的なレベルをこえてスカイラインという抽象的なレベルに達している。まさにここにおいて「往時(illo tempore)」の先達たちと摩天楼とを結びつけるのに必要な抽象性のレベルに達するのである。[★038] 抽象性の度合いは「世界の不思議」のそれであり、なにか特別なモデルというより、ある秩序の状態を表す範例となる(図16)。

アタナシウス・キルヒャーの著になるあの注目すべき琥珀の書[『地下世界』(1682)]には、不思議な図像の刻まれた石を蒐集したローマの驚異の部屋のひとつから選ばれた、ウルブス・トゥリタ(塔の街)の不規則なスカイラインを示す琥珀[★039](図14)が載せられている。彼は、この琥珀がたんに珍種の街を示すのではなく、地下世界からの啓示にほかならないことに気がついていたはずだ。つまり、ウルブス・トゥリタのイメージは、ある塔の街ではなく塔の街の象徴となり、逸話のレベルから一般的な真実のレベルになった。

図14(上)────「ウルブス・トゥリタ(Urbs Turitta)」アタナシウス・キルヒャーの琥珀コレクションのひとつから見出された塔の街(Athanasius Kircher, *Mundus Subterraneus, De Onderaardse Wereld*, Amsterdam, 1682, Lib. VIII, p.29)。

図15(中)────「素敵! これぞ都市ね!」 1981年2月19日付の『ニューヨーカー』誌に掲載されたバーナード・ショーエンバウムによる風刺漫画。教訓的な明朗さでマンハッタンの本質が「都市のなかの都市」であることを示している。

図16(下)────『ニューヨーク−ワンダー・シティ』Interborough News Co., New York, 1945から出版されたみやげ本。アメリカの「コスメトロポリス」は、自ら「驚異の都市」あるいは「ワンダー・シティ」、つまり古代の世界の不思議の継承者であると宣言した。ニューヨークはバビロンと同じく驚異であることには変わらないが、独自の驚異も備えていた。背表紙に印刷されたジョン・ミルトンの言葉がそれを巧みに表現している。「そびえ立つ都市は喜ばしい。景気のいい都市のざわめきも」。

このような真実の認識の仕方は、もともとの意味を決して失うことなく、長い年月のなかで何度もくり返し経験されている。一五世紀の中ごろ『建築論』(1451–64)のなかで、スフォルジンダとゾガリアという塔状都市の倫理的・教訓的模範を発展させようと苦心したフィラレーテ。キルヒャー著『バベルの塔』を所有し、キルヒャーのバビロン的な塔を近代的で流れるような形に仕上げた螺旋状の塔計画(1784)のような巨大建造物をもって理想的共同体の表現としたブーレー。[★040] さらにはマンハッタンのアパートメントで「素敵！ これぞ都市ね」的体験をしている女性。

フィラレーテ、ジャック・ペレー、ブーレー、ブルーノ・タウトのようなヨーロッパ人建築家の提案は、大半が計画あるいはプロジェクトの段階にとどまった。逆に、アメリカのプランナーたちは、フレデリック・J・ターナーのいう「始源状態への回帰」あるいは「永劫回帰」、つまりはゼロからのスタートを切ることができたのである。[★041]

一七七六年のアメリカの建国によって、一ドル紙幣を通してつねに読まれることになる「時代の新秩序(Novus Ordo Sec[u]lorum)」が達成されたとき[★042](図18)、このモットーとともに描かれていたのが「ピラミッドと神の眼」であったにもかかわらず、「始源状態への回帰」は、百年後に比べてみると、さほど急を要するものではなかった。アメリカの国家的スタイルは、アンドレア・パラディオの揺るぎない権威とともに、「現存するもっとも完璧で価値ある遺跡たることにまちがいない」メゾン・カレに基づくべきであるとする、トーマス・ジェファーソンの主張は、やがて一九世紀末のアメリカ人建築家が深く嘆くことになる美的失敗の始まりであっただけでなく、アメリカならではの物質主義＝形而上学のバランスでいうと徹底したプラグマティズムに傾いていた。[★043] 百年後になって、正反対の側面が浮かびあ

図17(上)———エラスタス・ソールズベリー・フィールド「アメリカ共和国の歴史的モニュメント」(1876, Museum of Fine Arts, Springfield, Massachesetts)。アメリカ版の「ウルブス・トゥリタ(塔の街)」。過去を説明すると同時に、未来を予知している。

図18(下)———1ドル札の裏面「時代の新秩序[アメリカ]の誕生告知(Annuit Coeptis – Norvus Ordo Seclorum – 1766)」。

がってくる。一八七六年のフィラデルフィア百年祭にさいしてエラスタス・ソールズベリー・フィールドが描いた「アメリカ共和国の歴史的モニュメント」がその典型である（図17）。ここでは、ウルブス・トゥリタの巨大版とでもいおうか、七つの塔が直交するグリッド上に集められ、摩天楼の「展望台」のように並べられて天にも届かんとするさまは、最頂部に天使像をささえる大きな台座を想起させた。フィールドは、多面的なイメージをわれわれに提供している。一方でこれは、塔がデュランの描いた「ローマの墓廟」（図03）と共通する機能を果たしている点において、アメリカの過去を称える記念碑である。もう一方で、現在のアメリカという国家のアレゴリーと読み取ることもでき、さらには、モーゼス・キングの空想的な『ニューヨーク案内』に描かれたように、塔の頂部を連結している未来派的な高架鉄道から判断すれば、塔がバビロン的なものとして解釈されるようになる来るべき時代を予兆するものとも受け取れよう。[★044] 後者の場合、塔はまた、ワシントン・アーヴィングのそびえたつ「ドームや尖塔」の都市、すなわち彼の著書のなかで賢人オロッフが「……いちばん高い木のひとつに登ると、国中に煙がたちこめているのが見えた。……大量の煙がさまざまな不思議な形を作りはじめ、さらに空想をたくましくすると、ドームやそびえ立つ尖塔の形が朦朧とした暗闇のなかからつぎつぎと浮かびあがっては、消えていった」（図19）、というニューヨークの未来図を受け継いだものとも考えられる。[★045]

フィールドが教訓的な絵《タブロー》を描いたとき、アメリカ建築界の人間はこぞって、アメリカン・スタイルの建築にふさわしいものを模索していた。[★046]

文明のグレート・サークルに対するアメリカの責任の重さを感じていた人々は、ユング風に言えば「建築の集合無意識」を参照し、それまでの膨大なイメージとシンボルの貯えを熱心に掘り起こした。この探求の意図するところは明らかだった。アメリカがみずから「時代の新秩序」であることを示すには、「長い年月のあいだ受け継がれてきた古い秩序」の後継者にふさわしい建築様式をともなわねばならないということである。

パラディオの安っぽい模倣やその他のヨーロッパ様式に根をもつ折衷主義の建築は、足もとが見えていた。バビロン的都市の再現さえ、世界を未来へと導くべき国に必要なオリジナリティと統合性を欠いていた。[★047] この苦況を脱する唯一の方法は、振り出しに戻って建築を再構築することであった。[★048]

この課題は単純なだけに、芸術的総合性についての悠久の難問でもある。事実、これは人類の始まりから人々が忘れてきたものをむりやり思いださせることになる。記憶不可能なものを思いださなければならないのだ。

ジェイムズ・フレイザー卿が『金枝篇』を著し、忘却された過去を懸命に探求していたころ、ウィリアム・レサビーは一八九一年に『建築・神秘主義・神話』を世に問うた。レサビーは、建築の本質の重要性を強調し、建築の類型がわずかに変形しながら再現をくり返すことは避けえないと明言した。「建築史家は時代の変化にともなって相異なるい

図19———「そしてオロッフはわれに返り、急いでいちばん高い木のひとつに登ると、国中に煙がたちこめているのが見えた。注意深く見入ると、大量の煙がさまざまな不思議な形を作りはじめ、さらに空想をたくましくすると、ドームやそびえ立つ尖塔の形が朦朧とした暗闇のなかからつぎつぎと浮かびあがっては、消えていった」。マックスフィールド・パリッシュによる図（*A History of New York...*, Diedrich Knickerbocker, London, 1900の口絵）。

くつかの様式や過去の流派を重んじることがつねであるが、……文明の流れを遡れば、巨視的に見て、すべての建築はひとつである」[★049]。だが、この忠告は示唆に富んでいたにもかかわらず、無視された。レジナルド・ブロムフィールド卿は一九一三年の講演のなかで、ゴシック大聖堂が神秘の闇に包まれて突然登場した理由について新たな見解を提供したうえで、興味深い手がかりを示唆している（同じことは、ハンス・ゼードルマイヤーが多少遅れてくり返すことになる）[★050]。ルーカス・シャンプロニエールを引用してブロムフィールドは次のように書いている。「……われわれの思想と発見は、多くの場合、われわれの知見を直接的に引きだせる過去に加えて、意識的な知識では遡れない過去を視察した結果にすぎない」[★051]。

この非意識の知識あるいは直観は、おそらく太古の時代に塔を建設した人々とアメリカの摩天楼を初めて生みだした人々の間で共通していたものであろう。すなわち熱狂的で、非理性的な、おそらく無自覚ながら何かを祝しどこまでも高く建ちあげたいという欲望。ジョン・ラスキンは、一八五三年に初めてエディンバラで建築に関する講演を行ったさい、次のように表現した。「〈さあ、頂きが天にも届くほどの塔をたてよう〉。それ以後今日にいたるまで、人は技ある建築家になると高く建てようとする性癖をもってきた。宗教心からではなく、――まるで歌い踊るように、虚栄心から、子どもがトランプで塔を作るように――たんに精神と力が満ち溢れたがゆえにである」[★052]。ラスキンは、すべての塔は当然のごとく模範的な塔であるバベルの塔にたち返るということを認めていたが、すべての塔状建築に潜む衝動は、アルベルトゥス・マグヌスの「個物に先立つ普遍」[★053]としての前建築であり、すべての塔はまったくゼロの状態からデザインされるべきことを明らかにした。塔の建設にあたって参照されるのは、人々を駆り立てる意志と建築用語が未熟で、ただ山のような大構築物を築こうとするおぼろげな考えでしかなかった。そして事実、塔を建てんとする衝動は、見慣れたものの限界を試し、未知のものを探求するという冒険者の感覚を前提としている。これは結果的に、慣習的で伝統的なものを排除し、したがってモデルと類型《タイプ》が存在しないことを必要条件とする。最初に塔を建設した者は、イカロスとプロメテウスの好奇心にも似た衝動に突き動かされ、知識の壁を破るという仕事に着手した。★054 しかし、未知の世界は決してわれわれが想像するような不毛の地ではない。一定の元型的イメージから、形態なるものが生みだされていったのである。すなわち、ド・シャンプロニエールの「われわれが意識的には遡れない過去」とは、ある種のプラトン的思想と共通の領域と理解されねばならない。古代バビロニアの人々も一九世紀のアメリカ人もこの思想を分かち合い、そこから垂直性の概念と野心とを引きだした。永遠のグレート・サークルが完結するさいに、新世界と旧世界が出会うというのは、まさに蛇が自分の尾に食いついている図だ。その継ぎ目にこそ芸術的創造力が宿る。永劫回帰において現在と過去が出合う。ホイットマンの「地と地は接合された」のように、時代と時代がつなぎ合わされたのである。長きにわたり忘れ去られたかのように思えたものは、先例のない新しいものとして、すなわち万物《アポカタスタシス》の復興として姿を現わす。通常の定義と少し異なる解釈をすれば、創造の永劫回帰とは例えば次のようになる。

創造の過程においては、必然的に前例のないものでなければならないが、（永劫回帰のなかでは）つねに先例が創造者とその創造物との楔となり、その最終的な形へと導く。

アメリカの都市の創造に関わった人々は、しばしば「世界の不思議」に導かれていると考えていた。サミュエル・フィリップス・デイは「ペンは、アメリカの地で都市を計画することになるが、そのさい、バビロンという祝福された都市を思い描いていた。この学識豊かな聖職者によって与えられた草稿からは、規則性という点に関する限りその考え

方は根拠の確かなものと思われる。ペンはまた、それが少なくともカルデアの首都に匹敵する規模となることを願った、あるいはそうできると考えていた……」という。[★055] 美術史において、もっぱら商業ビルを扱っていたシカゴ派のなかで高貴なる野蛮人という役まわりを伝統的に与えられていたウィリアム・ルバロン・ジェニーは、実生活においては、シカゴ大学で「未開な種族、エジプト、アッシリア、ギリシア、ローマそして中世を含む、過去に興隆し、繁栄し、そして衰退したさまざまな建築様式の歴史に関する公開短期講座」を受けもつ、ブルジョワ出身の学究畑の人間であった。この講座はその後、おもしろさにはこと欠かないが、全体的にフランス風のアカデミックな手法をおびた『中西部の建築家と施工者』[★056](1883)の第一巻として一般向けに出版された。ホーム生命保険会社ビルの仕事に取りかかっていた折、彼は、「バベルの塔と張り合う高さを建てようとしている」と言明したという話だ。[★057]

エンパイアステート・ビルが、ハリカルナッソスのマウソロス王霊廟と他の六つの建造物に続いて、八番目の世界の不思議として名乗りをあげたことはなんら驚くに値しない[★058](図20)。セットバック(すなわち「ジグラット」状の)摩天楼がマンハッタンをメソポタミアに変えつつあったこの時期に、もうひとつの「不思議」、エルサレムの神殿が精緻なディテールをともなって再生されることも、論理的に当然の帰結として受け取られたはずだ。

ハーヴィ・ウィリー・コーベットと彼のパートナーであるフランク・ヘルムールは、われわれが今取り組んでいる問題にとってこれ以上深い意味をもつ人物はいないと思われるジョン・ウェズリー・ケルクナーという聖書研究家の考えに基づいて、ソロモン王の神殿の記念碑的な再生計画をうちだした。図面の仕上げは、ヒュー・フェリスによって行われた。彼は当時同じくコーベット&ヘルムールの会社と共同で、有名なセットバックを規定したゾーニング法に基づく摩天楼の外観を描く仕事で多忙であったが、そのかたちは、明らかに「白と金に輝くセットバックした塔が威風堂々たる姿で空に向かって三〇〇フィート(100m)建ちあがる」(図21)神殿のグレート・ポーチ(大玄関)と類似点を

もつ。[★059]

「ジグラット」のシルエットとアッシリア＝バビロニア的な、あるいはタフーリが指摘するように「反ヨーロッパ的な」装飾をもつ摩天楼は、当時においては最先端で、この考古学的正確さと建築的近代性をスムーズに混ぜ合わせようとの試みが模範的エルサレム／バビロンと近代アメリカとの類似を証明するものとして引きだされたというのは確かに納得のいく考えである[★060]（図22）。

このように「往時」と現在とを短絡して発想するのは、国家の始まりとそれに見合った建築を古代の驚異を下敷きとして権威づけを求める兆候であった。フィールドがアメリカ独立（1776）の一〇〇年祭に向けて塔の絵《タブロー》をデザインしたとするならば、（五〇年後に）ヘルムール、コーベット、フェリスそしてケルクナーは一五〇年祭の祝賀行事に向けて塔の計画に取り組むことになる。「ソロモン神殿が、ダビデ王の乱世下の動乱の日々の後の平和と繁栄の時期に建てられたものであることは周知のとおり」であるから、このモデルが、新たな世界秩序として、まったくオリジナル

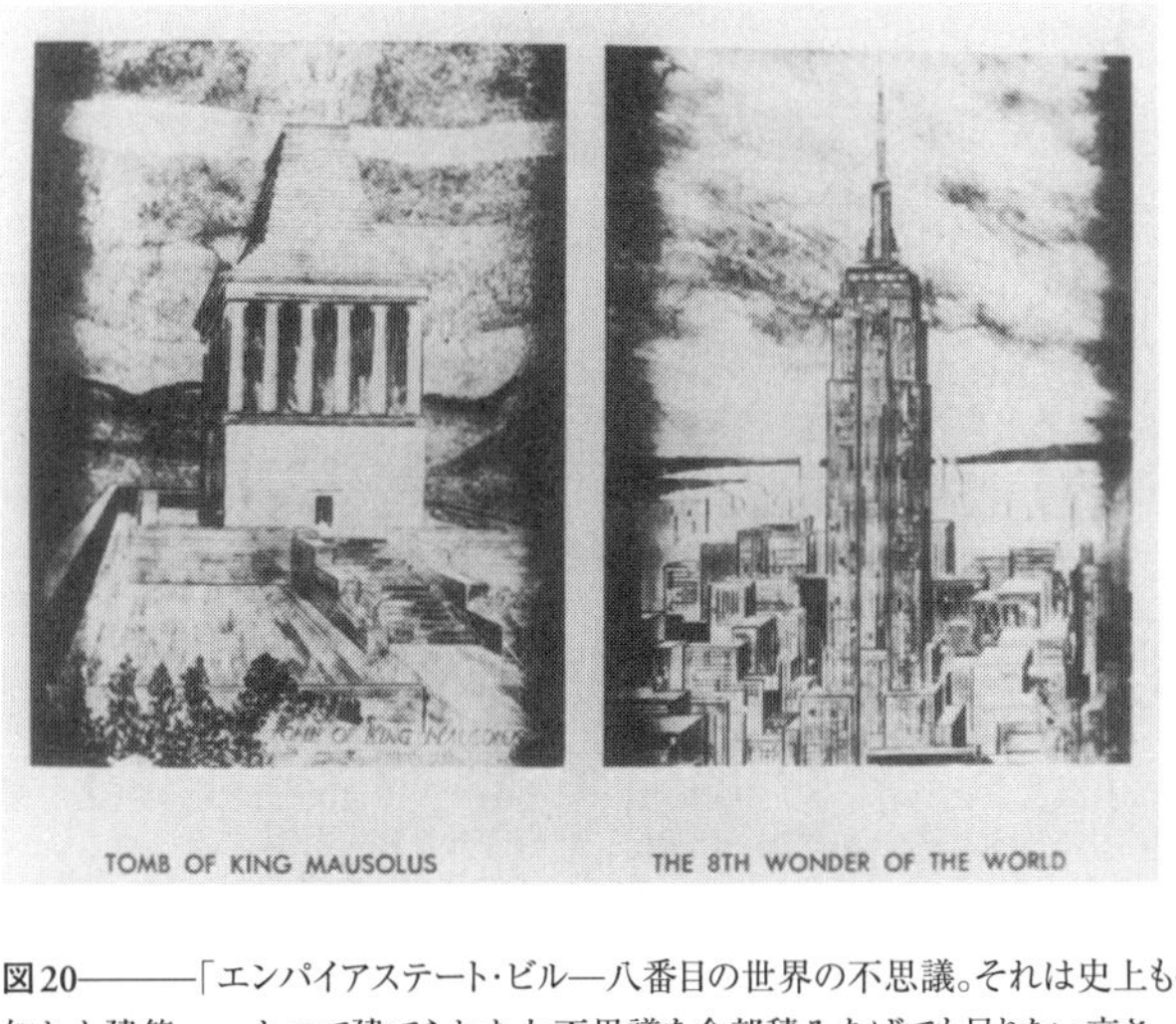

図20―――「エンパイアステート・ビル―八番目の世界の不思議。それは史上もっとも高く、名の知れた建築……かつて建てられた七不思議を全部積みあげても足りない高さ。それそのものが都市である。実存する驚異の都市である」。ロイ・スパークスによる八枚の図版より（Theodore James Jr., *The Empire State Building*, New York, etc., 1975, p.161）。

な建築様式の確立に十分役立つとみなすのはもっともと思われた[★061]。

神殿を再建する作業において、ケルクナーたちは預言者エゼキエルの幻視を建築的に解釈しようとする伝統に与《くみ》することになった。その傑出した先達といえば、ファン・バウティスタ・ヴィリャルパンダ、クロード・ペロー、そして当然ヨハン・ベルンハルト・フィッシャー・フォン・エルラッハたちである[★062]。

この複合建築のある部分はエルサレムの神殿が破壊されるようすをリアルに映しだし、また他の部分はバベルの塔が中止されたありさまを参照しており、とりわけグレート・ポーチ（大玄関）の部分はバベルの塔そのもののようでもある[★063]。そしてこの建築は、一時的に姿を消すようにデザインされていた。構造体にパイプ・システムが組み合わされ、観客がいないときには、多量の霧が建物全体をおおい、神殿の破壊という感動的なスペクタクルを演出するのである。観客を安心させるために、次のように添えられている。「たちこめた霧が消え去ると、建物は何ら害をこうむっていないことがわかるだろう[★064]」。

ここに示された建築の死への願望に、見せかけ以上の衝動を汲み取るかどうかは、アメリカが創造と破壊との継ぎ目のうえに乗っかっていることに思いをいたすか否かにかかっている。たとえば、サン・アンドレアス断層という継ぎ目がある。この断層の上にサンフランシスコが位置するという事実は、摩天楼を建てようとする者には、最大のリスクを負いながらも、もっとも劇的な建造物を建てたいという押さえがたい衝動を与えるものだ。ウィリアム・ペレイラ&アソシエイツのトランスアメリカ・ピラミッド（1972）の存在は、まさに人々を不安がらせるのに十分な例である（図23）。『タワーリング・インフェルノ』（1974）や『大地震』（1974）のようなパニック映画は、このような傾向の論理的帰結である[★065]。

創造と破壊はつねに緊張した共生関係のなかに存在してきた。ブラフマンとヴィシュヌあるいはツァラトゥストゥ

図21（左）——— エルサレム神殿の「グレート・ポーチ」。空を背景に白と金に輝くセットバックした塔が威風堂々と300フィートの高さまで建ちあがる姿を表現している。ハーヴィ・ウィリー・コーベット、フランク・ヘルムールとジョン・ウェズリー・ケルクナー博士によるソロモン神殿の復元案。ヒュー・フェリスによる図面仕上げ（*Pencil Points*, VI, no.11, November 1925, pp.79, 86）。バベルの塔の形態がエルサレム神殿の観念にも浸透し、セットバック摩天楼となった。

図22（右）———「ホテル・ニューヨーカー」（シュガーマン&ベルガー，ニューヨーク8番街34通り，1930）。模範的エルサレム／バビロンと近代アメリカとの類似を証明するもの（絵葉書）。

ラの二元論。『摩天楼とその建設者たち』(1982)のなかで「摩天楼を建てるということは、平和時における戦争のようなものである。事実、その類似性は驚くほどであり、建設時の事故による怪我や死といった厳しい現実からも、われわれは自然の力を相手に闘っていることを思い知らされる」と書いたコロネル・W・A・スタレットにいたるまで、創造と破壊は、緊張した共生関係のなかに存在している。★066

対立する破壊と創造の融合こそ、摩天楼建築の世界において必要なことであった。「ものごとの中心につねに存在する解体と構築は、破壊と創造を継続する活力とバイタリティの存在を証明している」とアール・シュルツとウォルター・サイモンズは『オフィス・イン・ザ・スカイ』のなかで書いている。★067

戦争と破壊は、創造の歴史においてはカオスから秩序を生みだす行為の構成要素である。ヴァイオレンス行為としての摩天楼の建設は、建築的環境のなかに秩序を確立するうえでの根源的な行為である。神殿から噴きだした煙は、聖なるエルサレムと現世のバビロンとを結合させ、セットバック型のグレート・ポーチ(大玄関)とバベルの塔を結びつけ、さらにジョン・マーティンの『バビロンの最後』(図25)に描かれているように、★068 多柱室(図24)とベルシャザールの宮殿をつなげる役割を果たす。

ルナパークの無邪気なアトラクションとしか見えないものは、★069 摩天楼を創造した人々の手にかかって、キルヒャーをして『バベルの塔――存在の起源に関する研究』を書かしめたのと同種の原理にのっとって、宇宙創造《コスモゴニー》の隔世遺伝的出現を果たしたのである。

図23――トランスアメリカ・ビル(ウィリアム・ペレイラ&アソシエイツ, サンフランシスコ モンゴメリー通り600, 1972)。最大のリスクを負ったときに実現される劇的な建造物。自らのオベリスクとしてのピラミッド。

われわれの背後に永遠が横たわっている

「この入口を見よ！　小びとよ！」と私は語りつづけた。「これには二つの面がある。二つの道がここで出会っている。まだこの道の果てまで行ったものはない。

こちらの長い小路をもどれば、永遠に通じる。あちらの長い小路を出て行けば、別な永遠に通じる。

これらの道はたがいに矛盾する。たがいに頭をぶつけ合う。――そして二つの道が出会うのは、まさしくこの門口である。門口の名は上にしるされている。「瞬間」と。

だが、誰かこの二つの道のひとつを進んでいく人があったとしたら、どんどん先へ、いよいよ遠く進んでいく人があったとしたら、小びとよ、おまえは、この二つの道は永遠に矛盾すると信じるか。

「すべての直線をなすものはあざむく」と小びとはあざけるようにつぶやいた。「すべての真理は曲線である。時間自体、ひとつの円である」。

「見よ、この瞬間を！」と私はいいつづけた。「瞬間という門口から、長い永遠の小路がうしろのほうに通じている。われわれの背後に永遠が横たわっているのだ。

あらゆる事物で、走りうるものはすでに一度この小路を走ったはずではないか。あらゆる事物で起こりうるものは、すでに一度起こり、なされ、通り過ぎたはずではないか。」

――『こうツァラツストラは語った』ニーチェ（高橋健二・秋山英夫訳）★070

図24(上)―――エルサレム神殿の「多柱室」。ハーヴィ・ウィリー・コーベット、フランク・ヘルムールとジョン・ウェズリー・ケルクナー博士によるソロモン神殿の復元案。ヒュー・フェリスによる図面仕上げ(*Pencil Points*, VI, no.11, November 1925, pp.80)。再び神聖なエルサレムが世俗的なバビロンに統合される(図25参照)。
図25(下)―――ジョン・マーティン、「ベルシャザールの饗宴」(1821: Jean Seznec, *John Martin en France*, London, 1964, plate 2)。

第3章

聖なる摩天楼と世俗的な大聖堂

世紀の変わり目のアメリカにはさまざまな魅力的な建築タイプが存在していたが、摩天楼の登場は動揺を引き起こした。摩天楼がこのように不安とともに迎え入れられたのは、主に不慣れと未知なる結末に対する恐れのためであった。ある者はその空前の高さにショックを受け、またある者は都市の変わり身の速さに恐れを感じた。これはごく当然の反応であった。未知なるものが日常的に経験される大陸においてすら、それは不安を惹起するものである。だが正反対のもの、すなわち見慣れたものによって同様の反応が起こったことは興味深い。マンハッタンの変則的なスカイラインの上に高くそびえる尖塔をもつ摩天楼は、中世の都市を支配した教会堂と酷似している(図01・02)。「大聖堂」と称されるビルも出現した。ステップバックしたシルエットゆえに、ニューヨークのパラマウント・ビル(1889)は、「映画の大聖堂」と呼ばれた(図03)。

たとえば「ヨセミテの大聖堂尖塔」(図04)など、メタファーとして「大聖堂」を用いた名称はめずらしいものではない。ル・コルビュジエが「機械館」(1889)を指して「この鉄の大聖堂」と言及したように、多くの場合、大聖堂との比較はその構造と内部空間に関わるものである。[★001] あるいは、グリーン・カテドラル(芝生の大聖堂)、すなわちウィンブルドンのセンター・コートの場合のようにまじめな分析の手がかりを提供する場合もある。ウィンブルドンのセンター・コートはゴシック教会と何ら関わりがないが、おそらくそれがヒーローに対する公衆の熱狂を特徴づけているために、大部分の人にとって十分に適切なメタファーとなっているのである。「レストランの大聖堂」[★002]の場合のように、時に関係がピンと来ない場合があるが、普通は、少なくとも形態上の類似がある。しかし、形態的要素にイデオロギーが付与され、まやかしの表現がとことん演じられるとなれば、無害とは言えなくなる。商業の大聖堂は、まさにそれだ。

図01——「宗教」(Hugh Ferriss, *The Metropolis of Tomorrow*, 1929)。

図02(上)———「中世と現代の摩天楼。聖と俗の逆転の歳月」(Claude Bragdon, *The Frozen Fountain*, New York, 1932)。

図03(下)———「映画の大聖堂」パラマウント・ビル(C・W & G・ラップ, ニューヨーク, 1926:絵葉書)。

そのなかに教会はひとつも含まれていない

アメリカ人が信仰深い人々であり、毎週日曜日には非常に多くの人々が教会にいくのは周知のことである。「事実、一見するかぎり、アメリカ人の第一の特質は、彼らが教会に通う人々だという点であろう」[★003]。一九世紀には確かに、教会に通う人々の数は非常に多かったが、宗教はまちまちだった。それぞれ新たに聖書を解釈して信者を獲得し、誇張して言えば、主張の数だけ教派が存在していた。宗教団体が異常なほど設立されたということを説明するには、意見、解釈、教義を鍵としてそれらを見なおす必要がある。ポール・ド・ルジエが自著『アメリカの生活』(1892)のなかで記した、ヨーロッパ人とアメリカ人の姿勢の主たる違いは、アメリカ人は信仰心からというよりも、文学的あるいは疑似哲学的修練として宗教を体験しているからである。教会の大半はその教区内に理性による結束を作りだしているので、教会は献身の場というよりは論争の場として特徴づけられる、と彼は論じている[★004]。国全体があらんかぎ

図04————「ヨセミテの大聖堂尖塔」(絵葉書)。裏面:「尖塔のひとつは岩からさらに700フィートの高さまでそびえたっている」。この高さは、メトロポリタン・ライフ・タワーとまったく同じ高さで、ウールワース・ビルよりは92フィート低い。

りの宗派の教会で満ちていながら、国家的宗教が不在なことも、外国人には明々白々である。アメリカ人の信仰ぶりに感動したと述べ、アレクシス・ド・トクヴィルに共鳴したジェイムズ・ブライスは、おそらくド・ルジエほどにはこの不在に気をとめなかった。彼は、「国家的宗教」と呼びうるものを構築するのは、このまさに驚くべき多様性であると結論づけて納得したのであった。[★005]

それにもかかわらず、社会総体を統合する規模での教会という考えは、アメリカ人の宗教的福祉や精神文化に責任を感じる人々の念頭を去ることはなかった。

国家的宗教という考えそのものは異端であり、憲法の条項に反することになるが、繁栄する都市の中心にすばらしい教会が建てられるべきであるという考えに刺激されて、次から次へと奇抜な思いつきが登場した。礼拝のためというよりも、問題は、そうした都市に繁栄と市民の誇りのモニュメントをうち建てることにあった。[★006]

長い間西部の移民たちは、日曜の礼拝を流浪の伝道者と粗末な丸太小屋で間に合わせなければならなかったが、繁栄がもたらされ始めると、誇りが頭をもたげてきた。一八九五年、モンゴメリー・シュイラーは次のような面白い話を記している。「遠く西部のとある急発展を遂げた街の住人がよそ者に対して、ホテル、サロン、そして〈オペラハウス〉のことを自慢した。そこで、そのよそ者は教会について尋ねてみた。[★007]〈じつはないんだ。建てようかという話もあったんだが、気取っているみたいに見えるじゃないかということになってね〉と、誉れある西部人はうちあけたのである。また、シュイラーが次のように述べていることから、この話は多かれ少なかれシカゴの場合にも当てはまる。「数々の印象の総合として記憶に残るシカゴの複合的イメージが、もっぱら街中の摩天楼と郊外の住宅によってつくられているというのは確かに不思議である。そのなかに教会はひとつも含まれていないのだ」[★008]。彼には、シカゴの人々が教会を「どちらかといえば些末な嗜好」と考え、それにお金を費やすのを好まないように思えたのだ。[★009]

シュイラーが外国からアメリカを訪れた人々の見解を知らなかったのは残念なことだ。そうでなければ、シカゴの街中には「公式の」教会、すなわち伝統的な教会建築はなかったが、そこには少なくとも二つの巨大な建物、すなわち図書室、日曜学校の教室、ビリヤード・ルーム、そしてティー・パーティと演劇のための部屋に囲まれたチャペルからなる、ド・ルジエが「宗教クラブ」と描写した建物があることに気づいたはずだからである。★010 それは「ウーマンズ・テンプル」(1890–02：図06)と「メイソニック・テンプル」(1890–02)の二つで、どちらもバーナム&ルートの事務所が手がけたものである。これらを見過ごしたのが、アメリカ生まれならばこそ、この二つを教会とみなさなかったためだとすれば理解できなくもない。実際、禁酒法の成立に一役買った「女性キリスト教禁酒同盟」はメソジスト教会のいわば独り立ちした娘であった。この組織が依頼した建物は、地上階に聖所を、そして、結局実施されることはなかったがフランス・ゴシック様式の尖塔を備えていたのである。アメリカの大都市内の「収益ある教会」として存在していたのはわずかの間だったが(一九二二年と一九三三年にそれぞれ取り壊された)、シュイラーは、この二つのビルの複合性ゆえに見誤ってしまったのだ。あるいは彼は、その建築的長所にさほど関心をもたなかったのである。この姿勢は後の批評家たちにも受け継がれることになる。★011

シュイラーが「アメリカは大聖堂建築の国ではない」と述べたとき、彼は大聖堂そのものを意味したのであって、エドガー・アラン・ポオが二〇世紀のニューヨークを洞察した『メロンタ・タウタ』で示唆したような種のものではなかった。

彼ら(ニッカー・ボッカー族、あるいはニューヨーカー)は富とファッションという二つの偶像を崇拝するために生みだされた一種のパゴダ、古代アメリカにおいて「教会」と名づけられた建物に対する偏執狂的性格に奇妙に悩ま

されたことを語っている[★012]（図06）。

一八四九年に書かれたこのマンハッタンに関する記述が、魔術的な洞察力の結果なのか、あるいは未来の都市を描くとき塔をもちだすわれわれに共通の想像力の結果なのかということは、問題ではない。注目すべきなのは、ここではすべての塔、言い換えれば次世代（二〇世紀）の摩天楼が「教会」と呼ばれている事実である。世俗の力は都市を勝ち取り、教会という衣を羽織って都市を支配するのである。

商業の大聖堂——ウールワース・ビル

一九一三年になってポオの戯画は、ニューヨークを舞台として、企画＝フランク・W・ウールワース（オーナー）、設計＝キャス・ギルバート（建築家）、実施＝ルイス・ホロウィッツ（施工者）という面々により輝かしい摩天楼として現実化した。思いつきはみごとなもので、フランス・ゴシック大聖堂の双塔をもつ、根っからの商業ビルだった。この建物は「商業の大聖堂」と呼ばれ[★013]（図07）、実際、著名な神学者、S・パークス・キャドマン博士によって正式にキリスト教の公認を得た。

> 夕暮に電灯の光を浴び、あるいは夏の朝の澄んだ空気のなかに建ちあがるその姿を凝視していると、聖ヨハネが目にした天国の城塞にも似た突き刺さるような空間が、感情を揺さぶり涙すら流させる。筆者はそれに目を奪われ即座に「商業の大聖堂」と声を出した。異邦の人々を、交換と取引によって、調和と平和のなかに共存さ

図05(**上左**)―――ウーマンズ・テンプル(ジョン・W・ルート, シカゴ, 1891: *W.H. Birkmire, Skelton Construction in Buildings*, 1894)。

図06(**上右**)―――「アメリカの宮殿(Templum Americanum)」:ひとつの宮殿で二つの偶像を同時に崇拝しようとするのはどうやらアメリカ人の間では一般的だったようだ。この17世紀中ごろに描かれたアタナシウス・キルヒャーの絵では、ポオの「富とファッション」の代わりに「太陽と月」が掲げられている。

図07(**下**)―――「商業の大聖堂」:ウールワース・ビル(キャス・ギルバート, ニューヨーク, 1913:絵葉書, キャプションは*The Cathedral of Commerce*, 1916から抜粋)。

左:「夕暮れ時に電気の照明を浴びているさま」。

右:「夏の朝の澄んだ空気のなかで神の楽園にある城塞のように宙を突き刺して光り輝くさま」。

—せるために選ばれた人間の精神の居場所。[★014]

商業の大聖堂は、礼拝の場としてデザインされた。しかし何を礼拝するのか。「商業」とは何を意味するのか。キャドマンは次のように述べている。「中世において宗教が芸術と建築を独占したように、一八六五年以来、商業が合衆国をそっくり乗っ取ってしまった[★015]」。

ウールワースは、建築家のキャス・ギルバートと建設会社のトンプソン＝スタレット社のルイス・J・ホロウィッツに託すはるか以前から、観念においてはきわめて明確に、この建物の計画を練っていた。施主の大番頭役をつとめたホロウィッツは、「このような高層の建物を建てる理由を探すにあたり、ウールワースの並はずれたエゴを考えに入れないと、誤るだろう」と建築家に忠告した。[★016]

物質主義の優越

ウールワースの動機を吟味するのはそれなりに価値がある。なぜなら、この動機が「出世」した人々の、半ば悲劇的状況をきわめて明快に反映しており、他の摩天楼の創建者たちに等しく適用できそうだからである。多くのヨーロッパ人にとって金儲けをすることは罪深い行為であるが、アメリカ人は品位の許容範囲をはるかに越えてそれを追求した。聖書によれば、キリスト教信仰は、ビジネスとはまったく相容れないものであるが、アメリカ人の場合は、キリスト教を多様な解釈で包みこみ、大いなる創意をもって自由を獲得したのである。ひたすら金儲けのために働くことは、封建的な旧世界に対する新世界の民主主義的な答えとしておおいに尊重された。

ジョージ・サンタヤナは、精神の自由と仕事に没頭する姿勢のなかに「アメリカニズムの分かちがたい本質」を見出した。働くことはビジネスと同等と考えられ、ビジネスが関心の的となった。[★017]アメリカ人の飽くことなき金銭欲と物欲は、外国人の非難と強い戒めの対象となった。なかでも、ラドヤード・キプリングやマシュー・アーノルドの見方はなかなか厳しいものであった。[★018]しかし彼らが物質主義に対する断固とした非難のなかで見落としてしまったのは、その背後にあるイデオロギーである。アンドリュー・C・カーネギー著『ビジネスの帝国』(1902)のようなビジネス理論は、事実に基づくもので、いわゆる理論的なものではなく、むしろ道徳理念、神秘主義、そして信仰心あふれるものであった。ビジネスのための擬似宗教理論を知りたければ、巧みに教訓的に書かれた『インペリアル・ハイウェイ、あるいは幸福と成功への道、セルフ・メイド・マン(叩きあげの人間)の伝記、彼らのビジネス的特徴、性質、そして習慣』(シカゴ1888)、あるいはオリソン・スウェット・マーデン著になる有名な『サクセス』(1897)や『最前線への疾駆《プッシング・トゥ・ザ・フロント》』といった一風変わった啓発書を読めばよい。

ビジネスでの成功は解放と同義である。人間はお金を獲得することによって奴隷的状況から解き放たれ自由になる。アレクシス・ド・トクヴィルが一八三四年に記しているように、民主主義は平等を意味するひとつの言葉である。[★019]この解釈の流れにしたがって、ジェイムズ・ブライスは一八九三年に次のように記している。「民主主義的な政府は現実的にはあまり関係ない……。物質的状況が平等であるほうがより影響力をもつ」[★020]。

これは、フランク・ロイド・ライトの「民主主義的建築」という表現のなかで使われている用語が、アメリカ人以外の読者にきわめて不可解なものと映るのは、民主主義なるものが一般的な解釈から奇妙なまでにずれてしまったからである。ライトが言おうとしたのはじつのところ、唯我独尊の叩きあげの人間《セルフ・メイド・マン》を対象とした、多勢に埋もれることのない建築であった。これ以上に意味深長な言葉はない。自分自身をつくりあげ、自分自身とその環境を発明し、処女地の庭に散らばる富をできるかぎりかき集めるために他の叩きあげの人間（皆、周知のとおり平等な機会を与えられて出発する）と競いあう、典型的なアメリカ人像。富をもっとも多く手にした者は、もっとも成功した者と考えられただけでなく、もっとも独立したもっとも「民主主義的な」人物と考えられた。

この自己創造の過程を経て、叩きあげのビジネスマンはやがて創造主と向かい合うことになる。この対面は通常は、富の獲得が果たされ施しが始まる地点でなされた。富の獲得が社会的義務と道徳的責任をともなうとすれば、その分配も然りであった。カーネギーは、自分の富の上に胡坐《あぐら》をかくことが非道徳きわまりないと考えた。「すべての金持は、ピット［1759-1806 イギリスの首相、通称「小ピット」］の記念碑のように自身について刻んでほしいと望むべきである。〈彼はうわべを飾ることなく生き、貧しく死す〉。このような人物こそ死後に尊敬を受けるわけで、年老いてビジネスから退き、その後も巨万の富を所有しつづけるものは、人々に悼まれることなく死に、尊敬されず、人々の詩文に歌われることもないのである」。★021

幼形進化

金儲けの儀式とは、参加者を無一文から出発させ無一文で終わらせる誉れ高い儀式である。その中間的段階は、つまるところ「出世」能力の証明にすぎない。せっかく金儲けに成功したのに、元の所有者に財産を返還するなど、とんでもないと思われようが、『レディス・ホーム・ジャーナル』誌の編集者であるエドワード・ボックは、「富をその源に戻す」システムこそ必要と雄弁に説いてまわり、「もし私に金儲けをする資質があれば、それを手放す資質も備えているはずではないか」というモットーをかかげていた。★022

このように故意に貧しくなる過程は、若返るという先祖返りに関連している。進化論においては、「幼形進化」(成人から、新しい系統の出発点として幼若期の段階への後退)と呼ばれている。アーサー・ケストラーの言葉によれば、ある臨界状態において進化は、「いわば袋小路へと導かれる道にそって各段階を後退し、新しくより有望な方向へとすがすがしいスタートを切る」のである[★023]。幼形進化は一般的に、心《マインド》が「創造的な前進飛躍にともなう観念形成の原始的モード」[★024]にたち返る過程で起こる。美術史、とりわけ「近代」美術においては、この幼形進化はブランクーシ、ピカソ、クレーの作品における原始的モデルへの後戻りに見出すことができる。アメリカの摩天楼もまた、都市建築の成熟した洗練から未完成で原始的な前バビロン的塔へという幼形進化的反転にその根をもっている。ジェイムズ・スターリングが一九八〇年八月一七日付の『サンデー・タイムズ・マガジン』誌の求めに応じて砂の城を造りあげたのを見れば、そのことがみごとなまでに示されていることがわかるだろう[★025](図08)。

図08———幼型進化した建築：ジェイムズ・スターリングと彼が制作したバビロンの砂城(*The Sunday Times Magazine*, 17 August 1980)。

この「一歩後退二歩前進」の原理を補足するのはキリスト教だけでなく、非常に多岐にわたる宗教的解釈である。死の不可避性をわきまえ、あえて新しい生活に与《くみ》するアメリカ的超越主義もそのひとつである。エマーソンはこの哲学的思想を「出世如何よりも生きること如何」というアフォリズム（格言）にした。★026 同時に、ビジネスは追憶に妨げられるべきではなく、満ち足りる重荷を取りのぞくことによって定期的に復興されるべきである。ガーフィールド大統領の有名な格言「若者が相続する財産のなかでもっとも豊かな（貴重な）ものは不足（貧困）である」以降、充足はビジネスで成功し出世するのに主要な障害物と考えられた。一八八五年のピッツバーグの学生たちに向けた講演のなかでカーネギーは、「勤労に専心する必要をもたらす太古からの名誉学位に生まれた、貧しき若者を祝す」★027とまで述べた。ルイス・サリヴァンやフランク・ロイド・ライトといった幾人かのすぐれたアメリカ人芸術家の生き方も似たようなものだった。きちんとした養育と教育に恵まれず、独学し、みずから英気を養ったのである。★028 ビジネス社会における「成功」と「生き残り」の条件は、教育ではなくひとえに競争力にかかっている。

競争

競争はビジネスの本質であり、自由に独立した個人が自然の法則に全面的に身を任せて闘いに参加する。闘いのルールは数こそ少ないが、無情なほどに明白である。ジョフリー・ゴーラーが述べているように、「人々を支配すること、〈権威〉は道徳上決して好ましいものではない。［しかし］物あるいは抽象的に物とみなされるもの（天然資源・商品・勤労・金銭・家財）を支配すること〈能力〉は道徳上中立的であり、ある範囲においては大いに称賛に値するものでさえある」★029。

成功は正義の目安である。「自己信頼」に関する有名な論文（1841）のなかでエマーソンは、独立した行動と自然の法則の一致を説明し、ありのままの自分に忠実であるかぎり自然の法則を自らの側に見出すであろう「自助」者のために道を示した。「能力は、自然界においては、正義の基本的な目安である」★030。

一九〇〇年にフランク・W・ウールワースが積みあげた能力は、年間の売り上げが五〇〇〇万ドルにも達する五九の店舗およびニューヨーク五番街「億万長者街」にある豪華な大邸宅となって具現化した。神話どおりと言おうか、ウールワースは質素な家庭に育ち、あからさまに学校を無視し、ますます俗悪な趣味に陥っていった。五番街の宮殿には、大仰な機械仕掛けのパイプ・オルガン・シリーズの第一号を見出すことができる。ルイス・ホロウィッツはこのパイプ・オルガンについて、敬意を表して次のように回想している。

> 彼のお気に入りのおもちゃは電気再生式のパイプ・オルガンで、パイプは宮殿風のインテリアのなかに巧みに配されていた。私は何度も彼がオルガンのところにいるのを目にした。曲自体は他人の心と技の成果にせよ、彼は意のままに速度と音量をコントロールした。演奏はこのうえない喜びを与えてくれると彼は私に語った。疲れているときやイライラしているときは何時間もたて続けに演奏し、心がリラックスし落ち着くまでやめなかった。★031

ホロウィッツが触れなかったのは、音楽にともなう並はずれた照明の演出と「芸術的な」視覚効果であった。ウールワースの伝記作家であるジョン・K・ウィンクラーは次のように記している。「偉大なクラシック・オーケストラが始まる直前に、ヴァーグナー、ベートーヴェン、リスト、あるいはメンデルスゾーンといった作曲家のいかめしい肖像画が薄暗い室内の壁の最上部のパネルに現れ、最初は微かに、そして照明のなかで目が慣れてくるにつれて、徐々にはっきりと見えてくる」[★032]。

正式な学校教育を受けず、みずから教養ある世界から亡命したこの叩きあげのビジネスマンが、ある時点で自分が人生の高次の段階に直面していることに気づき、これに対応しなければならないと感じた。しかし問題は、彼が個人主義的性格の持ち主であるために、言うなれば身を任せるべき教養的伝統をもっていなかったことである。教養が必要とあらば、即席かつ自己流にならざるをえないわけだ。

自己教養

何が自己教養を構成するかという理論はないが、あえてあげるならば、少なくとも次の三つになろう[★033]。幼若期の幻想と夢を甦らせることへの固執、過去の有名な叩きあげの人物との同一視により今の生き方を正当化する傾向、妄想の一歩手前。

ウールワースの俗悪なパイプ・オルガンは彼が「疲れたりイライラした」ときはいつも「心をリラックスさせ落ち着かせた」（ドラキュラ伯爵やネモ船長のような空想上の「イライラした」オルガン奏者と同様、俗悪な機械が治療効果をもっとの確信）。それほど風変わりではなく、むしろ、伝統的ともいえるのは、ウールワースのなかでじわじわと広がりつつあったナポレオン指向とでも言うべき野心であろう。彼の建物の一四階には彼の個人オフィスと業務用オフィスが設けられていた。エンパイアルームと呼ばれる業務用オフィスは、まるでナポレオンの部屋のようにしつらえられていた。ホロウィッツは次のように描写している。「竣工した建物にある彼の大理石のオフィスは、ウールワース・ビルの所有者たるものがどのような感受性をもっていたかを知る手がかりを与えてくれる（図09）。家具はすべてフランス帝政《アンピール》様式。彼の視線がもっとも多く向けられる壁には、戴冠式の礼服に身を包み、その傍らにジョセフィーヌを従えた等身大のナポレオンの肖像画が掛けられている★034」。ウールワースが、ホロウィッツ言うところの「王者病」を明け透けに表明しているのを見ると、感動的ですらある。彼の所有するすべての店舗に郵送された一九一四年二月二〇日の手紙のなかに、新しい住まいのようすが描写されている。「ヴェルサイユ宮殿所蔵の絵を直接模写した」ナポレオンの肖像画のほかに、彼の原寸大の胸像、「パリで購入され、ナポレオンの騎馬像をかたちどったブロンズ製の」インク壺、「より小さいがナポレオン像を乗せた百年前の文鎮」などがあった★035。ウールワースの経歴をひもといてみると、ナポレオンとの共通性が明らかになろう。ナポレオンもまた独立独歩の人物であり、ごく短い期間に非凡な才能を生かして広大な帝国を建設した。

　民主主義を唱えたにもかかわらず、アメリカには今日に

図09———「エンパイア・ルーム」、ウールワース・ビル内のフランク・W・ウールワースのオフィス（*The Cathedral of Commerce*, 1916）。

いたるまで帝国コンプレックスがある。ジョージ・バークリー主教は、一八世紀初頭に預言していた。

> 西方へ、帝国は進む
> 最初の四幕はすでに終わり
> 第五幕は日とともに幕を閉じるだろう
> 時間の高貴な所産が最後（の幕）である。[★036]

ハドソンリバー派の画家、トーマス・コールはこれを一連の「帝国の進路」（第2章図12・13）のなかに描写している。[★037] そしてニューヨーク州を帝国の州（エンパイアステート）と名づけた人物もこの理想を認めていたはずである。当然、エンパイアステート・ビルは、その神秘に包まれた領土に君臨するイデオロギー上の首都を意図していたのだ。[★038]

原理の栄光

ビジネスにおける競争は、必ずしも敗者を蹂躙するわけではなく、むしろ勝者の物質的な獲得をもたらす。ウールワースが同業者との競争に参加したあげくに、彼らをうち負かした事実を証明するのは、何よりも彼のバランス・シートであった。彼はそこで得た満足と栄光をナポレオンの模倣へと注ぎこんだ。もっとも、仕事の絶頂期にいたって、このような転身を図ったのは彼だけではない。ウールワースの後継者（在位1919–32）「もまた、ナポレオン的壮大さという思いに取り憑かれた」。[★039] 施工者でホロウィッツの同僚であるポール・スタレットは、回想録のなかで次のように記している。「私のボスであったハリー・ブラックは、ナポレオン・コンプレックスの持ち主であった。ナポレオン、さもなくばハリマン、ジム・ヒル、J・P・モルガンといった今日のナポレオンたちのように、ブラックは合併し拡張するのを好んだ」[★040]。

このようなふるまいは流行の精神的退行と解釈されるかもしれないが、ここでは億万長者たらんとの願望が成就されたときに示される自己教養の一般的なパターンとみなされるべきであろう。権力で人々を支配するよりも、その権力をもっぱら物に移し替えようとするのである[★041]。これこそが、おそらくアメリカの摩天楼現象のもっとも重要な一面である。権力は物質に、あげくは建物に変形されるのであった。

人体に類似し、支配的な存在感をともなった元型的な塔こそ、それを所有する者の理想的シンボルであった。摩天楼は、競争原理に基づく闘争を闘いぬくなかで建築的傭兵の役割を演じた(『アメリカン・シーン』(1907)のなかで、ヘンリー・ジェイムズはマンハッタンのダウンタウンの摩天楼を「怪物傭兵」と描写した[★042])。

ブロードウェイがシティホールパークにぶつかるところに巨大な塔を建てたいというウールワースの情熱が最後の拠り所としたのは、永遠性に対する欲望であった。建築家のレオポルド・エイドリッツは、彼の著名な建築理論、『芸術、とりわけ建築の性質と機能』(ニューヨーク 1881)のなかで次のように述べている。「建築の起源は、死後も生きつづけたいという人間の欲望を通して考えだされたにちがいない。われわれのこの短い命は、できるかぎり長生きするために捧げられる……。その後われわれは、身体を超えて生命を維持し、不死身となるために、われわれの個性を宇宙の精神《スピリット》と関連づけることを欲する[★043]」。過去のデータ・バンクとしての建築という考えは、ヴィクトル・ユーゴーの『ノートルダムのせむし男』とジョン・ラスキンの「記憶の灯」(「公共建築および住宅建築によって建築の真の完全性が得られるとすれば、それは記念的もしくはモニュメンタルになることを経てからである」)を通してもっとも良く知られている[★044]。

一九二九年、ミネソタ州ミネアポリス出身の台所用品王ウィルバー・フォーシャイは自らの財産を注ぎこんでオベリスクの形をしたオフィスビルを造りあげた(図10)。彼は建物の四側面の、人間に喩えればテニス選手がスポンサーの名前を表示するヘッドバンドの位置に、自分の名前を刻みこんだ。今では、フォーシャイという名が誰、あるいは何を意味するのか、誰ひとり知るよしもない。ウィルバー・フォーシャイという男は忘れ去られてしまったが、彼の名を戴くモニュメントは生きつづけ、一九八一年二月二日付の『タイム』誌に載った、イランに拘禁された人質の帰国に関する特別記事のなかで、「首」に黄色い蝶ネクタイを巻いて登場するほど人気があるのだ(図11)。

フォーシャイはこのスリルに満ちたプロジェクトのおかげで身を滅ぼし、獄中で最期を迎えるにいたったが、それでも存命中は二つの目標をもっていた。ひとつは永遠性であり、もうひとつはジョージ・ワシントンになることであった。この二つの目的を達成するために彼が使った方法といえば、効果的かつ単純なものであった。もともとオベリスクの建設は、気高い支配者を記念するにふさわしい伝統的な方法であった★045(チェザーレ・リパ『イコノロギア』(1593, 1611)図12参照)。バークリーの言う最後の帝国の初代大統領、ジョージ・ワシントンは高さ五五〇フィート(169m)という巨大なオベリスクの形をしたワシントン記念碑によって永遠性を獲得した。フォーシャイはまるで魔法使いの見習いのように、魔法の方法をひとつずつ真似た。まず彼は、彼の記憶を未来に伝えるであろう建物に姿を変え、決して消えないように名前を石に刻みこみ、崇拝する英雄を表現する記念碑と似た、オベリスク状の建物を建設したのであった。そしてこの二つのオベリスクは、まるでオウィディウスの変身のように互いに近づきあった。地元の詩人が、次のように唱している。

――国中で崇められる

図10———フォーシャイ・タワー(ウィルバー・フォーシャイ, マグニー&タスラー・アンド・フーパー&ジャヌシュ, ミネアポリス, 1929：絵葉書)。

かの塔の象徴
若者の幻想は
石と鉄によって正夢となる。

ウールワース・ビルは「小さきものへのモニュメント」であり、「生粋の愛国的アメリカ人、フランク・W・ウールワースが文明に捧げる巨大で不朽の贈り物であり、しかもこの建物が抵当あるいは借入れなしに建てられたという点で世界の大建築の歴史のなかでも無類のものとして存在する」と評された。この建物は、言い換えれば、所有者が資本主義の「原子的要素」たる富、すなわち五セント白銅貨と一〇セント硬貨をかき集めて財産を形成する［庶民向きデパートは「ファイブ・アンド・テン」と呼ばれた］という彼ならではのやり方を記念する建物と考えられた。これはまた、ウールワースが未来に備えていたことを表している。資金はすべて、汚れた利息という罪を負わない建物というかたちで公けに還元されているのだ。[★046]

ウールワースの贈り物が不朽の意味をもったことは、中世の様式に象徴されている。建築家であるキャス・ギルバートが建物の模型を抱えた姿(図13)を見ればそれが、プラハ大聖堂のトリフォリウムにあるペーター・パーラーの胸像(図14)にのっとって石工頭として刻まれたのがわかる。また、「マイスター・ビルダーズ」という表題がつけられた一九一三年の豪華な贈呈用の小冊子も、これと同じ動機によるものであった(「英雄《ヒーロー》」時代(1875–1929)の摩天楼は、もっぱら「手作り」で、決して、「機械時代を標榜する歴史書」で誤解されがちだったり、故意に誤った解釈がなされたりするような、プレファブ化の産物、つまり工場生産されたものではない)。

大聖堂のメタファーが姿を現すのはここである。ひとたび金と力が集められ、しかもナポレオンの時代が過去のも

図11(左)────擬人的な建築、すなわちフォーシャイ・タワーの「首」に巻かれた黄色い「蝶ネクタイ」(写真:Stormi Greener, *Time Magazine*, 2 February 1981)。
図12(右)────「原理の栄光」(Cesare Ripa, *Iconologia*, 1611(初版1593)より)。

のとなってみると、今度はチャリティの出番となる。建物は、個人の宮殿ではなく、公共の宮殿となるのだ。そして、ウールワースがかつて求めたのがナポレオンに優るとも劣らない大公の地位であったとするならば、今や彼はキリスト自身に優るとも劣らない聖職者となったのである。塔が高く立ちあがる建物の高い部分には、自己犠牲と救世主とを象徴するペリカンの姿を見出すことができる（図15）。商業の大聖堂は、喩えて言えば地上と天国を結ぶヤコブの梯子（世界の軸）となる。ル・コルビュジエがまさに的確に観察しているように、「古き大陸に対面してこの街（ニューヨーク）は新たな時代のヤコブの梯子をうち建てている。まさに腸にくいこむ一撃としてそれを受けとめなければならない」のである。[★047]

学問の大聖堂――ピッツバーグ大学

スタレット・ファミリーのもうひとりの大請負人、コロネル・W・A・スタレットが「摩天楼の建設は、平和な時代における戦争のようなものだ」[★048]と記したのは、何よりもこれらのとてつもないジャガーノート神「インドの破壊神」の破壊的な力を暗示したからである。神話が教えてくれるとおり、戦争と破壊は秩序を生みだすことにつながり、[★049]摩天楼の破壊的な力は、アメリカという荒野のなかに秩序を生みだすために導入されたといってもいい。事実そうなった。中規模の街が摩天楼（昔は教会かタウンホールがあった場所にある）のまわりに広がるというイメージは今なら十分に浸透している。一方で、この破壊的な力はまた、その製作者に襲いかかる危険性も秘めていた。建設費用はしばしば非常に高額となり、借入金と税金だけで何百万ドルという資金を飲みこみ、摩天楼の建設者の多くがそれによって、あるいはそれとともに滅びていった。[★050]これはまさに「学問の大聖堂」がたどってきた道である。学問の大聖堂も商業の大聖堂

図13(左)———ウールワース・ビルの模型を抱えるキャス・ギルバート。ウールワース・ビルの主階アーケード。

図14(中)———プラハ大聖堂のペーター・パーラーの胸像(John Harvey, *The Master Builders*, 1971)。

図15(右)———ウールワース・ビルの水落とし口：自己犠牲と救世主を象徴するペリカン(*The Master Builders*, 1913)。

と同じく、ゴシックを蘇らせるという点で、にぎにぎしい側面を見せていた。この建物は、建築家チャールズ・Z・クラウダーとピッツバーグ大学の学長ジョン・G・バウマンによってデザインされ、一九二六年から一九三七年の間に建てられた（図16）。その内容は「気高い高層建築によって大学の意義を表現する」[★051]という、簡素にして深遠なものであった。これは新しい考えでもなく、摩天楼の建設の可能性に必ずや沸き立つといったたぐいのものでもなかった。「フィラレーテ」（徳を愛する者）と呼ばれたアントニオ・アヴェルリーノは、一五世紀半ば、学問の塔をデザインし、「徳の館」と名づけ説明した。この建築はサド的な哲学が組みこまれている点で興味深い。つまり始めの段階では淫らな行為が求められながら、徐々に徳が積まれ、ようやく最高位の賢知の状態にいたるといった内容なのである。この物質的な世界から徐々に離脱する行程は、建物の階数によって表現されており、地上階には売春宿と酒場があり、二階には売春婦の寝所と巡警本部、ようやく三階になってお祭騒ぎが止み学問が始まるといった具合だ。そして四階から上は、通常の自由学芸が並び、最上階に観測台が設けられて、天地創造、天国、大地を探索する天文学なる科目が配されている。類似した内容は、一六世紀末にデザインされたジャック・ペレーの有名な「学問の摩天楼」に見られる（図17）。これには次のような文章が記されていた。「頂点まで登りつめ天と地、そして父と子と聖霊を崇拝し、永遠の栄光を称えるために存在する他の者を黙想せん。アーメン」[★052]。

学問の大聖堂とその先達者の明らかな違いは、前者がアメリカの建築文化の特徴とでもいうべき点でもあるが、実際にこの世に実現されたということ、つまり物質主義の跋扈《ばっこ》である。実務的な点から見れば、高層に建てる必要はまったくなかった。ピッツバーグ大学は広大な敷地を所有し、水平方向に建てたほうが便利で経済的だからである。ここに物質主義的超越主義に固有の矛盾が明らかに見て取れる。当然、効率よく常識的な評価の必要性が訴えられたが、それは想像力に欠ける投資者を相手にしてお決まりの儀式として中途半端に行われたにすぎなかった。宗教的熱

図16――「学問の大聖堂」(チャールズ・Z・クラウダー，ピッツバーグ，1926–37)。

狂をおびてなされたのは、「信者」に対し、「上昇の感覚に支えられて、力強く、恐れを知らず、崇高であり、そしてわれわれのこれまでの思考と生活の限界をはるかに広げる」[★053]仕事のためにこの世の財産すべてを捧げるよう諭すことであった。建物の高さは六八〇フィート（207m）、五二階建、そして様式はゴシックでなければならなかった。地上階は、ゴシック大聖堂スタイルの広大なホールで占められることになり、そのまわりをペンシルヴェニアの少数民族グループの様式で装飾された「民族の部屋」という名の教室（失われた過去の神話的復元、未到の地の記念）が取り囲んでいる。

この感動的な企てがいかに重要であったかは、高邁な「普遍学の理念」[★054]を、すでに国家の表現手段となっていた「高さ」と同等視しようとした、純粋な願いがこめられていたことに窺えよう。ヤコブの夢（創世記28：12―16）が改めて摩天楼というかたちで再現された。ロバート・フラッドの『両宇宙誌』第二巻（1619）に描かれたヤコブの梯子が示すのは、学問における段階的な位階を（ペレーおよびフィラレーテのモデルに見られたように）究め、最後の位階（この場合、フィラレーテの天文学というよりも「言葉」）を達成することによって、ほぼ自動的に天国に到達できるという、完成への道なのである。

一九二九年、大恐慌のさい、学問の大聖堂はまだ完成していなかった。コミュニティは破産し、空っぽの財布と塔の半分が後に残された。しかしながら、バウマンは、不況のどん底で、塔を布きれや板を寄せ集めて一時的にしのぐがごとく、資金集めを開始した。その結果、まさに中世に行われていたように熱狂的な愛国心と宗教感情に支えられ、潤沢な資金が集まり、一九三七年にいたって盛大な竣工式が執り行われたのである。[★055]

スカイラインに十字架の復活を！

世俗の垢にまみれた摩天楼によって伝統の聖域を踏み荒らされた教会側が、まず権利の侵害として、次に敵意をもって、その後は復讐の念もあらわに、きわめて迅速に反応したのも、何ら驚くに値しない。それまで唯一天と地を結んでいた教会建築を制圧するように摩天楼が立ちはだかったのだ。高名な教会建設の権威ラルフ・アダムス・クラムは、一八九九年に早くも摩天楼に対する攻撃を開始した。

> 教会は、環境に適度に順応することによって、新たな状況に適応していかなければならない。……われわれは、低い壁、多くの小さな造作、ほっそりとした尖塔、そしてその他さまざまなアメリカならではのデザイン的特徴をもつ教会が、そびえたつ住宅ブロックや商業建築に囲まれ、ぽつねんと置かれているのを目にする。教会は周囲の建物のグロテスクでくだらない軒蛇腹《コーニス》の影に甘んじるただの塔となってしまっている。★056

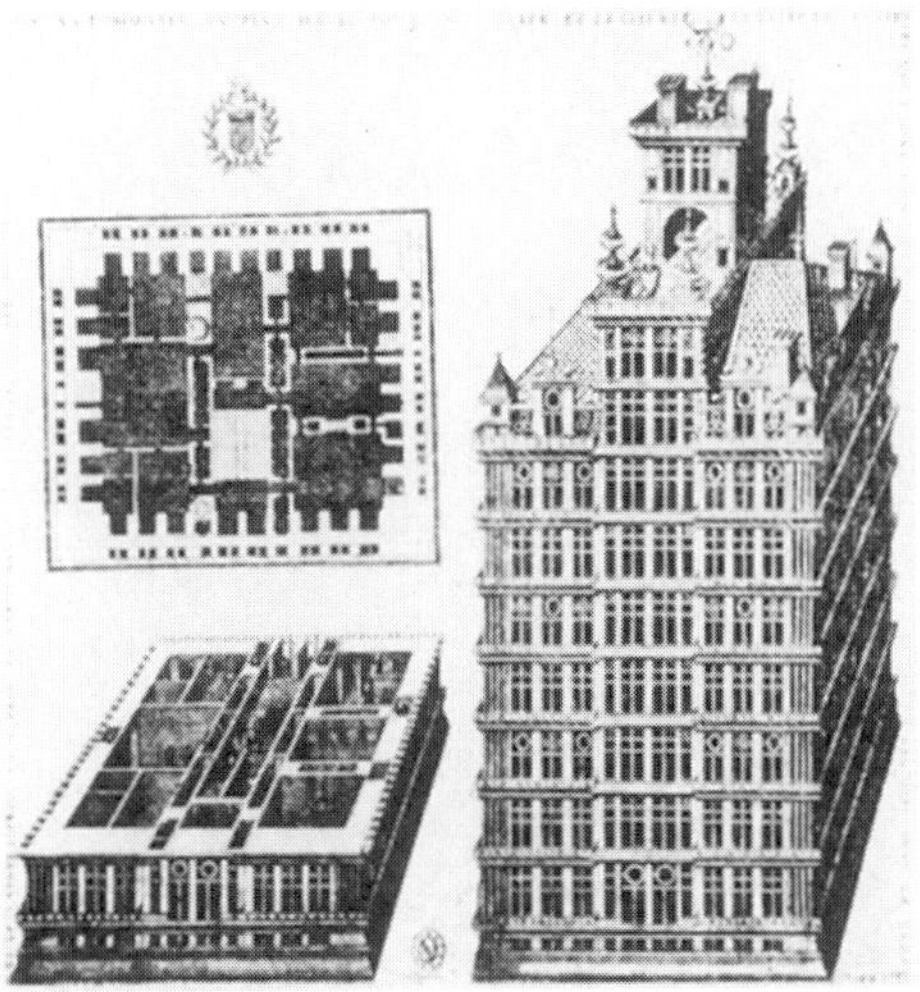

図17―――ジャック・ペレーによる「学問の摩天楼」(Jacques Perret, *Des fortifications et artifices d'architecture et perspective*, 1601)。

ニューヨークの商業の塔に栄光を剥奪された最初の例は、ブロードウェイとウォール街の交差点に建つトリニティ教会であろう。教区に蓄積された富は、今も昔も膨大であるが、トリニティ教会は人々がアップタウン（山手）に移り住んだことによって教区民を失いはじめ、ついには周辺の高層建築の林のなかに埋もれてしまうことになった（図18）。最後には、その唯一の存在理由《レゾン・デートル》は、摩天楼を測るスケールの役割を果たすことであり、さらには「あの崇高なるトリニティ教会を矮小化」し「蝕」にしたという誇りを喚起することですらあった[★057]。

クラムの怒りは、一九二一年に巨大なコンヴォケーション・タワーを設計した、彼の弟子であるバートラム・G・グッドヒューに受け継がれる[★058]。ヒュー・フェリスの暗く不気味な透視図のおかげでこの建物は広く名を馳せた。それは、全体を炭筆で暗転し、部分的に白色をつなぎあわせてその闇を破っている。地上近くの部分が光の炸裂になって一定の無重力感を暗示し、他方、頂部は小さいが強烈な光で照らされ、さながら新星の発光をともなった十字架が浮きあがっている（図19）。これは、突如として世俗の模倣者を罰しはじめた復讐の天使とでもいうべき存在だ。この建物は、マディソン街に建てられる予定であったが、この広場こそ、メトロポリタン・ライフ・タワーと古株のフラティロン（フラー）・タワーの双方を叩き潰すにふさわしい絶好の闘技場であった。

このドローイングは、一九二二年四月にシカゴで行われた恒例の「建築展覧会」で展示され、すばらしい成功を収めた。『ウェスタン・アーキテクト』誌は、次のように記している。「プロテスタントの宗派の中心的活動に場を提供するために、バートラム・G・グッドヒューが提案したコンヴォケーション・アンド・オフィスビルの透視図は、それが掛けられた部屋を独占し、当然のことながら、展覧会きってのすばらしいドローイングであった[★059]」。

ここに解決の鍵があった。教会とオフィス・タワーをひとつにまとめるのである！　このアイディアはすぐさま成功し、「収益教会」として知られるようになった[★060]（図20）。

図18———アーヴィング・トラスト・ビルのせいで蝕となったトリニティ教会。

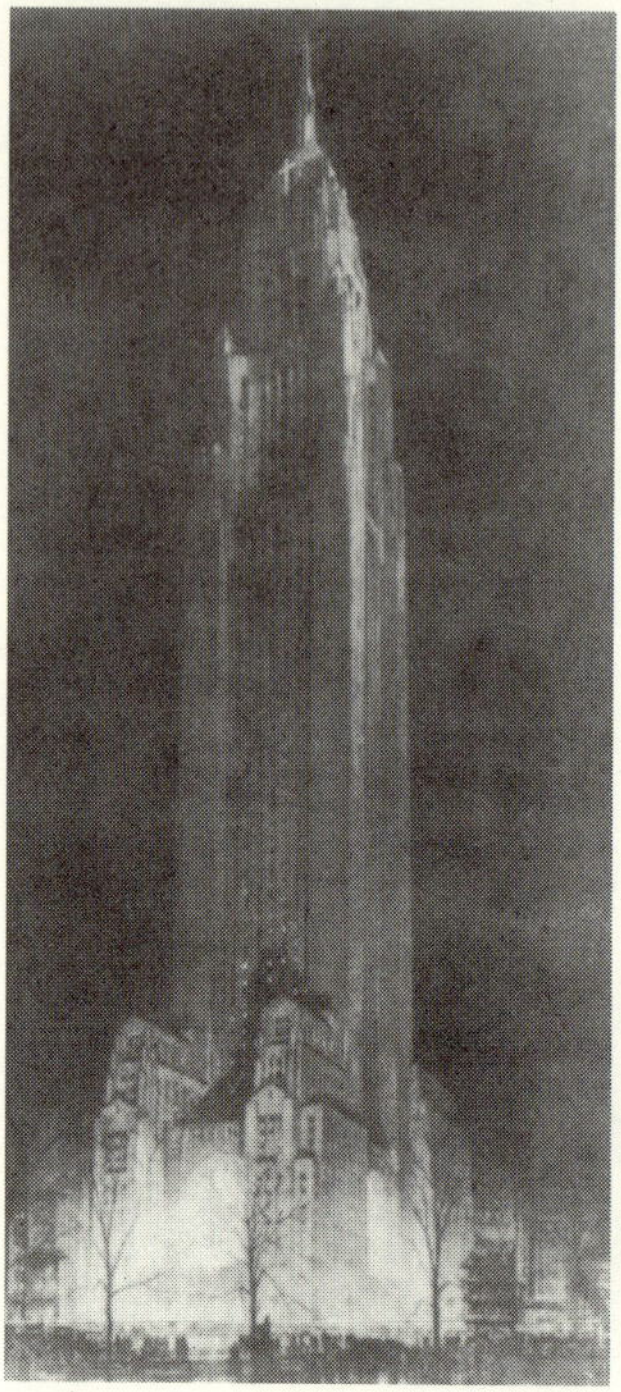

図19(左)———バートラム・G・グッドヒューによるコンヴォケーション・タワー(1921: Hugh Ferris, *The Metropolis of Tomorrow*, 1929)。
図20(右)———「収益型ビルの建築家によるスタディ」(M.W.Brabham, *Planning Modern Church Buildings*, 1928)。

図21———シカゴ・テンプル(ホラバード&ローチ, 1924：絵葉書)

コンヴォケーション・タワーは残念ながら実際には建てられなかったが、高貴なる後継者を生んだ。一九二四年にホラバードとローチによって設計された、シカゴ最初のメソジスト教会、シカゴ・テンプルである(図21)。このプロジェクトは、一九二三年九月八日に刊行された『シカゴ・コマース』誌のなかで次のように紹介された。「地上から尖塔の先端まで五五六フィート(169.5m)立ちあがるシカゴ・テンプルは、世界で二番目に高い建物である。……これは世界でもっとも高層の教会であり、ヨーロッパのどの大聖堂よりもはるかに高い。またこの建物は、ワシントン記念碑よりも一フィート(30.5cm)高い」[★061]。それまであったシカゴにおける高さ制限の法令は変えられる運命にあった。そして多くのシカゴ市民にとっても、この街で勢力をもつメソジスト派の集団にとっても(時はメソジスト派が勝利した禁酒時代の真っ只中)、ニューヨークの摩天楼の過ちを正し、教会に改めて空の支配権を確立することは、十分納得のいく考えに思われた。この考えはまさに絵に描いたように実現された。建物は、野心的なオフィス・タワーのような形をしていたが、「肩」の部分には、サント・シャペルのミニチュア版で、高速エレベーターでアクセスできる「スカイ・チャペル」がのっていた。スカイ・チャペルの本質というと、建築におのずからにじみ出る良心を収めるために巧みに考えられた場所なのである。そこには、オリーブ山でエルサレムの運命を嘆き悲しむキリストを描いたレリーフが見慣れない方法で照らしだされていた。この構図は、地上階の聖堂に飾られた、キリストがエルサレムを見下ろしながら思案に耽る似たタイプの図と対応している。「もしこの日におまえも平和の道をわきまえていたなら……」(ルカ伝福音書19:42)(図22)。エルサレムはこのスカイ・チャペルではシカゴに置き換えられ、キリストはシカゴ環状線《ループ》を見下ろしているのだ! 丘や土造の小屋の代わりに、ユニオン・カーバイド・ビル、リンカーン・タワー、そしてシカゴ・テンプルの登場によって高さ第二位に甘んじ、まちがいなく嫌われていた高貴なる犠牲者、ジュウェラーズ・ビルが描かれている[★062](図23)。

著名な事務所がデザインしたにもかかわらず、シカゴ・テンプルはモダニストたちの偏見のために悪趣味とされ、ほとんど知られぬままであった。かくしてギーディオン以降、この建物はアメリカ人建築史家に無視され、とりわけシカゴ派のイデオローグ、カール・W・コンディットの無視ははなはだしかった。[★063] 外国人のモダニスト、クヌート・レンベルク＝ホルム（未応募のシカゴ・トリビューン設計競技案で有名になった）は、シカゴ・テンプルのドローイングを作成し、裏面に「シカゴ・ダダ・ゴシック」と記して友人であるオランダ人建築家、J・J・P・アウトに送った。[★064]

宗教的覚醒がすべての大都市の中心部に蔓延しはじめた。そして、メソジスト教会はそのなかでもとりわけ攻撃的であった。スカイ・チャーチは、マイアミ、ピッツバーグ、ミネアポリス、フィラデルフィア、そしてそのすべての発祥地であるニューヨークの中心部で、一九二四年から建てられるようになった。[★065] 一九二九年の大洪水を見通したかのように、ニューヨークのメソジスト・コミュニティは、最後の全面的な攻撃に力を注いだ。ブロードウェイ・

図22（上）―――エルサレムの街を見下ろし思案に耽るキリスト。シカゴ・テンプルの地上階の聖堂に飾られたレリーフ。
図23（下）―――シカゴ環状線を見下ろし思案に耽るキリスト。シカゴ・テンプルのスカイ・チャペルに飾られたレリーフ。

テンプルは、時代を超えてもっとも高層の建物、「究極の復讐の天使」となるはずであり、ワシントン・ハイツとして知られている、マンハッタンの山手の岩盤のうえに高々と建てられるはずだった（図24）。建設者の念願は、「スカイラインに十字架の復活を」というスローガンに要約されている。★066

擬神化

この行為の論理的根拠は、ブロードウェイ・テンプルの写真集のなかで明らかにされている（図27）。

> ニューヨークでは、あまりに長く世俗建築が景観を支配してきた。オフィスビル、ホテル、そして巨大な塔状のアパートメント・ハウスが、もっとも高い教会の尖塔すらも矮小化し（!）、われわれの目から宗教的なしるしのもつ重要性をますます奪い去り、若者の心に宗教はもはやたいしたものではないとの考えを植えつけた。マンハッタンは、自他ともに「商業の大聖堂」、あるいは「映画の大聖堂」と認められることになってしまった。いったいこの状態がこの先どこまで進むのか。しかし、ともかく建てることだ。われわれの救世主のほとばしり出るような愛のシンボルを、マンハッタンの空高くに掲げよう。昼間の陽光に光り輝き、夜の照明に照らしだされるサインと驚嘆。文字どおり、そして造形的に「汝の光を輝かせ」との言葉を守り、それを形にも表すのだ。★067

この言葉を読んでみると、その主要な攻撃の対象がウールワース・ビルなのは明らかだ。たとえば「昼間の陽光に光

図24———神格化された建築、ブロードウェイ・テンプル（ドン・バーバー , 1924: *'The Broadway Temple' album*, 1924?）。

り輝き」や「夜の照明に照らしだされ」というフレーズは、実際ウールワースの献呈冊子から取られたものである。ブロードウェイ・テンプルの設計者はいちだんと高くそびえるウールワース・ビルを強調した図版(図25)をパラフレーズして、まやかしを弄《もてあそ》ぶ者はみずからの武器によって身を滅ぼす運命にあることを示そうとした★068(図26)。比較をはっきりさせるため、ブロードウェイ・テンプルは(実際にはビジネス街の数マイル北にある)便宜上、マディソン街とメトロポリタン・ライフ・タワーの近くの位置に描かれた。ウールワース・ビルの頂部近くに浮かんでいた月は、さながら光背がさすようにブロードウェイ・テンプルの真後ろに滑りこんだ。ブロードウェイ・テンプルの絵にはかならずこの種の光背がさしている。かくしてこの建物は、「擬人化」ならぬ「擬神化」への道をたどることになった。

　この野心的なプロジェクトに言及する文献数が限られており、しかもそのいずれもこの建物が、少なくとも部分的に、現実に建てられたという事実を伝えてはくれない。もともと財政的な支えも潤沢であり、その時代きっての最適な設計者に委託された。ニューヨークに住む傑出した、想像力豊かな建築家、ドン・バーバーである。彼が実際の計画を作成し、プレゼンテーション・ドローイングはヒュー・フェリスたちによって描かれた(図24)。バーバーはその後、間もなく(1925)この世を去り、この仕事はヴールヒース、グメリン、ウォーカーの事務所に引き継がれた。さらにその後、第二次世界大戦が終わってから、エンパイアステート・ビルの建築家、シュリーヴ、ラム、ハーモンが後任となり、未完のままで今日眼にする姿につくりあげられていく。現在建っているのは、収入の大半を稼ぎだすことを目的とした互いに隣り合う二つのアパートメント・タワーである(図29)。巨大な聖堂、劇場、プール、バスケットボール・コート、日曜学校、そしてオフィス群が入った中央のタワーは、建設されていない。スタレットが示唆した戦争は、荒々しく破壊的なものであった。教会は突撃の声とともに資金を使い果たし、それに追い打ちをかけるように一九二九年の大恐慌がやってきた。

図25(上)———巨大なビル、タワー、教会の尖塔が密集する峰々は、「もっとも高く、気高い建築の座を競い合っているかのようだが、そのなかでも突出してそびえたつ無敵のウールワース・ビルは落ち着き払った余裕の表情を見せている」(H.A.Bruce, *Above the Clouds & Old New York*, 1913)。
図26(中)———「スカイラインに十字架の復活を!　昼夜を分かたず、星空の下でも、嵐雲のなかでも、この光り輝く十字架は恵まれすぎた都市生活のなかで宗教のあるべき姿をわれわれに示しつづけるだろう。かつてはマンハッタンのスカイラインに浮きでた教会の尖塔が見慣れた風景となっていた。今ではあの昔なじみのトリニティ教会でさえ石壁を背景に空しく建っている。数百もの教会が沈んでしまった。視野の外に、記憶の底に……。去る者は日々に疎し。もう一度、宗教的なものがニューヨーク市民の視野と心をいちばんに捉えるようにしなければならない」(*'The Broadway Temple' album*のレンダリングへの原注)。
図27(下)———「汝の光を輝かせ」(*'The Broadway Temple' album*)。

図28———「この気高い下町の教会には、日曜の礼拝に朝晩大勢の人が群がり、年間を通して「週7日間省("Seven Days a Week" Ministry)」の活動が行われている。つい最近、教会が建つ2区画以外の一帯を買い入れ、4百万ドル規模の建築予算が採択されて、この計画案は大きく前進した」(*The Christian Advocate*, September 9, 1926, part II, (167)1255)。

上:ウェズリー教会(A・B・ボイヤー, 計画案, ミネアポリス:*The Christian Advocate*, September 9, 1926, part II, (167)1255)。

下:ウェズリー教会(ミネアポリス, 一部完成, 現在と同じイースト・グラント通り115, 1926–28)。

図29———現状のブロードウェイ・テンプル(ニューヨークのブロードウェイ173,174通り)。

同年、ヒュー・フェリスは自身のドローイング・コレクション、『明日のメトロポリス』を出版した。それはどうみても「明日」の展望とはなっていなかった。それどころか、暗い、炭筆の巨大ではあるが実態のない建物のシルエットは、ノアの洪水以前の建築にわれわれを引き戻す。他に比べてはるかに高い建物は、宗教すなわち、信仰、希望、そして慈善を収めるスカイ・チャーチである(図01)。この「宗教」に並ぶのは、きわめてもろいシカゴのメイザー(現リンカーン)・タワー(1928)とミシガン・タワー(1928)、そしてニューヨークのマンハッタン銀行ビル(1929 現ウォール街四〇)とクライスラー・ビル(1929)のような世俗建築であり、そのか細く上に向かって立ちあがる姿は、ポントルモとパルミジアーノが描く細長い人体表現を思い起こさせる。マニエリズムの美的理想は、禁酒時代、原理主義、そしてブラック・ウェンズデイ、サースデイ、チューズデイの時代の絶望的な垂直志向の背後に見え隠れしているようだ。ヒュー・フェリスは暗い影を運命づけられたみずからの描いた都市と厳格な聖書のモデルとの類似性を十分認識していた。『明日のメトロポリス』の最後のページは、暗示的に右下が損傷しており、「神の姿に似せて生まれた」というフレーズは、あたかも神の怒りの炎によって焦げたかのように、乱暴に引き裂かれている(図30)。

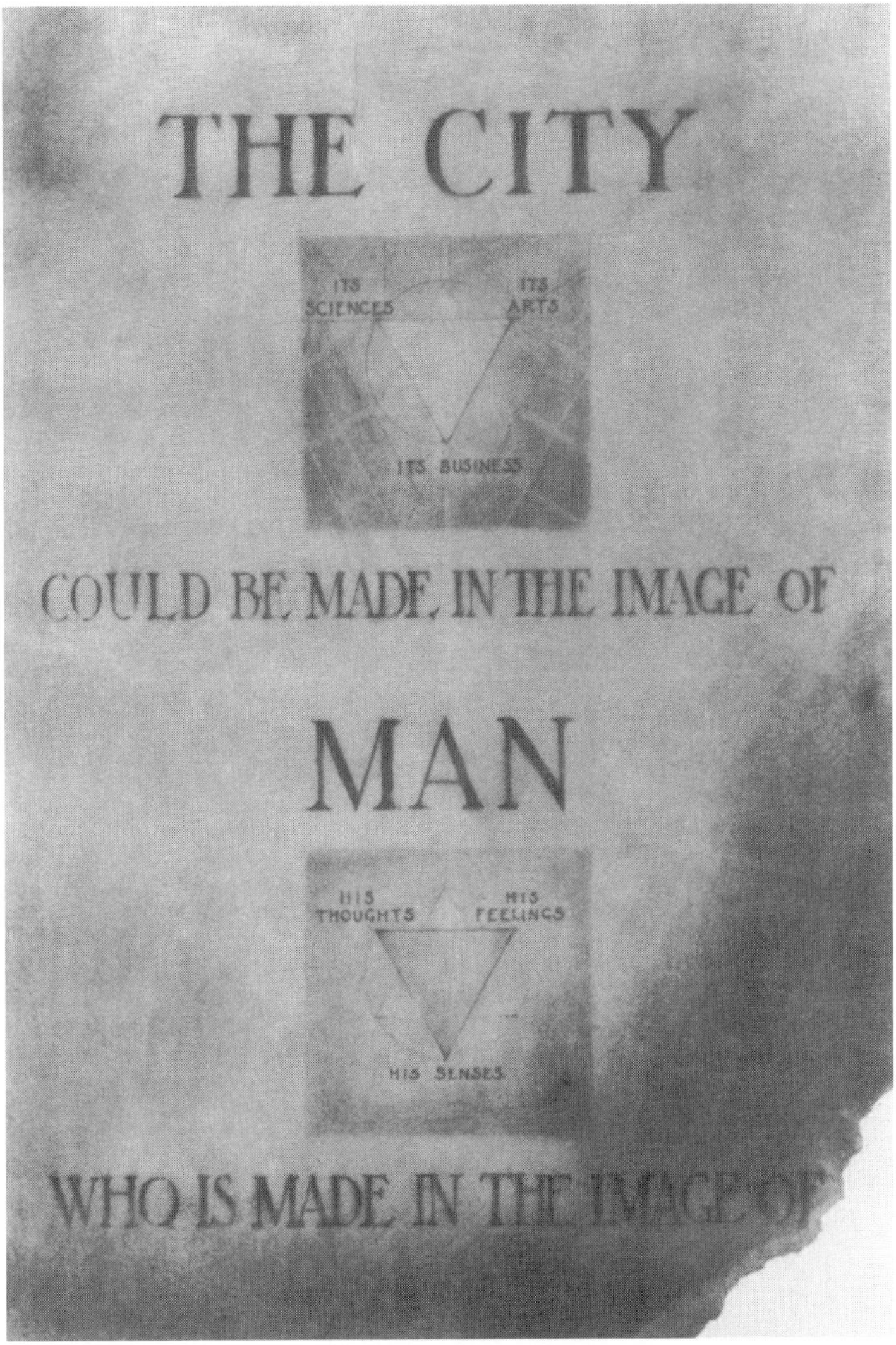

図30———あたかも神の怒りの炎によって焼き裂かれたように見えるページ(Hugh Ferriss, *The Metropolis of Tomorrow*, 1929)。

以下は、一八七五年ごろのニューヨーク市のダウン・タウン地域における摩天楼の登場に焦点を当てる。

「成長は、おのずとニューヨークにもたらされる」。——フレミング&ケイツ(ニューヨーク 1929)[★001]

「数限りない混雑した街路、鉄でできた、ほっそりした、強く、軽く、澄んだ空にすばらしく高く立ちあがる塔の急増」。——ウォルト・ホイットマン「マナハッタ」[★002]

第4章

自然成長の神話*

総奏——新聞ビジネスの夢

「すべての都市は人間のなすがままにつくられ、存在する。しかしその成長は、自然界の進化の過程に従う。それは、人工的成長とはいえ、芸術が自然と結びつくもので、都市建設における至高の芸術は、この結びつきを完成させるものにほかならない」。

この文章は、すでに完成した状態に達した都市、ニューヨークを再創造するという記念碑的な計画であるトーマス・アダムス著『都市の建設』(1931)の最初の数行である[★003]。

アメリカ経済の「自由主義競争」は、大都市建築の「成長競争」と容易に言い換えることができよう。クロード・ブラグドンは一九二七年に次のように記した。「……そこかしこで巨大な摩天楼の植物相が頭をもたげるようになった都市では[★004]」、摩天楼群が促成栽培の植物さながらに太陽めざしてまっしぐらに伸びていく。

この豊かな成長を生みだす条件は、幻想と資本、単純かつ巨大なグリッド・パターンの苗床である[★005](図01)。

一般に、アメリカの都市のグリッド・パターンは、中立性を特徴とするといわれる。つまりヒエラルキーがなく、特定の場所に偏らず、地形を無視し、いかなる例外も許さない。集中とシンメトリーよりも分離と分割こそがグリッドの原則である[★006]。合衆国では土地は売られるために存在し、グリッドはその土地を手ごろな値段で誰でも買えるように切り分ける便利な手段だった。グリッド・システムは、ヨーロッパ式システムがもつ専制的軸性に対するアメリカなりの民主主義的回答だという、きわめて寛大な解釈もある。

『ニューヨーク市の地域計画』(1931)に寄稿したトーマス・アダムスは、これを次のように要約した。「アメリカの

図01(上)———「万人に日光と空気を供給する方形のベジタブル・キッチン・ガーデン」(1930年代のカンザス・シティ:絵葉書)。

図02(下)———「ニューヨークのスカイライン、昔と今」。摩天楼都市の立面図を眺めてみると、その高さが2通りに集約しているのがわかる。「旧来のスカイラインは手前の濃い影がつけられた建物群で、現在のものはその奥の薄い色の建物群で表現されている」。それはさながら熱帯雨林の「突出木」のようである。この図は1896年11月の『アーキテクツ&ビルダーズ・レビュー』の付録として公表されている。

元は、ウールワース・ビルの建築家、キャス・ギルバートが所有していたものである。右側に見える濃く彩られたひときわ高い建物は、アメリカ最初期の摩天楼のひとつ、ワシントン・ビルである。この建物はタワー付の12階建で、1882–1884年に建築家エドワード・ケンドールが設計したものだが、後に取り壊されている(ニューヨーク, ニューヨーク歴史協会提供)。

都市の都市成長政策は、個人の自由に多くを委ね、私的な目的のために何をしても可とし、コミュニティの利益のための建築のコントロールは二の次とされた」[★007]。

このように、十分な土壌、空気、日光を与えられた苗床から育つ植物は成長の度合いがどれも似通ってくると予測される。しかし、水平面における条件は等しいとしても、垂直方向の空間も自由領域であった。自由となれば、当然高さが競われたのである。

日光と空気を求めて、少しでも高くという闘いがくり広げられる。不幸な出遅れ組は、不本意な地位に甘んじねばならず、高さ競争の勝者は空中で新たな生態を創造し、森の屋根をつくりだすのだ。彼らは欲しいままに王冠を飾り、新参者を排除する。とはいえ地上に関しては、不名誉な寄生生活を運命づけられた背の低い者たちと生態を共有しなければならない。

詳しく比較するために、多少具体的な話に絞ってみよう。摩天楼都市の立面(図02)をながめてみると、高さが二通りに集約しているのがわかる。ひとつは初期の摩天楼の高さであり、もうひとつはその上にさらに上昇していく別の摩天楼群の高さである。熱帯雨林で「突出木《エマージェント》」と呼ばれる木のように、屋根をそこかしこで突き破り、他の建物より四〇メートルも高いところまで昇っていく[★008]。

一九一六年以降に登場するセットバックしたシルエットをもつ摩天楼は、空気と日光の確保が公的な課題となった結果、広く、そしてたいした批判もなく受け入れられた[★009]。もっとも、ビジネス界では意志決定もビジネスしだいが原則で、市当局や歩行者の群が摩天楼の建設を本気で妨げるとは思えまい。本当のところ真に影響を行使するのは、ビジネスそのものだった。熱帯林のなかでは、もっとも背が高い樹種に与えられる場所は限られている。樹木と樹木の間にスペースが十分ないと上に伸びていくことはできない。樹木の葉冠は、自然の平衡原則によって縮小したり拡大したりする。だが、ビジネスの庭園にこのようなバランスは存在しない。敷地がいかに小さくとも、成功のシンボルなり、広告、あるいは投機事業としてみずからの塔を建てることができるのだ。しかし、一九一五年ごろ、巨象のようなプロポーションをもつエクイタブル・ビルがそびえはじめたとき（図03）、不動産の所有者たちは、新旧を問わず皆恐怖にかられた。息苦しい摩天楼を遠ざける調整メカニズムがなかったので、ビジネスマン同士の協定として、犠牲を最小限にして摩天楼の成長を保持する案、すなわちセットバック・システムの発展が合意された。このシステムの本質は、街区の本来の面積は保ちながら、上にいけばいくほどピラミッド状に先細りにするところにある。これは、街路の採光のためではなく、他の摩天楼のための空間を確保するためだった。種を絶やさないようにするために、総合的な自然法則が編みだされたのだ。★010

エクイタブル・ビルがひき起こした騒動がその点をよく説明している。エクイタブル社が「ブロードウェイ一二〇番地に、四〇区画分の世界最大のオフィスビルを積みあげ

図03―――（新）エクイタブル・ビル（アーネスト・R・グラハム, ニューヨーク, 1915）。「かつてはエクイタブル・ビルの屋上を見下ろし、空を享受していた周辺のビル群のオーナーやテナントたちは、マンモスの如く立ち塞がる新しいエクイタブル・ビルにおののいた」（絵葉書）。

ようと計画しているのを知ったとき、隣地の所有者たちはすぐさま抗議行動を起こした。反対の急先鋒に立ったのは、US不動産開発会社副社長ジョージ・T・モーティマーである。彼の会社はブロードウェイ沿いに二つの摩天楼、トリニティ・ビルと自社ビルを所有していたこともあり、エクイタブル街区をとりまく大建造物をひき入れ、保護団体のようなものを組織した。……この街区の建築の高さを抑えるためなら、彼らは多少の犠牲は顧なかった[★011]」。巨大な塔を建てるという考えは、デラウェア州のコールマン・デュポン社長の気紛れだった。火薬（現在のガソリンのように、当時それはアメリカ社会にとって極めて重要なものであった）の製造でビジネスの道を一気に登りつめたこの経営者は、スタレット社のルイス・ホロウィッツに施工を委託して「より大きな遊び場」を求めようとしたのだ[★012]。予想どおり、デュポンは「高さを抑えたビル」には興味がなかった。彼はありったけの金を使いたかったのだ。ホロウィッツが回想したように、「金を儲けることは二番目の楽しみだ。じつは、それを使うのがいちばんの楽しみ」だったからである[★013]。それに対して、摩天楼オーナー連合が考えだした最後の手は、どう見てもあまり利口ではなかったが、デュポンの権利を買い取ることであった。「後の報告によると、この集団（オーナー連合）は、もしデュポンが建築プロジェクトを八階建にとどめるならば二五〇〇万ドル出すと申しでたとされる。しかしながら、社長の意志はすでに固まっていたために、この申し入れに見込みはなかった[★014]」。

　このエピソードは、またしても、「自由主義競争《レセフェール》」の原則は権力を握る者の利害に干渉しないかぎり問題ないということを示している。ある個人の企業家が権力を得るさいに行使した自由は、同時に他の者に同じことを許すわけで、それによって自らを破滅させる恐れがある。その意味で、カルテルやトラスト、そしてデュポンに反対したような一時的な利益集団が生まれたのは、上記の原則からいえば明らかに後退の動きである。一九一六年のゾーニング法は、一九世紀的な都市の混乱を根底から解決するというはるかに大きな計画の一部ではあったが、賄賂や裏取引による儲けの見通しが効かなくなってからは、最後の手段と位置づけられた。強制的な法律ゆえに人気がなく、「非民主主義的」とみなされたために、この法令は自然の調整システムを装わねばならなくなった。人工的な刈りこみと削ぎ落としの産物だとしても、ステップバックした摩天楼は、おのずからそのようなかたちに育ったかのように見えた。森のように見えたマンハッタンのダウン・タウンは、すでに庭園と化していたのである。

閉ざされた庭(Hortus conclusus)

この経済版エデンの園は、万人のために十分な空気と採光を保障する垂直庭園のかたちをとった。基本的には、どの正方形も特権を与えられることはなかった。公平な競争をもたらすこの要素は保護されていたのである。高く成長する能力は優秀さの証しであり、最初に平等が設定されたおかげで、柱の高さが成功の尺度となった。成長のグラフを摩天楼のシルエットで描くことができた★015(図04)。

しかしこの競争のメカニズムと垂直方向の成長との関係を自明のものとして受け入れる前に、いまひとつ答えなければならない問題がある。

アメリカのオフィス街区の垂直方向への拡張は、スペース不足のためであるとしばしば主張されてきた。有名な摩天楼建築家であり都市計画家であるハーヴィ・ウィリー・コーベットは、明らかに「ヨーロッパ人のアメリカ理解を助けるために」記した『アメリカ人が見るアメリカ』(1932)で次のように述べている。

—— 鉄骨構造と垂直性が際立つ摩天楼は、世界の建築潮流に対するアメリカの傑出した貢献である。それはある特定の地域の地勢にしたがって発展したものではない。マンハッタン島が……長くて狭い帯状の土地であるという理由のみで、摩天楼がニューヨークで繁栄したわけではない。初期の摩天楼のひとつは、三方に広大な広がりをもつ都市、シカゴに建てられた。……アメリカ中の大小さまざまの都市が、たとえ水平方向の拡張が可能な都市であっても摩天楼を建てているのである。★016

確かに、(鉄骨造の高層ビルと定義される)最初の摩天楼はシカゴに始まるという意見も一般的となった(「シカゴが摩天楼の発祥の地であるという事実ほど重大な矛盾はなかった」と、トーマス・エディ・トールマッジはよく言っていた★017)。シカゴはさらに、無限の空間という考えにも関係している。「シカゴがそうであるように、大草原の果てしない広がりのなかに位置すれば、その未来の可能性に限界など存在しない」と、シカゴで発行された一八八三年の『中西部の建築家と施工者』誌は述べている。★018ここに、空間があり余るとされているところで、空間を節約するための計画的な手段が考えだされた逆説が生まれる。実際、シカゴの都市計画のグリッドは、それ自体、広大なアメリカ大陸において、少なくとも行政上、管理しやすいように計画された。したがって、その中味が無限に拡大し数を増やしていっても収めることができるようになっている。空間を節約するのではなく、逆に空間を管理し、切り開くことが工夫された。

無限に広がる大草原に、巨大なネットとしてのグリッドを切り刻みながら、空間が制限されたというのはむろん矛盾した主張に思える。確かに、シカゴの成長がシカゴリバーの三角州によって制約され、その結果、シカゴの中心のビジネス地区、すなわち「環状線《ループ》」が周りの地域と一緒に拡大できず、土地の値段がそこだけ急騰したという話はいくらか信憑性がある。★019しかし、この論理はひとつの方便でしかない。ヤンキーの天才的能力の極致としておおいに祝福された技術的発明の才が、ほとんど先例のない建物の垂直方向への拡張を成し遂げたというのはわかるにしても、同じ彼らが、例えばモンゴメリー・シュイラーがシカゴ建築に関する初期の記事でたんなる「溝」にすぎないと喝破した[★020]取るに足らない川の流れを制御できないのはなぜだろうか。すでに古くからあるトンネル掘り、橋梁建設、排水工事の技術は、どう見ても鉄骨の摩天楼を建設するのに比べてさほど挑戦的でなかったはずだ。だから、摩天楼の起源はじつにミステリアスだというのが本当のところである。それに対して、あまたある大プロジェクトのなかでも、エンパイアステート・ビル(1930/31)を請け負ったことで有名なポール・スタレットは、摩天楼の起源にはミステリアスなところなどまったくないと主張した。「それはただ、常識の応用でしかなかった[★021]」。その言葉は、独立独歩の精神と中西部の発明の才の神話づくりにスタレット自身が貢献したことを物語る。摩天楼を実現させた複雑なメカニズムは、表面上、まるで自明のことのようだったが、実際には、すべてが、とくに芸術的・技術的創造という意味では、きわめて複雑であった。結局のところ、スタレットのロマンティックな自伝の『スカイラインを変える』という表

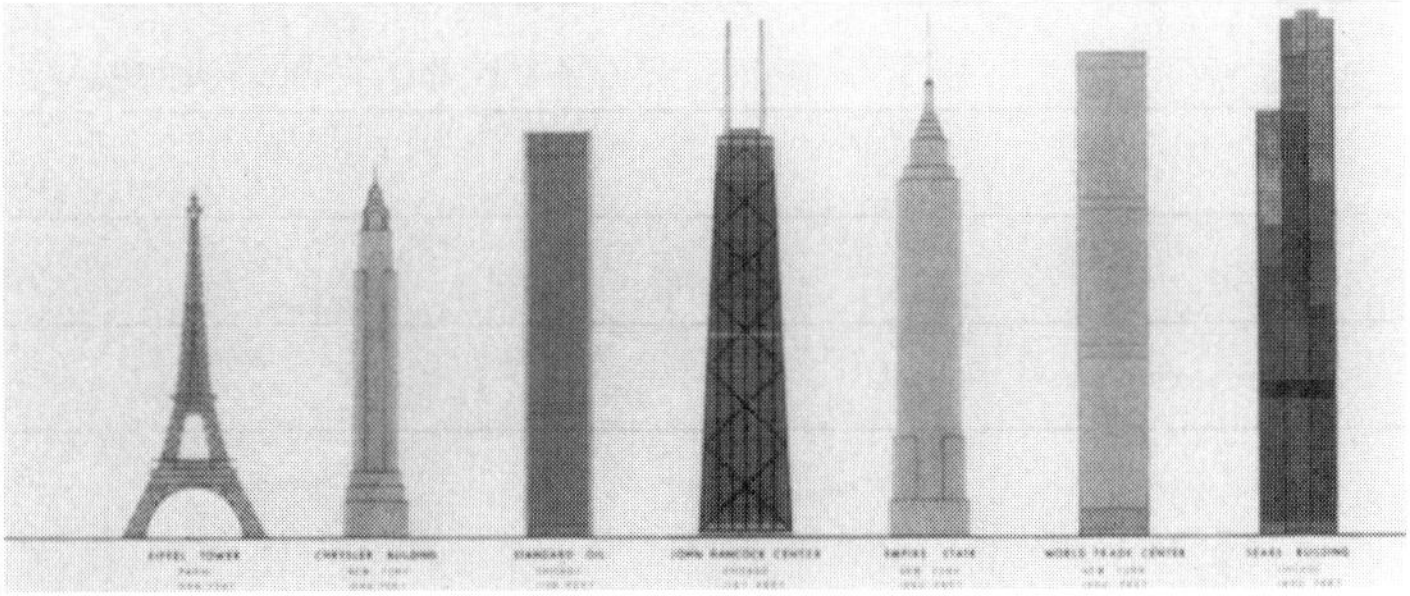

図04———「世界の高層建築の背比べ」。徐々に摩天楼の形態が商業的成長を示すグラフとそのまま重なっていくのがわかる(*The Architectural Forum*, 140, 1, Januray-February 1974)。

題は、デミウルゴスの傲慢にも似た意図的な創造行為に帰するのである。

簡素な用語と簡素な説明が、複雑な現象に対して用いられた。施工者にとってすら、摩天楼は混み入った事業であったからである。グリッドは中立的なシステムであり、均等な機会を生みだすという事実を侵すことはできない。

面倒な要素があるとすれば、この平等のマトリックスの上に別の構造が重ねられ、別の作用をもたらすことである。それは競争の力であり、拡張よりも収縮を促し、露出よりも抑制の役割を果たした。

一見、中立地帯らしきところは、荒野と成り果てていたのである。これは、思わぬところにありとあらゆる障害物が仕掛けられた人工の荒野なのだ。

同じ発想で、無垢の自然がゴルフ・コースのような人工物へとおとしめられる。プレーヤーをしばし野生の状態に浸らせるべく、通常の自然にはありえないトラップやハザードが、建築家の製図板の上で描きこまれる。時として、これは現実以上に野生的であり、丹念に刈りこまれたフェアウェイとグリーンの公園のようなやさしさと暗に対比されているわけである。

このありそうもない組み合わせの目的は、公平で対等な競技場《フェアウェイ》を保証することにある。ゴルフコンペの醍醐味は、ピンチの克服に成功したか否かをきちんと整理して見せるところにある。コンペの結果は、共通の基準の中立性のおかげで、客観的に評価される。

「自然のなかの人間」の行為を許すことは、アメリカの商業都市の目的である。[★022] 中立的なグリッドが活動の自由を保障し、制限はいっさいなく、中心や特別な焦点も存在しない。

しかし、これらの資質を役立てることはできなかった。自然に対してではなく仲間との競争を求めたあげくに麻痺状態に陥り、グリッドのなかの定点に落ち着くことになったのだ。商業建築は、幻の欠乏の法則にのっとって無理矢理にでも寄せ集められ、高く立ちあがる。

商業活動の中心点に打ちこまれた塔の杭は、舞台装置でもあり、さらには自由貿易、自由主義《レセフェール》競争、競争などの原理を表すためのモデルとしての性格を有していた。

変転するスカイライン

大鉄橋を渡る。大梁をもれる陽の光が、行き交う車をきらきらと絶えずきらめかし、河むこうには、街の建物が、汚れに染まぬ金の願いを託して建てられたもののごとく、真っ白い角砂糖をうず高く積み重ねたようにそそり立っていた。クイーンズボロ橋から眺めたニューヨークは、何度見ても、はじめて見る街という印象を与える。世界中のあらゆる神秘、あらゆる美がこの中にあるという幻想を、いつも新しく見るものの胸に湧き起こすのだ。

——F・スコット・フィッツジェラルド『華麗なるギャッツビー』★023（野崎孝訳、新潮文庫）

図05———「ニューヨークの変転するスカイライン」もしくは、「豊かな富の蓄積を肥料に人口密集地からつぎつぎと剣のような若芽が芽吹くアスパラガスの苗床」（*Above the Clouds & Old New York, An Historical Sketch...of the Woolworth Building*, Baltimore/New York, 1913）。

モンゴメリー・シュイラーは一八九七年に、南マンハッタンのスカイラインは、「……建築的なヴィジョンではなく、何にもましてビジネスそのものに見える」と結論づけている[★024]。「変転するスカイライン」というフレーズ[★025](図05)は、繁栄とともにこの街に蓄積した富を示唆する標準コードであった。「霞んだ天気のなかに浮かびあがる不規則なスカイラインは、入江から魔法をかけられたように立ちあがり、夢の空から分解するようであり、想像を絶する富、力、人間のエネルギーを表している[★026]」。

ヨーロッパ人には、オフィスビルが成長のグラフ、つまり即富の尺度となることは理解しがたい。一九〇六年に出版された『キングのニューヨーク案内』には、マンハッタンのダウンタウンの先端を写し出した一ページ大の写真が載せられているが、そのキャプションにはこう記されている。「ダウンタウンにある一八の摩天楼は、総額二千六二九万ドル」[★027]。質を量、なかんづくドルに換算しないと気が済まないその特有の傾向は、客観的な価値指標となって新たなエデンを夢描するという、アメリカならではの習性を特色づけている。パリやロンドンのスカイラインを同じような方法で描写するというのは想像しがたい。初期の、発生期の「スカイライン」という表現の使い方を比較してみるのは興味深い。バーチャードとブッシュ＝ブラウンによれば、この用語は、水平線に対する高層の建物のシルエットを示す手段として「一八九七年ごろにつくられた[★028]」。その元ネタは、おそらく一八九七年にモンゴメリー・シュイラーが『ハーパーズ・ウィークリー』誌(1897, 03, 20)に寄稿した「ニューヨークのスカイライン」と題する記事であろう。この記事のなかでシュイラーは、一八九六年、ハーストが刊行する『ニューヨーク・ジャーナル』紙(1896, 03, 03)に「ニューヨークのスカイライン」と題したチャールズ・グラハムによるパノラミックな絵が掲載され、そのキャプションとしてこの用語がすでに使われていたことにも言及している[★029]。

しかし私は、この言葉がずっと昔から一般的に使われていたであろうと考えている。有名な建築家チャールズ・アトウッド(1894/95に建てられたシカゴのバーナム・リライアンス・ビルの責任者)が一八八三年に行ったサイラス・フィールド氏に捧げられた「公園(バッテリー・パーク)と湾(ハドソン湾)に面したニューヨークのバッテリー・プレイスにおけるオフィスビルの競争的デザイン」に付随するテキストは、「スカイライン」という言葉を以下の文脈で用いている。「当然のことながら、この高さをとればハドソン湾の眺めもその遠景も壮大であろうし、テラス、妻壁、勾配屋根のアンサンブルは、建物をハドソン湾から眺めるときの〈スカイライン〉の効果を意図して計画された」★030(図06)。

それ以前にも、一八七六年七月二九日付(ニューヨークで最初の二つの摩天楼が完成する一年前)の『アメリカン・アーキテクト・アンド・ビルディング・ニュース』誌には、イギリスの建築雑誌『アーキテクト』に掲載された「スカイライン」という記事が引用されていた。これは、一八七五年のベレスフォード・ホープという人物の演説を参照したもの

図06———バッテリー・プレイスにあるオフィスビルのデザイン(チャールズ・アトウッド, ニューヨーク, 1883)。切妻の時計塔がついた12層の初期の摩天楼で、「ハドソン湾からの眺めを意識した」デザインと言われている(*The American Architect & Building News*, April 21, 1883)。

である。ホープは、「塔の構成において当然のことながらもっとも本質的」な「スカイラインについての厳密な研究は一般に疎かにされてきた」という意見を表明したが、「しかし」と『アーキテクト』誌は続け、「彼のありがたい忠告は、見渡すかぎりにおいてあまり真剣に受け止められていない。……何よりも基本的なことだが、ロンドンのような重要度の高い都市では、功名心をもち、周囲の建物よりも高くそびえる建物はどれも品格のある輪郭線を描くべきなのである」と述べている。[★031]

イギリスとアメリカの文明はどちらも、功名心をむき出しにする点では同じだが、それでもやはり、スカイラインの可能性に対する双方の態度を比べるのは意義深いことだ。片や「何にもましてビジネスそのもの」か、あるいはたんに「総額二千六二九万ドル」だったのに対し、他方は、「品格のある輪郭線」を主張している。[★032]

一八七〇年代以前、この言葉は一般的に、オックスフォード英語辞典が定義しているように「地上と空が出会うライン」を意味していた。ラルフ・ウォルド・エマーソンは、一八四八年七月七日に友人のトーマス・カーライルとともにストーンヘンジを訪れたときのことを同名のエッセイで描写しているが、そこで用いた「スカイライン」という言葉は、この定義と同じ意味であったにちがいない。「私は地元の考古学者ブラウン氏に、われわれと一緒にストーンヘンジに同行し、その〈天体観測の〉石と〈供犠の〉石について知っていることを説明してくれるよう頼んだ。私はいちばん後に立ち、彼は〈天体観測の〉石と呼ばれる真っすぐか、あるいはやや傾いた石を指さして、その頂部がスカイラインと接していることを私に示してみせた[★032]」。

アメリカの商業地区のスカイラインは、経済法則の結果というより、希望的観測を示す広告塔としての役割を果たした。それにしても、わざわざ中心をなくすべく設計された生態系のなかで、このように強調された、ほぼ元型的な中心が形づくられるとはじつに不思議なものである。

活動、資本、拠点を最小限の平面に集中するように人々を説き伏せるのは容易なことではなかったはずだ。

空間があり余るがゆえに都心が過密化するという格言めいた矛盾を解決する唯一の方法は、軽薄さを克服して常識を身につけることである。常識とは、国家的資質と思われていたため敬遠されていたのもうなずける。[★033]

この矛盾が真剣に論じられるのは、例外なく摩天楼が区画地の商業的価値を増やした後であり、決してその前ではない。[★034]レム・コールハースはこの矛盾に気づいた最初の人物のひとりであった。彼のすばらしいマンハッタンに関する研究は、彼が「密集の文化」と呼んでいるもの、すなわち総合的な密度の開発を軸にしている。彼は、初期のマンハッタンにおける密集の「不合理」が後に、フェリス、コーベット、そして一九三〇年代の初めに書かれた『ニューヨークの地域計画』の著者たちによっていかに「合理化」されたかを描写している。[★035]あり余るほどの空間を前にして故意に群がることは、十分不合理に見えるが、もうひとつのアメリカの神話、すなわち移動性《モビリティ》の神話を省みれば、よりいっそう不合理である。そもそも、人類の移住の歴史のなかでも希有の貪欲さをもって及ぶ限りの空間を消費しつくす態度は、開拓者精神の本質ではなかったか。持物をまとめて遠い地平線をめざし、西に向かって進みつづけることは良い習慣と考えられていたのではなかったか。一八八八年、ジェイムズ・ブライスは「人々の驚くべき移動性」[★036]と彼自身が呼んだものに強い感銘を受けている。当時すでに神話的な規模に膨れあがっていた気運を、「国中を飛び、広がろう――偉大なる西部へ行こう――ここに留まるよりも」、「西部へ進め、若者よ、西部へ」という言葉に要約したのは、ホレイス・グリーリーであった。[★037]

移動性の概念、広大無辺の天地と無制限の機会の魅力が、移住者にとって平凡ながらもダイナミックなイデオロギー上の支えであった。その証拠としてヤンという人物が、合衆国に到着してからまもなくの一九〇七年四月一六日にフラーディンヘン（オランダ）にいる彼の伯父と伯母にあてて書いた手紙をあげておこう（図07）。

こうしてヤンはアメリカに一歩をしるし、そこに立ち、よく言われるように、神とすべての人々から見捨てられた。しかしそれは良いことであり、誰も彼を知るものはなく、また彼の英語は拙《つたな》かったので、彼は欲したことを求めることもできなかった。

（ヤンのピクチャレスクなオランダ語は翻訳不可能だが、簡単な翻訳を試みた）[★038]。ヤンはアメリカの土に足を踏み入れ、英語を一言もしゃべれなかったけれども、自分を「アメリカ人」と即座に呼んだ。多くの訪問者や移民に共通する奇妙な傾向だ。例えば、一九三六年にニューヨークを訪れたル・コルビュジエは、必然性はまったくないにもかかわらず、衝動に駆られるように「私はアメリカ人だ」と叫んでいる[★039]。「今私はホボーケンという、ニューヨークから五分のところにある人口約一万人の街にいる。シカゴに行くのが私の計画だが、少しこのあたりを見てまわった後に再び道中を進む」[★040]。ヤンは、ニューヨークも短期間訪れたし、この世界最大の都市からたった五分の距離にいたが、皆と同様、西へ移動することにした。彼がシカゴに到着した後に何をしたかは定かではないが、このプロセスをくり返し、さらに西へと移動していったと想像できなくはない。どの西方の地にもさらにその西が存在するのだから。

移動性の論理は、道徳的な側面を考えなければ、最小作用の原理（もっとも抵抗の少ない経路をとる）にのっとっている。商業と工業は、開発コストがもっとも低いところに落ち着くようだ。豊かな時代のアメリカは、ヨーロッパのように欠乏の経済の法則にあまり注意を払っていないように見えたが、一九二〇年代には、例えば中心がマンハッタンのダウンタウンからミッドタウンへと移ったように、ある程度の移転現象が見られた。[★041] ダウンダウンへの人口集中を正当化した当初の論理が、分散を正当化するために使われたのは驚くべきことである。摩天楼の意義を説き、『スケルトン構造の建物』を著したウィリアム・バークマイアは、一八九三年の時点ですでにこの傾向を指摘し、次のように述べている。「他の都市では一定の狭い市街化区域内に高層の建造物を制限しているが、ニューヨークはそうではない。高層ビルは、バッテリー・パークからセントラル・パークにかけての大通り沿いに散らばっており、この地帯一帯で高層建築はごく一般化してしまった[★042]」。

遠距離矯正メディア

喧騒、混乱、興奮は、ビジネスの自然な背景であり[★043]、密度の高い活動にある種の心地よさをもたらす。アメリカの代

図07―――「ニューヨーク・スカイライン」 1907年にフラーディンヘンから来たヤンの目に映った姿(絵つき便箋)。

表的な特徴のひとつは、エネルギーの「誇示」である。「シカゴ〈第一〉の特色は、驚くべきエネルギーにある。アメリカはエネルギーに満ちているが、シカゴは熱狂の渦の中にある。この街は一時も休まず、売り買いを重ね、金儲けのために、つねに絶え間なく前へと前進しつづける」[★044]。

このエネルギーが生みだすのは、喧騒を必然的にともなう人々の氾濫と忙しい交通の動きであろう。「街の一〜二マイル四方の空間は、活動的でビジネスに賭ける人々が所狭しと動きまわる。そのおかげですべての通りは生き生きとしている」[★045]。

集中化は、つねに都市の商業的成功を測る判断基準となってきた。すなわち、成功をおさめた都市ほど、騒々しい。「ニューヨークは、今のところ通りのどよめきと混乱という点でシカゴの比ではない」[★046]。原因と結果が逆転しうると仮定すれば、喧騒と興奮が成功を導きうると考えても理にかなうだろう。大企業が個室型平面からオープンオフィス・プランに切り替えると、大混乱とカオスが生じるが、同時にエネルギッシュな活動が発生するというのも納得できるだろう。また慌ただしさを身ぶりに出すことは、何か重要なことが起こっていると伝える有効な手段と考えられた。一八九三年にパリの『ガゼット・デ・ボザール』誌の取材でシカゴを訪れたジャック・エルマンは、この点に注目した。次のような二人のビジネスマンの会話が引用されている。「〈どうぞ中に。今日は。では〉。やり取りが終わると、結論に合意したしるしとして帽子を頭から少し持ちあげて軽く会釈を交わす。それでおしまいである」。面会がいかに短かったかは、訪問者が帽子をかぶったままであったことでわかるだろう。それは非常に急いでいるしるしであり、もっとも重要な仕事がどこか別の所で待ち受けていることを表している[★047]。

ヒュブナー男爵は一八八〇年に、アメリカ人が忙しさの仕草を強めてきたことに気づいたが、それが実際に忙しく活動すること以上に、気持のうえで落ちつきがなくなったことの現れであると指摘している。「実際に動きまわるというよりも心配ごとがいっぱいあるような雰囲気だ。誰もが汽車に乗り遅れるのを心配するといった具合である」[★048]。

さらに、実務的な観点からみれば、利便が近接していればいるほど望ましいけれども（一定期間内に商取引を集中させることは、中世の一貫した伝統であった）、大方の取り引きは、電信や手紙といった近接性に無関係あるいは遠距離矯正メディアでなされ、なかでも瞬く間にアメリカのまさに象徴的なメディアとなった「電話」の効用は大きかった。一八七九年ごろを過ぎると、電話は商業の領域を席巻した。その年アメリカを訪れたW・G・マーシャルは、「シカゴでは皆、電話でコミュニケーションをとっている。店舗、ホテル、個人の住宅、工場などすべてが繋がっている。シカゴでは、電話を持っていない者はまったく時代遅れとされるが、これは多分にアメリカ社会全土に共通することである」[★049]と記している。このイギリスからの訪問者は、自身の論点を説明するために、礼拝活動を伝達する手段として電話がいささか場違いの使われ方をしていることに着目した。「一八八〇年四月一八日の日曜日、ニューヨークはブルックリンのプリマウス教会で講じられた説教が初めて電話によって伝達され、教会信者が住む六つの近隣の都市や街でそれぞれ自宅の部屋にて聴講された。……遠く離れた教会からありとあらゆる音が伝わり、聖歌隊とオルガンによって奏でられる音楽、聖書台をたたく音までもが耳に入った[★050]」。

投機の庭（Hortus speculativus）

摩天楼について触れた著述家は、皆口をそろえて、地上の投機こそ垂直方向を選択させた原因にほかならないと言う。チャールズ・ハリス・ホイッタカーは一九二四年、そのあたりを分析し、やや非難めいた調子で次のように巧みに表現した。「アメリカが建築に対して果たしたもっとも称賛すべき貢献、すなわち摩天楼を生みだしたのは、製鉄炉、技術者、法律、くわえて並はずれた投機熱であり、その意味で建築家はギャンブル社会の走狗と成り果てたという解釈があるが、これは傾聴に値する[★051]」。ホイッタカーは、一九二九年の大暴落《グレイト・クラッシュ》によって直接体験することになった、投機、負債、インフレーションに関わるあらゆるものに対して、清教徒的な嫌悪を抱くようになり、その後しばらくして『建築物語——ラムセスからロックフェラーまで』を上梓した。

　ホイッタカーによれば、摩天楼を建てる目的はただひとつ、すなわち「個人あるいはある集団を土地によって儲けさせること[★052]」であった。確かに一九二九年以前、あるいはそれ以降ですらもこのような状況であったが、最初に摩天楼が建設された一八七三年前後の時期にこの見解が適用できるかどうかは定かではない[★053]。

　一八八七年版の『不動産記録と建物ガイド』ニューヨーク版には次のように記してある。「土地投機への熱狂は、まるで伝染病のようだ。最初はアメリカの一部の地域ではじまったと聞いていたのだが、その後、次から次へと広まった。この傾向は南部のいくつかの異なる場所で起こり、とりわけバーミンガムと南部の新しい鉄鉱地域に顕著であった。（中略）これはしかし、国内のさまざまな場所でくり広げられている事象の見本である。アラバマ州バーミンガムでの投機フィーバーはしだいに減退しつつあるが、その熱狂はまるで、前進を義務づけられているようで、ここ東部にまで及びそうだ。われわれの不動産建設と売買は以前よりもはるかに増大しているが、少なくともニューヨークとその周辺では、未開発の地所における不健全なブームは起こっていない」（著者による強調[★054]）。

　アメリカにおける土地投機は、誰も投機などしそうもないもっとも停滞した地域ですら、投機可能な土地にした。一八八三年、『中西部の建築家と施工者』誌は、「メキシコ・シティを支配しているのは、不動産取り引きだ。数か月前に四万ドルで売られたシノエ・ド・マヨ通りの建物は、いまや八万五千ドルに達した」と報告している[★055]。

　ところが驚いたことに、ニューヨークはその間しばらく、土地投機ブームに巻きこまれていなかった。一八八七年版の『不動産記録と建物ガイド』を読むと、マンハッタンの面積が限られていることが理由としてくり返されているのがわかる。「ニューヨークの不動産投機の始りについては、ある程度言い訳があろう。この島の土地は限られており、周囲をすべて水で囲まれているからである。これに対し、投機ブームが大流行した他の都市の周囲には、人が住まうことができる土地が無限に広がっている」[★056]。これは興味深い観察だ。ニューヨークはつねに、面積の小さいマンハッタンへの膨大な人口流入が不動産の価格を上昇させ、摩天楼を生みだしたことの明白な証拠とされた。今日ですら、『ミシュランガイド　ニューヨークシティ』には、「二〇世紀初頭、ニューヨークの人口は急激に増加し、結果的に不動産価格が上昇した。このような状況が、当時の事業主を高層建築の建設に駆り立てた」[★057]と書かれている。摩天楼は増加する人口を吸収するためにデザインされたというよくある思い違いは別として（摩天楼はもっぱら商業活動を収容するために建てられた）、もっとも目立つ誤解は、理由は何であれ人口が増加して利用可能な土地を求めるようになると瞬時にして不動産価格も上昇するという説である。もしそうなら、同時代のパリやロンドンの不動産価格は天文学的数字だったはずだが、そんなことはなかった。世界で第二に人口密度が高い国である今日のオランダも、西欧でもっとも低い不動産価格を誇っている。しかも、摩天楼のオフィスビルが建てられてしかるべきロンドンやパリ、あるいはオランダには摩天楼が建てられていない[★058]。

モンゴメリー・シュイラーは、摩天楼の起源について論をめぐらすなかで、ニューヨーク・トリビューンとウェスタン・ユニオン・ビルは「マンハッタン島におけるもっとも目立つ建物」だったが、その商業的可能性が見出されるまでかなり時間がかかったと指摘している。「大胆に見える試みにひるみがちで……。論理的な結論にいたってようやく自らの〈地所〉を投入した不動産投機家。新しくできた蜂の巣のすべてが賃貸借可能であることがわかってはじめて、その後継者たちは開拓者の教えをそのまま前進させ、〈限界まで〉建てることになった[★059]」。

しかしながら、先にふれた『不動産記録と建物ガイド』は、「投機」には言及しているものの「投資」には言及していない点を指摘しておかねばならない。投資という点から言うと、ニューヨークの不動産はつねに堅実なビジネスである。ジョージ・B・ポストによって建てられた一〇階建のミルズ・ビル(1881)やエドワード・ケンドールによる一三階建のワシントン・ビル(1882)、そしてN・G・スタークウェザーによる鉄骨造を穴開き煉瓦で覆ったポター・ビル(1883：図08)のようなマッシブな建物は、巨大ビルを建てるという点においてトリビューン・ビルおよびユニオン・ビルの例に従っていた。[★060]このころには賢明な投機家の出現が待たれていたはずだが、一八八七年の時点ではまだ実現されなかった。ちょうど一年後の一八八八年九月一日、『不動産記録と建物ガイド』は、建設活動がきわめて増大し、「重要な建物」の建設が「進行中」であると報告している。「マーケット・アンド・フルトン銀行は、人目を引く近代的な建造物を独占したいと熱望するもうひとつの信用機関である[★061]」。投機家と投資家はともにそれぞれの投資に対して迅速な利益と短期の資産回収を容易にする方法を見出した。しかしそれは、『不動産記録と建物ガイド』が示しているように、実験的な摩天楼がもともとの敷地面積を何倍にも増やす能力を実際に示して見せ、その結果投機にもっとも適した機会を提供することによって不動産活動が急激に増大した「後」のことであった。

W・ルバロン・ジェニーに関する著作のなかで、テオドール・トゥラクは、シカゴの摩天楼の興隆は激しい土地投機の結果であると論じている。「シカゴ環状線《ループ》地区のエーカー当たりの価格は一八八〇年には一三万ドルであった。一八九〇年にはエーカー当たり九〇万ドルに跳ねあがった[★062]」。しかし、これは何を意味しているのだろうか。ジェニーの最初の高層建築は、ここで言及された一〇年間の折り返し地点であった一八八五年に完成した。より高層の建物がつぎつぎと後に続き、一八九〇年までにほどんどの事業家がもっとも早く利益をあげることができるのはどこかを知っていたと仮定してもおかしくない。トーマス・エディ・トールマッジは、自著『オールド・シカゴの建築』

(1941)のなかで、地価が高騰したのは、ホーム生命保険会社ビルの例に倣ったより洗練された摩天楼が多大な利益を約束したからだった、とはっきりと結論づけている。内部の鉄骨枠組、確実な防火法、そしてスピードの速いエレベーターのおかげで、もとの敷地をほとんど技術的限界なしに増大できるように見えた。[★063] しかしその一方で、私がここで引用したような統計の類は細心の注意をもって扱うべきであることも申し添えておく。あまりにも多くの可変的な因子が含まれており、なかでも考慮すべきなのが、恒常的なインフレーションにより数字の信頼度が著しく落ちていることだ。例えば、建築雑誌『中西部の建築家と施工者』の定期購読料は、一八八三年には一ドルだったものが翌年には一ドル七五セントに、一八八五年には二ドルに跳ねあがった。[★064] 二年間で価格が倍とは、土地の価格として引用された数字の上昇よりもはるかにドラマティックな価格の高騰である！

不動産投機の理論は、それがどんなに巧みで簡単に論破できたとしても、同時に魅力的な側面も持ち合わせてい

図08———ポター・ビル。摩天楼の起源候補から抜け落ちた、もうひとつの「草分け」。ニューヨーク・ワールド・ビルの旧敷地に1883年、建築家N・G・スタークウェザーによって建てられる(*King's Handbook of New York*, Boston 1893)。新しいワールド・ビルが左端に写っている。

る。それが、まったく根拠の薄い空間欠乏理論にとって代わることができるからだ。空間欠乏理論がわれわれの論理感覚に背くのに対して、不動産投機の理論は、アメリカの「土地柄(couleur locale)」、すなわち金の力と簡単にかせぐ方法(「an easy buck」)という観念にピッタリで、われわれの直観に訴えるのである。

欠乏の吸引力と商業広場恐怖症

摩天楼の建設に直接関与する者だけでなく、アメリカ人の大多数が謎としていたのは、いったいどうして、人工的に作りあげられた人口密集地の中心点に摩天楼を建てるのかということであった。現実を見究めたビジネスマンと建築家のために夢の塔のデザインに生涯を捧げたヒュー・フェリスは、その点をきわめて巧妙に表現している。「何とでも好きなように呼んでもらって結構だ。群居本能、経済的必要性。未来都市を明確に記述するための第一義的な方向とは、集中化への傾向なのだ」[★065]。合理性と常識を無視したとき、人間は暗い群居の誘惑に従い群集の中心へと身を投じる。群れる欲求は代償もともなう。空間が欠乏し、結果的にその値段が上昇するわけだ。しかし、おおかたの予想に反して、遠心的な反応が引き起こされることはない。ためらうどころか、魅了されるのだ。その場所がどれだけ高価になったかということで、その魅力が伝達されはじめる。ウォルト・ホイットマンは、次のように記している。「ニューヨークといえば、周囲を川に囲まれ、南端のビジネス街に向かってひしめき合っており、飽くなき金儲けの対象となるため、土地は高価である。当然、土地を所有すれば虚栄心を満たすことができるわけだ。高値がつくほど、顕示欲も満たせるのである」[★066]。

こうした土地の魅力をめぐる説には、その周りのオープンスペースにひそむ危険に対するいささか神経過敏な不安がうかがえる。都市の外界は、「恐るべき悪魔、幽霊、異邦人、そして死の宿る、未知の領域」なのだ。エリアーデによれば、「簡潔に言って、混沌、死、そして夜の領域である[067]」。中世の城壁、堀、迷宮、そして防壁は人間のみならず悪魔をも遠ざけ、軍事はもとより魔術的な役割も果たした。近代の商業都市は、防壁に取り囲まれた初期資本主義段階のイタリアの都市のように見える。フィレンツェ、シエナ、ボローニャ、そしてサン・ジミニアーノなど、新興の地位と富を封建貴族から守り抜いた都市国家。ハーバート・スペンサーは、一八八三年にニューヨークを訪れたさい、こう連想した。「彼の地で目《ま》の当たりにした数多くの工場や商社について思案した後、私はふいに中世イタリアの共和国を思い起こした[068]」。確かに、ある特定の場所に集中して商業活動を行うという点は、中世のギルドに似ている。さらにつけ加えれば、「貴族同士の露骨な張り合い(inurbanimento della nobilita)」の末に城壁内に建てられた塔の数々は、互いに高さと個性を競い合った[069]。

　アメリカの都市に建設された摩天楼のスカイラインを目にした人々の脳裏に浮かんだのは、このような血気盛んな騎士たちが誇示し合う塔のイメージだった。一九〇四年にニューヨークを訪れたドイツ人の歴史家、カール・ランプレヒトは、この都市を次のように観察した。「ニューヨークは今日のサン・ジミニアーノだ。銀行家と商会はそれぞれ、モンテッキ家とカプレティ家の役割を果たしている[070]」。一九三〇年代にニューヨークで起こった都市改革運動の活発なメンバーであった建築家のフランシス・S・スウェイルズは、ニューヨークと「初期の摩天楼都市、すなわちダンテの時代のボローニャ」が似ていると、誇らしげに指摘した[071](図09)。

　これらの比較は見た目は違和感がなく、さらに矛盾をはらんでいる点でもとくに当たっていた。予想に反して、中世の塔は裕福な商人たちが見栄をはるための本拠ではなく、市民によって一年のある期間、市壁の内側に留まらざるをえなくなった封建貴族がみずからの城壁外の城をコンパクトに造り替えたものであった。貴族たちは、特別に改造されたペンシル型の城にこもって、相変わらず闘いの継続を強いられた。ニューヨークの銀行家が貴族ではなかったように、モンテッキ家もカプレティ家も銀行業務を行うさいには彼らの「貴族の塔」を用いなかったが、摩天楼は出来合いの要塞と考えられたかもしれない。市壁のなかにあっては、彼らは垂直性と細長さをことさら誇張することによって、失われた水平性と量塊性を補わざるをえなかったのだ。

まるで一塊のジャガイモが細長いフレンチ・フライへと姿を変えるように、要塞は都市のグリッドにはめこまれ、ひとつの塔へと変形した。摩天楼と「貴族の塔」との関係は、影絵ゲームのようなものだ。シルエットは決して互いに重なり合うことはできない。建物同士の想像上の闘いは競争相手をおびやかし、芝居じみたパフォーマンスにかりたて、あげくには無情にも破壊をもたらした。金のかかる塔や絢爛豪華な都市のパラッツォ（邸館）を建てることがいかに破壊的でありえたかは、初期ルネッサンス期のフィレンツェの新興商人たちの一部が犯した誤算を見れば明らかである。リチャード・A・ゴールズウェイトは、自著『ルネッサンス期のフィレンツェの建物、経済・社会史』のなかで次のように結論づけている。「パラッツォは明らかに強い感銘を与えるために建てられたのであり、人間がいかにこの事業に熱中していたかは、彼らがどの程度の建設費用を見込んでいたかを見れば明らかである。……なかには、財源を使いはたして仕事を完成できなかったり、あるいは地所が重荷になって建物を売らざるをえなくなったりする後継者がいた。さらには破産する者もいた[★072]」。

求心力

ニューヨークの旧市街が、密集という中世的な住慣習を促進したことは理解できる。マンハッタンの南端は結局、ヨーロッパ商人の都市の伝統を継承したのだ。マンハッタンの商人たちは、お互いの存在にある種の心地良さを感じたろうし、電話のない時代にはそのほうが便利だったにちがいない。しかし、シカゴや開拓地の他の新しい都市の場合は違っていた。電話が一般的に使われるようになった時期、たとえば一八八一年において、ボストンからやって来た開発業者ピーター・ブルックスは、望ましい商業用の不動産は、アクセスのしやすさや土地の質といった客観的な要素ではなく、「誰それがどこにいるか」という暗黙の了解によって決定されると確信した。中心から離れた場所に建てられたモナドノック・ビルのいかにも伝説的な運命が、ブルックスの予測が正しかったことを証明した。果てしなく広がる平原に隣り合うということで、もっとも冷静な投機家たちですら闇のなかで脅える羊のように群がってきた。ドナルド・ホフマンは、ブルックスの広場恐怖症を次のように皮肉っている。「問題は、敷地がオフィス街の中心からたとえ数ブロックにせよ危険極まりなく離れていたことだった」[★073]（傍点は著者）。冒険的な事業なだけに、誰もみ

図09———「ダンテが生きた時代のボローニャの眺め、初期摩天楼の街」（*Pencil Points*, XII, March 1931）。

ずから進んでリスクを犯そうとはしなかった。チャールズ・ホィッタカーは、投機と地価に対する痛烈な批判のなかで、すべての不幸はウィリアム・ペンに始まると主張した。「ペンは都市を四角形に区画した。彼にとって道路は売却できない土地にすぎなかったので、可能な限り道路を狭くした。その後敷地を切り売りしたのである。敷地が売れれば、その隣りの敷地の値が上がった。ペンとその友人たちは、いくつかの敷地を何年も売らないでおいたが、それでも大いに儲けはあった。おおむねこれが、アメリカの分譲地なるものの基本である。その手口は、次のような画地の値段を尋ねた男の小噺がわかりやすい。


「二百ドルです」と不動産屋は言った。

「それでは二区画購入しよう」と男は言った。

「五百ドルになります」。

「何だって?」と購入者はたずねた。

「つまりですね、あなたが一区画買われた時点でその隣りの敷地の値段が五〇パーセント上昇するわけです★074」。


この小噺は、投機と地価はまったく一体のものであり、絶対量とはほとんど無関係であることを示唆している。重要なのは近さである。不足していたのは獲得可能な近さの量であり、近さの不足はマンハッタン島、シカゴの平原、あるいはアラバマ州のバーミンガムのどこでも起こりうることだった。同じ地区に落ち着きたいという意志は暗黙のうちに了解され、社会への忠誠心によって育てられる面もあったが、同時に、相互の不信感、嫌悪、嫉妬、そしてなにより競争によって煽られた★075。

一九世紀のアメリカ思想においては、競争と民主主義は相補的なものと考えられたにちがいない。エマーソンは民主主義を、暴君と専横者に対処する有効な解毒剤と考えた。彼は次のように述べる。「民主主義は扱いにくく、秩序の混乱を招く。しかし国家や学校においては、数人に万人を従わせないようにするには不可欠なものである」[★076]。民主主義は、人々の自由と尊厳を守り、従属的になることを防ぐための手段と考えられたわけである。

民主主義は、いくつもの異なるメカニズムの作動を許容する大きな枠組であり、各個人の自律性を守るよう企画された。その例のひとつが「競争」であり、もうひとつは「機会」である。競争が人間個人の行動の動機であるのに対し、機会は人が自由に行動することを許容する。競争的なふるまいはとどのつまり、どちらが強いか試すことであり、各競争者は自分以外に頼るものがない。あり余る空間はほとんどまちがいなく競争への衝動を和らげるはずである。しかしながら、エマーソンが記した「共和国の富」のなかの「彼らを競争させよ、そして、もっとも強く、賢明、かつ最良のものに成功を。土地は十分広く、土壌は皆を養うに十分だ」という有名な一節はこれとまったく矛盾する。[★077]

アメリカの商業都市の成長を見てみると、予想されていた遠心的傾向に反して、求心力の魔術こそが目立っている。その色とりどりのビオトポスの中でも、とくに新聞活動のサド・マゾ的な集中という現実を指摘することができる。すなわち、新聞社街《プリンティング・ハウス・スクエア》において。

新聞社街《プリンティング・ハウス・スクエア》——サド・マゾ的な闘技場《アリーナ》

「けだし、われわれの主だった都市にある古くて陰気な新聞社の建物に代わって急速に建設されつつある立派な建物〈真の宮殿〉以上に、この国の建築の進歩と発展が顕著にあらわれているものはない」と、一八七三年九月付の『アメリカン・ビルダー』誌は記している。[★078] マイケル・A・ミケルセンは一八九八年に出版された『不動産の歴史、建物と建築』において、一八六八年以降、「近代的で、専門的な建物」を建てはじめたのはニューヨークであったという見解を示した。「近年、新聞社がこぞって塔状の摩天楼を建てているが、新聞社がこの動きに先鞭をつけたことは興味深い。『タイムズ』紙は、われわれに馴染み深かった本社ビルを一八五九年の時点で現在のロマネスク風の建物に建て替え(図10)、また一八六八年にオズワルド・オテンドーファーはチャタム通《ストリート》りとタイロン街《ロー》の角地を二五万ドルで購入し、アン通りとブロードウェイの交差点に新社屋を建てることになった。そして一八七四年、トリビューン社は、かつて建てられたいかなる建物よりも高い大建築を建て、そこを自社のオフィスにして今日にいたっている」[★079]。一八六八年ごろまでは、ニューヨークの新聞といえば、ちょうどベークマン通りの南に位置するパーク街《ロー》にある何の変哲もない建物群で印刷されていた(図11)。

一八六六年から一八六八年にかけての時期に、アン通りとブロードウェイの角に建てられたニューヨーク・ヘラルド社の新しい社屋(ヘラルド社がその後まもなく、さらに北のヘラルド広場《スクエア》と名づけられるようになる敷地に移転したことを見れば、時期も場所も不適切だったようだ)は少なからず不安を引き起こした。[★080] その後、きわめて突然に、一八六九年にアメリカを代表する二つの新聞、シュターツ・ツァイトゥング社とサン社も数ブロック北に移動した。シュターツ・ツァイトゥング社は、建設が計画されていたブルックリン橋に繋がる道の北にある敷地を選んだが、巨大で存在感のある建物を建てたおかげで、橋への傾斜路が拡張できなくなってしまった。一方サン社は、宮殿のようなタマニーホールに落ち着いた。[★081]

新聞社の移転はダウンタウンのビジネス地区からそれてブロードウェイの主要な分岐路たるパーク街の延長上に北東方向に向かったことがみてとれよう。一八七四年にイブニング・ポスト社も北をめざし、ブロードウェイとフルトン通りの交差点に建てる新たなオフィスビルの設計をチャールズ・F・メンゲルソンに依頼した。

『キングのニューヨーク便覧』(1893)には、ある高層の新しい建物(一〇階建の上にさらに屋根裏《マンサード》が一階分)が「ニューヨークに建てられた最初の大オフィスビルのひとつ」と記されている。★082 こうした動きの重心となったのは、サン社が社屋を構えた土地、ないしは、ニューヨーク・トリビューン社が、その伝説的な創業者にして編集主幹であったホレイス・グリーリーが一八六〇年★083に敷地を購入する以前から陣取っていた街区あたりだろう。

レンガとモルタルのキリン――ニューヨーク・トリビューン

一八七三年までにトリビューン社は、この街区内にいくつも敷地を購入してサン社の敷地を取り囲んだ。さらに、新参者たちに思い知らすべく、豪華で崇高な新しい社屋のための(おそらく特定の参加者に限った)設計競技が行われた。そのうちデザインが現存しているのは、ジョサイア・クリー

図10(上)――――「1868年の新聞社街」(*King's Handbook of New York*, Boston, 1893)。

図11(下)――――「パーク街の旧新聞街」 ポター・ビル(図08)が左端に見える(*King's Handbook of New York*, Boston, 1893)。

ヴランド・キャディ（図12）のデザインと、実際に採用されたリチャード・モリス・ハントのデザイン（図13）の二つである。[★084] 主にハント、リチャードソン、マッキム、ポスト、アップジョン、ヴォーといった著名な参加者のおかげで、設計競技の図面は、一八七四年一月、短命だがきわめて価値ある雑誌『ニューヨーク建築スケッチブック』に掲載された。[★085]

どちらのデザインも、本能的に、そしておそらく無意識に、摩天楼の本質と認められるものに達していた。二つのデザインはともに、限界をはるかに超えた高さをめざしたのだ。建物の一部分、つまり塔を残りの部分よりも高く引き伸ばした結果、建物はまるで背伸びをしているように見えた。とりわけリチャード・モリス・ハントのデザインには、体を無理矢理引き伸ばそうとするような努力が顕著に見て取れた。例えばその二〇年後にルイス・サリヴァンによって設計された建物のようなスムーズでしなやかに伸びた建物とちがって、ここでは上に建物を引き延ばそうとして、こぶ、つまり肉の盛り上がりを生じ、コーニス（軒蛇腹）とメザニーン（中二階）という瘢痕を残してしまった。

トリビューン社の建物は、その高さのおかげで瞬く間に市内でもっとも人目につくランドマークとなり、「トールタワー（高い塔）」として親しまれた。[★086] トリビューンのような建物は、即座に摩天楼として分類されたわけではなかったが、しばしば「高くそびえたつ建物《ロフティビル》」、あるいは「湾からも見える」建物と呼ばれた。[★087]「瘢痕」の部分に多くの色を用いたこともあって、イギリス人の評者、W・G・マーシャルは一八八一年、トリビューンを周囲の建物から抜きんでた「煉瓦とモルタルでできたキリン」と描写した。[★088] フランク・モスは、自著『アメリカのメトロポリス』（1897）のなかで、「トリビューン・ビルは、市の南側にある多くの塔状の建物のなかでいちばん最初に建てられたものであり、建てられた当初この建物は、新聞社街の驚異でありまた誇りであった。トリビューンの編集者は社説をこのような高くそびえたつ場所で書く恩恵にあずかれない編集者に妬《ねた》まれることしきりだった[★089]」。

図12―――ニューヨーク・トリビューンの設計競技案(ジョサイア・クリーヴランド・キャディ, 1873: *The New-York Sketch-Book of Architecture*, 1874)。

高くそびえたつことに加え、崇高なまでに尊敬されることが重要であり、トリビューン社のような野心的な新聞社はこれを強く望んだ。装飾は最小限におさえ、簡素な衣をまとっていなければならなかった。この点について『ニューヨーク建築スケッチブック』誌は「ファサードは、故意にけばけばしい装飾を排除している」と、たくましさと道徳感を兼ね備えたようすを記している[★090]。

このような特質は、より建築に焦点を当てたガイドブック、ジョージ・F・スミス著の『ピクトリアル・ニューヨーク・アンド・ブルックリン』(1890)でも「ネオ・グレコ」様式として受け入れられた[★091]。

ヨーロッパとは違って、きわめて初期の段階から、アメリカの新聞はたんなるニュースの供給者ではなく、政治的であると同時に商業的であり、倫理的規範たるべしという立場を確立していた[★092]。その好例は、編集への情熱をもっぱら労働組合と奴隷制反対に傾けた熱心なフーリエ主義者、ホレイス・グリーリーの場合であろう。アメリカの新聞は国家の良心だとすれば、グリーリーの新聞はもっとも良心的なものだった。グリーリーの葬式で弔辞を述べた、ヘンリー・ワード・ビーチャーは「今日、二つの大洋の間において、知的な大人あるいは子どもでホレイス・グリーリーの影響を受けていないと感じる者はほとんどいないであろう」と称えている[★093]。グリーリーと同時代を生きたラルフ・ウォルド・エマーソンは、広範囲にわたって読まれた『トリビューン』紙の日曜版を引き合いに出しつつ、次のように述べている。「グリーリーは、中西部の農民たちのために、年間二ドルであらゆる思想と理論を示した[★094]」。その道徳改革運動への寄与と遠大な倫理規範によって、『トリビューン』紙には「偉大な道徳機関」というまさにぴったりのニックネームが与えられた[★095]。トリビューン・ビルが着工する一年前の一八七二年一二月、合衆国大統領選挙に敗れたグリーリーはこの世を去った。フランス公使だったホワイトロー・リードが彼の後を継いで編集長となり、その後の同社の建設活動の責任者となった[★096]。

図13———ニューヨーク・トリビューンの設計競技案(主席案, リチャード・モリス・ハント, 1873: *The New-York Sketch-Book of Architecture*, 1874)。

トリビューン・ビルが「真の」摩天楼なのか、あるいはたんなる肥大化した第二帝政様式の五階建の屋根裏付建築《マンサード》なのかという問いについては、多くの文章が書かれてきた。[★097] モダニストの目には、鉄骨が表出していない高層の建物、それどころかフレームさえない建物をまじめに摩天楼と見なすことはできなかった。トリビューン・ビルは、その名声にもかかわらず、様式上の不純さを理由に異端視されることが多かった。[★098] 一九六四年にウェイン・アンドリュースはトリビューン・ビルについて次のように書いている。「リチャード・モリス・ハントと彼の弟子であるジョージ・ブラウン・ポストの混乱は典型的なものであった。一八七三年にハントがデザインした九階建のトリビューン・ビルは、レンガのファサードに隠れて部分的に鉄骨造で作られていたが、この事実は秘密にされていた。鉄の時代は、意図した次元を超えて悪夢のように引き伸ばされた旧大陸の市庁舎建築によって否定された」。[★099]

この洞察は深い。キャディもハントも、指摘されつづけてきた「内部の骨組と一致するようにファサードをデザインする」という問題よりもはるかに複雑な問題を突きつけられていた。彼らの任務は、構造としてではなく、非常に特別な新聞、「偉大な道徳機関」の本社としての機能を表現する建物をデザインすることであった。

崇高な権威、公共への貢献、信用、そして腐敗のないことが強調されねばならず、彼らはこれを、当時重要な公共建築の特徴であったブロック&タワーの形式を用いることによって達成したのである。ブロックが力を、塔が崇高な権威を表現したこのモデルは、フィレンツェのパラッツォ・ヴェッキオとシエナのパラッツォ・プブリコを通して一般によく知られたものであった。多くの、そしてほとんどの場合取るに足らない同種の建物が合衆国中に建てられた。そのなかでもっとも価値のある建物は、マサチューセッツ州のスプリングフィールドにあるヘンリー・ホブソ

図14———ハムデン・カウンティ・コートハウス（ヘンリー・ホブソン・リチャードソン, マサチューセッツ州スプリングフィールド, 1874）。1871年に提出された設計競技案が、3年後にようやく完成した（*The New-York Sketch-Book of Architecture*, 1874）。

ン・リチャードソン設計によるハムデン・カウンティ・コートハウスであった[★100](図14)。リチャードソンのデザインは、ハントよりほぼ一年先んじており、これによってハントがその影響を受けたという説もうなずける。一八七四年の『ニューヨーク建築スケッチブック』誌には、この二つの建物が見開きページに並んで掲載された。

トリビューン・ビルのメイン・ブロックの屋根から塔が突きだし、下層の出窓《ベイ》と釣り合うように拡大された屋根窓《ルカーン》に側面を守られている。全体的な輪郭は、持ち送りをつけた塔の上に通例にしたがって「テンピエット(小神殿)」を戴いた、パラッツオ・プブリコ(ヴェッキオ)タイプだった。トリビューン・タワーに顕著な特質は、典型的な市庁舎式の時計が「テンピエット」の四隅の柱の間に開口部を塞ぐかたちで収められている点である。

比類なき影響力を誇った編集者・社長として偉大なる功績を残したグリーリーに敬意を表し、この建物の塔には演説用の演壇が突きだしている。おそらくグリーリーが直前にこの世を去ったため、この演壇には見たところ出入口がついていない。彼の銅像はエントランス・ポーティコに置かれていたが、後に建物の正面にある広場に移された。

二つの設計競技デザインには、銅像の位置にわずかな相違が見られる。ハントがこれを外部、エントランスの右側のアーケードの下に配置したのに対し、キャディはギャラリーの上、天蓋を設けて教会風のデザインで配置した。

摩天楼——封建男爵[★101](図15・16)

もうひとつのトリビューン紙、『シカゴ・トリビューン』の発行人コロネル・マコーミックが唱導した「政府の監査役」、「教区司祭」の理念はさておき、新聞は苛烈な競争の道具でもある。ニュースは何よりも商品であり、どんな業種にもまして拡販に力を入れた。大衆の支持を得るためにくり広げられた闘争は、多くの場合、記録されている以上

図15(上)―――「摩天楼:封建男爵」。擬人化された摩天楼群は、覇権争いの結果、山岳ヒエラルキーを成し、勝者のビルは中央の軸性をつくり周りのビル群を従属させた(Claude Bragdon, *The Frozen Fountain*, New York, 1932)。
図16(下)―――「ニューヨークの君主たち」。この擬人化では、高さにおいて優勢な摩天楼に王者の座を与えている(絵葉書)。

に激しいものであった。キューバの領有をめぐるスペインとアメリカの紛争を煽ったジョゼフ・ピュリッツァーとウィリアム・ランドルフ・ハーストのキャンペーンは、その伝説的な例といえよう。

新たに開発され新聞社街となったパーク街《ロー》の北端の地域は、まるで遺伝的に定められているように、新聞社の覇権争いの舞台となった。新たに建てられた本社ビルは拝金主義の牙城として、（フランシスコ・スフォルツァとレオン・バッティスタ・アルベルティが施主に助言した要塞のように）恐ろしげで、難攻不落の構えを見せていた。[★102] ヘンリー・ジェイムズは『アメリカン・シーン』でこれを「怪物傭兵」と呼び、モンゴメリー・シュイラーは、これらの建物の所有者をフランケンシュタインと比較した。「まるでフランケンシュタインのように、われわれは、われわれの創りだした怪物を前に、立ちすくむのである。文字どおり〈恐るべき、戦慄すべき、巨大な、光（眼）を取り除かれた怪物〉であった[★103]」。

新聞社街の建物は、来るべき激しい闘いで根こそぎにされぬよう計画された。その場に根づいて離れまいとする強迫神経症的な決意のもと、これらの建築群は垂直方向に上昇する自らの力を頼みとした。かなり初期の段階から、トリビューンは自在に成長する能力を示していた。初期のスケッチでは九階建だったものが（図13）、建設が始まるときには階数が追加されていた。コーニス（軒蛇腹）とルカーン（屋根窓）の間の中二階部分に一階分が差しこまれたのだ（図17）。屋根の輪郭は全体的に、塔のマチコレーション（出し矢狭間）の真下に届くべく上方に突き出していた。つまりトリビューンは肩をまっすぐ伸ばしていたのである。

トリビューンがもっぱら外見上にこだわって質量を増大させた結果、容積も必要以上にふくらんだ。余った空間は貸しだされることになった。新聞社の首脳部はもちろん最上階におさまり、より魅力に欠ける低層階が賃貸された。[★104]

図17(左)―――「レンガとモルタルのキリン」。実際に建てられたトリビューン・ビル。設計案では9層だったのが、10層になっている。コーニス(軒蛇腹)とルカーン(屋根窓)の間に1層分が挿入されている。多くの歴史家はこの事実を見逃しているが、実物よりも計画案が研究されることが多かったからだろう。この建物は1966年に取り壊された。

図18(右)―――「驚くべき大きな形状は、灯台のようにそびえたち、広大な水平線を眼下に支配するかのように真っ直ぐな姿勢で立っている」(ホレイショ・グリーナフ)。その垂直軸性は、人間と塔や灯台、摩天楼などの建築類型との境界をなくす。シンガー・ビル(アーネスト・フラッグ, ニューヨーク, 1908：絵葉書)。

摩天楼の歴史に欠かせないのは、擬人化というテーマである。第3章「聖なる摩天楼と世俗的な大聖堂」では主人に仕える召し使いとしての建築、主人のイデオロギーを体現する摩天楼の役割を説明するためにこのテーマを取りあげた。[★105] 競争による騒動に巻きこまれぬよう、所有者は鉄とレンガでできた代理人を配置したのである[★106](図18)。

上昇志向と垂直性のイメージは、歴史のなかでもまちがいなくもっとも強く根強いものであり、いかなる哲学者、思想史家、文化人類学者、社会学者もこれに異議を唱える者はいないだろう。しかし摩天楼の歴史において、擬人化のテーマはルイス・サリヴァンおよび彼と精神を共有していた建築家を除いて事実上ふれられずにきた。[★107]

ガストン・バシュラールもミルチャ・エリアーデも、人体の形状と一致する垂直軸性は、つねに徳目と価値のヒエラルキーを体現するものと考えられてきたと主張した。価値が高ければ高いほど頂点に近づき、価値が低ければ当然その逆となる。徳の塔、パゴダ、あるいはヤコブの梯子はつねに塔のような形態を連想させ、当然これらのイメージは、かなりの高さに成長する植物や木のような有機的な世界からとられたものである。[★108] その結果、建築において垂直性を探求すれば、必然的にこのヒエラルキーを表現することになったであろうし、変わるべくして変わっていったことだろう。

人間の偉大さは、後世に残したモニュメントに比例するといわれてきた。ナポレオンはモニュメントについての持論を次のように要約してみせた。「人間は自らが残したモニュメントによってのみ偉大となる」[★109]。感動的なモニュメントを建設することは、今も昔も、不朽の名声を確実に保証する。これを達成するには、垂直軸に偉大さを追求するのがもっとも直接的な方法である。人体と建物はひとつの形に融合し、擬人化した塔となる。

図19―――「作品の偉大さは人間の偉大さを示す」。3つの等式。すなわち、塔と同じ高さに描かれた人物像、人間の徳目にふさわしい大きさに描かれた塔、刻まれた格言の歴史的な正当性を保証するピラミッドである(*Le Central*, I, 4, 1889, facsimile edition)。

一八八九年に行われたパリ万国博のためにギュスターヴ・エッフェルがデザインした有名な塔こそ、象徴的だった。当時の版画には、エッフェルがピラミッドと彼が創造した塔の間でくつろいだポーズをとっている姿(図19)が描かれている。左手をピラミッドに乗せて体を傾け、右手で塔を掴み、両者の本来の類似性を暗示している。ピラミッドには「作品の偉大さは人間の偉大さを示す」と記され、「偉大さ」という意味を強調するように、エッフェルは彼の塔と同じ高さに描かれている。片や、ピラミッドはナポレオンの言葉をそのまま伝えるかのように、偉大な人間の自信に満ちたポーズを支えているにすぎない。要するに、この絵には、三つの等式が示されている。ひとつは塔と同じ高さに描かれた人間が文字どおり偉大となる。もうひとつは、人間と同じ大きさになった塔には人間の徳目がすりこまれる。そして最後は、ピラミッドに刻まれた格言によって、歴史的な正当性を保証される。

建物とその所有者を同一視する過程において、職務上の最上級者が摩天楼の最上階に落ち着き、地位が低い者、あるいはたんなるテナントは下層部分に限定されるのはきわめて自然なことであった。このルールから外れた動きは、逆にそのルールの正当性を強調することになる。例えば貴族的な「数世代にわたって継承された財産を所有する」銀行のような有力な経済機関は、水平性に封建的な意味合いを見出し満足しており、高層建築を建てて敷地の価値を何倍にもしようとする輩が出てきても、自分たちのオフィス(および建物)を地上階に限定していたのである。利益に無頓着な気前の良さは、彼らのまったき独立というイメージにふさわしい。

コロネル・W・A・スタレットによれば、銀行はたいてい地価の高い角地に低層の古典主義建築として建ち、「質実なデザイン」で、二次的な財源にはいっさい頼っていないことをはっきりと表明している。摩天楼を「経済的高度」を超えて高くするのは、経済無視のもう一方の極とスタレットは見る。「経済的高度」の限界は少なくともスタレットがこの文章を記した一九二八年の時点ではじつにさまざまであったが、トリビューンの実験的な時期においては「問

題外」だったにちがいない。[★110]

ひとたび摩天楼の圧倒的な垂直性が確立されると、高さこそが価値にいたる唯一の道として受け入れられた。バシュラールは次のように述べている。「垂直への価値は本質的であり、確実であり、その優位性はゆらぐことがない。それゆえ、ひとたび精神が直接的かつ瞬間的な意味のなかに認知されてしまえば、そこから抜けだすことができない。……価値化とはすべて垂直化なのである」。[★111] 新聞街《ニューズペーパー・ロー》という闘技場では、垂直性にかかわる質のほとんど(支配、優位など)は望ましいものだった。[★112] 巨石《モノリス》のような塔も、アメリカの民衆倫理のなかでもきわめて尊重された独立独行と個人主義というダーウィン/スペンサー的な徳の表現として解釈することができた。直立姿勢は、きわめて野心的な生き物の進化の報酬であった。垂直軸は、観察された世界に自らを投射し、アモルファスな空間における方向指針とした人間の直立像とも符合する。

自らを建築に投射する必要に気づいた瞬間から、人間は、垂直という唯一無二の形を建築に与えた。[★113] 垂直は、直立して歩くという人間の偉業の数学的シンボルであった。

今一度競争に注目すれば、直立姿勢は生き残るための基本的な条件であると考えられよう。競争、生存といった概念が進化論と関係づけられていることから考えても、競争の圧力のもとで他の霊長類がどのように反応するかを見ることは無駄ではなかろう。例えば、チンパンジーが腰を曲げた姿勢から直立姿勢に変わると仮定することは妥当だろうか。チャールズ・ダーウィンは、『人及び動物の表情について』(1872)のなかで、サルを用いて恐怖を引き起こす実験について記述している。「サルの顔はいくぶん伸びたように思われる。彼らは時に、よりはっきりと見るために、後ろ足を使って体をもちあげた」。[★114] また、他の観察では、「ネコは恐怖を感じたとき、可能な限り高く立ちあがり、背中をアーチのように曲げて、あの良く知られた滑稽なポーズをとる(図20)」。[★115]

「身体の膨張と、敵に対する法外な恐れに関する他の手段」の章でダーウィンは、ヒキガエル、カエル、ヘビ（コブラ！）、ウマ（戯れるときには後ろ足を投げだすのと反対に、敵を威嚇するときに後ろ足で立ちあがる）を用いた実験の例をあげながらこのテーマについて詳しく論じた。[★116]

「私は、多くの鳥ができるだけ体を大きく見せるために羽を逆立たせ翼と尾を広げるのと同じやり方で、同様の目的でネコも可能な限り直立し、背中をアーチのように曲げ、しばしば尾の付け根の部分を持ちあげて毛を逆立たせるのだと考えはじめている」。トラやライオンのような大きいネコ科の動物にこのような傾向がないのは、彼らには恐れねばならない深刻な競争がなかったからだと、ダーウィンは結論づけている。[★117]

二つの夢――ジョゼフ・ピュリッツァーの衝動

トリビューンが独占的な地位を確立したころにはすでに、他の者たちは意気喪失して、引きさがっていた。ニューヨーク・タイムズは、五階建の旧オフィスビルを、ジョージ・B・ポストがデザイン（1888–89）した新しく人目につく一二階建の建物に建て替えた。新聞社自体は、トリビューン・ビルを横目に見つつ[★118]（図17）、パーク街《ロー》とナッソー通《ストリート》りが交差する三角形の敷地に留まった。タイムズ・ビルはトリビューンよりも階数が多いことを誇りとしていたが、全体的な高さでは明らかにトリビューンには及ばなかった。

ジョゼフ・ピュリッツァーはこの不安定な均衡状態に当惑した。中西部からニューヨークに移動したとき、彼は東部を征服するという目標を自らに課していた。彼は、まさに歴史が征服者に期待することをやってのけた。一八八三年には発行部数が少なかった『ワールド』紙を買収し、たった七年で発行部数を一〇倍にまで引きあげたのだ。[★119]一八八八九年、ピュリッツァーは、ライバルを倒す時が来たと意を決した。そして、文字どおりトリビューンから光を奪うほどの高層建築を建てたのである。彼は世界最高層の建物(図21)を建てることにした。[★120] しかし、競《せ》り合いにおいては、近さがものをいうため、ピュリッツァーはできる限りトリビューン・ビルの近くに新しい本社を移したいと考えた。彼が選んだ敷地はパーク街《ロー》とフランクフォート通り《ストリート》との交差点北西側でブルックリン橋の南斜路のあたりに位置しており、確かに近かったが、難点があった。ブルックリン橋にいたる斜路の交通標識が三階と四階の窓をかすめることになってしまったのだ。『ワールド』紙が『トリビューン』紙をいかにがむしゃらに追いかけたかが窺えよう。社屋建設の動機は熱望であり、実用的かつ経済的な認識は後回しとなった。ピュリッツァーは確かに彼の建物に取り憑かれていた。天下周知の夢想家、悪魔的な野心と仕事の能力を兼ね備えた虚弱体質の男はこの熱望に全人生を捧げた。「彼の神経が思い止まるように命じたとしても、ピュリッツァーは、『ワールド』紙にふさわしい本拠地とし

図20———「猫は恐怖を感じたとき、可能な限り高く立ちあがり、背中をアーチのように曲げて、あの良く知られた滑稽なポーズをとる」(Charles Darwin, *The Expression of the Emotions in Man and Animals*, London, 1904(初版1872)。「ダーウィン的」と一般的にみなされる社会情勢のなかでは、動物の行動習性を金の亡者と化した施主の権化である建物の形状に見立てるのも納得できる。

て世界最高の建物をニューヨークに」建てるという「彼の最大の夢をあきらめなかった」[★121]。ピュリッツァーみずからデザインに関与したといわれているが、とくにドームのアイディアには深く関り、ミケランジェロ風にピュリッツァー味が加味されることになった[★122]。サンフランシスコ・コール・ビル(1896)およびヴァンクーバーのワールド・ビル(1911)がともに明らかにこのアイディアを借用したことを見れば[★123](図22・23)、ピュリッツァーは新しい流行を定着させた人物であった。活動的で少年のようなイマジネーションをもち合わせた裕福な施主が設計に口出しすることはきわめてよくある話で、フランク・W・ウールワース、ランドルフ・ハースト、ピュリッツァーがその典型だった。

しかし、『ワールド』紙の社屋デザインは、少数の建築家による限られたコンペの結果であった。今日、応募作品のうち二案の内容しか知られていない。ひとつはR・H・ロバートソンによるデザインであるが、キャディによるすばらしいトリビューン・ビルのデザインには及ばない。もうひとつはジョージ・B・ポストのデザインで、これは一八八九年から一八九一年にかけて実際に建設された[★124]。

どっしりした新しい建物がスカイラインにそびえる姿は、まさしく、カドモスに播かれた竜の歯から育った鉄の騎士かネブカドネザルの夢に出てきた巨像さながらだった[★125]。垂直方向に計画されたこの巨人には、階層ごとに異なる材料が秩序だって用いられた。基礎部分は粘土や石材といった価値の低い材料、ついで鉄や真鍮という耐久性のある材料、最頂部はもっとも高価な銀、さらには金という具合である。ネブカドネザルの巨像は、彼の宮廷に仕えるダニエルが、垂直方向を時間軸として王自身の生涯と重ねて説明したように、価値の序列が垂直方向にあった。ワールド社屋がパーク街《ロー》とナッソー通《ストリート》りの交差点に建てられた新しい本社ビルに移転するさい、一八七五年四月三日付の『ニューヨーク・タイムズ』紙は奇しくも次のように報じた。「ニューヨークは、今なお足は文字どおり泥のなかにあるにせよ粘土の時期を脱し、……急激に大理石、鉄、そして板ガラスの都市へと変貌した。……新世界における商業

図21―――ジョゼフ・ピュリッツァーの『ワールド』紙の新本社ビル(ジョージ・B・ポスト, ニューヨーク, 1889–90:絵葉書)。ピュリッツァーは、『ワールド』紙の本社ビルを旧来の敷地(図08)からニューヨーク『サン』紙と『トリビューン』紙の社屋ビルが隣接する北側の敷地に移転した。ミケランジェロ風のドームに配された役員室から、ピュリッツァーは劣勢の競争相手を見下ろすことができた(取り壊し)。

の中心都市は、ネブカドネザルの夢をまさに達成しようとしている[126]」。

ピュリッツァーは、彼の新聞と自社ビルの公共性を力説した。「これは、人民の宮殿として記憶に留められるに値する[127]」。続いてこのプロジェクトに抵当権はまったく設定されておらず（二〇年後にフランク・W・ウールワースがやることになる）、「慈悲深い統治者」が私財ですべてを支払ったという事実を強調した[128]。できばえは確かに堂々たるものだった。自立してそびえる壁は、地上階ゾーンの暗い色合いから高層部の明るい色調、そして頂点のドームの金色まで、色彩を変えたさまざまな材料で作られていた[129]。人体を模した垂直ヒエラルキーに従い、ピュリッツァーは目の位置にあたるドームの円柱《ドラム》部二階部分に執務室を置いた[130]。彼はいわば、人間の頭であり建築の頭でもある場所をおさえ、自分の創造物を占領したのである。ピュリッツァーと建築は、ギュスターヴ・エッフェルとエッフェル塔が、ナポレオンの言「人間は自らが残したモニュメントによってのみ偉大となる」どおりの関係になったように、相互に偉大さを参照しあうようになった[131]（図19）。

『アメリカのメトロポリス』の著者フランク・モスは、ニューヨークの起源について詳しく記し、その「寛容の精神」を称賛しつつ「……偉大かつ慈悲深く、他にほとんど競う者のいないニューヨークの企業群は今やすばらしい成長を遂げ、測定不可能な高さにまで頭を伸ばしつつある」と述べている[132]。モスが擬人的な表現を用いたことは、彼自身のオランダ人の先祖について自慢げに語り、オランダ人は「女性をモデルに船を作った」と記している、この後の文章からも読み取れる[133]（図26）。

ネブカドネザルのもうひとつの夢は、ミルチャ・エリアーデがかつて「中心のシンボリズム[134]」と定義したものであり、前述の夢を補足するものと考えられる。王は、自身の王国の中心に立ち頂上が天国にまで届いた巨大な樹を目にした。王からこの夢の解説を求められたダニエルは、垂直性と求心性という絶対的な支配の表れで、樹は王自身を表ピュリッツァーによる一流の新聞社屋デザインの着想を継承した建物の事例。

図22（左）――――サンフランシスコ・コール・ビル（ジェイムズ・M・リード，サンフランシスコ，1896：取り壊し）。当時、サンフランシスコで最高層のオフィスビルだった。

図23（右）――――ヴァンクーバー『ワールド』（W・T・ホワイトウェイ，ヴァンクーバー，1911–13）。このビルは現在ヴァンクーバー・サンの社屋ビルとして使用されている。3年にわたって大英帝国で最高層のビルでありつづけた。

図24———ニューヨーク・トリビューンの社屋ビルも流行を生みだし、継承者が出現する。オークランド・トリビューン・ビル（エドムンド・T・フォークス，オークランド、カリフォルニア、1923）（写真：トーマス・ゴードン・スミス，リッチモンド，カリフォルニア）。

"I like it. It has authority."

Ship and Woman.

図25(上)———「気に入った。何とも威厳があるではないか」。人間は飽くことなき野心と生まれながらの直立姿勢を備えているおかげで、樹や山やジッグラトあるいは摩天楼のような求心性や垂直性をもつ形態に簡単に自身の姿を映じてしまう(*The New Yorker*, March 31, 1986: Ed Fischerによる風刺画)。

図26(下)———「オランダ人は女性をモデルに船を造った」と、フランク・モスは1897年に記している(Frank Moss, *The American Metropolis*, New York, 1897)。擬人的なデザインを啓発する意味深い見解である。

現していると説明した。王が夢に見た元型的な樹木のイメージは、おそらくバビロニア帝国の最盛期には一般的なものだったのだろう。「世界の軸」のイコンとして、ジグラットが宇宙山を表現するのと同様に、世界樹は宇宙論的な中心を表現する。[★135] 第二の夢の興味深い点は、擬人性が強調されている点である。世界の軸は、伝統的に樹木、山、あるいはそれに似たイコンとして視覚化された。しかし、統治者なら、どのかたちを思い浮かべようと、それは即座に世界の中心となる。飽くことのない野心と生まれながらの直立姿勢をそなえているおかげで、人間はさまざまな垂直形態を簡単に思い浮かべることができる。樹、山、ジグラット、あるいは摩天楼(図25)。

ポール・クローデルは「類型としてみた場合、自然のなかで樹木のみが、人間と同じく垂直である」と記した。バシュラールは、孤立して平坦な大地に抗する樹こそ確固とした直立性のシンボルであり、樹木と葉、森と高次元の存在との間に弁証法的な関係が認められるとした。[★136] ニーチェの『こうツァラツストラは語った』、なかでも「山腹の木」の物語は、高さを求めながらも深く大地に根ざした樹木が、霊的昂揚と大地の引力という両極の象徴であることを指摘した古典的な著作である。危険ながら自由が約束された上昇と、魅力的ながら不純でもある地上生活への下降との間で弁証法がなりたつ。[★137] まさにこれはエネルギーに満ち溢れたニーチェ的な激しい気性の持ち主でもあり、ものごとに対して専制君主的にふるまうジョゼフ・ピュリッツァーの性格を説明している。トリビューン社の目と鼻の先に『ワールド』紙の本社ビルを建設せんとする衝動は、古代ギリシアのフィレモンとその妻バウキスのささやかな物語の異様なまでの拡大版となった。極端に小さな土地に建造物を積み重ねはじめると、重力の場は、構造物の変形に従って大きく、おそらく手の下しようもないほどに変化する。こうした複数の運動は「同時」に起こったのであって、いわゆる因果的連鎖ではないことは強調しておかねばならない。建物が魔法の地点に向かう運動は、凝縮する一方で膨張する。[★138] すべての新聞社の本社が同じ場所に群がったとき、その地点に移動する間に建物はしだいに成長し、可能な限

図27(左)———ニューヨーク『サン』紙の新社屋ビルの提案(ブルース・プライス, ニューヨーク、1890: William Birkmire, *Skelton Construction in Buildings*, New York, 1894)。「『サン』紙のオーナーの計画が正式に発表されれば、小さな赤い建物の敷地にワールド社のドームすら見下ろすほど高いタワービルが誕生するだろう」(図21参照。「小さな赤い建物」が『ワールド』紙と『トリビューン』紙の社屋ビルの狭間に鎮座している)。
建物の高さが最優先で競われたが、同時に崇高な美しさも競争の対象となった。ワールド社がエントランスに巨大なシングルアーチを採用したのに対して、サン社は完璧な凱旋門を投入した。そして、聖ピエトロ大聖堂のドームの代わりに、ハリカルナッソスのマウソロス王のモニュメントに太陽のシンボルを掲げている。世界に存在する古代の驚異(不思議)が美的な競争の手段となったのである。

図28(右)———『メイル & エクスプレス』(カレル & ヘイスティングス, ニューヨーク, 1891)。当時はあまりぱっとしない新聞だったが、立派だが建築的には成功とは言い難いビルで人目を引こうとした。条件の悪いL字型の敷地に建てられ、フルトン通り沿いの細い外壁が1区画分の装飾で埋めつくされている。特筆すべきは、堪え難い高さまで引き延ばされた尖塔である(*King's Handbook of New York*, Boston, 1893：取り壊し)。

り高く立ちあがっていた。魔法の地点のもっとも近くに落ち着いた建物は必然的にもっとも高層となり、そこに生まれた建築群の最高峰は、その地区のなかでもっとも野心的で、もっとも成功した建物が占めることになった。ゆえに、もっとも高く昇り詰めたリーダーに対して他の競争者が挑戦し勝利を収めたとすれば、山はそのシルエットを変化させ、新しい重心に移動する。後で紹介するが、クロード・ブラクドンは次のように主張した。「摩天楼の存在理由は、したがって物理的なものではなく、精神的なものだ。それは、集団が超集団となることへの熱望に対する答えである。……摩天楼は、唯一、そしてつねに何か神秘的な理由でビジネスマンの蒼穹となった聖域に現れる★[139]」。

先端巨大症★[140]

『ワールド』紙がトリビューン・ビルよりも高層の自社ビルを建てた後、二つの山頂に挟まれた『サン』紙の古い建物は、なすすべもなく人工的な深海の暗い奥底に取り残されてしまった。一八八七年の『不動産記録と建物ガイド』ニューヨーク版には、「ワールド・ビルが完成すれば、『サン』は蝕となってしまうだろう。……〈輝かしい〉新聞が光を奪いとられる日が来ようとは」と書かれていた★[141]。

フランク・モスは『アメリカのメトロポリス』(1897)のなかで、その後の報告をしている。「サン・ビルは、周りを取り囲んでいる塔状の新聞社の建物のなかでなんとも場違いであり、また未完成のトリビューンの建物の角の部分(奇妙なL字型の敷地)に入りこめないのが惜しまれるが、長年の両新聞社同士の敵意が、そのような交渉を妨げてきた。……『サン』紙のオーナーの計画が正式に発表されれば、小さな赤い建物の敷地にワールド社のドームすら見下ろすほど高いタワービルが誕生するだろう★[142]」(図27)。

図29(左)―――アメリカ・トラクト協会ビル(R・H・ロバートソン, ニューヨーク, 1895/1896)。聖書文学およびその他の教化的文学を扱う世界最大の出版社が建てたビルで、新聞街でもっとも高い建物(*The American Architect and Building News*, XLIV, 1894, March 26)。

図30(上)―――アメリカ・トラクト協会ビルの展望台。「……出会い、讃美歌「神は汝の近くに」をもっとも効果的に歌いたいと思う人々に、栄えある機会」を提供している(*Architectural Record*, VI, 1896, September/December)。

『サン』紙の計画は、一八九〇年、確かに「本当に発表」されたが、悲しいかな、著名な建築家ブルース・プライスによるデザインが実現されることはなかった。ウィリアム・バークマイアは一八九四年に出版されたスケルトン構造に関する著作で、以下のようにコメントしている。「サンは……二二階建の建物を計画し、建築家の意図どおりに建てられれば、既存のオフィスビルのなかでももっとも立派なもののひとつとなることはまちがいない」[★143]。それは、上層部に向かって細くなる列柱を構えた重厚かつ無装飾の胴体に、太陽光線の紋章の冠を載せた自慢の頭部をもつ、確かに畏敬の念を感じさせる建物であった。古典的で神話的な隠喩(凱旋門をエントランスとし、アルテミスの霊廟を頂部に載せている)を満載した建築は、絶対的な覇権を確立するために未来に向けて世界の不思議をいびつながら詰めこんだ、夢の塊とでもいうべき建物であった。

他の新聞社も、高層でしばしば喧騒に満ちた集積物を続々と加えはじめた。合併したばかりでまだあまり知られていなかった『メイル・アンド・エクスプレス』紙本社は一八九一年、ブロードウェイとフルトン通《ストリート》りの交差点にカレル・アンド・ヘイスティングスの設計で建てられた。ほっそりと背が高く、明らかに非実用的な塔を戴いた新しい一〇階建の建物である[★144](図28)。一八九五〜九六年には、タイムズ社とトリビューン社の双方の建物を見下ろすかたちでアメリカ・トラクト協会ビル(図29)がスプルース通りの角に出現し、衆目を集めた。聖書文学およびその他の教化的文学を扱う世界最大の出版社のためにR・H・ロバートソン社が建てたこの建物は、高さ二九二フィート(89m)、二三階建で、新聞街一帯で群を抜いていた。頂上には、展望台としてアーケード式のパゴラを戴き、企業理念に基づきジャック・ペレーの言葉に従って、訪問者が神(造物主)の驚くべき御《み》わざを眺めることができるようになっていた。トラクト協会はもちろん積極的に活用し、訪れた人々をパゴラに案内し(図30)、「上層階あるいは屋上展望台で出会い、讃美歌〈神は汝の近くに〉をもっとも効果的に歌いたいと思う人々に栄えある機会」を与えたのである[★145]。

図31（上）———1900年当時の新聞街。5つの新聞社と出版社が類例を見ない大増築工事で、背を並べることになる。右から、ニューヨーク・タイムズ・ビル（ジョージ・B・ポスト，1888–89）、アメリカ・トラクト協会ビル（R・H・ロバートソン，1895/1896）、ニューヨーク・トリビューン・ビル（リチャード・M・ハント，1873/1875）、ニューヨーク・サン・ビル（1868年に移設された現存する社屋ビル）、ワールド・ビル（ジョージ・B・ポスト，1889/1890）（絵葉書）。

図32（下）———1903年からしばらくたってから写された同敷地。タイムズ社とトリビューン社の社屋が奇跡のように成長している。あたかも先端巨大症に冒され、骨格が異常成長してしまったかのように……。右端には1883年に建てられたポター・ビルが写っている（図08参照：絵葉書）。

トリビューン社もタイムズ社も新参者に優位を奪われ、いまや、抜き差しならぬ状態となった。彼らの反応はほかに例を見ないものであったが、このような状況ではきわめて論理的であった。一九〇三年、彼らはいったん縮小したうえで延伸させる増築工事を決定したのだ[★146](図32)。屋根と塔は一時的に撤去され、上層構造が既存の建物を土台として増築された。工事前とその後の写真を比べてみると、建物がまるで自然に成長したかのようである(図31・32)。タイムズ・ビルはトリビューン・ビルに比べて改装にあまり乗り気でないように見えたが、それには理由があったようだ。そのころタイムズ社は、旧闘牛場《コリーダ》からの撤退と、後にタイムズ・スクエアとして知られるようになる、かなり北部のより静かな地域に本社ビルを移す意志を表明していた。サイラス・エイドリッツによる新しい建物のデザインは、フィレンツェ大聖堂のジョットの鐘楼の形をした建物という点で、トリビューン・ビルとワールド・ビルの伝統と完全に一致していた(図33)。しかしトリビューンは、パーク街《ロー》での闘いを投げ出すつもりはなかった。一九〇三年トリビューンは、九階分(!)の増築計画を申請した。『ニューヨーク・タイムズ』紙は、次のように書いている。「トリビューン・アソシエーションは、自社の建物を一〇階から一九階へと建て増しすることによって、新聞社街に摩天楼をひとつ付け加えようとしている。トリビューン本社は、建てられた当初から〈トール・タワー〉として知られていたが、今より百フィート(30m)も高くなれば、市庁舎から半径二五マイル(40km)内の目立ったランドマークとなるだけでなく、唯一石壁で、鉄骨のコアを使っていない摩天楼となるであろう」[★147]。もっとも、新たに賦与されたこの特徴は、以前の特徴ほど名誉あるものでなかったばかりか、実際には既存の石造構造に部分的に鉄骨を加えて増築しており、先の記事は正確なものでもなかった。建設工事は一九〇五年に始まり、結果は確かに感動的なものだった。彼らがこだわった昔ながらの成功への布石とは、塔を立ちあげることであり、最後の力を振り絞ってライバルよりも高く建物を持ちあげたのである。多大の犠牲を払って得た勝利であったが、徹底的な闘いによって宇宙山を築きあげると

図33―――後にタイムズ・スクエアと呼ばれるようになる敷地に建つニューヨーク・タイムズ・ビル(サイラス・エイドリッツ, 1904)。新聞街の伝統を継承している。すなわち、高層(22階)で、絶対的な美的権威の模範(ジョットによるフィレンツェ大聖堂の鐘楼)をモデルにしている。さらに圧倒的な美を演出するために、写真に金箔を振りかけている(絵葉書)。

図34―――図31、図32と同様の敷地でブロードウェイから南を撮っている。タイムズ・ビル（左）は、さらに5層分増築するために屋根が取り払われている。一方で、古い郵便局の裏にはさらに高い建物がすでに場所を確保しているのが見える。例えば、1908年にシンガー・タワーが建つまでは世界一の高さを誇っていたパーク街ビル（R・H・ロバートソン, 1899）やセントポール・ビル（ジョージ・B・ポスト, 1897–99）である（*King's View of New York*, Boston, 1905）。この写真は、新聞社の最高位をめぐる命とりの戦いの悲劇的な側面を写し取っている。ピュロスの勝利（犠牲の大きい勝利）を得ることに取り憑かれて、周りがまったく見えなくなってしまっているのである。

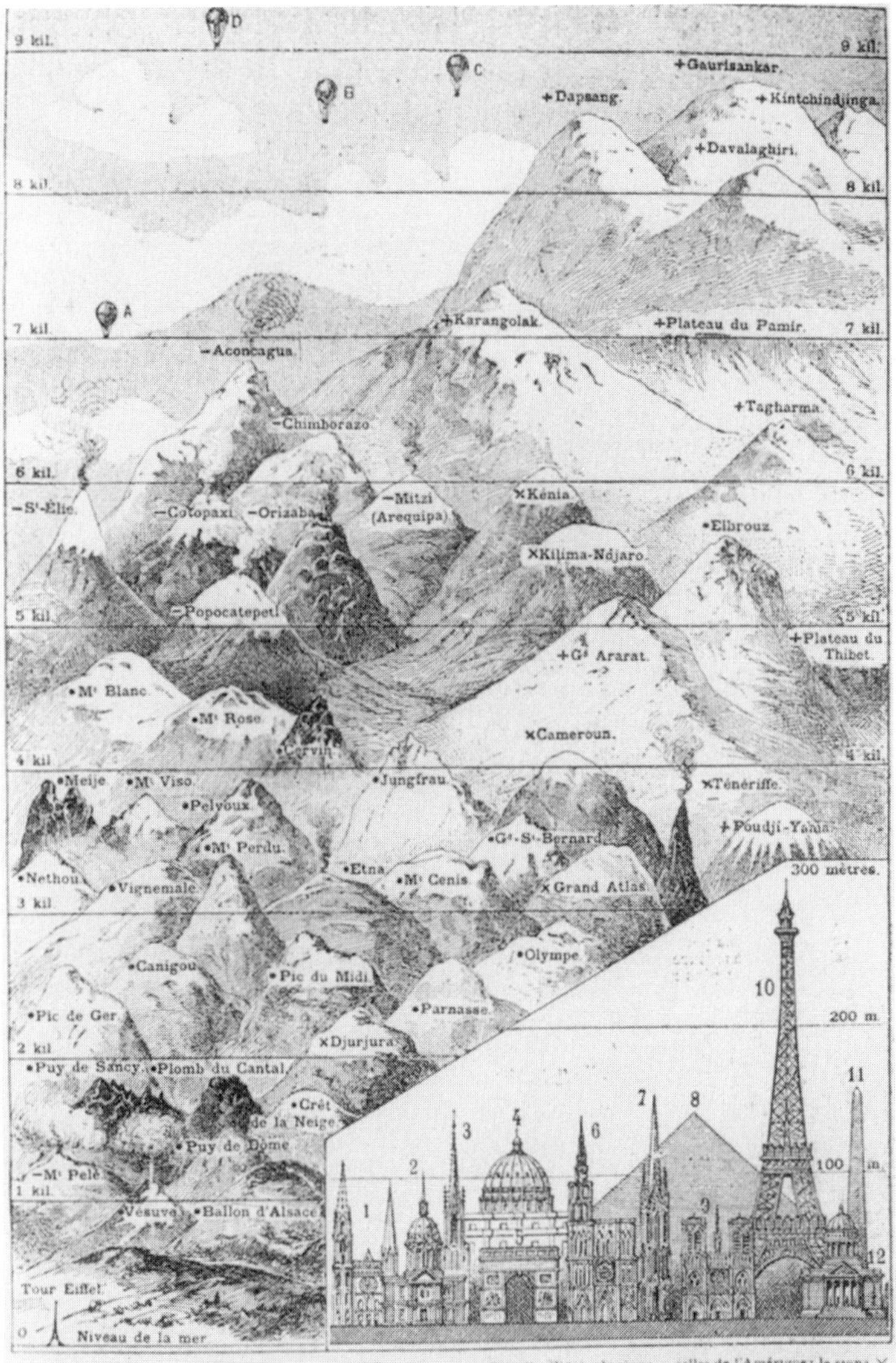

図35———ピュロスの勝利には、徹底的な戦いによって宇宙の山を築きあげるという儀式が欠かせなかった。山を築くことと摩天楼を建てることが非常に似通った行為だったために、この競争が生みだした光景は、1925年に描かれた『プチ・ラルース百科事典』の図版と似通ったものになった。この図では、人類の建築的栄光の数々が自然界の創造物と並置されている。

いう儀式においては避けて通れないものだった（図34）。山がついに完成したとき、新しい山がすでに立ちあがりつつあり、新たな重心が生まれていた。そこに留まった者たちは、競争が激しいことを承知で誓った結婚生活を守り通したあげくにすべてを消耗しつくしたのである。

じつのところ、一九〇〇年までにほとんどの新聞社は去っていった。『ヘラルド』紙は一八九三／四年にミッドタウンに移り、『タイムズ』紙は一九〇五年に、『ニューズ』紙は一九一九年にそれぞれ移転した。四半世紀の間に、まるで実験場のように、ニューヨークの新聞社は、その活動に理論的根拠を与えようとはせず、垂直＝求心化の法則の作用を実演して見せた。この「ニューヨークに自然にもたらされた成長」は、当然のこととして受け入れられた。ピュリッツァー自身は、この現象を次のように描写した[★148]。「毎日その前を通り過ぎる群集に驚きを与えつづけるために、魔法のように大地から立ちあがった巨大建築」。

「私は小柄で髪は茶色。スラリとした金髪になるには何を食べ、どんな運動をすればいいの」。――ジョン・ミード・ハウェルズ★001

「まだ小さいころに、人生の目的とは成長することだと悟った」。――マーガレット・フラー★002

第5章

自然成長の神話2

ソロー――アメリカ精神の伏流

摩天楼は自然成長であり、アメリカン・スピリットの象徴である。
――クロード・ブラグドン[003]

初期のニューヨークに出現した一群の摩天楼は、成長、エネルギー、そして進歩の概念の普及に大いに寄与した。商業メトロポリスのスカイラインは、熱帯雨林から山頂まで、さまざまな自然に喩えられてきた（山頂の例を知るには、スカイラインのすべての特徴的なシルエットを○○山と改名した、一九三五年出版のヴァーノン・ホー・ベイリー著『マジカル・シティ、ニューヨークの詳細スケッチ』を読むとよい。「南を見渡せばヒマラヤ山脈のエベレストたるエンパイアステート山の重なり合った山頂が、前景の左手にはクライスラー山、ニューヨーク・セントラル山、リンカーン山、五番街五〇〇山、東四〇番通り一〇山、そしてチャニン山がそびえている。東に目を向ければ、ウォードルフ＝アストリア山、ジェネラル・エレクトリック山が見える」といった描写がえんえん一ページ分続く）[004]。一九世紀の著述家たち（主にヨーロッパ人）が見て取ったように、比較分析の道具として自然成長を強調するのは、神秘的な力、人間が制御できる域を越えた力の存在を暗示するためであった。「変化しつづけるニューヨークのスカイライン」は、ガイガー計数管で放射能を測定し、リヒタースケールで地震の衝撃波を記録するのと同様に、その威力を示すイコンとされた（図01・02）。シカゴの商業建築は「……ちょうど自然の力のように、人間がひたすら従順になるほかない超人的な無意識の力によって生みだされたように思われる」という、しばしば引用されたポール・ブルゲの言葉は、明らかにこうした力に対する彼の確信を映しだしている[005]。この考えがいかに信用を得ていたかということは、ジークフリート・ギーディオンがアメリカ・デザインの匿名性をモダニティのパラダイムと

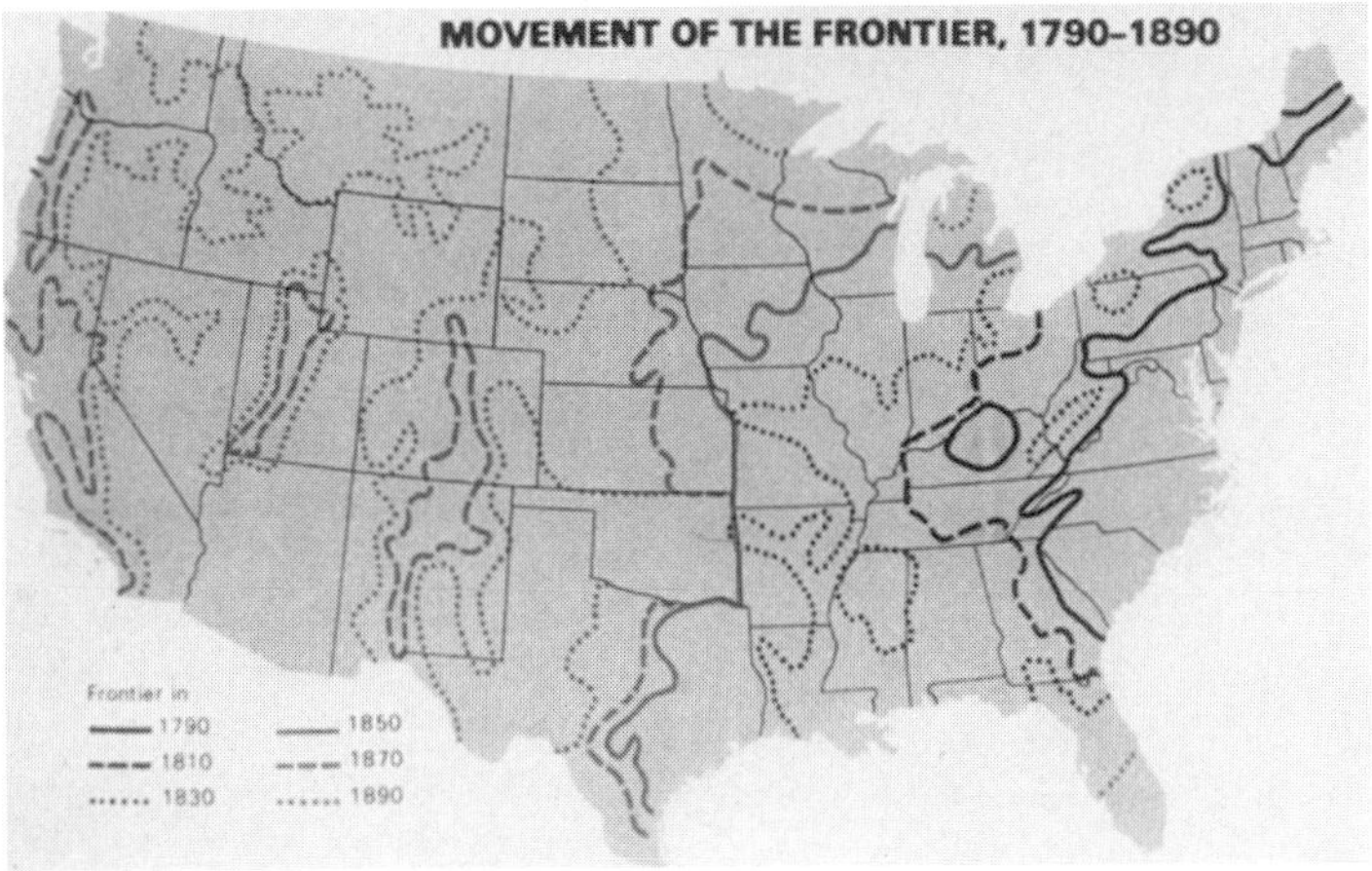

図01(上)———カリフォルニア・アメリカ杉の年輪を用いて描写したアメリカの歴史(1930, 絵葉書)。
図02(下)———アメリカの国家発展過程：国境の変遷（Allen Weinstein & R. Jackson Wilson, *Freedom and Crisis - An American History*, New York, 1974)。

して認めたことからもわかる。[★006]

アメリカ人のなかで、ブルゲあるいはギーディオンの同郷人よりも自然の営みに対して多少なりとも「従順な存在」がいるとすれば、全アメリカ人のなかでもっともすんなりと「自然の力」を受け入れたビジネス界の人間であった。ビジネスマンの知性と科学に対する不信、そして彼らが「直観」[★007]を好むのは周知のことであった。アカデミックな訓練と生まれながらの才能が相反していることは、アンドリュー・カーネギーやチャールズ・ダナのような人々を見ればよく理解できる。彼らは、給料と引き換えに働く者と「巨万の富」（運あるいはチャンス、加えて豊かさを意味する）を追求する者という二つの階層に社会を分けたのである。ひとつ目の階層は依存的であり、したがって自由ではない。二つ目は自立的で自由である。

『ニューヨーク・サン』紙の編集者ダナは次のように書いたことがある。「私が言及するのはただひとつの階層の者、すなわち思索家、科学者、発明家といった人々である。他の階層は、金持になるため、富を集めるために神が蓄財の才を与えた者たちである」[★008]。この神秘的な力が、神あるいは自然と同一視されたかどうかは問題ではない。重要なのは、それが絶え間なく呼び覚まされたということだ。ドイツ出身のハーバード大学の心理学者、フーゴー・ミュンスターベルクは、知識層が「言葉」に依存し商業界の人間が「行為」を好むことを強調しつつ、ゲーテの『ファウスト』に出てくる言葉を叫んだ。「精神は救う！　不安な躊躇から自由になり、私は書いた。〈始めに行為ありき〉[★009]」。高名なもうひとりの経済学者、ソースタイン・ヴェブレンによれば、賭けを欲し運を信ずる態度こそ、アメリカの経済生活を動かす主な誘因であった。[★010]

今や速度が示すのは、半ば聖なる次元であった。急いでいる状態をつねに続けることが、唯一、変化の力と歩調を合わせるための術であった。[★011]性急さが本物か見せかけかということは問題ではなかった。[★012]

図03——シンガー・ビル（アーネスト・フラッグ, 1906/1908）。芸術的に描かれた超高層ビル群のなかに世界一高い建物がそびえたち、当然のごとくエッフェル塔は除外されている（O.F. Semsch, ed., *A History of the Singer Building*, New York, 1908）。

いったん建てたいという願望にとらわれると、ビジネスマンはなんとしても迅速に建設工事を終わらせるためにすべてを捧げる。施工者は、摩天楼を短期間で建てたことに誇りを感じたにちがいない。建設の速度はできあがった建物の美的価値と同じく重要なのである。『シンガー・ビル建設史』(1908)の著者は、新たに建設されたこのタワー状建築を、この時代ならではの言い方を用いつつ「ナイル川流域のエジプトのピラミッドさながら、ニューヨークのスカイラインのなかで際立った特徴を示すことになった」[★013]驚異の建築と描写した。同じアナロジーのくり返しではあるが、今度は建設の速度をほのめかしつつ、彼は次のような奇妙な結論を引きだした。「この建物は実質的に一九〇八年五月一日、別の言い方をすれば、建設開始からたった一年八か月後に完成した。これを、高さにおいてシンガー・ビルを下回る双塔式のケルン大聖堂の建設に要した時間と比べてみるといい。ケルン大聖堂の建設は一二四八年に始まり、六四一年後の一八八九年に完成した。同様に、一〇万人の労働者が三〇年間雇われた、すなわち三〇〇万人の労働者が一年間雇われた計算になるクフ王の大ピラミッドと、一二〇〇人の労働者が一年八か月雇われたシンガー・ビルを比較してもよいだろう」[★014](図03)。

新聞街の猛烈な成長ぶりは、結局のところ、建築家ではなく彼らビジネスマンが形態、装飾、そして建物の全般的な性質を決定した、生きるか死ぬかのゲームであった。モンゴメリー・シュイラーはすでに、同じ言い方を用いて、建築家が芸術の摂理に従ったのに対し、自然の成り行きに従ったのは施主であったと記している。両者はいまだ融合することができず、その結果、シュイラーが「ワイルドワーク(野卑な作品)」と呼んだ、様式的にどっちつかずの作品に終始した。この種の批判を行うには常套句だが、シュイラーはその判断を、当時アメリカ各地に滞在していた「英国人の観察者」にまかせた。「ニューヨークは、野蛮で不規則なエネルギーをおおっぴらに欲しているという点で、恐ろしくもあり、同時にすばらしくもある」。そこでシュイラーは、一八世紀の崇高の感覚を近代に翻案し、不規則なエネルギーを首尾一貫した建築形態として表現できない建築家のさまを表した。すなわち、「膨大な数のワイルドワークといくつかの興味深い作品があったが、完全に成功したものは皆無だった。そこには慣習というものは存在しなかった……。デザイナーたちは互いに同意せず、さらにデザイナー個人もしばしば、自らの問題に対して何が与件であるのかをめぐり自分自身と相争わねばならなかった[★015]」。

施主たちは彼らの創造物に満足していたのだろう。確かに、そうした建築の完成に合わせて作成された瀟洒なパンフレットは、華々しく催された祝賀会に遜色ないものであった。しかし批評家や建築家にしてみると、事態はまったく嘆かわしいものだった[★016]。それまで建築家と施主の密接な協力関係を基本的に擁護してきたルイス・マンフォードは、自著『棒と石』(1924)および『褐色の時代』(1931)のなかで、突如として意見をひるがえし、これらの建物が良き趣味をおとしめたとして批判した。この突然の空に向かう成長は、「アメリカ的な脆弱さ、ただむやみに大きいことを好み、土地投機にうつつを抜かし、度を越した無駄を当然とする特徴[★017]」を示すもの、と断じている。初期の摩天楼群は概して、抽象的に考えれば、集団として満足のいくものだったが、美的な観点となると、個々の風貌は貧弱なものでしかなかった。それぞれの建物はあまりに不揃いであり、嗜好に走り、デザイン的にもぎこちない。モンゴメリー・シュイラーと彼に続く他の批評家たちが提起した「摩天楼問題」は、したがって、個々の摩天楼をいかにして建築にふさわしいまとまりのあるものに仕立てるかという問いに集約された。

摩天楼問題——道徳的かつ審美的議論

この「問題」は、一八九九年の『アーキテクチュラル・レコード』誌に掲載された「〈摩天楼〉アップ・トゥ・デイト」および一九〇三年の『スクリブナーズ・マガジン』誌に掲載された「摩天楼問題」というシュイラーの二つの記事のなかで提起された（彼の関心事は美的側面に限られており、摩天楼が後に引き起こした法的あるいは社会的軋轢にはまったくふれていない）[★018]。これらの批評が出版されたころまでには、摩天楼は確固とした建築タイプとしての地位を確立し、さらにはアメリカ文明の特徴として認識されるにいたっていた[★019]。その高さはほぼ二〇階から四〇階建で、構造はきわめて高価なスティール・ケイジかスケルトン・タイプが採用された[★020]。

きちんとしていて、かつ美的に満足のいくある程度の秩序をもった摩天楼を提供するという試みは、アリストテレス的「配列」、すなわち古典主義の円柱の三つの要素、柱礎《ベース》、柱身《シャフト》、そして柱頭《キャピタル》をファサードに変換した三部構成システム（「円柱のアナロジー」とも呼ばれた）にそって展開した。この原理は、ジョージ・B・ポストのユニオン・トラスト・ビル（1889/90）およびニューヨーク・タイムズ・ビル（1888/89）、そしてすでにふれた（第4章、図27・31）ブルース・プライスの実現しなかったニューヨーク・サンのデザインおよびアメリカン・シュアティ・ビル（1894/95）などに応用されて大いに成功した[★021]。

もうひとつの提案は、ルイス・サリヴァンの中西部の「高層ビル」、例えばウェインライト・ビル（1891）、シカゴ証券取引所（1893/94）、ニューヨーク州、バッファローのギャランティ・ビル（1895）、そしてニューヨーク・ベイヤード・ビル（1898）などのデザインに顕著である。サリヴァンのファサード・デザインでは、三部構成が全体を通して維持されていたが、「柱身」については、パルテノンのドリス式円柱に似たフルーティング（溝彫り）を与えることによって古典主義言語を厳格に流用した（後にアドルフ・ロースが有名なシカゴ・トリビューンの「柱身」をかたちづくることになる）。シュイラーは、解釈は異なっていたものの、サリヴァンの解法を高く評価した。ベイヤード・ビルについて彼は次のように書いている。「この建物には、基本的なデザインにおいて気まぐれなものはいっさい見当たらない。これは、高層ビルであるという事実にのっとって建築を根拠づけようとする、きわめて真剣な試みである。実際の構造体は、これぞ物そのものと語らせるために、あるいは語りやすくするために残されている」[★022]。こうしたシュイラーの称賛は、有機的アナロジーを強調している点で注目に値する。ドリス式円柱との比較は避けられているが、代わりに、その「事例」が根拠とすべきスケルトン構法(実際の構造体)に直接言及している。道徳的かつ審美的議論ができるのは有機的アナロジーならではの強みだ。人体の骨格と類似しているために、フレームの構造体は高い位置に押しあげられた。さらに、構造体を見せることは道徳的に誠実な行為とされ、科学的には真実の表れとみなされた。あらゆる古今の建築理論は、無駄な装いを建築から剥ぎ取り、構造体を強調すべきと訴えることによって活力をえてきた。当然の結果として、構造体は真実と同一視され、真実は、次に美と同一視されるのだ(「美は真実なり」)。

自然は決して「気まぐれ」ではなく、つねに真実そのものであり、したがってつねに「美しい」という確信は、シュイラーと彼の同時代人にとって自明とされたにちがいない。建築の構造体が自然の有機体と同一視できるという仮説を疑うことさえなかったのだろう。「構造体に物自体を語」らせる建築は美しいというシュイラーの結論は、アメリカの進歩主義者、あるいは愛国主義者の熱狂的な支持を得た[★023]。

一世紀ものあいだ「硬派」に位置づけられてきたこの理論は、基本的にルイス・サリヴァンに遡ることになるが、その理論を完成させ深化させたのは、実際にはクロード・ブラグドンの仕事であり、エリエル・サーリネンの建築であった。この三人は同時代の人間だが、サリヴァンが思うように仕事を得られず、さらには彼の早すぎる死のために、この未完の思想は残りの二人によって完成に導かれることになった。

サリヴァンは、「芸術的な価値をもつ高層オフィスビル」と題するエッセイを次のような劇的な質問から書きはじめている。

問題：われわれは如何に、この貧困な建築群、この粗野で目障りで野卑な街並み、この果てしない抗争に明け暮れる殺伐とした生活に対して、たけだけしい情熱をしのぐ優美な感覚と高い文化をもたらしうるのか。[★024]

サリヴァンがこの問題にどのように取り組んだかはよく知られており、「形態は機能に従う」という彼の有名な言葉はさらに広く知られている。この言葉は多くの人々、主に機能に対する解釈がサリヴァンに酷似していたモダニズムの支持者によって誤用されたと言われてきた。似ていると思いこんだ彼らはサリヴァンを「近代建築の父」と呼んだ。[★025]加えて、この言葉は他にも数多くの誤解を招いた。なかでももっとも悲劇的だったのは、ギーディオンによって、自分のイデオロギー上の父とみなされてきた人物が芸術的に「分裂した個性」の持ち主となったことである。[★026]

モダニストにとって、軌道をやや逸しているとはいえ、建築の形而上学および芸術的創造に対するサリヴァンの生涯の関心は許容することができた。彼のシカゴ・スタイルの高層建築の箱型の形態と窓割の中立的な取り扱いは近代性を預言するものとして受け入れられたが、彼がファサードに用いた自然を模した装飾は露骨に無視された。[★027]このような混乱の理由は複雑であり、その複雑さは、理論的訓練、宗教、そして創造の問いに対する態度の違い、そして「機能」という用語が内包する根本的に対立する概念に帰する。

ヨーロッパのモダニズムにおいて「機能」という言葉は、住む場所をもつ、働く、気晴らしをする、移動する、といった社会的に規定された活動と関係する。この意味における機能は、社会の構成員または彼らが手にした道具や装置によって行使される外的に組織された活動として理解される。CIAM（近代建築国際会議）の宣言はしばしば社会学的に解釈され、建築および都市の計画は、本質的に経済の最小限化と人間工学の系統に属するものであった。例えば、機能的住宅というのは、最小限の動きで最大限の行動を可能にする家と解釈された。このような家の台所は、とりわけ人間工学の研究そのものだった。★028

もしサリヴァンの「形態は機能に従う」という言葉がこの考え方の枠に応用されたならば、台所の「形態」はそのなかで行われる「機能」によって決定されねばならず、すなわち、台所の人間工学ということになる。このようなことはサリヴァンのどの文章にも書かれておらず、それどころか、彼は技術的要求や動作の経済性にはまったく関心がなかった。動作に対する彼の情熱は、その経済性にではなく、すべてその表現に向けられたのである。

有機的自然の形態形成

高層オフィスビルの主な条件を要約した後、サリヴァンは以下のように続ける。

光《ライト・コート》庭に必要な処置だが、それはこの問題の要点にふれるものではなく、後ですぐに明らかになるのでここでは考慮する必要はないと信じる。これらのものと、ほかの例えばエレベーターの取り扱いのようなものは、厳格に建物の経済性と関わるべきで、私はそれらは純粋に実利的および金銭的要求を満足させるために十分に

考慮され、また解決されたものと想定する。★029

サリヴァンが「エレベーターの取り扱い」を「この問題の要点にふれるものではない」とみなしたということは、この両アプローチの違いがいかに大きいものであったかを示している。サリヴァンの問題は、社会的、あるいは外的な機能に関することではなく、生物的かつ内的な、あるいは有機的な機能であった。建築形態は、ヨーロッパの機能主義のような外的影響によるのではなく、内的進化の過程によるものだった。建物は有機体のようなものであり、土にうめられた種子から発芽していくように成長すべきだったのだ。サリヴァンは、自著『建築装飾の体系』のなかで次のように書いている。「芽生えは本物である。繊細なメカニズムのなかには、力への意志が横たわっている。機能は、形態のなかに自己の表現を捜し、最終的にはそれを発見するのである」★030。言い換えれば、植物の性質は幼芽のなかに含まれており、その植物の形態はその性質の具現化したものということだ。あるいはサリヴァンが指摘するように、「その圧力をわれわれは機能と呼び、その結果生ずるものが形態なのである」★031。

有機から無機への移行は、信念の問題であった。サリヴァンは次のように説明する。

「無機的という言葉は一般的に、石、金属、乾燥した木材、粘土あるいはそれに類する、生命のない、またそう見えるものと理解される。しかし人間の意志にとって、完璧に無機的なものは存在しない。人間の精神的な力は無機物を支配し、想像力が命もかたちもない物からつり上げた形態のなかにそれを生かす。……人間は力であり、この力は種子の発芽の力と同じく自然の本性である。人間は意のままに有機界すなわち生命界を統御し、そのなかで再び自分が意図するとおりに創造を行うのである。人間には意志の力がある……。故に、人間は思想において、内在的な力をもった典型的な植物の種子の発芽を、生命力の核として彼の意志に置き換えることができるのだ[★032]」。

サリヴァンの有機理論がヨーロッパの機能主義の領域をはるかに超越していたことはまったく明白であり、例えばナルシソ・メノカルおよびフィリップ・ステッドマンの最近の研究がこの点を十分に明らかにしている[★033]。ただ、これまできちんと説明されてこなかったのは、伝統的な生物学的アナロジーに対するサリヴァンの興味が、デミウルゴス的な創造行為や生命なきものに命を吹きこむことへの思い入れのわりには、さほど深いものではなかったという点である。クロード・ブラグドンは、サリヴァンのこの特殊な知的、精神的好奇心を浮き彫りにした。「彼の哲学の核は、人間の本質的な神性への信仰だった。〈人間がまさに神のようなものであるということを人間はついに知り、選び、目のうろこと過失を払い迷信と恐れに別れを告げた〉。この『観念の自伝』からの引用は、（一九〇三年一二月から彼が同意を得るためにサリヴァンに提出した）私の最終原稿（ブラグドンが『ハウス・アンド・ガーデン』誌に書いた記事のための原稿）を読んだ後に書かれた以下の手紙を理解するのを助けるだろう」。続いて一九〇四年一月二日に書かれたサリヴァンからブラグドンに宛てた手紙（注34の文献に全文記載）ではこう記されている。「これらの原理のプロトタイプは、宇宙の偉大なる神に基づいている。この神々しく人間的であり、人性と神性をともにもつ創造的要素と力こそ、『キンダーガーテン・チャット』のなかで、感受性のある人々に示したかったものである[★034]」。「神々しく人間的」な創造者というサリヴァンの概念は、『ヘルメス文書』の『ポイマンドレース』の書のなかで明らかにされたデミウルゴス（創造主）の思想をそのまま受け継いでいる[★035]。

サリヴァンの思想の原点ともいうべき資料の再構築に関しては、これまであまり整理されてこなかった。主に一九世紀のドイツ観念論と合わさった、フランスおよびアングロ・アメリカの進化論が支配している。ヘーゲル、シェリングの影響と同様に、ハーバート・スペンサー、そして以上から推測できるようにショーペンハウアーの影響が指摘されてきた。[★036] メノカルは、エマニュエル・スウェデンボルグのコスモロジーおよび対抗力理論とともに、プラハ生まれのアメリカ人建築家レオポルド・エイドリッツの芸術的創造に関する理論と神人同形論の概念が、装飾に対するサリヴァンの思想の源となった可能性を指摘している。[★037] 実際のところ、エイドリッツが主な拠り所だったにちがいない。結局、サリヴァンほど簡潔なかたちではないにしろ、同様の趣旨で最初に形態は機能に従うという定式を明らかにしたのは彼であった。「自然界において形態は環境の産物である。環境が機能を規定し、形態は機能の結果である」[★038]。これに続く文章には、ヘーゲル的な芸術的創造の概念とともに、進化論を是とした傾向が顕著である。

> 機能のこのエネルギーは、自然のなかに視覚的形態として表現されている。芸術は再創造であり、建築の形態はまったく観念的《イデアル》であるから、解決すべき問題は次のように表すことができる。われわれは自然がその形態に到達する方法を知っている。建築家が前提とすべきは、最後の形のなかに自身の形態を全面的に、つまりは完全に成長したものとして創造することなのか。あるいは、言い換えれば、彼は語られるべき事実の分析の前に話の筋道を話してしまおうと試みるべきなのか。そういうことを行ってもよいのだろうか。否。彼がなすべきことは、条件を研究し、環境を分析し、それをあらゆるところで優先させ、つねにそれに対応し、そこから生ずる機能が有機体のなかで完全に表現されるのを待つことである。そして彼がこれらをすべて考えるうちに、形態は彼の手から自ずと生まれてくるだろう。[★039]

エイドリッツが示した解答は、強くサリヴァンに訴えかけたにちがいない。そして、『建築装飾の体系』におけるサリヴァンの確固とした声明に影響を与えた可能性もある。「自然の産物のように、芸術作品は思想の具現である」とエイドリッツはヘーゲルの言葉と呼応しつつ続ける。「そして理想《イデア》は建築の本質である。新たな有機体を創造することは神に似た試みであり、それは新しいがためにどの自然の産物の模倣でもなく、しかも有機体であるがために自然の方式に従って発展したにちがいない」★040。神人同形論、建築的感情移入、さらには人工物の生命化といったエイドリッツの思想は、アメリカの超越主義、あるいは少なくともサリヴァンの思想と矛盾することはなかったようだ。彼の考え方は、最終的に特異で面白いまでにより合わされ、サリヴァンが創造の問題に立ち入ることを可能にした。かくして、「高層オフィスビル」から『建築装飾の体系』へと、人間のデミウルゴス的力に対する急進的なヘルメス主義的な信念へと向かう過程が明らかになる★041。「芸術的な価値をもつ高層オフィスビル」のなかでサリヴァンは、「ポジティブな」摩天楼の思想を解説した。

「われわれは今、感情の厳然たる声に耳を傾けなければならない。われわれは高層オフィスビルの主な特徴がなんたるかを問われている。そしてわれわれは即座に、そびえたつほどの高さ、と答える。この高さというものは、芸術家の性《さが》にとって刺激的なものである。その魅力にはまるでオルガンの音色のようだ。それは、高さの表現のなかの支配的な音調、想像力の真の刺激物とならなければならない。それは高く、一インチごとに高くなければならない。高さの勢いと力、高揚の栄光と誇りがそこになければならない。一インチごとに誇り高く舞いあがる、完全なる勝利のなかで上昇しなければならない★042」。

高さと動きの組み合わせ、あるいは建築と重力の法則の関係の描写には、エマーソン的なものがある。エマーソンは以下のように書いている。

> 「建築において、高さと量塊は、その構造物が建っている球面、同様に重力作用のシステムとの関係を即座に示すという点できわめてすばらしい効果をもっている。天に向かって痛々しくも頑強に矢のごとく立ちあがる塔は、われわれに並はずれた方法で重力の法則を教える……[★043]」。

建築的錬金術

一九二四年に出版された『観念の自伝』（謎めいた表題ではあるが、ヘーゲルの用語を念頭におけば不可解さも解消できる）のなかでサリヴァンは、「高さの要素、ほっそりとしたなかに野心をこめ、大地から立ちあがる事物の上昇[★044]」と述べて、再びこのイメージを取りあげた。摩天楼の形態をめぐるサリヴァンの著述を支配する考えを絞りこめば、動きと生命に対する固執がめだつ。つまり、摩天楼はその作用のように見えるべきなのである。この作用はそもそも集団的行為として統合されたものであるから、アリストテレスの有機的実体の原理にしたがえば、デザイナーの役目は、全体と調和し、その質を反映する部分の形態を発見することだった。[★045]

サリヴァンの悲劇は、彼の理論が有効なかたちで応用されず、そしてほとんどの批評家が考えたのとは裏腹に、「貧相な建築群に生命を与える」適切な方法を見出せなかったことである。にもかかわらず、この建築的錬金術の奇妙な流れに精通した者たちがおり、彼らは理論、実践の両面において、サリヴァンの理想の実現に驚くほど近かった。

図04（上）———ギャランティ（プルデンシャル）・ビル（ルイス・サリヴァン, ニューヨーク州バッファロー, 1894/1895）。建物は、サリヴァンにとってきわめて重要な信条の公表とほぼ同時代である。'The Tall Office Building Artistically Considered', *Lippincott's Magazine*, 1896 (John Szarkowski, *The Idea of Louis Sullivan*, Minneapolis, 1960, p.107).

図05（下）———セントポール教会（ニューヨーク州バッファロー, 1904：絵葉書）。地理的優先という歴史の横柄な修正に悩まされる以前のギャランティ・ビル。絵のように美しいシルエットをもつ教会の背後から薄暗く浮きあがるさまは、上昇するというよりむしろ、低下する印象を与えている。

サリヴァンは、「生命と形態は完全に一体であり、分かつことのできないものである」「たとえ、大きな弧を描いて空を舞うワシであろうと、あるいは開花した林檎の花、重労働の馬、屈託のない白鳥、枝の出たオーク、川底が曲りくねった小川、流れる雲、太陽の軌道であろうと」[★046]と書いている。サリヴァンにとって生命の本質は、存在以上に行為のなかに宿っており、「大きな弧を描く」ことが鷲を鷲たらしめているのであり、例えば羽ばたくだけのスズメと区別されるのだ。同様に、摩天楼においては、その階数、エレベーター、あるいは鉄骨梁ではなく、「上昇する」質の美徳こそが摩天楼たらしめているのである。しかし、いかにしてこの質を貧相な鋼鉄の篭に与えることができるのか。高層ビルの鉄骨は基本的に水平のユニットを用いて建てられるため、円柱を高くする以上に梁をより長くしなければならない。サリヴァンの解決策は、二つの垂直線の間に非荷重の柱を入れて柱間を再分割するもので、彼はこの方法をベイヤード・ビル、ウェインライト、シカゴ証券取引所に用い、さらに他のどの建物にもまして「高層オフィスビル」[★047]の出版とほぼ同時に建設されたバッファローのギャランティ（プルデンシャル）・ビル（図04・05）に巧みに用いた。水平方向の分割を避けて垂直要素を分節することによって、サリヴァンは、それまでの摩天楼にはなかった新たな落ちつきのある連続して一気に上昇する[★048]質をつくりだした。それによって彼は正しく称賛されたが、問題が良い方向に解決されたと考えるのは愚かであろう。彼の建物は「堂々とそびえたち」、「誇り高い」ものだったが、「上昇する」能力はひどく限られていた。ギャランティ・ビル（図05のニューヨーク州、バッファローのセントポール教会と題された一九〇四年当時の写真葉書には、地理的優先という横柄な歴史に苦しめられる前の明るい無邪気さがうかがえる）を見れば、このことは明らかである。教会の屋根を越して暗くぼんやりと浮かびあがり、上昇というよりも低下する印象を与えている。サリヴァンが懸命になって達成した窓間壁の垂直方向の動きは、重々しいコーニスと暗く影になった屋階《アティック》によって不意に奪い取られる。キャンティレバーを用いた屋根は、打たれるたびに地面に沈んでいく蒸気ハンマーで打ちこまれた

図06———箱型ビル(Alfred C. Bossom, *Building to the Skies, the Romance of the Skyscraper*, London/New York, 1934)。

杭の平らなてっぺんに似ている。それは何らかの珍奇なアクシデントによってニューヨーク州バッファローの中心にむりやり押しこめられたパラッツオ・ストロッツィのようにみえる（注1のジョン・ミード・ハウェルズのコメントも参照）。まちがいなくサリヴァンはこの明らかな矛盾に気づいていただろうが、彼が言及しなかった構造形態という点では、シカゴ型オフィスビル（イギリス生まれの摩天楼建築家、アルフレッド・C・ボッサムが呼んだように「箱型」ビル）として、これがおそらく彼が出しうる最善の結果だった[★049]（図06）。サリヴァンは「高層オフィスビル」のなかで次のように解説している。

> その結果、いちばん上に設けられた屋階《アティック》が壁いっぱいにひろがり、圧倒的な重量感をもって積み重ねたオフィスの層がまちがいなくそこで終わるということを示すわけである。こんな言い方は冷淡で悲観的、味も素っ気もない文章と思えるかもしれないが、たとえそうだとしても、投機家、技術者、施工者という組み合わせから考えられるまがまがしい建物の域を超えて、建築の個性がいちだんと発揮される段階に進んだことはまちがいない[★050]。

芸術家を自認するこの建築家は、「投機家、技術者、施工者」同盟と協力するほかなかったのである。さらに彼は、建築は本質的に柱と梁のシステムであるというヘーゲル的確信に支配されており、箱以外の形態を見出すことは不可能だと感じたにちがいない。ギャランティ・ビルとベイヤード・ビルは、サリヴァンにとって最後の摩天楼の仕事だった。建物の形態にいかなる影響も及ぼすことができず、建築家が「単なる装飾者」になってしまい（まさに彼はそのとおりだったのだが）、行き詰まったサリヴァンは一九〇〇年までに建築家の職歴にピリオドを打ち、一九二四年にこの世を

去った。彼が中西部で実現した数少ない魅力的な仕事は、彼が成功しなかった証しであり、したがってまったく魅力的ではなく、悲劇的ですらあった。★051 この悲劇は、次のようなクロード・ブラグドンの文章に要約されている。「サリヴァンは、どの都市においても、人目をひく方法で彼自身をスカイラインに刻みこむことに失敗した」★052。

多くの歴史家がそうしたようにサリヴァンを「近代建築の預言者」と呼ぶことは、近代性のはなはだしい誤認であるばかりでなく、偉大な人物が自らの仲間を選ぶ権利を無情にも否定することにもなる。★053

クロード・ブラグドンの建築秘儀

偉大なる人物（サリヴァン）の友人であったクロード・ファイアット・ブラグドン（1866–1946）は、おそらく弟子ではなかったが同じ精神を分かち合っており、このうえなく緊密な関係にあった。★054 ブラグドンは多くの著作を残した著述家であり、建築理論家でもあったが、美術史の世界では名を成さなかった。一九三五年に出版されたシェルドン・チェニー著『新世界の建築』のような一般的な建築関係の本には、フランク・ロイド・ライトとともにブラグドンについての言及（「物質的な建築の背後の精神性を見逃さないライトやブラグドンのような建築家たちは、過去の暗黒と未来の啓明にはさまれた今日、ガラスの活用が日増しにさかんになるだろうと述べている」★055）が見られ、また『今日のアメリカ建築』（1928）のなかでG・H・エッジェルは彼の著書を参照し、★056 ルイス・マンフォードは『褐色の時代』（1931）のなかで彼を「すばらしい批評家」と述べている。★057 モダニストの歴史学が支配的になるまでは、ブラグドンは建築の領域をはなれて著作を重ねていた。ギーディオンの『空間・時間・建築』（1941）も、一九六四年に出版されたカール・W・コンディットの『シカゴ派建築』（原題は『摩天楼の興隆』1952）も彼について言及していない。これは奇妙である。なぜなら、理論家および建築家としての功績をさておいても、ブラグドンは、ルイス・H・サリヴァンこそアメリカのもっとも偉大な建築家であり、モダニストの父(あるいは預言者うんぬん)であるという、著述家たちが異口同音に唱えた思想を長らえさせた当人だからだ。ブラグドンがいなければサリヴァンも存在しなかったとさえ言えるほどだ。ブラグドンのためでなければ、『キンダーガーデン・チャット』も発表されず、彼の運動がなければ、前述の『建築物語——ラムセスからロックフェラーまで』の著者であり当時のアメリカ建築家協会ジャーナル誌の編集長であったチャールズ・ホイッタカーは、ブラグドンの序文を収めた『観念の自伝』を出版しなかったであろう。サリヴァンの伝記作家ヒュー・モリソンはこの事実にしかるべき注意を払ったが、後の作家たちはおおむねそれを無視した。その理由のひとつとして、『アメリカ現代建築の起源』(1972:初版 1952)のなかでルイス・マンフォードがふれたように、ブラグドンの生涯にわたる神智学との関係が考えられよう。★058 しかしながら、マンフォードはブラグドンについて以下のように述べている。

ルイス・サリヴァンとの接触、そしてわが国の民主主義の活力に関わるすべてに寄せた自然な共感は、サリヴァンとライトは別格として、初期の建築批評家たちとの主な接点となった。仕事に真剣に取り組み、建築に関する一連の本を出版したブラグドンの影響は……アーヴィン・ポンド以上に大きく、ジェフリー・スコットよりも信頼のおける批評家だったからである。★059

ブラグドンは、建築装飾家としてそれなりの名声を獲得しており、今日の歴史家もある程度は関心を寄せている。★060 しかし、彼の実力はそれ以上であった。『高次空間入門』(1913)、『正方形人間』(1912)、『投影装飾』(1915)に詳しく説明されている彼の装飾システムは、本質的に数学的で、またプロポーションには自然界に従った普遍的な規範が存在するという信念に基づいている。[★061] 彼の意図は、近代建築を、数学における最新の発見、とりわけ新たに開拓された空間と時間の領域と結合した近代的な装飾のシステムとともに提供することにあった。イスラム風のパターン・ワークに似ているがより曲線を減らしたような単純な幾何学的形態からなるシステムは、四次元で表現された。この四次元の幾何学的装飾は、『投影装飾』と最後の重要な建築に関する本『凍れる噴水』(1932)のなかで描かれた。[★062] しかしながらブラグドンのもっとも顕著な特徴は、そしてこれはおそらく近代において嫌われた理由でもあろうが、建築秘儀に夢中になったことであった。

事実、彼が早い段階でP・D・ウスペンキーの『ターシャム・オルガヌム』を翻訳し序文を寄せ、アメリカ神智学協会に関わっていたことが『書かれざる歴史のエピソード』(1910)に記されている。神智学は、この国固有の秘儀の伝統に自然と受け入れられ、既存の自然神学に無理なく溶けこんだので、とりわけ二〇世紀の最初の四半世紀において、アメリカでかなりの人気を得た。ブラグドンが自然主義の詩人ソローとホィットマン(一九三五年に『ニューヨーク・ヘラルド・トリビューン』紙に掲載された記事のなかでサリヴァンを「アメリカ建築のホィットマン」と呼んだのはブラグドンである)[★063]に通じ、エマーソンの思想にも共感していたことは、神智学の受容を容易にし、ヨーロッパの源流とアメリカ社会の理想的な仲介役として際立たせた。作家としての才能に加えさまざまな種類の秘儀に精通し、建築家および劇場デザイナーとしての能力も発揮していた彼は、ルイス・サリヴァンの神秘的な手法の理想的な解釈者となったのである。

力強く音楽的なサリヴァンの文体はすばらしく、一般に信じられているのとは対照的に人気があり、中西部のさまざまな建築家会議で高く評価される存在だった。しかし、論争を好み自分の論点を押しつけがましく何度もくり返す性癖ゆえに、本来ならまちがいなく関心をひく思想が正当に評価される機会を逸してしまった。彼の文章の多くは、同情的な理解を頑なに拒否するあまり、読解不可能なレベルにまで変形された。ブラグドンは最初の記事以降(「アメリカの建築家、ルイス・サリヴァンの鑑賞』『ハウス・アンド・ガーデン』誌一九〇五年一月号)、サリヴァンを哲学的閉塞から解放し、『キンダーガーデン・チャット』(1918)の協同作業のように、彼の思想のもっとも優れた部分の出版を助けた。[064]

ブラグドンは摩天楼に関する彼自身の考えを、一九〇九年に『アーキテクチュラル・レコード』誌のために書いた三回シリーズの最後の記事、「合衆国における建築——摩天楼」のなかで系統立てた。[065] 主な構成要素は、シュイラーが一八九九年、一九〇三年、そして一九〇九年に書いた摩天楼に関する批評のなかで取りあげたものと似ている。[066]

ブラグドンもシュイラーも、商業ビルの現実的な要求と構造上の「真実」を主要な論点とし、ルイス・サリヴァンこそ国民的スタイルの先駆者としての特異性をもつことに同意している。その建築は過去に存在しないスタイルを具現化した滑らかな形をまとうことになる。これは後世の批評家や歴史家が何度もくり返した議論で、その結果「サリヴァンの高層ビル」はカノン(規範)のレベルにまで高められた。しかし突然ブラグドンは路線を変更し、サリヴァンの摩天楼に関するパラダイムをすべて攻撃しはじめた。ギャランティ・ビルは確かに健全な作品であり、どの部分をとってもサリヴァンが望んだように「高層ビル」に見えるが、真の摩天楼の質をまったくもっていない。「それはおそらく鉄骨造のオフィスビルのもっとも高度な論理的、美的発展を代表しているが、近年の進歩のなかでは摩天楼の名に値しない。それは取るに足らない一二階建の大建築物なのだ」[067]。むしろ、ニューヨークの建築家キャス・ギルバートに注目すべきだと指摘している。彼が一九〇五年に建てたウェストストリート・ビル(図07)は「優れた指導者の作品であり、ニューヨークにおける摩天楼の最後の作品である。そこではキャリバン(半獣人)がエーリエル(空気の精)とまではいわないまでも、ともかく人間になっている」。この建物の主な質は、徹底的にゴシックの原理を用いている点で、カテドラルに似ており「非常に繊細に調整され、絶妙な均衡がとられ、推力と対抗力が競い合うさまはまるで張りつめた禁欲主義者の肉体さながら、求心力という存在の法則を克服せんばかりだ」[068]。

図07―――ウェストストリート・ビルのスケッチ（キャス・ギルバート, ニューヨーク, 1905: 'Mr. Gilbert's sketch May 7th 1905'）。建物は最初の形態であり、ブラグドンによって「黒幕の作品」と褒め称えられた（New York Historical Societyの好意による）。この塔は後に取り壊された。

これは、伝統的にサリヴァンの「弟子」であった者にとって予期せぬ展開だったが、摩天楼のデザインという主題をめぐって基本的な意見の違いを明らかにし、誰が誰に影響を与えたか、つまり知的な依存関係はたいした問題ではないという点を浮かびあがらせたのである。

後者の問いから始めよう。ブラグドンがまだ活動的になっていない時期にサリヴァンは著書を世に問いはじめたが、ブラグドンが三〇以上にのぼる多くの作品を書きはじめた一九〇八年になるとすべてが変化した。[★069] 彼の著名な作品の数から判断して、彼の著書の人気は相当のものであったにちがいない(また彼の出版社であるニューヨークのアルフレッド・A・クノップフとロンドンのジョージ・ルートレッジ&サンズは有数の版元だったことも興味深い)。サリヴァンのように神智学がいかに建築理論に応用されたかに興味がある者ならば誰もが読んだであろうブラグドンの著書のなかでもっとも影響力が大きかったのは、年代順にいうとおそらく、『美しい必然』(1910)、『高次空間入門――四次元』(1913)、『投影装飾』(1915)、『四次元の眺望』(1916)、『建築と民主主義』(1918)、『凍れる噴水――建築および空間デザイン術に関する試論』(1932)である。

もうひとつ重要なのは、一九一五年に彼が行った「有機的建築」と「形態言語」に関するスカモン講義である。これは、ラルフ・アダムス・クラムとトーマス・ヘイスティングスの寄稿とともに『建築に関する六つの講義録』(1915)として出版された。[★070]「有機的建築」の講義のなかでブラグドンは、「有機的」と「人工的」という対置を、「ゴシック建築は有機的であり、ルネッサンス建築は人工的である」[★071]という有名な言によって説明した。サリヴァンの理論(『キンダーガーデン・チャット』においてまとめようとしていたもの)を下敷きにして、「人工的建築と有機的建築は、人間の思想と感情の二つの領域に対応する。ひとつは知的であり、他のひとつは霊的である」[★072]と続けた。この分割は基本的にこの二人の思想に共通するものだった。感情と直観は、理性と論理に優越するものと判断された。結果として、直観は生命と直接的に関わるものと考えられたのに対し、科学と常識は無機質で生命のないものの領域に属するとして非難された。「直観と理性の関係は炎と熱のごとし」[★073]。『四次元の眺望』(1916)のなかでブラグドンが展開したのは、明らかにウスペンスキー、アインシュタインの相対性理論、そして東方思想からニーチェ、ショーペンハウアー、ベルグソンにいたる多くの原典から引きだした思想である。この本は、サリヴァンの思想の源流をたどるうえできわめて参考になる。『眺望』のなかでブラグドンがヘルメス・トリスメギストス、とりわけ関連の深い『アスクレーピオス』[★074]という著作にかなりの関心を寄せていることから、デミウルゴス的な創造行為というサリヴァンの発想はヘルメス文書に由来することが、従来の推測の域をこえて指摘できる。哲学者であり神秘主義者でもあるエマニュエル・スウェデンボルグも、サリヴァンとブラグドンの思想の成長に重要な役割を果したが、これはそれほど驚くに値しない。この二人が大いに恩を受けたエマーソンがスウェデンボルグについての論文を書いているからである[★075]。さらに、メノカルが指摘したように、サリヴァンの友人ジョン・ウェルボーン・ルートは、スウェデンボルグ教会の会員であった[★076]。

凍れる音楽

一九二二年の『美しい必然』(未完成だった一九一〇年の初版を大幅に発展させたもの)の出版によって、ブラグドンは建築と直接的なつながりを確立しはじめた。この本は建築に関心をもつ一般大衆に向けて書かれたもので、すばらしいドローイングの助けを借り「変化のない変化」「隠れた幾何学」「美の算術」といった原理を説明し、動きが拘束されたデザイン、「凍れる音楽」の原理を提示して、ブラグドンは建築家として、理論から実践への移行を果たそうとした(そういえば、サリヴァンが『建築装飾の体系』を除いてまったく自らの著書に絵を描き加えなかったのは奇妙である)。音楽的調和を建築に求める歴史的背景をかえりみれば、「凍れる音楽」としての建築という考えはむろん新しくはない。ゲーテの「凝固した音楽（erstarrte Musik）」としての建築という概念は、エッカーマンが記している。

一八二九年三月二三日　月曜日
今日、ゲーテが言った。「紙の下にペンを見つけた。建築を凝固した音楽と記す。すると、実際何かが起こった。建築から、音楽の効果が涌きでてきた」。

この一文がシェリングの『芸術哲学』のなかで取りあげられる。フリードリッヒ・シュレーゲルはそこから、建築を「凍れる音楽」と比較することによって次の段階に進む。「壮麗な円柱の高みへの上昇。凍れる音楽のハーモニーは何にもまして美しい」★077（ヨハン・ペーター・ヘーベルによる、フリードリッヒ・シュレーゲルの引用：図08）。実際のところ、ブラグドンが音楽とのアナロジーを復活させても、一〇年がかりで「建築は凍れる噴水である」というより広い概念に発展させなければ、ことさら関心を呼ばなかったであろう。そもそもスウェデンボルグの「上昇および下降の力」の概念から引きだされたこの魅惑的なイメージは、サリヴァンも自分の探求に答えをもたらすアナロジーとしてたびたび用いた。ブラグドンだけでなくおそらくサリヴァン自身も不満だったろうが、サリヴァンの仕事は、バッファローのギャランティ・ビルとともに終わりを迎えた。『凍れる噴水』は、サリヴァンの死から一〇年後、一九三一年一〇月に出された同名の記事に続いて一九三二年に出版された。これは、ブラグドンが建築をテーマに書いた最後の本であった。くり返すが、この段階においても誰が誰に影響を与えたのかはっきりさせることは難しいし、それが非常に重要な問題というわけでもない。しかしながら、同様の精神で結ばれた彼らのサークルは、一般に考えられているよりも大き

図08———「壮麗な円柱の高みへの上昇。凍れる音楽のハーモニーは何にもまして美しい」（ヨハン・ペーター・ヘーベルによる、フリードリヒ・シュレーゲルの引用）。
パイプオルガン演奏になぞらえたエンパイアステート・ビル（ミルンズ画, TAM, 37, 1985）。

い。建築家、とりわけ中西部の建築家は、つねにさまざまな形而上学に傾倒しており、サリヴァン／ブラグドンという軸は重要ではあったが、唯一のものではなかった[078]。それでもなお、この精神軸の注目すべき点をあえて一般化すれば、レトリックの命令口調にもかかわらずサリヴァンが問い、ブラグドンがそれに答えたということだ。

『凍れる噴水』

サリヴァンが読むには遅すぎたが、ブラグドンは晩年、この自己表現とも受け取れる著書を出版した。折りしも一九三一年から一九三二年にかけては、クライスラー、エンパイアステート、ＲＣＡビルという、長い進化の軌跡においてもっとも美しくもっとも高い三つの摩天楼が出現した[079](第4章図16参照)。ブラグドンは、これら摩天楼時代の「王者」に、拘束された動きの具体化を見た。ついに長く心に抱いてきた理想が、凍れる噴水に似た建物の形態として実現したのだ。「クライスラー・タワーの針のような尖塔は、噴水から吹きだす水の頂点のように太陽の光を浴びている[080]」(図09)。「頂点が銀色のウォードルフ＝アストリアの白い垂直のマッスは、広大なパークアヴェニュー川に段階的に降り注ぐ、迸《ほとばし》り、上昇する噴水の噴射のもっとも力強く、したがってもっとも高い中心部分のように見える[081]」(図10)。

噴水の概念は単純なだけに、その絵柄も効果的である。ブラグドンは次のように結論づけた。「摩天楼は、構造的真実と象徴的意義をともに満たすために、垂直方向の連続性という工学的事実と重力を拒否して上昇する力という詩的幻想を劇的に演出する上向きの曲線がなければならない。噴水のように」。サリヴァンが「高さの力強さ《フォース》と活力《パワー》」と「まったくの歓喜のなかでの上昇[082]」の視覚化を求めて以来、今日までさしたる進歩もないが、ここで描かれた建物のシルエットは、噴水の中央でもっとも強く噴きだす水の流れを見せるために中央が高く引っ張りあげられていなければならず、それ自体が、新しく、力強いイメージである。「上昇するものは下降しなければならない。初期の噴出力を使い果たした後、重力がその存在を主張しはじめる。すべての建物は、いかに高かろうと、いずれ上昇を終えなければならない」。そして「もっとも力強く噴きだした中央部が上端で平行六面体を形成して空に向かって射水のトレーサリー（狭間飾り）をつくりあげた時点で、力にかげりが見えはじめ、数学的に……衰退していく。……その建物は、空の白い寝床の上で〈死〉を迎える」★083。

摩天楼という建築類型《タイプ》が経てきた変移は明白である。重厚な建築は壊され、中央部分がほとんど無限に伸びあがり、頂部は空のなかに溶けこんでゆくと思われた。しかしもっと興味深いのは、サリヴァンの胚芽のイメージが、より一般的かつよりダイナミックなアナロジーに取って代わられたことである。建築はこのように、われわれのもっとも高位の(arch-)建築の考えに対する魅力を表現してきた。

図09———クライスラービル（ウィリアム・ヴァン・アレン, ニューヨーク, 1929/1930：絵葉書）。「クライスラー・タワーの針のような尖塔は、噴水から吹きだす水の頂点のように太陽の光を浴びている」。

ブラグドンは、建築は「世界の形勢だけでなく、世界の〈秩序〉をも描かねばならない。具体的かつ特定の方法によって、抽象概念と属性を示さなければならない。それは典型的であるだけでなく、元型的でなければならない」[★084]。元型的なものは、重力、伸張、懸垂といったあらゆる原理が表された自然の「単位形態」として見られるべきである。生命要素を含むと同時に、生命の過程を表現すべきだ。いかにこれが達成されるかは、今、明らかに示された。「それは上昇と下降ではなく、簡単にいえば噴水である。神秘的な源から力が頂上に近づき、その力の逆の側面によって最初のはずみが衰え、陥没し、噴水の水の上向きの噴射と下向きの落下にすべての想像を戻す。スカイロケット、あるいは手から空中へ投げられた石とでもいおうか」[★085]。建築は「苦しみながらの上昇」を象徴しなければならないとブラグドンは主張する。「噴水とそのすべての水滴に起こったことは、応力とひずみ、圧力と張力、推力と反推力が絶え間なく作用する建物とそのすべての部分においても起こる」[★086]。くり返すが、静止した決定的な姿の表現としての建築という考えは新しいものではない。しかし、ヘーゲル＝サリヴァンの「柱と梁」のパラダイムは、高位の力、そして噴水、間欠泉、火山の生命といった原始的で神秘的なイメージに劇的にとってかわられたのである。段階的な成長の穏やかなアナロジーは、一瞬の噴火によって用なしとなった。時間は瞬間に凝縮されたのだ。

　噴水のアナロジーの魅力は、角張った形を調和させ、四角と円の間にさまざまなパターンの線とマッスを展開させる点にある。ブラグドンは、すでに『建築の意味』[★087](1918)で、立方体の角が波打つ線の流動性と調和して湾曲した曲線のシステムを考案していた「称賛に値する」建築家にして著述家、アーヴィング・K・ポンドを参照した。ポンドは次のように書いている。「立方体は芸術のなかでもっとも処理しにくい形態である。……これほど本質的に醜く、いかなる美の計画ともなじみにくいものはないだろう。立方体そのものは何ら創造的な魅力をもたない。精神は、この物体と調和すべく起こる。それは生命の真実である。力の場が発展し、美の線は葛藤から生まれる。上に向かおうとす

図10―――ウォードルフ＝アストリア・ホテル（シュルツ & ウィーヴァー，ニューヨーク，1931）。「頂点が銀色のウォードルフ＝アストリアの白い垂直のマッスは、広大なパークアヴェニュー川に段階的に降り注ぐ、迸り、上昇する噴水の噴射のもっとも力強く、したがってもっとも高い中心部分のように見える」。

る精神が障害物のために上昇軌道からはずれたとすれば、再び上昇傾向を確保するために直ちに葛藤を捨て去る[★088]（図11）。ブラグドンが描いた障害物を克服した上向きに迸りでる噴水の力の線は、噴出した水が頂点で死を迎え大地に戻ってくるもっとも抵抗が少ない軌跡と鏡像関係にある。

シンドバッド

凍れる噴水の比喩は、じつにみごとに摩天楼を説明した。ブラグドンは「摩天楼は、構造的真実と象徴的意義をともに満たすために、垂直方向の連続性という工学的事実と重力を拒否して上昇する力という詩的幻想を劇的に演出する上向きの曲線がなければならない。噴水のように」[★089]と書いた。

シンドバッドの肩越しに眺めると（図12）、いくつかの点で見慣れた景色が目に入る。「インク・ボトルから振り絞られ航海に送りだされた」アラビア人船乗りの小さな姿は、凍れる噴水の世界の（サリヴァンの『自伝』の「観念」のような）案内役として、ブラグドンが指摘するように、フリッツ・ラングの『メトロポリス』とヴィラ・ボルゲーゼのパラペット越しに見える永遠の都（ローマ）が交わる所、つまり「メゴポリス」に想いを馳せているようだ。都市の凍れる噴水群は、一九二〇年代の後半のニューヨークの「ジグラット」を想起させるものであり、より詳しく言えば、一九二二年のサーリネンによるシカゴ・トリビューンのデザインの類といってもよい。一九二六年以降世に問われたヒュー・フェリスの『明日のメトロポリス』（1929-）に掲載されている木炭スケッチの「ガラス」とブラグドンのドローイングを比べると、前景に置かれた球体、三次元の月、砦状の尖った塔といった詳細部分の類似から、ブラグドンがフェリスの作品に依存していたことが確認できる[★090]（図13）。シンドバッドの姿は、湧きでたガラスの間欠泉というお伽話の風景の只

図11（左）———上に向かおうとする精神が障害物のために上昇軌道からはずれたとすれば、再び上昇傾向を確保するために直ちに葛藤を捨て去る（'State House - Characteristic Masses' : Irving K. Pond, *The Meaning of Architecture*, Boston, 1918）。

図12（下）———シンドバッド、メゴポリス（＝メガロポリス）の屋根から、凍れる噴水のような街の眺め（Claude Bragdon, *The Frozen Fountain*, New York, 1932）。ブラグドンのドローイングは、ヒュー・フェリスのクリスタル・シティの考えから着想を得ている（図13）。

中にいるドラフトマンであるフェリスのシルエットと同じ後ろ向きで想いにふける機能を果たす（カスパー・ダーフィト・フリードリッヒの「雲海航海者」（1818 ハンブルク・クンストハウス美術館蔵）あるいは「月を瞑想する二人の男」（1819 ドレスデン国立美術館蔵）を思い起こして欲しい）。二人の芸術家は、さまざまな角度（それほど違わないが）から作業しているが、コマーシャル・ゴシック、ニューヨークのセットバック方式、ヨーロッパの自然表現主義、そしてエリエル・サーリネンといった彼らのインスピレーションの多様な源は類似している。これらはすべて、シカゴ・トリビューン設計競技が行われた一九二二年にほぼ出揃った。

悲しみの聖母に捧げる賛歌——ゴシック摩天楼

一九二二年に起こったいくつかの出来事はよく知られており、ここで詳細に説明するまでもない。サリヴァンの「芸術的な価値をもつ高層オフィスビル」と題するエッセイは、その年の終わりごろ行われた偉大なるシカゴ・トリビューン設計競技へとつながる潜在意識の振りだしとして、『ウェスタン・アーキテクト』誌の一月号に再録された[★091]。この設計競技は、アメリカの摩天楼史上まちがいなくもっとも重要な出来事と考えられているといって良いだろう。それが「トリビューン（護民官）」という名の新聞によって仕掛けられたという事実を指摘しておく必要がある。また、このころまでには、帝国の生長輪（図02）が中西部を内側に取りこみ、新たな宇宙の中心が旧東部から隔たった地域に築かれるべきであると考えられたことも指摘しておかねばならない。

そのころまでにシカゴが獲得していた神話的な特質のなかで唯一欠けていたのは美であり、シカゴ・トリビューン社は、高さではなく美を要求すると発表した。「世界でもっとも美しく個性的なオフィスビルを建てることこそトリ

図13———ガラス、超高層建築を間欠泉の凍結に喩えたヒュー・フェリスによる解釈(Hugh Ferriss, *The Metropolis of Tomorrow*, New York, 1929)。

ビューン社の望むところであり、大建築にそうしたデザインを実現するためにこの設計競技が組織されたのだ」[★092]。

この美と個性の切望は、実際、「摩天楼問題」に待望の解決をもたらす誘因であった。高さという言葉は魅力を失っていた。とはいえ、高く建てることへの願望がなお強かったのは事実で、完成した建物を称えるために一九二五年につくられた詩「トリビューン・タワー」の一節に、その最後の象徴的価値が暗示されている。「そびえたち、睥睨し、守り固め、支配する／石積みの旗、権力の象徴」[★093]。しかし、その企てはこの上昇志向を表現する手段を欠いたがゆえに、一時的に中止されていたのである。サリヴァンとシカゴの彼の同僚たちが提案した箱形はもはや、ロンドン・タクシーが表現する程度のスピード感しかもたらさなかった[★094]。もっとも優れた解答は、キャス・ギルバートの「コマーシャル・ゴシック」だった。一九一三年に建設され多くの喝采を受けた彼の傑作、世界一高層のウールワース・ビルは、一九三〇年代のクライスラーとエンパイア・ビルが登場するまで、商業上の自尊心にこのうえなく美しい建築をもたらした成功例として広く認められていた[★095]。エセル・フレミングは一九二九年に「ウールワース・ビルは、確かに凍れる音楽であり、視覚化された詩である」[★096]と書いている。そして、音楽のアナロジーをうけ、ギルバート自身が次のように述べたと言われている。「最後の音符が静寂に消えて行く前に感情の最高潮の高まりをもたらすスターバト・マテール(悲しみの聖母に捧げる賛歌)のように、私にとってゴシック摩天楼は音楽的調和そのものだ」[★097]。摩天楼を求めてやまない人々にとって、まさにこの無限大の質、空へと向かう垂直線の微妙な移行こそが、完璧な表現としていつしか広く認められていったのである。アーヴィン・ポンドの著書『建築の意味』(1918)は、重要であるにもかかわらず、なぜか忘れ去られてしまっている。この本でポンドは、有機体のアナロジーにもとづいて「スフマト(ぼかし)」効果によって水平線を垂直線に溶かしこむ技法を提案して、当時の芸術論の一翼を担った。水平のスカイラインは、「茎がやがて葉と花に分かれる溢れんばかりの生命」[★098]のように分解すべきだった。ルイス・サリヴァンは一九〇〇年に

図14(左)―――アーヴィング・ポンドは、「茎がやがて葉と花に分かれる溢れんばかりの生命」のように水平線を溶かしこむ方法を提案した。この理論は、すでにルイス・サリヴァンによって、ホラバード & ローチ設計のゲージ・グループ・ビル(1899)の装飾において実践されている。しかし、茎が花へと分解するところは、重厚なコーニスにより分断されてしまっている。

図15(右)―――サリヴァンの装飾手法に用いられたコリント式柱頭のモデル。上に向かって生えるアカンサスの葉は、アバクスにあたり渦巻状に曲がる(Claude Bragdon, *The Frozen Fountain*, New York, 1932)。

すでに、ホラバード&ローチ設計のゲージ・グループ・ビルのファサード（図14）のもっとも北側の装飾において、この理論を実践に移した。中央の二つのほっそりした茎のような角柱は花へと分解していくが、アバクス（冠板）にあたると曲がり渦巻状となるコリント式柱頭のアカンサスの葉のように、コーニスの下端で頭打ちになる（図15）。

ブラグドンはまた、摩天楼がゴシック大聖堂の足跡をたどるという考えを好んだ。サリヴァンの「弟子」と主張する彼は、ウェインライトからギャランティ・ビルにいたるタイプが終焉していくことに異を唱えたが、ウールワース・ビルに対しては師サリヴァンの言を引いて「明らかに〈誇り高く上昇する〉ものであり、それは今日においても、多くの点で摩天楼思想のもっとも優れた具現化である」[★099]と賛辞をささげている。

したがって、設計競技に参加したほとんどのアメリカ人が、不思議な魔力をもったゴシック様式への圧力を感じざるをえなかった。西部の文化は、生まれながらにしてゴシック精神をもっているとさえ思われた。フランク・ロイド・ライトは一九一〇年に「真のアメリカ精神は、……西部と中西部に存在する。……このような特質をもつ環境にのみ、ゴシック精神が建築のなかに復活されうる」[★100]と公言した（図16）。

しかし、ゴシック「様式」を文字どおり模倣することによってこの精神を復活させることは、必ずしもマコーミックあるいは中西部が望んだことではなかった。[★101]合理主義者にとっても神秘主義者にとっても、ゴシック形態の模倣は、有機的建築における自然の形の模倣と同じくらい受け入れがたいものだった。「これは自然の形の模倣ではなく、自然のプロセスの模倣である」とモンゴメリー・シュイラーは書いている。[★102]

ジェイムズ・アーリーは、発展性を秘めた「自然、ゴシック、そして機能主義」と題するエッセイのなかで、ゲーテのシュトラスブルク大聖堂のインスピレーション、シュレーゲルの『ゴシック建築の原理』、そしてもちろんワーズワースの人間の道徳教師としての自然の概念にさかのぼり、アメリカでゴシックが採用されていく状況を描写した。[★103]

図16———「真のアメリカ精神は、……西部と中西部に存在する。……このような特質をもつ環境にのみ、ゴシック精神が建築のなかに復活されうる」(Frank Lloyd Wright: Grant Wood, *American Gothic*, 1930. Chicago, Art Institute of Chicago)。

しかしアーリーが述べているように、人工的な構築物における自然の表現というアメリカ的なゴシック思想の基礎をつくったのは、母国よりもアメリカではるかに高い人気を博したジョン・ラスキンだった。ラスキンによれば、自然主義的な性質のために自然のアナロジーと見られがちなゴシックは、建築様式というよりも、自然界と「同一」の創造原理であった。ジェイムズ・フリーマン・クラークやホレイス・B・ウォレスのようなアメリカ人著述家は、ゴシック建築を有機的成長と同一視した。たとえばウォレスは、一八五五年に次のように記している。「シャルトルあるいはイーリ［の大聖堂］は、自由に、そして奔放に成長する樹である。障害物と遭遇するや、それを乗り越え、あるいは逸脱してより高次の新しい原理を生みだす。その絡み合う枝とたくさんの葉や枝といっぱいの葉や花から光と影の美が生みだされ、朝露に輝き、鳥たちの歌に満たされる[★104]」。エマーソンは芸術家たちに、自然に導いてもらうため、自然の意志を修正するのではなく、できる限りそうよう求めた。「リズムの取れた高貴な建物を見るとき、完璧な音楽を聴くときのごとく、霊的かつ有機的にひびき、自然界の必然性を感じさせる。それは存在のため、神聖な心が描く形態のひとつであり、恣意的に構成されることなく、今、芸術家によって発見され、建てられた[★105]」。

エマーソンは、ゴシック大聖堂は「人間の調和に対する飽くことのなき希求によってもたらされた石の開花である。花崗岩の山は、山肌一面が満開となった永遠の花として開花する」と信じた[★106]。

エネルギー

魔法のような成長と中西部は、つねに同意語として扱われてきた。遠い地の人々にこうした驚異をまちがいなく伝えるために、絵葉書がつくられた[★107]（図17・18・19）。重要なのは「エネルギー」だった。一八七一年一〇月九日のシカゴ大火

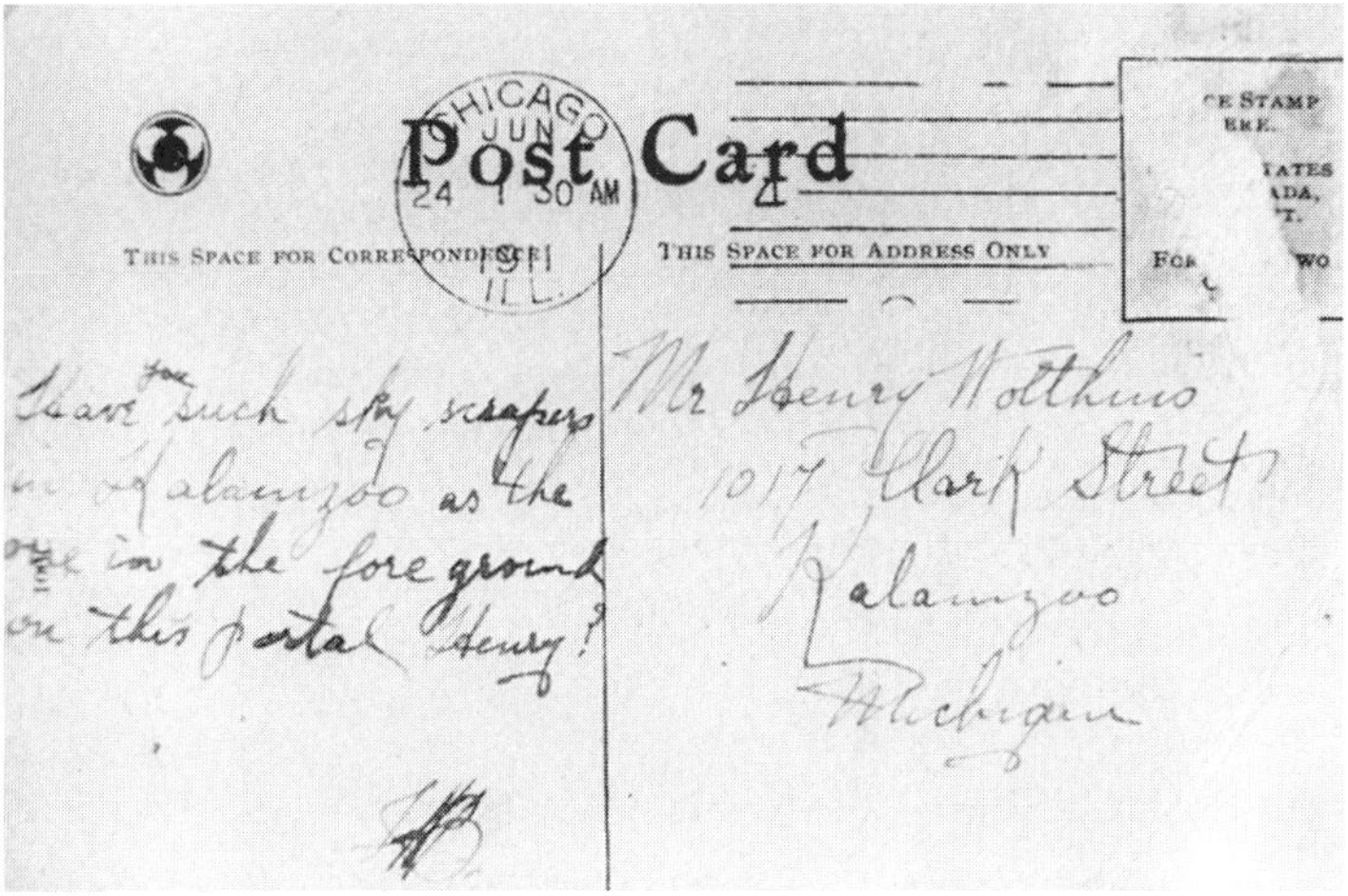

図17（上左）―――西部の風景をユーモラスに描いた絵葉書（Arthur Holitscher, *Amerika, Heute und Morgen*, Berlin, 1923）。西部の楽園を外国人が容易に理解できるように、驚くほど巨大なキャベツととうもろこしが描かれている。

図18（上右）―――シカゴ・マディソン通りの高層ビル群。もっとも手前は、ユニオン・トラスト・ビル（以前のシカゴ・トリビューン本社）。後方の白い建物は、ルイス・サリヴァンによる、カーソン・ピリー・スコット百貨店（絵葉書）。

図19（下）―――絵葉書裏面（あるオランダ人移民による発信）。「カラマズーで、絵葉書の手前に写っているような摩天楼を見たことあるかい、ヘンリー?」　巨大なキャベツにしろ、取るに足りない建物であろうと、それは豊かさを、結果的に幸せを伝えるのには重要である。

の数日後、ウィリアム・D・カーフットが「Wm. D. カーフット。妻と子ども以外すべてなくなった。〈エネルギー〉という象徴的なメッセージを釘で打ちつけた小屋を建てているが、この行為こそ焼失したビジネス地区の灰の上での天地創造の営みともいえるだろう[★108]（図20）。

高層の鉄とテラコッタの黒ずんだ建物という新世代の建築が、不死鳥シカゴのスカイラインに優雅に立ちあがったのである（図21）。ジョン・G・ホィッティヤーは、この状況を次のように小気味良くうたった。

いざ再び汝の塔を建ちあげ
尖塔をもて西の空をうがたん
神が今も私たちとともにあり、
なお愛は奇跡的であることを告げん。[★109]

マンハッタンの尖塔が森の華やかな成長と比較されたのに対し、シカゴの鉄骨建築群は、ウルカーヌスの地下洞穴のなかで鋳造され、噴火の力でくすぶりつづけている地表に送られたかのようであった。ニューヨークと同様に、シカゴにおける建築の進化は、初めのころは野蛮でまったく統制がとれていなかった。都市の成長と繁栄の誇りは、一八九三年のホワイトシティは例外として、建築として適切な表現を見出せなかった。すでに存在する類の建物がむせ返るほどに反復され、増えつづけた。一九二〇年代になって、美に対する厳格な要求、そして当然ながらエネルギーに対する関心が発生したことで、大規模なクリーンアップ計画が進められることになる。エリエル・サーリネン（1873–1950）は、『トリビューン』紙の要求に対してきわめて個人的な解答を提示し、一部の審査員と当の勝者であるフッド

図20(左)———「妻と子ども以外すべてなくなった。〈エネルギー〉」。William D. Keyfoot, the legendary prophet of the essential post-1871, gospel: 'ENERGY' (Rev. E. J. Goodspeed, *History of the Great Fires in Chicago and the West*, New York, etc. 1871).

図21(下)———「シカゴは蘇る」(Rev. E. J. Goodspeed, *History of the Great Fires in Chicago and the West*, New York, etc. 1871)。マンハッタンの尖塔が豊かな野菜の生長と比較される一方で、シカゴの鉄骨造建築は、バルカン砲製造所で作られ、溶接炉から出されて表面がまだくすぶっているようにすら見える。

とハウェルズを含む全員が、即座にこれぞ求めるものだと認めた。

トーマス・エディ・トールマッジは、『ウェスタン・アーキテクチャー』誌（サーリネンがデザインした葡萄唐草模様を何年間も誇らしげに掲載した雑誌。第1章図23参照）のなかで「二等（次席）は紛れもない天才の作品である」と歓声をあげ、サリヴァン的な言葉で称賛した。「タイターンの種が地中の奥深くに埋められ、突如として地面から石と鉄でできた輝かしい花が光のなかに飛びだしたかのようだ」[★110]。サリヴァン自身は次のように書いている。

> 凝縮された意図の一貫性のなかに、生き物の新しい論理の秩序が示されている。そして、その妥協のない生命の論理はこのうえなく優雅に受け入れられ、流暢な形態のなかに示されている。地球の呼吸のなかで地球から立ちあがり、その愛らしい頂冠が空と一体になるまで……上昇しつづける[★111]（図22）。

敗者であるサーリネンにこの伝説的な勝利をもたらした思想と戦略がどこに端を発するかはただ推測にまかせるしかない。一般的な見解は、彼が中西部の神秘的な感性にきわめて敏感な「天才」だったというものである。トールマッジによれば、彼は「超人の助力」を受けたことになる[★112]。さらにいくらかの推測が可能である。サーリネンの建築思想の方向性を最初に示唆したものは、『ウェスタン・アーキテクチャー』誌一九二三年二月二日号に掲載された「アメリカのための新しい建築言語」と題する彼の論文である。目下のテーマにふさわしく、彼の第一のインスピレーションはマンハッタンの摩天楼の「森」だった。彼は次のように書いている。

> 摩天楼のデザインに取り組んでいたとき、私は、水平の要素を取り除き、垂直のシステムだけになると全体の

図22———エリエル・サーリネン、シカゴ・トリビューン社設計競技への応募作(1922)。「その愛らしい頂冠が空と一体になるまで……上昇しつづける」(ルイス・サリヴァン)。これは、25年間解決できなかった摩天楼問題に対する解決策である(*The International Competition for a New Administration Building for The Chicago Tribune MCMXXII*, Chicago, 1923)。

都市像がどのように見えるか見出そうと思いたった。私は、あらん限りの高さと幅のバリエーションをもった摩天楼の森を写しだしたニューヨーク市の写真を手に入れ、それにトレーシング・ペーパーを被せて、密度を忠実に守りもっぱら建築の垂直部分だけを使って同じ建物の集積を描きだした。[★113]

サーリネンは偉大な塔の建設者だった。彼自身の住宅とスタジオ(1902)、ヘルシンキ国立博物館(1902)、中央駅(1904)、ハーグ平和宮殿のための設計競技案、そしてフィンランド国会議事堂案(1908)といった彼の初期のデザインは、すべて記念碑的な塔が大きな要素を占めている。[★114]「天空志向」は彼の天性だった。「総じてブロックのような堅い感じにショックを受けた[★115]」とシカゴ型の建物を嫌っていた彼は垂直性の台頭を歓迎した。

古典建築やルネッサンス建築から引用した水平性が日を追ってゴシックの垂直性に場を譲りつつあることが指摘されているが、これはきわめて自然なことである。垂直性の強調は、ゴシックのような天まで届く建築にとってより論理的で目的に適っている。[★116]

サーリネンのシカゴ・トリビューン・タワーをよく眺めてみるとゴシック様式でないことに気づくが、重要なのは、頂上を細くし、「論理的な構造は最上部の頂点《ピナクル》まで建物のすべての異なる部分を目で追える[★117]」というゴシックの原理にしたがってデザインされている点である。事実、サーリネンが採用した様式はバートラム・G・グッドヒューがデザインした次善の案とさして違っていなかった。この六か月ほど前、一九二二年四月二二日に行われたシカゴ建築連盟の定期展覧会でグッドヒューは、一九二一年にヒュー・フェリスに依頼して描いた息を呑むような空前の高さをもつ

図23――ヒュー・フェリス「クリスタルのような建物：科学圏の夜」(Hugh Ferriss, *The Metropolis of Tomorrow*, New York, 1929)。

摩天楼教会、ニューヨークのマディソン街のために計画されたコンヴォケーション・タワーのデザインで人々を驚かせた（第3章図19参照）。摩天楼の表現におけるもっとも重要な要素がきわめて巧みに融合されたこの案は「展覧会きってのすばらしいドローイング」と称された。[★118]

この案に対するフェリスの貢献はもちろんはっきりと確認できる。すなわち、フェリスの専売特許ともいうべきその劇的なセットバックと、彼が後に『明日のメトロポリス』のなかの「クリスタルのような建物——科学圏の夜」などの研究で完成させた切子面である[★119]（図23）。オランダの雑誌『逆転』一九二四年一一／一二号の特集でヘンドリック・P・ベルラーへとその思想上の後継者たちが好んで取りあげていたクリスタルの絵に驚くほど近かったとはいえ、フェリス自身がヨーロッパの表現主義者から影響を受けたかどうかを証明するのは難しい[★120]（図24）。

ベルリン大劇場（1918–19）のホワイエを描いたハンス・ペルツィッヒの有名なスケッチに見られるように、凍れる噴水のような自然とのアナロジーは、ヨーロッパにおける実験テーマだった（図25）。しかし、「噴水」が無理なく摩天楼に具体的な形態を与えているのに比べ、ペルツィッヒが視覚化したダイナミズムはかなり隔っている。[★121]

ブラグドンの回想によると、グッドヒューは「それ自体が第一級品であり、（自身の作品を含めて）他のどれよりも優れている」とサーリネンのデザインを絶賛した。[★122]

芸術的クーデター

ブラグドンはサーリネンのデザインの上昇志向を誰よりも歓迎した。それは彼の噴水の理論を煽っただけでなく、摩天楼のデザイン理論を望ましい方向へと展開させた。まさに芸術的クーデターといえるほど数限りない影響を及ぼす

図24(左)———フェリス自身がヨーロッパの自然主義者からの影響を受けたかどうかを証明するのは難しい。ともかく、このクリスタルの絵は建築デザインのモデルとなり、オランダの『逆転』誌(1924年第VI巻)に登場したのである。

図25(下)———ヨーロッパにおける「凍れる噴水」の建築への実践手法。ハンス・ペルツィッヒによるベルリン大劇場(1918–1919)の有名なスケッチ(Wolfgang Pehnt, *Die Architektur des Expressionismus*, Stuttgart, 1973)。

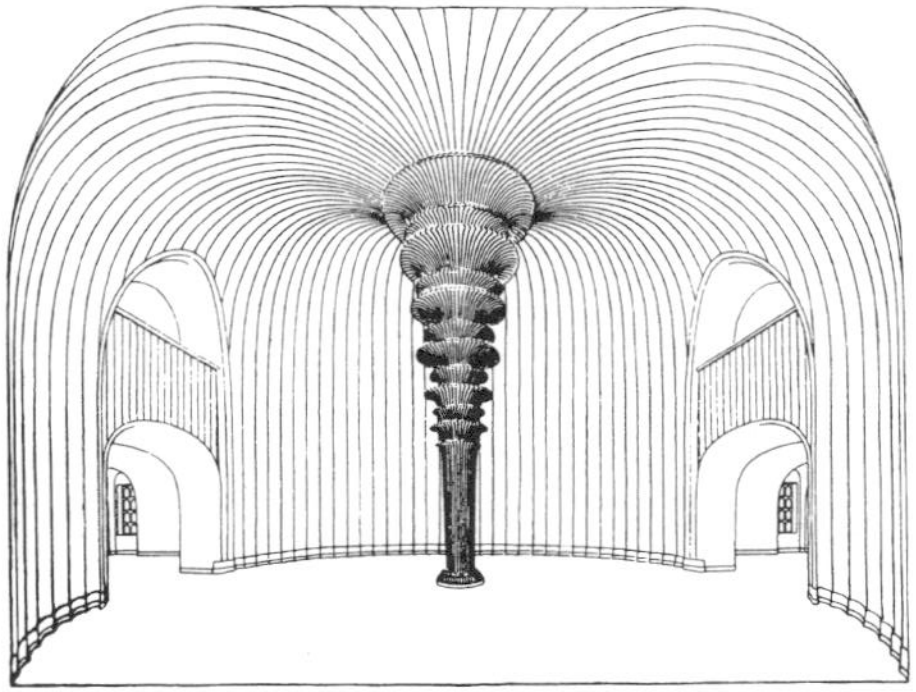

ことになる。『新世界建築』(1930)の著者であるシェルドン・チェニーは、それは「氾濫の始まりのようであった。まるでダムが壊れたよう」に、以降の千あまりの摩天楼のうち少なくとも四分の三はサーリネンに追随したと記している。[★123] レイモンド・フッドとジョン・ミード・ハウェルズがその抗いがたい魅力に屈したのは以下の理由によるとブラグドンは考えた。

詩的な正義の作品。それはアメリカのドルの力による勝利ではあったが、勝者自身が罪の意識に苦しみ、改心した。この建築家たちによってデザインされたニューヨーク・イヴニングニュース・ビルの姿はどこからみてもサーリネンのデザイン精神によるものであり、およそ彼らの以前の作品とは違っていた。[★124]

一九二八年に建てられたハウェルズのきわめて優雅なパンへレニック・タワーに与えたインパクトはさらに強く、ブラグドンは写真を元に描かれたこの建物のスケッチを、彼の理論を説明するために用いた[★125](図26・27)。周知のように、フッドは、彼がデザインしたRCAタワーにおいて同じ要素を組み合わせ、スケートリンクに用いられる紛れもない凍れる噴水をそこに加えている(噴水の頂上に乗った「エネルギーをもたらすプロメテウス」によって、この建築はシンボリズム過剰の古典的な例となってしまった。図28)。

これと似た例は、一九二九年にイリノイ州クックカウンティに建てられた、中西部の建築家ケック&ケック設計によるミラ ラゴ・ボールルーム《ダンスホール》の装飾に見ることができる。ここでは、二つの噴水が互いに相手の影になっている[★126](図29)。

一九二〇年代は、一般に「アール・デコ」摩天楼と呼ばれる、サーリネンにインスピレーションを受けたセットバッ

図26（左）———パンヘレニック・タワー（ジョン・ミード・ハウェルズ，ニューヨーク，1928）。ハウェルズはレイモンド・フッドとともにシカゴ・トリビューン設計競技の勝者であるが、当時の建築界と同様に、サーリネンの新解釈に感銘するあまり、その原理の実践を最初の摩天楼の仕事まで待てなかった（Marcel Chappey, *Architecture internationale*, Paris, 193?）。結果的に、ブラグドンは彼自身による下図のスケッチに基づいた写真を使用した。

図27（下）———摩天楼の理想的な収束方法を求めて、クロード・ブラグドンは現代建築とゴシックの建築を融合させた。彼は、サンリス大聖堂と、ジョン・ミード・ハウェルズによって建設されたパンヘレニック・タワーはともに、まるで噴水の水が散り去るがごとく、空に溶けこむようにだんだんと細くなってゆく技術を示す、同等の価値を持った代表作であると評した（Claude Bragdon, *The Frozen Fountain*, New York, 1932）。

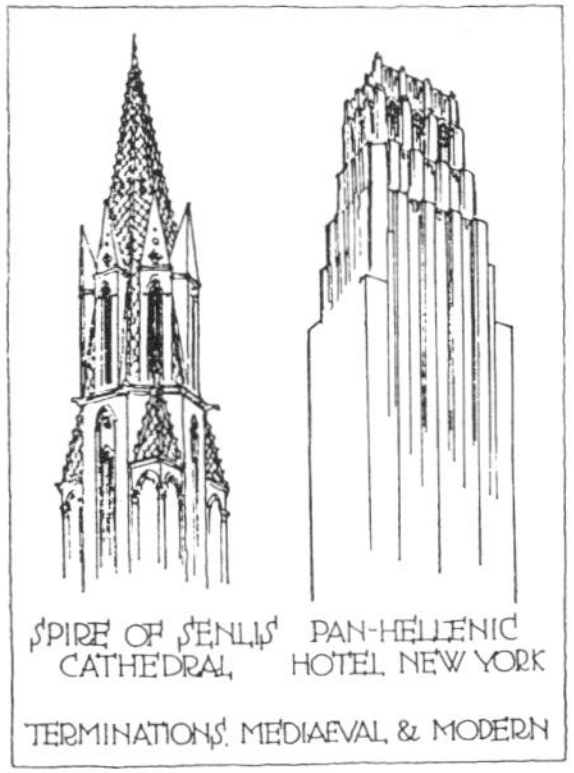

クした「噴水」建築群を生みだした[127](図30)。さながら先祖返りしたようなそれらのデザインは、ドアの上の記章《バッジ》、格子窓、頂冠《クレスト》などに特徴的である。創造のシンボルでこれらの建物を装飾するという考えは、後の世代に、摩天楼自体が地中の噴火、凝結した間欠泉、そして凍れる噴水のイコン的表現のモデルだったという、そのころまでには忘れらてしまっていた知識を伝達するためであったように思われる。

田園的庭園——クランブルック芸術学院

サーリネンのトリビューン・ビルのデザインは「アメリカ人民の精神をみごとに解釈したもの」[128]と言われた。しかしアメリカ人はこのデザイナーの精神を等しく解釈しただろうか。彼らは、すばらしいタワー建設のためにサーリネンをアメリカに招くほど彼の作品を高く評価していたのだろうか。逆にサーリネン自身は、「新しく建てられた千を超える建物の四分の三」が彼の著作権を侵害していると知って満足し名誉に思うだろうか。サーリネンのトリビューン・ビルのデザインは、発明は称賛されたが決して応用にはいたらなかった名誉ある発明者という古典的な物語におわると思われたが、その運命は、またしても新聞社であるデトロイト・ニュースのオーナー、ジョージ・G・ブースによって突如として変えられたのである。ブースは自社のためにタワーの建設を考えた(名案だろうが)わけではなかったが、デトロイト川河岸のデザインに出資し、その少し後の一九二四年には、サーリネンにミシガン州のブルームフィールド・ヒルズにあるクランブルック芸術学院の設計を依頼した。[129]

ようやくとりわけクランブルックのキングスウッド・スクール(1929–31)において、サーリネンは有機的で成長を表現する形態を試す実験の場を得たのである[130](図31)。学校の入り口にあたる門柱の上には、凍れる噴水が二つ置か

図28―――RCAビルと噴水(レイモンド・フッド & アソシエイツ, ニューヨーク, 1931–34)。過剰なシンボリズムの例。スラブの東半分はカスケードのように流れ落ち、噴水の水のように旅を終えて塔の足元へと帰る。そしてまた、巨大な凍れる噴水が立ちあがる原理を映しだすかのように、水は噴き出してゆく。小さな噴水の上に乗ったプロメテウスが、巨大な間欠泉さながらの大量の地下エネルギーの噴出という、この一大複合施設のメッセージを強調している。小さな噴水は凍れる年月の一部であるというと、巨大な凍れる噴水、RCAビルの過剰説明になるだろうか(絵葉書)。

図29(上)———二つの噴水が対面するミララゴ・ボールルーム(ケック & ケック, イリノイ州クックカウンティ, 1929)。この凍れる噴水は、まさに摩天楼を表しているではないか(Narciso Menocal, *Keck & Keck, Architects*, Madison, Wis., 1980)。
図30(下)———「アール・デコ」摩天楼は、ドアに埋めこめられた印章や、記念碑のようなデザインの隔世遺伝を思わせる。凍れる噴水のファサード(ニューヨーク, マディソン街181 : Don Vlack, *Art Deco Architecture in New York, 1920–40*, New York, 1974)。

図31(上)———クランブルック芸術学院、キングスウッド・スクール(エリエル・サーリネン, ミシガン州ブルームフィールド・ヒルズ, 1929–31)。サーリネンは、成長を表現する有機的形態を試す格好の場を得た。

図32(左)———クランブルック芸術学院の門柱(エリエル・サーリネン, ミシガン州ブルームフィールド・ヒルズ)。凍れる噴水が二つ置かれ、敷地内の建物を正しく理解する鍵を示している。

れ、敷地全体の性格を告げ原理への鍵を示している（図32）。門柱の上の構造物を見逃した人のために、七本の頂冠が外側に向かう噴水の図像が左側の門柱に刻まれた（図34）。その形態はユダヤ人の燭台に似ており、上に置かれた二つの石の噴水を俯瞰したものになっている。左右二つの噴水をのばしてできるアーチはゴシックのアーチと同じく上部に行くにつれてアーチの数を（七、六、五と）減ずることになる。そしてそれは、「凍れる噴水の回廊」のなかでシンドバッドが遭遇したようなゴシックのヴォールト天井をつくりだすはずだ[★131]（図33・35）。門から歩を進めればポーティコ（前廊）を支持する噴水、エンタブラチュア（円柱上部の装飾）を支える噴水、噴水としての噴水が目につく（図36）。パビリオン（校舎）の端部に位置する煙突は、必要以上に高いために、大都市摩天楼のミニチュアのように見える（図31）。

　サーリネンとライトの類似性を指摘する向きもあるが、取り立てて証拠があるわけでもなく、このような場合には、たちどころに否定されてしまう。ライトはつねに水平性に支配されているのに対し、サーリネンはつねにどんな状況下でも垂直性の強調に努めた[★132]。サーリネンの摩天楼が起こした「大洪水」に飲みこまれた人がいたとすれば、それはサーリネン自身だった。内と外、インテリアの装飾、タペストリー、じゅうたん、鉛枠ガラスなど、あらゆる部分に噴水／摩天楼のモチーフが組みこまれた（図37）。サーリネンの娘、ピプサン・サーリネンは四つの摩天楼で飾られたシルクのドレスを織ってさえいるのである[★133]。

　この学校の摩天楼に対する強いこだわりは、リリアン・ホルムという教員のひとりが作った制作年月不明の「ニューヨークの第一印象」と題するタペストリーでピークに達した[★134]（図38）。暗い背景に明るく輝く窓、求心力のあるマンハッタン・スタイルの鉄と石でできたクリスマスツリー。工芸品としてもすぐれた摩天楼のブーケだった。サリヴァンであればコマーシャル・タワーの「ハイロマンス」とでも呼んだであろうホルムのデザインは、一九三七年の『フォーチュン』誌クリスマス号のお祭り気分の表紙[★135]（図39）のコピーであり、したがって「第一」ではなく「第二」印象で

図33(上)———「凍れる噴水の回廊を歩くシンドバッド」。交差ヴォールト・ギャラリーの別の表現(Claude Bragdon, *The Frozen Fountain*, New York, 1932)。

図34(中)———クランブルック芸術学院の門柱詳細(エリエル・サーリネン, ミシガン州ブルームフィールド・ヒルズ)。ユダヤ教の燭台に似た形の小さな凍れる噴水は、上部の噴水を俯瞰したもので、左の門柱に刻まれている。

図35(下)———二つの門柱がともに用いられると、「凍れる噴水の回廊」(図33)のようなゴシックのアーチらしきものを形作る。

あったが、これほどまでに絶対的な資本主義と甘く土着的なアーツ・アンド・クラフトマンシップが調和したことはなかった。ついでながら、このおかげで、この織物が製作されたおよその年月を推測できる。

ニューヨークを森とするならば、クランブルックの規模は、サーリネンが自前の自然観で理想的な摩天楼を交雑育種する田園のつつましい植物園に相当するだろう。彼のスタッフ、家族、弟子たちは、そのテーマをとことん推し進めて彼の実験を視覚化し、無垢な装飾性の域にまで高めたのである。みずからのクランブルックにおける形態の研究について、サーリネンは二冊の本を上梓した。『都市、その成長、衰退、未来』[★136](1943)、『美術と建築の形態探求』(1947)である。

後者はサリヴァンとブラグドンの著述と酷似しており、注目に値する。スタイルも内容もともに同じ情報源から出ているように思われる。ベルグソンの『創造的進化』は、ブラグドン、サリヴァン、そしてサーリネンに等しく役にたった。[★137] サーリネンは「種が木に成長する」という直喩をしばしば用い、有機物の原理同様、創造と宇宙に関する秘儀的思想も前二者と共有した。[★138] サーリネンは、エマーソンの教えとアメリカの自然主義に身を任せており、それゆえにサリヴァンはこの「外国人」こそ「アメリカ人の健全かつ強靭で情が深く野心に燃えた理想主義の深奥を見抜く洞察力」[★139]の持ち主と確信したようである。「直観」という自然の導きにしたがったこの外国人が、摩天楼問題を成功裡に扱い究極まで推し進めたのは何ら不思議ではなかった。

クライスラー・ビルと宇宙のシンボリズム

クライスラー・ビルが完成した直後の一九三一年にブラグドンが記したように、「銀色の尖塔部分は、まるで噴水の

図36（左）――――クランブルック芸術学院、キングスウッド・スクール（エリエル・サーリネン，ミシガン州ブルームフィールド・ヒルズ，1929–31）。まさに噴水のある中庭。背後に立つ摩天楼のような煙突は、サーリネン自身のシカゴ・トリビューンにおける視覚効果で注目をあびたデザインを連想させる。

図37（下）――――同様の摩天楼の形が組みこまれた鉛枠のガラス窓。クランブルック芸術学院、キングスウッド・スクール（ミシガン州ブルームフィールド・ヒルズ）。

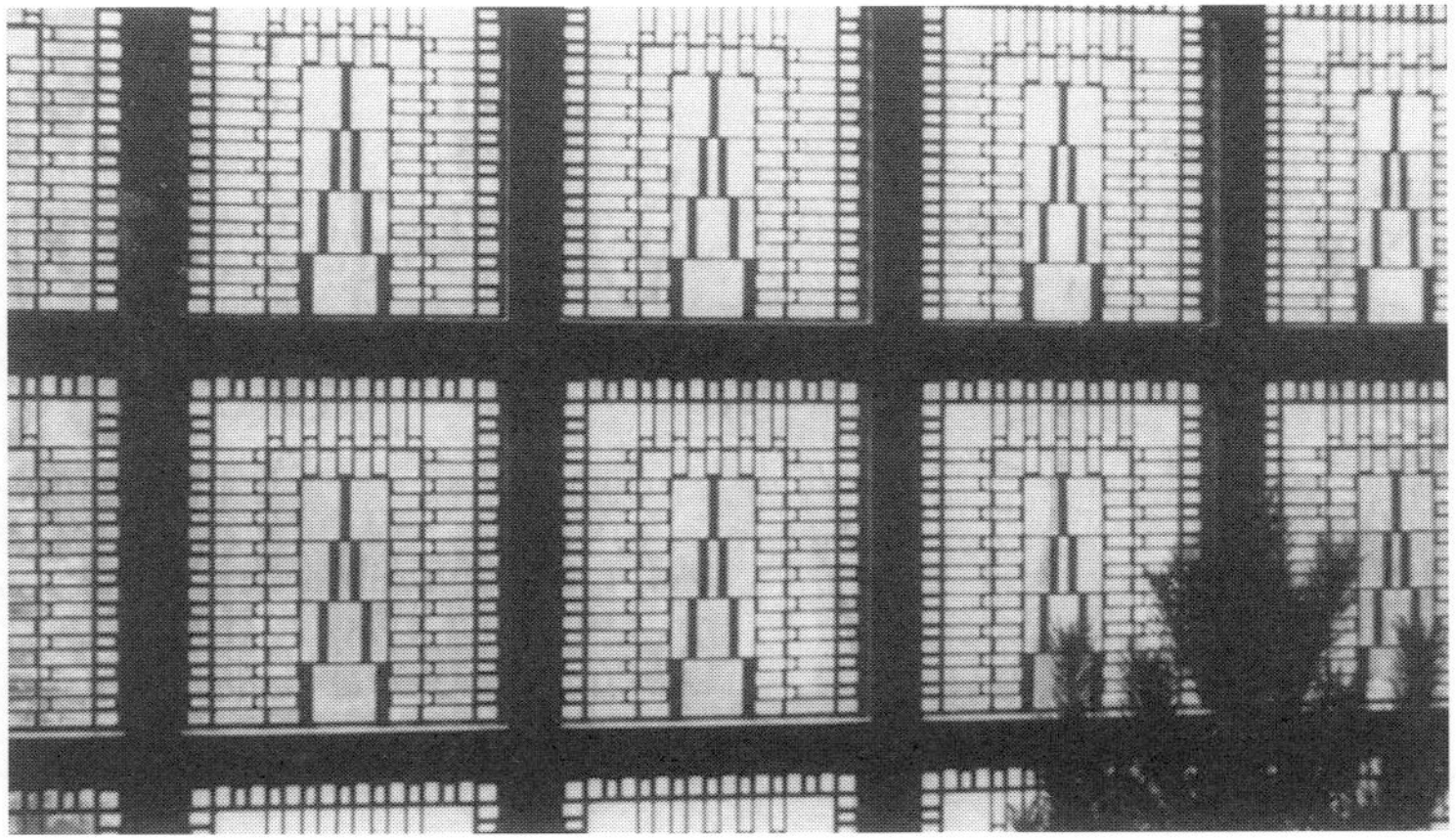

頂点からあふれる水のように、太陽の光を受け止めた」。彼はもちろん、噴水が徐々に水を噴きあがらせ最後にひとつとなるようすが実際に見えると言いたかったのではない。噴きあがる水は、その形態と素材(スティール、ガラス、そして「モネル」と呼ばれるニッケル合金)によって巧妙に示唆されたが、それはあくまでも示唆であった。建物が永久運動の状態にあることは確かに真実だが、エネルギーの噴水の動きが幻想あるいはデザイン原理を超越することはまったく意図されていなかった。噴水は、凍れる噴水として運動が停止状態であることを示唆し、瞬間的に捉えた創造力に形態を与えるものであった。

クライスラー・ビルは、すべての点で無類だった。それは生きていたのだ。その「もっとも高い噴出水」は、磨かれたスティールを照らす照明が生みだしたヴィジョンではなく、リアルで触知できる動く装置であった。その逸話は良く知られており、手短に要約することができる。一九二九／三〇年、建築家のウィリアム・ヴァン・アレンが手がけていたミッドタウンに位置するクライスラー・ビルは、現在では住所である「ウォール街《ストリート》四〇」の名で知られるH・クレイグ・セヴァランス設計によるダウンタウンのマンハッタン銀行ビルとともに、世界でもっとも高層の建物を競うレースに参加した(図40)。マンハッタン銀行が先に工事を終え、その高さは九二七フィート(280m)に達した。当初クライスラー・ビルが発表していた高さは、わずか二フィート(61cm)の差で追い抜かれてしまった。しかし、奇跡が起こったのである。モネルでメッキした尖った頂冠から、スティールのマストが立ちあげられ、最終的な高さは一〇四八フィート(319m)となる。ライバルを悠々と負かしただけでなく、エッフェル塔が長きにわたって保持してきた千フィート(305m)という最高記録さえも追い越したのだ(図41)。

この驚くべき出来事はアメリカの摩天楼建設者たちがピクチャレスクな好みをもって記録に挑戦し、記録破りな高さを競い合ったという事実を示すさいにしばしば引用される。しかし、この話にはそれ以上のものがある。この偉業

図38（**左**）———リリアン・ホルム「ニューヨークの第一印象」。リリアン・ホルムは、1920年代から30年代にかけて、クランブルック芸術学院のテキスタイルの教員であった。求心的な法の力の下に置かれる摩天楼の集塊を表現したこのタペストリーは、1937年の『フォーチュン』誌（図39参照）クリスマス号表紙をコピーした「第二」の印象だった（*Design in America;The Cranbrook Vision, 1925–1950*, Detroit / New York, 1983）。

図39（**右**）———『フォーチュン』誌の表紙，（1937年12月、クリスマス号）。

図40―――マンハッタン銀行ビル(H・クレイグ・セヴァランス, ニューヨーク, 1929 / 1930)。ヒュー・フェリスによる描写、完成までの最終段階(Hugh Ferriss, *The Metropolis of tomorrow*, New York, 1929)

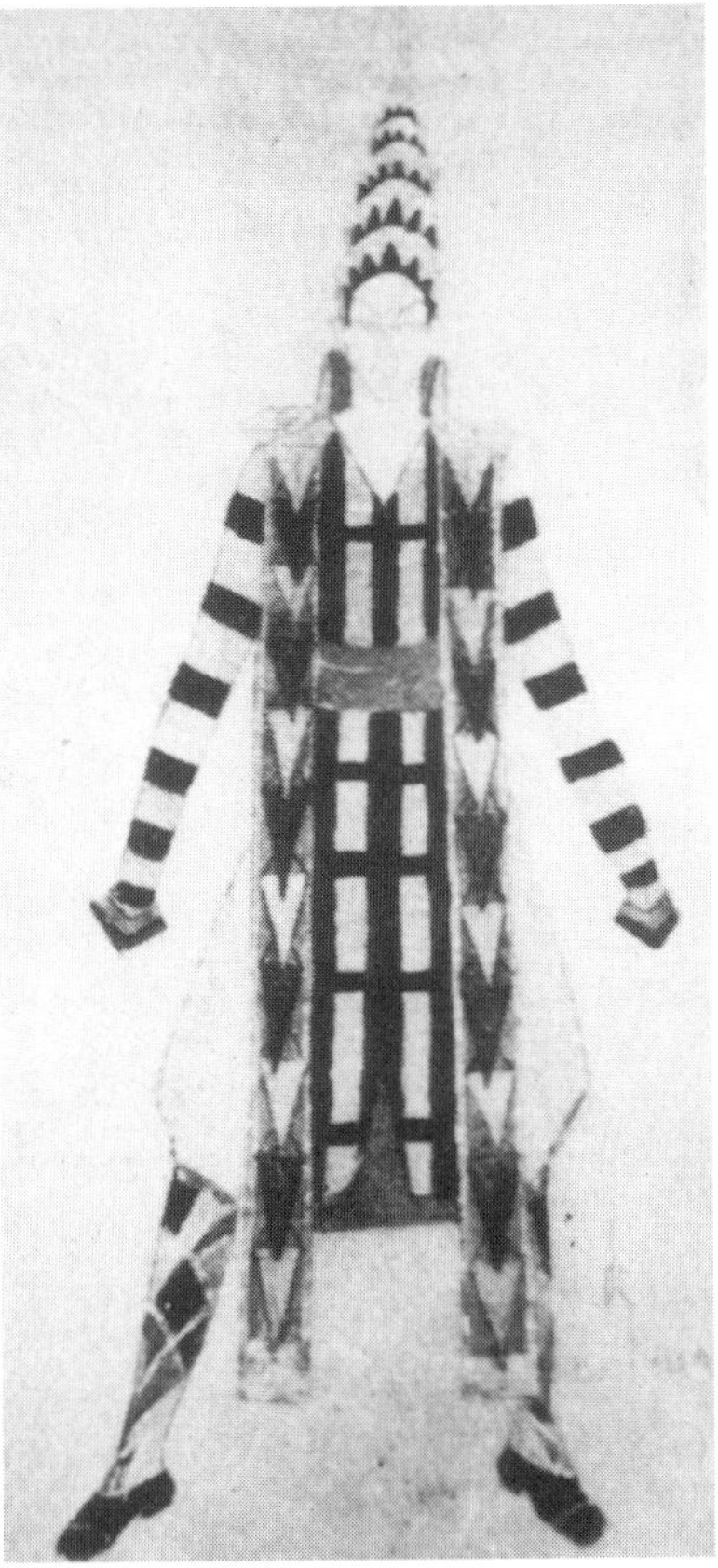
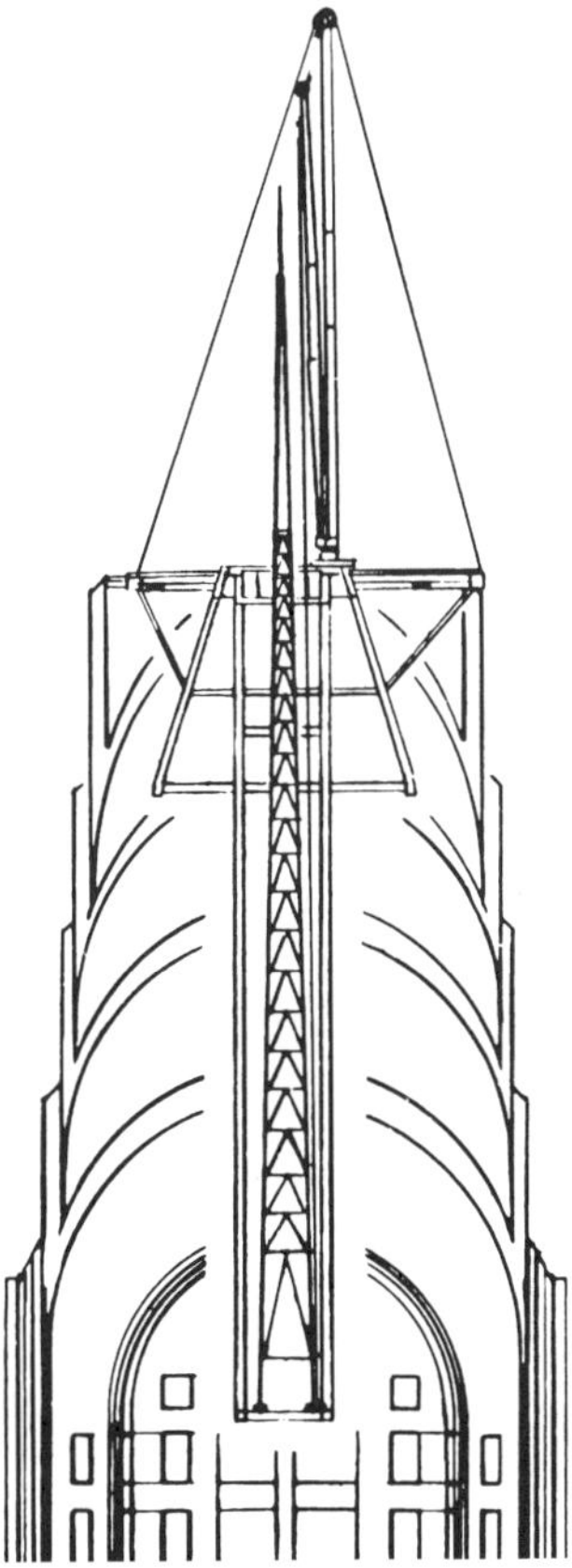

図41(右)———クライスラー・ビル頂上部の断面図。ライバルであるマンハッタン銀行ビルが最終的な高さに到達した後に、それを追い越した秘策が描かれている。鉄の尖塔が伸ばされ、クライスラー・ビルは世界一の高さを誇る建物となった。本来なら夢想にすぎなかったことを、この建物は実現したのである(Thomas Walton, 'The Sky was No Limit', *Portfolio*, April/May 1979)。

図42(左)———クライスラー・ビルの建築家、ウィリアム・ヴァン・アレン。逆擬人化の仮装舞踏会より(*Pencil Points*, XII, 2, February 1931, p.145)。

を支配しているのは儀式的なものである。建物に生命を吹きこむことは、これまで見てきたように、エキセントリックな熱情ではない。建築の擬人化の裏返しは、クライスラー・ビルの建築家によって試みられた。その建築家は、一九三一年のニューヨーク・ボザールの仮装舞踏会に彼の作品に仮装した姿で現われたのである。その仮装については詳細な記録が残されている[★140](図42)。

その昔(大聖堂の)尖塔が建ちあがるのを目撃する恩恵にあずかった人々にとって、それは忘れがたい光景だったにちがいない。遅々とした建設のようすを年を追って見守りつづけ、ある日突然、すべてが完成する。クライスラー・ビルの出来事を先祖返りの儀式となしたのは、何よりも尖塔の立ちあげだ。この建物が成長していたこと、この徹底的に擬人的な構造物が少しずつ体を延ばしていたことは観察されてきた。建設の全体プロセスは、尖塔に凝縮された。儀式としての建設は模倣されたが、実際にかかった時間は早送りのようなすばやさで施工された。言い換えれば、実際の時間がこの出来事において儀式的な時間に変換されたのである。建築創造の行為は、人工的に築かれた山のてっぺんで模倣され、劇的に取り行われた。尖塔の立ちあげは、建設中の住宅のいちばん高い部分にまで工事が達したときに松の木をたてるように、他の宇宙創造の行為となんら変わらない。ここでも、宇宙のシンボリズムが過剰に現れている。摩天楼それ自体が、人造の山の頂上に樹木を載せるように世界の中心つまり「世界の軸[★141]」のイメージをかたちづくっているのである。

ライバルを出し抜いたともいえるその行為を疎ましく思おうが、抜け目ないと思おうが、世間一般の反応がどのようなものであろうと(図43)、この宇宙創造の純粋な行為の威厳こそ、あらゆる評価を超越してしかるべきものなのだ。

図43――この建築的宇宙創造は、誰もが正当に評価するものではなかった。当時の諷刺画がある。情熱的建築家。「この尖塔には建物と同じ長さがあるので、誰かがより高い建物を建てたとしても、これを上に伸ばせば、世界一の高さを保てます」(*Pencil Points*, XII, 1, January 1931)。あからさまな皮肉だが、尖塔が建築物の構造体に不可欠であると主張するヴァン・アレンに対するものではないようだ。

nen, *The Search for Form in Architecture,* New York, 1985(初版 1948), pp. 133–135; 166–168: サーリネンの有機的な形態に対する考えは，サリヴァンが成長の過程を示すために用いた，植物とのアナロジーにしばしば表現されている．植物や樹木が種から成長する過程は，有効な比喩である．

★133――*Design in America,* op. cit., p. 189, 図 153： 'Pipsan Saarinen Swanson. (Designer). Dress c. 1933–35. Silk; plain weave with applied panels of silk, satin weave with leather, gold paint, 45 3/4 × approx. 35" (at hip). Collection Ronald Saarinen Swanson'.

★134――同書 p. 191, カラー図版 40：'Lilian Holm (Designer and weaver) 'First Sight of New York'. 1930's. Linen, wool, and cotton; plain weave with discontinuous wefts (initialed LH). 82 × 64 1/8". Flint Institute of Arts, Gift of Lillian Holm in memory of Ralph T. Sayles.'

★135――アムステルダム Leendert De Long 氏の好意による．

★136――Eliel Saarinen, *The City: Its Growth, Its Decay, Its Future,* New York, 1943 (注132参照)．同書において，サーリネンは摩天楼に対してもっとも明確な考えを示している(pp. 185–199)．：「垂直的な集積」．くり返しになるが，自然とのアナロジーは，「……摩天楼がどのように「成長する」ことが可能かは，市民の組織の度合いによって決定される」という表現からも明らかである(p. 195)．

★137――ベルグソンがサリヴァンにおよぼした影響は，上記の作家たち(メノカル，モリソン)や，Sherman Pail, *Louis Sullivan: An Architect in American Thought,* Englewood Cliffs, N.. J., 1962 には指摘されていない．しかしそれは，クロード・ブラグドンが参照した主要な著書からサリヴァンがはずれていたことによるものと思われる(*Four Dimensional Vistas,* op. cit., pp. 62, 143)．サーリネンはつねに，引用符を付けて強調することで，自分自身を称賛しつづけた．例えば，「形の追求」(op. cit)や，第Ⅵ章「形と活力」pp. 144 ff, そしてもちろん，「創造的活力」pp. 147–151 や，第Ⅳ章「創造的本能」pp. 109 ff という段落もそうである．

★138――注 132，136，137 を参照．

★139――Louis H. Sullivan, 'The Chicago Tribune', op. cit., p. 156.

★140――ウィリアム・ヴァン・アレンの唖然とする建築の仮装については，レム・コールハース参照(*Delirious New York,* New York, 1978, p. 107 [*])．建築家舞踏会(Architect's Ball)と呼ばれたが，*Pencil Points,* XII, 2 February 1931, p. 145 に最初の記述が確認できる．パーティはニューヨークのホテル・アスターで 1931 年 1 月 23 日に開催された．図版も *Architecture Plus,* September/ October 1974, p. 12 に掲載されている．エコール・デ・ボザールの仮装舞踏会の伝統は長く，1931 年もその一例．

★141――宇宙のシンボリズムと樹木については，Mircea Eliade, *The Sacred and the Profane,* New York, 1961, pp. 45–46 [*]，および第 4 章注 134, 135, 136 を参照．

★120——W. Steenhof, 'Kristallen: Wondervormen der natuur', *Wendingen,* VI, 11/12, 1924, fig. 21.

★121——ヨーロッパとの関係は，Cervin Robinson & Rosemarie Haag Bletter, *Skyscraper Style: Art Deco New York,* New York, 1975, pp. 52 ff を参照.

★122——Claude Bragdon, *The Frozen Fountain,* op. cit., p. 31.

★123——Sheldon Cheney, *The New World Architecture,* op. cit., pp. 151/152.

★124——Claude Bragdon, *The Frozen Fountain,* op. cit., pp. 31/32. デイリーニュース·ビルについての言及.

★125——同書 p.16，図 3. 写真は Marcel Chappery, *Architecture internationale,* Paris, 193?, p. 48 より.

★126——*Keck & Keck, Architects,* Elvehjem Museum of Art, University of Wisconsin, Madison, exhibition catalogue with an introduction by Narciso Menocal, Madison, Wis., 1980, p. 13, 図 4.

★127——Don Vlack, *Art Deco Architecture in New York*, 1920–1940, New York, etc., 1974, p. 37, 図 33：「マディソン街 181」. 噴水と，さまざまなシンボルにすべて覆われた建物は，旧シティーズ·サービス社ビルであり，現在は，1932 年にクリントン&ラッセルによって建てられた 60 ウォール·タワーである. 淡い色の石を使用することにより建物の頂点を際立たせ，泡が立ったような姿を印象づけている. 大戦間の摩天楼の過度の装飾が，上記の研究が示唆するとおりのたんなる装飾(アール·デコ)として用いられ，象徴的な領域で何かを伝えようとしていたとは信じがたい. 美術史家たちは，中世の教会における彫刻装飾が施された立面の解釈については詳しいが，近い過去の建物については暗いように見受けられる. *American Art Deco Architecture,* Finch College Museum of Art, New York, exhibition catalogue with a text by Elayne H. Varian; November 6, 1974–January 5, 1975.

★128——Egerton Swartwout, 'Review of Recent Architectural Magazines', *American Architect and Architectural Review*, 123, June 20, 1923, p. 575.

★129——David G. De Long, 'Eliel Saarinen and the Cranbrook Tradition', op. cit., pp. 50–55. また，次の記述も参照. Alfred McClung Lee, *The Daily Newspaper in America: The Evolution of a Social Instrument,* New York, 1937, p. 197：「ブース新聞社理事会会長にしてデトロイト·ニュースの社長であるジョージ·G·ブースは，彼と彼の妻エレン·スクリップス·ブース(当時，他の新聞社の権力者であった)によって 1927 年に創設されたクランブルック財団に，彼らが推進する教育的·文化的プロジェクトの充実と維持のために，650 万ドルを寄付した」.

★130——私にクランブルックを訪問する機会を与え，詳細に解説をしてくださったレオナルド·イートン教授に謝意を表したい.

★131——Claude Bragdon, *The Frozen Fountain,* op. cit., p. 18. アラビアンナイトの小さなシンドバッドの像は，凍れる噴水のまさに主題である.

★132——Eliel Saarinen, 'A New Architectural Language', op. cit., p.13 ; Eliel Saari-

いる.

★108——アメリカの都市の火災は，次の文献にもっともよく記録されている．Reverend E. J. Goodspeed, *History of the Great Fires in Chicago and the West, A Proud Career Arrested by Sudden and Awful Calamity; Towns and Counties Laid Waste by the Devastating Element.…To which is appended a Record of the Great Fires in the Past,* New York, etc., 1871．この本が出版された早さには驚く．676頁，数十点もの図版を含むにもかかわらず，わずか3か月足らずしか要していない．焼失した地区に建つ，有名なカーフットの小屋の絵図は，501頁に収録されている．また，「シカゴは蘇る」と339頁に記されている．グッドスピードの本のように，その人気は，相当な情報量で，今日の災害の映像に匹敵するものであった．関心をひく出版物および映画の副題は，*San Francisco's Great Disaster, A Full Account of the Recent Terrible Destruction of Life and Property by Earthquake, Fire, and Volcano in California and at Vesuvius and A Brief Account of Ancient and Modern Earthquakes and Volcanic Eruptions in All Parts of the World,* by Sidney Tyler and Ralph Stockman Tarr, Philadelphia, 1906.

★109——E. V. Goodspeed, *History of the Great Fires,* op. cit., p. 514.

★110——Thomas E. Tallmadge, 'A Critique of the Chicago Tribune Building Competition', *The Western Architect,* XXXII, 1, January 1923, p. 7．トールマッジの示唆的な言葉は，Charles Henry Whitaker, *Rameses to Rockefeller: The Study of Architecture,* New York, 1934, pp. 295/296において再度用いられている．Ciucci, Dalco, Manieri-Elia, Tafuri, *The American City etc.,* p. 510, n. 50も参照.

★111——Louis H. Sullivan, 'The Chicago Tribune Competition', *The Architectural Record,* LIII, 1, January 1923, p. 153.

★112——Thomas E. Tallmadge, 'A Critique', op. cit., p. 7.

★113——Eliel Saarinen, 'A New Architectural Language for America', *The Western Architect,* XXXII, 2 February 1923, p. 13.

★114——Albert Christ-Janer, *Eliel Saarinen, Finnish-American Architect and Educator,* Chicago/ London, 1979(初版1948); *Saarinen in Finland,* Museum of Finnish Architecture, exhibition catalogue 15 VIII–14 X, 1984, and *Design in America: The Cranbrook Vision* 1925–1950, Detroit/ New York, 1983を参照．またとくに関連性の高いものとして，David G. De Long, 'Eliel Saarinen and the Cranbrook Tradition in Architecture and Urban Design', pp. 47–89の寄稿があげられる.

★115——Eliel Saarinen, 'A New Architectural Language', op. cit., p. 13.

★116——同書.

★117——同書.

★118——*The Western Architect,* XXXI, April 1922, p. 50(第3章「聖なる摩天楼と世俗的な大聖堂」140頁を参照).

★119——Hugh Ferriss, *The Metropolis of Tomorrow,* New York, 1929, p. 125.

IV, July–September 1894, pp. 1–13, in: Jordy and Coe, *American Architecture,* op. cit., I, p. 115.

★103——James Early, *Romanticism and American Architecture,* New York/ London, 1965, pp. 88/89, 92．ゴシックの原理と自然に関する基礎的研究には，次の二つのエッセイがある．'The First Gothic Revival and the Return to Nature'，'"Nature", as Aesthetic Norm', by Arthur O. Lovejoy, *Essays in the History of Ideas,* Baltimore, 1948, pp. 136–165; 69–77．ゴシック建築と有機的建築の関連については，アメリカの多くの理論家によって記され，解釈されている．ブラグドンのエッセイ，'Organic Architecture' (in: *Six Lectures on Architecture,* Chicago, 915, pp. 123–145)が，この場合の最適書だろう．古典，ルネッサンス建築は，整えられた様式として分類されるが，一方でゴシック様式は有機的である．さらに興味を引くのが，C. Matlack Price, *The Practical Book of Architecture,* Philadelphia/ London, 1916, p. 114：「ゴシック教会の壮大なプロポーションにおける失敗は，その建築家たちが，ゴシック建築における有機的な自然，木との類似性を理解し損なったところにある．木は，種から芽を出し，成長するに従って枝を出し，葉をつける」．この発想は，当然ながらサリヴァンの考えと類似している．例えば，*A System of Architectural Ornament*,1924, n.p.の1章，'The Inorganic and the Organic'は，シェリングの'Das Anorganische und das Organische', *Philosophie der Kunst* (1859), p. 216：「したがって，典型的な種子植物は，その芽にパワーを内包している」，および'Emotional Architecture as Compared with Intellectual', in: *Kindergarten Chats,* op. cit., p. 200,「ゴシック建築は……自然の形と深く同調する」といった考えに親密に従っており，そのような文章はほかにも数多く存在する．明らかに，18世紀から19世紀にかけて，ゴシック建築と植物や樹木の成長はしばしば関連づけて論じられた．Joseph Rykwert, *On Adam's House in Paradise,* New York, 1972, pp. 75–103 [*]を参照．ゴシック様式の摩天楼に対するその他の解釈については，シカゴ·トリビューン設計競技に関する次の記述を参照せよ．Diana Agrest 'Architectural anagrams: The Symbolic Performance of skyscrapers', *Oppositions*, 11 Winter 1977, p. 35(『圏外からの建築：映画·写真·顔·身体』大島哲蔵訳，鹿島出版会，1995所収)：「ハウウェルズ＆フッドによる首席作品は，前覇者のキャス·ギルバートによるウールワース·ビルのように，豊潤な装飾によって磨きあげられたがゆえに，ゴシックとしてとくに含蓄のある作品であると言えよう」．David Van Zanten, 'Twenties Gothic', *New Mexico Studies in the Fine Arts,* VII, 1982, pp. 19–24．また，Narciso Menocal, *Architecture as Nature,* op. cit., pp. 190/191, n. 64も参照．

★104——James Early, *Romanticism,* op. cit., p. 93.

★105——同書 p. 99.

★106——Ralph Waldo Emerson, *Essays*, 1 st and 2 nd series, 'History', London/ New York, 1906, p. 18.

★107——西部の風景をユーモラスに描いた絵葉書は，Arthur Holitscher, *Amerika, Heute unt Morgen; Reiseerlebnisse,* Berlin, 1923, pp. 176–177の図版として複製されて

cago Tribune, Chicago, 1928.

★094──箱型の超高層ビルが戦後，最初に建設されはじめたのは1960年代後半であり，S. O. M. によるジョン・ハンコック・センター(シカゴ，1959)，ロート＆ヤマサキによるワールド・トレード・センター(1976年完成)などが例としてあげられる．

★095──建設予定の建物に関する1910年12月の改案報告の図面を見ると，「ギルバートは，鉄骨摩天楼の角ばった無装飾さを，美しいフォームと色彩で和らげようと真剣に取り組んだ最初の人物だ」(Cass Gilbert Scrapbook, New York Historical Society, New York, N. Y.)．ウールワース・ビルは，1915年にサンフランシスコで開催された，パナマ太平洋万国博覧会において，「世界でもっとも高く美しいオフィスビル」として表彰された(*The Cathedral of Commerce,* New York, 1921, n.p)．海外からの関心は，1912年，ミュンヘン市教育委員会が，ミュンヘン芸術学校のために，ウールワース・ビルの巨大な模型を発注したことに現れている．「……なかでも，誇張なしに，最高の評価を認めることができる」(Heinrich Reinhold Hirsch, 'Der moderne Thurm zu Babel', *New York Staatszeitung-Sonntagsblatt*, June 23, 1912)．Talbot Hamlin, *The American Spirit in architecture,* New Haven, 1926には次のように書かれている．「多くの人々にとってこの建物は，摩天楼の最高傑作でありつづけるだろう」(p. 197)．昔からのスタイルを参照したことによって，ウールワース・ビルはモダニストたちから軽視され，「四角四面」のシカゴの高層建築が，ギーディオンに称賛された．ウールワース・ビルのスタイルは，シカゴの伝統を無にする致命的な影響力ととらえられていたのである．「〈シカゴ派〉は，もう存在しないのかもしれない．その原理は，ウールワース・ゴシックの流行に押し流されてしまった」(Sigfried Giedion, *Space, Time and Architecture,* op. cit., p. 314 + note [*])．その他の悲嘆的な意見は，Sheldon Cheney, *The New World Architecture,* New York, 1935(初版1930), p. 70に書かれている．「ここは，昔の使徒たちによって今日の機械的な建物を建築の形態に至らしめた最終到達点である．そしてそれは，ウールワース・ビルにすべて集約されている」．チェニーは，モダニストたちが好む一連の考えに従っている．機械によって生産された製品はやはり機械的な形をしているという考えは，人が創ったものにはその人の質が表れるがゆえにどれも人の形をとる，という発想にも以て面白い．

★096──Ethel Fleming and Herbert S. Kates, *New York,* London, 1929, p. 7.「……人はこの建物に，石からの脱却によって得られた詩情，飛翔，優雅さを感じずにはいられない．ウールワース・ビル，それはまさに凍れる音楽で，詩情の具現化だ」．

★097──Francisco Mujica, *History of the Skyscraper,* New York, 1929, p. 34.

★098──Irving K. Pond, *Meaning of Architecture,* op. cit., p. 203.

★099──Claude Bragdon, *The Frozen Fountain,* op. cit., p. 30.

★100──Frank Lloyd Wrigt, *Ausgeführte Bauten,* Berlin, 1910, Introduction, n.p.

★101──David Van Zanten, 'Twenties Gothic', *New Mexico Studies in the Fine Arts,* VII, 1982, pp. 21–23.

★102──Montgomery Schuyler, 'Modern Architecture', *The Architectural Record,*

所持されていた．1918年版は，1937年に再版されている．ポンドによるその他の文献は，'High Buildings and Beauty', I & II, *Architectural Forum*, 38, February 1923, p. 42 ff.; April 1923, pp. 181 ff.; 'Zoning and the Architecture of High Buildings', *The Architectural Forum*, 35 October 1921, p. 211 ff.; 'Toward an American Architecture', in *Living Architecture; A Discussion of Present Day Problems,etc.*, Arthur Woltersdofr, ed., Chicago, 1930, pp. 161–171(同書の168頁において，ポンドはセットバック・デザインに言及している．また，*The Brickbuilder*(1898)では，サリヴァンの1891年の提案に似ており，ポンドは確かにその参照を明記している．興味深いのは，ドナルド・ホフマンによる，'The Setback Skyscraper City of 1891: An Unknown Essay by Louis H. Sullivan', *J.S.A.H.*, 20, 1970, pp. 181–187の記事である．そこでは「セットバック・デザインに関するこれらのエッセイは，1916年以降のニューヨーク・ゾーニング法による建築規制の，深刻な先駆者である」と記されている)．「建築の問題に，私はいったいどう対処したらよいのか」, *Pencil Points,* XIII, July 1932, pp. 459–465(セットバック案は，p. 463に再登場する), and *Big Top Rhythms: A Study in Life and Art,* Chicago, 1937.

★088——Irving Pond, *The Meaning,* op. cit., p. 202．ポンドの美の線は，その起源は異なるが，ウィリアム・ホガースによる「蛇行する曲線(serpentine line)」,「優雅なる曲線(line of grace)」,「美の曲線(line of beauty)」(*Analysis of Beauty,* London, 1974(初版1753), pp. 55 ff)と相違ないものである．

★089——Claude Bragdon, 'The Frozen Fountain', op. cit., p. 724．1932年の著書で，ブラグドンは，鉄骨ビルと真の摩天楼を対照することで，これを明確化している．「鉄骨ビルの高さは幅よりも低いか超えてもたいしたことはない，水平線を強調してかまわない．しかし真の摩天楼においては，線は真っ直ぐに上方へ伸びていなければならない」(p. 16)．ブラグドンが言う「真実」に必要な条件については，一方ではアメリカ実証主義，他方ではヨーロッパ・モダニズムにおいて，解釈に違いがあることも記してある．第1章「天空志向」56頁以下を参照．

★090——ブラグドンはフェリスの「建築の感性と芸術的感受性」を称賛している．フェリスは「主人たちにはよく仕え，何人かの主人たちを魅了した．彼の著書，『明日のメトロポリス』(*The Metropolis of Tomorrow*)は高層建築のデザインに影響を及ぼしたが，それはピラネージの牢獄のエッチング・スタディがジョージ・ダンスによるオールド・ニューゲートのデザインに与えた影響と同じであると考えてよい」と書いている(*The Frozen Fountain,* op. cit., p. 32)．

★091——*The Western Architect*, 31, January 1922, pp. 3–11.

★092——*The International Competition for a New Administration Building for the Chicago Tribune MCMXXII*, Chicago, 1923, p. 10.

★093——*The Linebook*, *1925*, published by The Chicago Tribune, Chicago, 1925, p. 5, signed: Le Mousquetaire．シカゴ・トリビューン社の当時の興味深い情報は，*Pictured Encyclopedia of the World's Greatest Newspaper, A Handbook, etc.*, Chi-

2739/2740 ('nach einem Ausspruch Fr. Schlegels'). ストラヴィンスキーは次のように記している.「ゲーテは，いつ彼が建築を"凍れる音楽"と呼んだか完全に把握していた」(*Composers on Music, An Anthology of Composers' Writings,* Sam Morgenstern, ed., New York, 1956, p. 442).

★078——Menocal, *Architecture and Nature,* op. cit., p. 25 を参照. ダニエル・バーナムとジョン・ウェルボーン・ルートは，スウェデンボルグ教会に属していた. ルイス・サリヴァンの講義にはつねに多くの人が参加していた. Deborah F. Pokinski, *The Development,* op. cit., pp. 33–35 を参照.

★079——価値のある漫画を提供してくれたシモーネ・リュンメレ(ツォリコン，スイス)には，謝意を表したい.

★080——Claude Bragdon, *The Frozen Fountain,* op. cit., p. 11; 'The Frozen Fountain', *Pensil Points,* XII, October 1931, 10. p. 722.

★081——前出注 80 を参照.

★082——サリヴァンが，動きが凝縮した建築に惹かれていたことは，*The Western Architect* の編集者ロバート・クレイク・マクリーンによるサリヴァンの追悼文で強調されている. 'An Appreciation', *The Western Architect,* XXX I, May 1924, 5, p. 54：「サリヴァン氏のデザイン理論は，一種の自然成長理論である. 樹木で言うならば，硬い幹の年輪が外側へ数を増し，ついにはあたり一面に枝をはりめぐらせるまでに……」.

★083——Claude Bragdon, *The Frozen Fountain,* op. cit., p. 17; 'The Frozen Fountain', op. cit., p. 724.

★084——Claude Bragdon, *The Frozen Fountain,* op. cit., p. 8; 'The Frozen Fountain', op. cit., p. 721.

★085——Claude Bragdon, *The Frozen Fountain,* op. cit., p. 10; 'The Frozen Fountain', op. cit., p. 721.

★086——Claude Bragdon, *The Frozen Fountain,* op. cit., p. 10; 'The Frozen Fountain', op. cit., p. 721.

★087——Irving K. Pond, *The Meaning of Architecture, An Essay in constructive Criticism,* Boston, 1918. ポンドの考えは，サリヴァンやブラグドンと異ならない. エイドリッツの主要な作品のように，デザインにおける有機的な原理や，生命の吹きこまれた霊の表現を，非常に強調している(pp. 11 ff). 芸術の潮流に対する哲学的なアプローチは，サリヴァンやブラグドンさながらの宗教的な経験に貫かれている(「哲学とは，智の子である」. ポンドは次のように言う.「……宗教は，感情の子であり，行動に現れる. ……私はここで宗教という言葉を，同時代の神の信奉者によって理解され，用いられるという意味で敷衍し，神の信奉者たちは神の名をわれわれの時代に与え，神御自身をわれわれの文明に入れこむ. 私が言う宗教とは，次の言葉に集約される.「神は善を為し給う，宗教とは，善について感じ，行うことだ. 芸術は，美について考え，行うことだ」pp. 15/16)). Irving K(ane) Pond, 前掲書. 私が用いた稀覯本のコピーは，ニューヨーク・アヴェリー図書館に所蔵され，以前は建築家ウォラック・K・ハリソンにリー，2000).

C. B., *Oracle,* Rochester, 1921.

——, 'Towards a New Theatre', *The Architectural Record,* LII, 1922, pp. 170–182.

——, 'Abstract Thoughts on Concrete Bridges', *The Architectural Record,* LIII, Jan. 1923, pp. 3–10.

——, 'A Theatre Transformed: A Description of the Permanent Setting by Norman Bel Geddes for Max Reinhardt's Spectacle "The Miracle"', *The Architectural Record,* LV, April 1924, pp. 388–397.

——, 'Louis H. Sullivan,', *Journal of the American Institute of Architects,* XII, May 1924, p. 241.

Sullivan, Louis H., *The Autobiography of an Idea,* NewYork, 1924 [*], with an introduction by Claude Bragdon.

C. B., 'Letters from Louis Sullivan', *Architecture*, 64, July 1931, pp. 7–10.

——, 'The Frozen Fountain', *Pencil Points,* XII, 6, October, 1931, pp. 721–724.

——, *Frozen Fountain, Being Essays on Architecture and the Art of Design in Space,* Alfred A. Knopf, New York, 1932.

——, *An Introduction to Yoga,* New York, 1933.

——, 'The Whitman of American architecture', *New York Herald Tribune Books*, 12, 22 December 1935, p. 5.

——, *The Architectural Lectures,* New York, 1942.

——, *Yoga for You,* New York, 1943.

Sprague, Alice, *Sensitive Horizons,* edited and introduced by Claude Bragdon, Rochester, 1946.

——, *Delphic Woman,* ?

——, *The Eternal Poles,* ?

★070——前出注 69 を参照.

★071——Claude Bragdon, 'Organic Architecture', op. cit., p. 128.

★072——Louis Sullivan, *Kindergarten Chats,* op. cit., pp. 46 ff; Bragdon, 'Organic Architecture', op. cit., p. 128.

★073——Claude Bragdon, *Four-Dimensional Vistas,* op. cit., p. 22.

★074——同書 pp. 113 ff.

★075——同書 pp. 124 ff; Ralph Waldo Emerson, 'Swedenborg', in: *Representative Men* (1850). Vivian C. Hopkins, *Spires of Form,* op. cit., p. 124 ほか；Narciso Menocal, *Architecture and Nature,* op. cit., p. 25 を参照.

★076——Narciso Menocal, *Architecture and Nature,* op. cit., pp. 24/25.

★077——Johann Peter Eckermann, *Gespräche mit Goethe in den letzten Jahre seines Lebens,* Leipzig, 1913, p. 305. このシュレーゲルの引用は，ジャノー・ジンメン博士によって着目された(Berlin/ Zürich. Grimm, *Deutsches Wörterbuch*, VI, pp.

★067——Narciso Menocal, *Architecture as Nature,* op. cit., p.208；Claude Bragdon, 'The Whitman of American Architecture', *New York Herald Tribune Books*, 12(22 Decemer 1935), p. 4.

★068——Hugh Morrison, *Louis Sullivan,* op. cit., p. 226.

★069——このブラグドンの作品集は，完成する予定であったが，おそらく未完である．発行日の記載がない，または不明なものが，リストの最後に記されている．ロチェスター市の図書館に所蔵されていたブラグドンの作品の数々を集成してくれたバーバラ・リスター・シンクに感謝する．

C. B., *The Golden Person in the Heart,* New York, 1898.

——, 'An American Architect, Being an Appreciation of Louis H. Sullivan', *House and Garden*, 7, January 1905, pp. 47–55.

——, *Theosophy,* Rochester, 1909.

——, 'Architecture in the United States, I. The Birth of Taste; II. The Growth of Taste; III. The Skyscraper', *The Architectural Record*, 25, June–August 1909, pp. 426–433; 26, July–December 1909, pp. 38–45; 85–96.

——, *A Brief Life of Annie Besant,* Rochester, 1909.

——, *Self-Education–An Address Given Before the Boston Architectural Club, April* 3, 1909, Rochester, 1910.

——, *Episodes from an Unwritten History,* Rochester, 1910.

——, *The Beautiful Necessity, Seven Essays on Theosophy and Architecture,* George Routledge & Sons, London, 1910.

——, *The Small Old Path,* Rochester, 1911.

——, *Man The Square: A Higher Space Parable,* Rochester, 1912.

——, *A Primer of Higher Space: The Fourth Dimension,* Alfred A. Knopf, New York, 1913.

——, *The Message of the Buddha,* Rochester, 1914.

——, 'Organic Architecture' and 'The Language of Form', in: *Six Lectures on Architecture by Ralph Adams Cram, Thomas Hastings and Claude Bragdon,* Chicago, 1915.

——, *Projective Ornament,* Rochester, 1915.

——, *Four Dimensional Vistas,* George Routledge & Sons, London, 1916.

——, *More Lives Than One,* New York, 1917–1938. Most probably identical with:

——, *The Secret Springs: An Autobiography,* London, 1917–1938.

——, *Architecture and Democracy,* Alfred A. Knopff, New York, 1918.

Ouspensky, Peter D., *Tertium Organum: The Third Canon of Thought, A key to the Enigmas of the World,* translated from the Russian by Nicholas Bessaraboff and Claude Bragdon, with an introduction by Claude Bragdon, Rochester, 1920/ Alfred A. Knopf, New York, 1922(『ターシャム・オルガヌム』高橋弘泰訳，コスモスライブラ

だが私にとって，芸術の修練のなかで，二人の巨匠によってインスピレーションを得て学んだことは，計り知れないほどの名誉であった．それが，ハーヴィ・エリス(Harvey Ellis)であり，ルイス・サリヴァンなのだ」(*Secret Springs,* op. cit., p. 41)．

★055——Sheldon Cheney, *The New York Architecture,* New York, 1935(初版 1930), p. 308.

★056——G. H. Edgell, *The American Architecture of Today,* New York/ London, 1928, pp. 82, 83, 381.

★057——Lewis Mumford, *The Brown Decades,* op. cit., p. 69.

★058——Lewis Mumford, *Roots of Contemporary American Architecture,* New York, 1972(初版 1952), pp. 422/423.「おそらく，ブラグドン自身の哲学は，彼と同時代の人々には多大な影響を与えたが，彼の建築理論は，(彼の人生の中心的興味であった)神智学や，4次元装飾理論とは結びつかなかった」.

★059——例えば，Eugenio Battisti, 'Claude Bragdon: Teosofia e Architettura', *Psicon*, 2/3. Gennaio-Giugnio, 1975, pp. 147–151; Daniele Baroni, *Grattacieli Architettura Americana tra Mito e Realtà*, 1910–1939, Milano, 1979, pp. 23,64/65.

★060——Claude Bragdon, *The Secret Springs,* op. cit., pp. 169–182.

★061——それ以外では，ブラグドンは，Henry Parker Manning, *Geometry of Four Dimensions,* New York, 1914 を，彼の幾何学的装飾のアイディアの源として挙げている(Claude Bragdon, *The Frozen Fountain,* New York, 1932, p. 2)．4次元は当時の話題であった．1909年1月，『サイエンティフィック・アメリカン』の友人(匿名希望)は，4次元の説明がもっとも好評であったことの賞金として，編集者たちに500ドルを手渡した．245番目のエッセイは，規則に従って仮名で投稿された．テーマの特色にもかかわらず，審査では異常なほどの興味が注がれた．エッセイ・コンペには，合衆国内のみならず，トルコ，オーストリア，オランダ，インド，オーストラリア，フランス，ドイツから応募が集まった．事実上，ほとんどすべての文明国が集まった(Henry P. Manning, *The Fourth Dimension Simply Explained,* a collection of essays selected from those submitted in the *Scientific American's* Prize Competition, London, 1921, p. 3)．ブラグドン自身はこのコンペに参加し，"Tesseract"という仮名で，投稿文'Space and Hyperspace', pp. 91–99 が収録されている．Linda D. Henderson, *The Fourth Dimension and Non-Euclidian Geometry in Modern Art,* Princeton, 1983, pp. 193–201 には，ブラグドンの投稿文の詳細な説明が書かれている．本書の情報は最近，サスキア・テル・クイレ(Saskia ter Kuile)によってもたらされた．

★062——後出注 69 を参照．

★063——前出注 15，18 を参照．

★064——Claude Bragdon, 'Architecture in the United States, III, The Skyscraper', *The Architectural Record,* XXVI, July–December 1909, pp. 92/93.

★065——同書 p. 96.

★066——後出注 69 を参照．

そこにはほとんど文字どおり，人生があるにちがいない」．これはエイドリッツによる言，「すべての構造体は，人体のように芸術作品であると考えられ，また魂を宿している」(*The Nature and Function of Art,* op. cit., p. 92)，の言い換えである．

★047──'The Tall Office Building'は1896年に出版されたが，一方ギャランティ（後のプルデンシャル）・ビルは，1894年に建設が始まり，1985年に完成した．

★048──James Marston Fitch, *American Building and the Historical Forces,* op. cit.：「ウェインライト，ギャランティ・ビルにおいて，サリヴァンはプロトタイプを示したが，その素材的特質は，半世紀もの間解明されてこなかった」(p. 201)．一方でクロード・ブラグドンは，第二次世界大戦後の，鉄とガラスの建築嗜好に対して懐疑的であり，ウールワース・ビルタイプの空白期を次のように指摘している．「サリヴァンの時代，ウールワース・タワー，エンパイアステート・ビルのような，天を貫くオベリスクのような摩天楼は存在しておらず，またサリヴァン自身の建物も，高さを断ち切られ，比較的古風なたたずまいである」．しかしながらブラグドンは，次のようにも評価している．「ともあれ彼は，垂直的な建造物に，まことに劇的な表現力を与えている」(Claude Bragdon, *The Secret Springs,* op. cit., p. 149)．しかし現代の視点では，サリヴァン・モデルは未だに神聖視されている．'a milestone in the evolution of the Modern Movement' (Nikolaus Pevsner, *Pioneers of Modern Design* [formerly: *Pioneers of the Modern Movement*, 1936], Harmondsworth, 1975, p. 141 [*])．

★049──Alfred C. Bossom, *Building to the Skies, The Romance of the Skyscraper,* London/ New York, 1934, p. 62．ボッサムについては，*Alfred C. Bossom's American Architecture*, *1903–1926*, Dennis Sharp, ed., London, 1984も参照．

★050──Louis Sullivan, 'The Tall Office Building', op. cit., p. 205.

★051──William H. Jordy, *American Buildings and their Architectes,* III, Garden City, N. Y., 1976, p. 174, n. 76を参照．

★052──Claude Bragdon, *Merely Players,* New York, 1929, p. 92.

★053──前出注26を参照．

★054──メノカルは前出書*Architecture as Nature*のなかで，ブラグドンについて，サリヴァンの友人(p. 46)として，また友人であると同時に擁護者として(p. 101)言及している．ブラグドン自身も，彼の著書のなかでつねに敬意を払っている．*Kindergarten Chats*のなかで彼らは，お互いを"Mr. Sullivan", "Mr. Bragdon"と呼び合っている(*Secret Springs,* op. cit., pp. 154–159を参照)．ブラグドンをサリヴァンの弟子とみなすかどうかに関して，ジョディは次のように述べている．「ブラグドンはサリヴァンの直弟子である……．彼の，建築的象徴性に関する記述は，神智学の影響と同じくサリヴァンの神秘主義の影響を受けている」(*American Buildings,* op. cit., III, p. 259)．Deborah F. Pokinski, *The Development of the American Modern Style,* Ann Arbor, Mich., 1984, p. 132, n. 81では次のように言われている．「ライトに対するブラグドンのように，protégées（秘蔵っ子）であり，また自薦の弟子である」．ブラグドン自身は，改めて次のように語っている．「私が受けた教育は，まったくもって十分とは言えない．

(1924), n.p.

★031——Louis Sullivan, *Kindergarten Chats,* op. cit., p. 48. また Donald Drew Egbert, 'The Idea of Organic Expression and American Architecture', *Evolutionary Thought in America*, Stow Persons, ed., New Haven, 1950, pp. 344–366 も参照.

★032——Louis Sullivan, *A System,* op. cit., n.p.

★033——Narciso Menocal, *Architecture as Nature–The Transcendentalist Idea of Louis Sullivan,* Madison, Wis., 1981; Philip Steadman, *The Evolution of Designs, Biological Analogy in Architecture and the Applied Arts,* Cambridge, etc., 1979.

★034——Claude Bragdon, *The Secret Springs, An Autobiography,* London, 1938, pp. 158/159.

★035——『ヘルメス文書』(*Corpus Hermeticum,* A. D. Nock, ed., Paris, 1945). ヘルメス・トリスメギストス(Hermes Trismegistos)の作とされる『ポイマンドレース』(*Pimander*)と『アスクレピオス』(*Asclepios*)の2書は, 二元論的なグノーシス思想から創造の物語を描いている. そこでは人間は堕ちた天使として, 創造主と同様に, 創造する力を与えられている. デミウルゴスはプラトンの『ティマイオス』(*Timaeus*)に登場し, 物質世界に秩序をもたらす者として描かれている. ヘルメス主義について教えを賜ったオーステルバーン教授には謝意を表したい.

★036——Narciso Menocal, *Architecture as Nature,* op. cit., pp. 10 ff. and passim.

★037——同書 pp. 24/25. Leopold Eidlitz, *The Nature and Function of Art, More Especially of Architecture,* New York, 1881.

★038——Leopold Eidlitz, *The Nature and Function of Art,* op. cit., p. 358.

★039——同書 p. 358.

★040——同書 p. 57.

★041——前出注 35 を参照.

★042——Louis Sullivan, 'The Tall Office Building', op. cit., p. 206.

★043——Vivian C. Hopkins, *Spires of Form, A Study of Emerson's Aesthetic Theory,* Cambridge, Mass., 1951, p. 83. 元は, *Manuscript Journal B*., 1835/36, II, Comments on aesthetic form, etc.

★044——Louis Sullivan, *The Autobiography of an Idea,* New York, 1956(初版 1921), pp. 313/314 [*].

★045——アリストテレスの建築のオーダーにおける3層構成の原理は, モンゴメリー・シュイラーの著作, 'The "Sky-scraper" Up To Date', op. cit., pp. 232 ff で提唱されている. それについてサリヴァンは, 'The Tall Office Building', op. cit., p. 206 で言及している. Philip Steadman, *The Evolution of Designs,* op. cit., pp. 9 ff も参照.

★046——Louis Sullivan, 'The Tall Office Building', op. cit., p. 208. サリヴァンは, 'Ornament in Architecture', *Engineering Magazine,* August 1892; *Kindergarten Chats,* op. cit., p. 18 に再録)で次のように記している. 「すなわち真に芸術作品たる(にほかならないと思う)建築は, その自然, 本質, 感情的な表現に存在するのである. ……,

も誉れ高いものとしたらよいか，数が多すぎて判断に困る．この価値のある資料のデーターベース化が是非とも望まれる．

★017——Louis Mumford, *Sticks and Stones: A Study of American Architecture and Civilization,* New York, 1955(初版 1924), pp. 91/92; *The Brown Decades, A Study of the Arts in America*, 1865–1895, New York, 1971(初版 1931), p. 63.

★018——Montgomery Schuyler, 'The Skyscraper Problem', *Scribner's Magazine*, 34, August 1903, pp. 253–256; William H. Jordy & Ralph Coe, eds., *American Architecture and Other Writings by Montgomery Schuyler,* Cambridge, Mass., 1961, II, pp. 442–449 に再録.

★019——Montgomery Schuyler, 'The "Sky-scraper" Up To Date', op. cit., p. 231.

★020——同書同頁．1899 年以前，高層建築は平均すると 21 階建であった．ブルース・プライスとジョージ・B・ポストは，1890 年と 1899 年にそれぞれ，ニューヨーク・サン(第 4 章図 27 参照)に 30 階建のタワーを，そしてプルデンシャル生命保険会社には 40 階以上のタワー(Winston Weisman による，'A New View of Skyscraper History', *The Rise of an American Architecture,* Edgar Kaufmann, Jr., ed., New York/ Washington/ London, 1970, p. 145 参照)を建てた．1908 年に 47 階建のシンガー・ビルが建設されるまでは，1899 年に R・H・ロバートソンによって建設されたパーク街ビルがニューヨークおよび世界でもっとも高いオフィスタワーであった．

★021——Winston Weisman, 'A New View', op. cit., p. 115, fig. 3–1 and p. 116, fig. 3–2.

★022——Montgomery Schuyler, 'The "Sky-scraper" Up To Date', op. cit., p. 255.

★023——序章 14 頁を参照.

★024——Louis Sullivan, 'The Tall Office Building Artistically Considered', *Lippincott's Magazine*, 57, March 1896, pp. 403–409; *Kindergarten Chats and Other Writings,* Isabella Athey, ed., New York, 1976, pp. 202–213 の p. 202.に再録.

★025——Hugh Morrison, *Louis Sullivan, Prophet of Modern Architecture,* New York, 1935; Philip Johnson, 'Is Sullivan the Father of Functionalism?', *Writings,* New York, 1979, pp. 183–186; Leland McRoth, *A Concise History of American Architecture,* New York, etc., 1979, pp. 183/184:「サリヴァンは創造者であり，現代の商業摩天楼の預言者であり，また現代建築の父として褒め称えられている」．第 1 章「天空志向」42 頁以下を参照.

★026——Sigfried Giedion, op. cit., p. 312 [*]．第 1 章「天空志向」52 頁を参照.

★027——第 1 章「天空志向」52 頁以下を参照.

★028——Reyner Banham, *Theory and Design in the First Machine Age,* London, 1972, pp. 320 ff [*]; Jürgen Joedicke, 'Anmerkungen zur Theorie des Funktionalismus in der modernen Architektur', *Jahrbuch für Ästhetik und allgemeine Kunstwissenschaft,* X, 1965, pp. 14–24 を参照.

★029——Louis Sullivan, 'The Tall Office Building', op. cit., p. 203.

★030——Louis Sullivan, *A System of Architectural Ornament,* New York (?), 1967

見世物小屋をやっていた．だが今日は，まるでアラジンのランプによって呼びだされた精霊たちが一夜にして建てたかのような塔が，天に向かってそびえたっている．これが，ニューヨークをマジカル・シティへと変える，夢の計画案だ」(同書 p. 13)．「山のようだ，あるいは逆に渓谷のようだと喩えるのは大げさだろうか．無作為に場所を指させば，それで十分だ」(Ethel Fleming and Herbert S. Kates, *New York,* London, 1929, p. 6)．「……ブロードウェイに影を落とす断崖絶壁の谷間を潜り抜け……」．アメリカについての写真集を著したデンマークの外交官ロジャー・ニールセンは，雪を戴いたレーニエ山を背後にしたシアトルのスミスタワーの構図に「二つの摩天楼」と記した(Roger Nielsen, *Amerika in Bildern,* Leipzig, 1924, p. 204)．また，Manfredo Tafuri, 'The Disenchanted Mountain: The Skyscraper and the City', *The American City,* London, etc…, 1980 (1979，初版 1973), pp. 389–529 も参照．

★005——Paul Bourget, *Outre-mer, Notes sur l'Amérique,* Paris, 1985, p. 161.

★006——Sigfried Giedion, op. cit, p. 303 [*].

★007——第 3 章「聖なる摩天楼と世俗的な大聖堂」120 頁以下を参照．

★008——Andrew Carnegie, *The Empire of Business,* London, 1902, pp. 137/138.

★009——Hugo Münsterberg, *The Americans,* New York, 1905, p. 229.

★010——Thorstein Veblen, *The Theory of the Leisure Class*, Harmondsworth, 1979 (初版 1899), pp. 276 ff(『有閑階級の理論』高哲男訳，ちくま学芸文庫，1998)．ヴェブレンは，アイスランドの英雄伝「サガ」や，ドイツの民間伝説に伝わるハミンギア(hamingia)，つまり見えない手による誘いについて言及している．

★011——トクヴィルは，人生の終りへの疑念にかられたときに，死が訪れるまでの時間を確信をもって生きる方法について提案している．人生は短く，それゆえに人々は死がすべてを奪う前まで急ぎ，移動し，動きつづけなければならない．「……突然かつ楽に得た幸運，得るも失うも易し巨額の富，偶然への期待，それらはすべて人間の心に描かれたものである．社会的不安定は，欲望の不安定をますます好む．運命の永久の変動のなかで，現代は肥大化している．それは未来を覆い隠し，人々は明日のことしか考えない」(Alexis de Tocqueville, op. cit, p. 244 [*])．

★012——Le Baron de Hübner, *Promenade autour du monde*, 2 Vols., Paris, 1881. 第 4 章注 48 を参照．

★013——*A History of the Singer Building Construction, Its Progress from Foundation to Flag Pole,* edited by O. F. Semsch, New York, 1908, p. 9.

★014——同書 p. 11.

★015——Montgomery Schuyler, 'The "Sky-scraper" Up to Date', *The Architectural Record,* VIII, January–March 1899, 3, p. 232.

★016——これらの小冊子はとても個性的である．それらなくしては，摩天楼を適切に書き表した研究は生まれなかっただろう．もっとも著名なものは，ウールワース・ビル，ワールド・ビル，メトロポリタン・ライフ・ビル，そして豪華なシンガー・ビルのパンフレットである(前出注 13 参照)．しかし価値ある建設事業が相次いだため，どれをもっと

1064.

★142――Frank Moss, op. cit., I, p. 198.

★143――William Birkmire, op. cit., pp. 10, 13, fig. 5.

★144――*King's Handbook,* op. cit., pp. 614–616 + illustration.

★145――Moses King, *New York: The American Cosmopolis, The Foremost City of the World,* Boston, 1894, p. 27．トラクト協会ビルについては，次の資料も参照．*History of Architecture and the Building Trades,* op. cit., Vol. I, p. 98; Montgomery Schuyler, 'The Works of R. H. Roberson.', *The Architectural Record,* VI, 1896, September/December, pp. 217–219; *The American Architect and Building News,* XLIV, 1894, May 26, p. 92 + illustration.

★146――他のビルに負けないようにさらに階層を付け足す行為が合理的な手段として評価されはじめたのは，比較的早く，1899年には*History of Architecture and the Building Trades,* op. cit.で，新聞街にほど近い所に建つ3層のいくつかの建物が，正面部を4層に拡張したことについて評している．「近隣の建物が高層化し，ブロードウェイとパーク街のファサードが支配的となって他の建物を矮小化するなか，3層の建物の嵩上げは必然だった．現状にかんがみ，合理的な帰結だったのである」(p. 59，著者による強調)．示唆に富む解説である．

★147――*H.A.B.S. report* 1969, op. cit., p. 8.

★148――*The World,* op. cit., p. 12.

第5章

★001――John Mead Howells 'Vertical or Horizontal Design?', *The Architectural Forum*, 1930 Special Issue, p. 782からの引用：「われわれの背後には垂直的な摩天楼が，どういうわけか水平的なファルネーゼ宮殿のごとく建てられたという，疑いなき証拠が残されている．なんとも幸運なことではないか！ これはミス・ハイアットの本で，「私は小柄で髪が茶色．スラリとした金髪になるには，何を食べ，どんな運動をすればいいの」と新聞に投稿した愛らしい女性の問題と同じく，不可能なことだ」．

★002――Orison Swett Marden, *Success, A Book of Ideals, Helps, and Examples for All Desiring to Make the Best of Life,* Boston, 1897, p. 318.

★003――Claude Bragdon, *The Frozen Fountain,* New York, 1932, p. 25.

★004――*Magical City–Intimate Sketches of New York,* Pictures by Vernon Howe Bailey, Notes by Arthur Bartlett Maurice, New York/ London, 1935, p. 232．ル・コルビュジエは本書に次のように言及している．「スクリブナー社はクリスマスに合わせてアルバムを出版し，『マジカル・シティ』は店頭に並んだ．私は熟考し，自問自答した．そして私は訂正した」．「マジカル・カタストロフィ」(*Quand les cathédrales étaient blanches*, Paris, 1937, p. 129 [*])．「マジカル・シティ」というタイトルについては，摩天楼が建設された驚くべきスピードを表現したと著者が説明している．「昨日は屋外でを怠った結果である」と言われたが（Sturgis, op. cit., p. 15），どれも施主が情熱を傾けて設計に介入した結果，生じた欠陥だと言えよう．

★123——偉大なニューヨーク新聞紙の本社ビルがビルデザインにひとつの流行を生みだしたことは想像に難くない．ヴァンクーバー「サン・タワー」(1911–1913, W. T. ホワイトウェイ)は，元来ヴァンクーバー・ワールド社屋ビルとして建てられた建物だった(*Exploring Vancouver*, 2, Harold Kalman, ed., Vancouver, 1978, p. 40)．サンフランシスコの「コール・ビル」(1896，ジェイムズ・M・リード)がそのモデルをもっとも忠実に再現している．1906年の地震では難を逃れたが，その後取り壊されることになる(1868–1969, *Calfornia Architecture,* an exhibition organized by David Gebhard and Harriette von Breton, Santa Barbara, 1968, pp. 13, 43)．ニューヨーク・トリビューン社屋ビルのデザインを辛うじて踏襲するオークランド・トリビューン社屋ビル(オークランド，カルフォルニア，1923，エドモンド・T・フォークス)（図24）も興味深い．この写真を提供してくれたトマス・ゴードン・スミスに感謝する．

★124——Winston Weisman, ‘George B. Post’, op. cit., p. 191．ロバートソンのデザインは，図31(Competition drawing for the *World* Building, New York, R. H. Robertson, 1889.)に掲載されている．

★125——ダニエル書2：30−45.

★126——*History of Architecture and the Building Trades of Greater New York,* Vols. I & II, New York, 1899, p. 184.

★127——*The World,* op. cit., p. 86.

★128——第3章注46.

★129——夜になるとドームのリブと頂灯に明かりが灯された．頂灯のギャラリーは，一般に公開され，「一日中，メトロポリスと何マイルにもわたる郊外の風景を見渡すことができた」(*Pictorial New York,* op. cit., p. 40)．

★130——*The World,* op. cit., p. 31.

★131——本章注109.

★132——Frank Moss, op. cit., I, p. 3.

★133——同書 I, p. 4.

★134——Mircea Eliade, *Images,* op. cit., pp. 33 ff [*].

★135——同書 p. 52 [*]; Cornelis Verhoeven, op. cit., p. 15.

★136——Gaston Bacherald, op. cit., p. 237, p. 236 [*].

★137——Friedrich Nietzsche, *Thus Spoke Zarathustra,* Harmondsworth, 1969, pp. 69–70 [*].

★138——Mircea Eliade, Images, op. cit., p. 51 [*].

★139——Claude Bragdon, *The Frozen Fountain,* op. cit., p. 26.

★140——先端巨大症：脳下垂体腺の異常な活動が原因で，手足の指の骨が永久に肥大化する病気．骨の異常成長．

★141——*Real Estate Record and Builders’ Guide,* New York, 1887, September 1, p.

味にしてはならない．二つの目的のために建てられた建物は必ずや一方を犠牲にしてしまうだろう」というものだった．明らかにブースは，空間を賃貸することが新聞の公共イメージに悪影響を及ぼすと考えているのだ(Lee A. White, *The Detroit News*, 1873–1917, Detroit, 1918, p. 25)．

★111——Gaston Bachelard, *L'air et les songes,* op. cit., pp. 17/18 [*].

★112——第3章注65を見よ．

★113——Cornelis Verhoeven, *Symboliek van de voet,* Assen, 1956, p. 16.

★114——Charles Darwin, *The Expression of the Emotions in Man and Animals,* London, 1904（初版1872), p. 144(『人及び動物の表情について』浜中浜太郎訳，岩波文庫，1931)．

★115——同書 p. 130.

★116——同書 pp. 113, 105–113.

★117——同書 p. 130.

★118——Winston Weisman, 'The Commercial Architecture of George B. Post', *J.S.A.H.,* XXXI, March 1972, no. 1, p. 192; *Moses King's Handbook of New York,* Boston, 1893, p. 618; Russell Sturges, 'The Works of George B. Post', *The Architectural Record, Great American Architects Series,* June 1898, pp. 11–18.

★119——*The World, its History & its New Home,* New York?, 189. (?)), p. 2. 1890年の1日当りの発行部数は32万130部で1883年の3万3,352部からかなりの伸びを示している(*King's Handbook*, 1893, pp. 620–622)．1883年にピュリッツァーがワールド社を買収したとき，建築評論家モンゴメリー・シュイラーは「『ワールド』紙をやめて『タイムズ』紙にした」と記している(Jordy & Coe, op. cit., I, p. 159, no. 62)．

★120——*History of Architecture and the Building Trades of Greater New York,* Vols. 1 & 2, New York, 1899, p. 218.

The World, op. cit., p. 6：「現存するオフィスビルのなかでもっとも高い」，*King's Handbook,* op. cit., p. 622：「……世界でもっとも背が高いオフィスビル」．「オフィスビル」と，用心深く「オフィス」という言葉を付け加えているのは，1930年代に千フィートを超すエンパイアステート・ビルやクライスラー・ビルなどの摩天楼が登場するまで最高層だと自負していたエッフェル塔を意識してのことだろう．ちなみに約543フィートあるトリノのモーレ・アントネリアーナは軽々と超されている．

★121——Allen Churchill, *Park Row,* New York, 1958, p. 43 and John L. Heaton, *The Story of a Page, Thirty Years of Public Service and Public Discussion in the Editorial Columns of the New York World,* New York/ London, 1923, p. 70.

★122——「あの印象的なドームは，メトロポリスのビル群のなかでもこのビルをひときわ目立たせているが，もともとピュリッツァー氏が着想したものだった．エントランスの豪華な3階建のアーチもそうであり，同様に人目をひく効果的な建築デザインである」(*The World,* op. cit., p. 8)．そのデザインに関して，周囲との不調和や，「不格好なスカイラインの形や全体のボリューム」がしばしば非難され，「見るからに建築家が調整

★106——前注101参照．ホレイショ·グリーナフは次のように記している．「さて，人間の身体に目を向けてみよう．この世でもっとも美しい組織であり，最高存在の語り部にして使いであることをわれわれに気づかせてくれる．きりっとして並外れた形状は，灯台のように立ち，遠い水平線にむかって睥睨する……その背筋をピンと伸ばした姿勢が威風堂々たる君主の風格を表している」(*Form and Function, Remarks on Art, Design, and Architecture,* by Horatio Greenough, Harold Small, ed., Berkeley/ Los Angeles, 1957, p. 120)．摩天楼が眩しい光線を放ち，用心深い巨人と灯台の役を同時に演じるメタファーとしてイメージされる(図18)のは決して偶然ではない．摩天楼をモチーフにした多くの絵葉書は，2枚一組で刷られ，1枚は日中の姿，もう1枚は光線を放つ夜の姿を描いていた(例えば，Rem Koolhaas, op. cit., pp. 76, 135 [*])．摩天楼を「巨人」と「王者」に見立てた絵葉書の例は数えきれないほどある．

★107——Narciso Menocal, *Architecture as Nature–The Transcendentalist Idea of Louis Sullivan,* Madison, Wis., 1981．建築的擬人化が初めてまじめに取りあげられているが，サリヴァンとの関わりに限定されている．

★108——Mircea Eliade, *The Sacred and Profane, The Nature of Religion,* New York, 1961, pp. 36 ff [*], and *Images et symboles, essays sur le symbolisme magico-religieux,* Paris, 1952, pp. 33 ff [*]; Gaston Bachelard, *L'air et les songes, essai sur l'imagination du mouvement,* Paris, 1943, pp. 17 ff., 71, 146 ff(『空と夢』宇佐見英治訳，法政大学出版局，1968)．

★109——'Lettre à Champigny, 30 Mai 1807', in: Louis Hautecoeur, *Historie de l'architecture classique en France,* Tome V, Paris, 1953, p. 148.

★110——Col. W. A. Starrett, *Skyscrapers and the Men Who Build Them,* New York / London, 1928, p. 112．摩天楼が経済的な意味合いをもつ事業かどうかという議論は，さまざまな角度から行う余地があった．肯定的な意見は，当然の如くアメリカ鉄鋼建設協会からもちあがり，W. C. Clark & J. L. Kingston, *The Skyscraper, A Study in the Economic Height of Modern Office Buildings,* New York/ Cleveland, 1930の出版もしている．建築的高度については次のように定義されている．「理想的な建築的高度とは，全体投資額に対して，合理的で機能的な建築の耐用年数範囲で最大のリターンを約束するものである」(p. 9)．一方，著者たちはその当時建てられていた極端に高い建築(例えばエンパイアステート·ビル)については，まちがいなく一定の損失を生みだすことを認めている．通例として極端に高い建築は，あまりにも多額な投資を必要とするため，収益をあげるのが困難であり，しばしば検討された長期的運用でも同じことだった．投資家のなかには建物を所有しつづけるよりも売却したほうがいいビジネスになると考える者もいた(第3章注50も参照)．しかしながら，摩天楼の所有者が皆，空間を貸しだすことに魅力を感じていたわけではないことも記しておかねばなるまい．初期の新聞社の摩天楼には賃貸スペースは存在したが，かなり消極的なものだった．例えば，『デトロイト·ニュース』の社長ジョージ·C·ブースは，「新しい新聞社屋にオフィス空間を設ける最初の計画案を拒否している」．その理由は，「新聞というこの機関の性格を曖

E·エマーソンのためにジョセフ·E·スペリーが建てたボルティモアのエマーソン／ブロモ＝セルツァー·タワーだろう．エマーソンは，「20世紀初頭に欧州を大旅行し，フィレンツェのパラッツォ·ヴェッキオに深い感銘を受け，帰国後スペリーに同じような建物を依頼してしまったのである」(*A Guide to Baltimore Architecture,* Baltimore, 1973, pp. 79/80)．他の印象的な事例として，次のものがあげられる．ボストン市消防署本部(ボストン，1891，E．M．ウィールライト)；マサチューセッツ郊外の巡礼者モニュメントおよびマサチューセッツとウォーターベリーのユニオン·ステーション(コネティカット，1909，マッキム，ミード&ホワイト)．ヨーロッパ大陸では，ブロック&タワー形式はもう少し真面目に継承されて，ラグナー·オストベルグによるストックホルム市庁舎は，1930年代の市庁舎デザインにひとつの流行を作りだしたし，1892年にはマルティン·ニロップによるコペンハーゲン市庁舎が建てられた．マサチューセッツ，スプリングフィールドの市庁舎は広場を挟んでハムデン·カウンティ·コートハウスと向かい合い，これもまたシエナ市庁舎の「マンジャの塔(Torre della Mangia)」を意識した「貴族の塔(torre gentilizie)」の大型版の様相をもつ．

リチャードソンによるコートハウスは，1871年に設計競技で選ばれ，1874年に完成した．*New-York Sketch-Book* にその完成形と初期スケッチの両方が掲載されている(op. cit., p. 2, pl. I)．このアンサンブルがもつトスカーナ風の特徴について，Mariana Griswold Van Rensselaer, *Henry Hobson Richardson and his Works,* New York, 1969 (初版 1898), p. 54.に「(それは)トスカーナの街にある要塞化した城の数々を想い起こさせる」と記されている．Jeffrey Karl Ochsner, *H. H. Richardson: Complete Architectural Work,* Cambridge/ London, 1984, pp. 90–91, 16, n. 23.も参照．

★101──「摩天楼／封建男爵が封臣を周りに従える姿」．この解釈はクロード·ブラグドンによるもので，摩天楼群がつぎつぎに建設されるようすを，互いに競い合う群衆が，最後には他を追従させる君主を作りだすのに喩えている．「薄暗い夜明けの空に象られ……新封建主義下の鐘楼の数々は，卑しい生まれで美学的才能に恵まれなかったが，それでもこの地球上でもっとも厳かで重要な，誇り高き人類のシンボルである．何者にも消されることなく光り輝き，天上の星に果敢に挑戦している」(Claude Bragdon, *The Frozen Fountain,* New York, 1932, p. 35 + illustration)．

★102──Stanislaus von Moos, op. cit., pp. 177, 55/56.

★103──Henry James, *The American Scene,* London, 1907, p. 96 [*]; Montgomery Schuyler, 'The Skyscraper Problem', *Scribner's Magazine*, 34, August 1903 (Jordy & Coe, op. cit., II, pp. 445/446 に再録)．

★104──擬人的な直喩法の例なら，クロード＝ニコラ·ルドゥーがショーの王立製塩所の監督官の館について言及している．「その建物に頂冠部がないとしたら，首のない身体と同じで権力が損なわれるだろう」(*L'oeuvre et les réves de Claude-Nicolas Ledoux,* Yvan Christ & Ionel Schein, eds., Edition Chêne, 1971, p. 60)．本章の注89，110も参照．

★105──第3章122頁以降参照．

ture] Convention', *American Architect and Building News,* II(1877年3月24日号の付録)のなかで，トリビューン·ビルを絵画的表現とは相反するものと捉えている．「絵画的表現は，大規模な建築，とくに高層建築で追求するべき課題ではない．平穏な印象が安定感と安全感を与え，公衆の目を満足させるのだから」．それでもブルアは，このビルが「空に抵抗するように」大きく高くそびえる建物として評価することは厭わなかった(Stanley P. Andersen, op. cit., pp. 32–35)．

★091——*George F. Smith's Pictorial New York and Brooklyn,* New York, 1890, p. 40.

★092——Alfred McClung Lee, *The Daily Newspaper in America: The Evolution of a Social Instrument,* New York, 1937, p. 62.『シカゴ·トリビューン』紙の創始者，コロネル·マコーミックは，新聞の使命について次のように主張している．「(新聞は)近代文明が発明した機関であるが，日々の出来事を伝えるだけのためにあるわけではなく，商業と工業を育成し，これまでどのような機関も果たせなかった政治の監査役としての役割を担っているのである」．そして，新聞は「教区司祭であり，助言者であり，カウンセラーであり，友達であらねばならない」(同書 p. 284)．

★093——Frank Luther Mott, *American Journalism–A History: 1690–1960*, New York, 1962, p. 276.

グリーリーは，憲法の次に国民の良心に訴える力が自分にあろうがあるまいが，合衆国の大統領になるという強い欲望を抱いたことを最後には認めたにちがいない．1872年に死去する前年に選挙に出馬したのだから．このような傾向は，新聞の重役にごく自然に見られるものだった．ヴァレン·ハーディングは新聞界の人間だったし，かのランドルフ·ハーストでさえ真剣に出馬を考えていたのである(ibid., p. 721)．

Progressive Architecture, July 1966, pp. 57/58 は小枠のニュースレポートでトリビューン·ビルの取り壊しについて，記している．「かくて〈トリビ〉は，1860年に発行部数20万部に達し，「聖書の次に」大きな影響力をもつと言われるほどだった」(p. 57)．

★094——Frank Luther Mott, op. cit., pp. 276/277.

★095——同書 p. 271.

★096——同書 p. 721. Paul R. Baker, op. cit., p. 221; *King's Handbook,* op. cit., pp. 616/617. グリーリーの死亡記事は，*The American Builder,* January 1873, pp. 5/6. が紹介している．

★097——H.-H. Hitchcock, op. cit., pp. 169, 239/240.

★098——このような道徳的，構造主義的な見方は，驚くべきことに現在にも引き継がれている．最近刊行された Leland M. Roth, *A Concise History of American Architecture,* New York, etc., 1980 (初版 1979), pp. 161–164 などの本は，いまだに立面の「フレームによる表現」にこだわっている．

★099——Wayne Andrews, *Architecture, Ambition and Americans: A Social History of American Architecture,* New York/ London, 1964, p. 207.

★100——もっとも軽薄な例は，ブロモ＝セルツァーの開発者，キャプテン·イザーク·

なかったのである．この二つの建築が70年代に話題にのぼったときは，来訪者は高さにはまったく関心を向けず，現代の歴史家とは大分異なった見方をしている」(p. 350)．しかし，当然ながらこの意見には賛同しかねる．

それどころか欧州からの来訪者は，より高く建てようとするアメリカの建築界の傾向について率直に感想を述べている．例えば，エルンスト・フォン・ヘッセ＝ヴァルテグは，4巻におよぶアメリカ研究の著作のなかで，この二つの摩天楼に強い関心を示している．1878年出版の第1巻目で，ウェスタン・ユニオン・ビルについて次のように述べている．「この赤レンガのピラミッドの頂上はかすんで見えないほどだ．9階建の高さは近所の建物を空へと誘い，「天より雷電を奪えり」という言葉さながら，さらに高い塔を雲に映しだす」(Ernst von Hesse-Wartegg, *Nord-Amerika, seine Städte und Naturwunder, sein Land und seine Leute,* mit Beiträgen von Udo Brachvogel, Bret Harte, Theodor Kirchhof, Henri de Lamothe, Charles Nordhoff, Bayard Taylor und Anderen, Leipzig, 1880(初版 1878), p. 15)．トリビューン・ビルについては次のように記している．「セントラル・パークからパーク街に向かう．アメリカ人全体の身体としての新聞社．彼らはこれぞ家とする．時代の建築，巨人・トリビューン・ビルを2倍したよりも高く．もっとも高い建築，アメリカ」(同書 p. 18)．

Frank Moss, *The American Metropolis, from Knickerbocker Days to the Present Time—New York City Life in All Its Various Phases*, 3 Vols., New York, 1897, Vol. 1, pp. 198/199.

★088——W. G. Marshall, op. cit., p. 12．マーシャルは1878年から79年の間，アメリカ合衆国を旅行している．このトリビューン・ビルに関する言及は比較的早い時期のものである．Stanley P. Andersen, op. cit., pp. 36/37.は，パリの *Revue Générale de l'Architecture* の記者，M. C. ピクトウが1877年12月22日付の *American Architect and Building News,* IIに寄せた記事'American Architecture from a French Standpoint', pp. 408–409をトリビューン・ビルに言及した外国人の初期の事例としてあげている．

★089——Frank Moss, op. cit., I, pp. 198/199.

★090——*The New-York Sketch-Book*, 1, 1874, p. 1．ピュージンによる建築的理想主義は，1873年9月付の *The American Builder,* VIII/IX, p. 202に掲載された「プレス・パレス」と題された記事に反映され，当時建設されたばかりの新聞社屋の端整な姿と国民の倫理的規範に及ぼす影響を褒めたたえた．「みすぼらしく，不快を招いた過去の建物の代わりに，今では壮麗なオフィスビルが建ち並んでいる．……じつのところ，建築の発展は，われわれの街を崇高な建築物で美化しただけではなく，市民のモラル向上とより健康的な環境の創出に貢献し，その影響力の大きさは，新聞社を訪れる皆が気づくところである」．さらにトリビューン社屋ビルを「現在，徐々に建設されつつあり，他のすべてを凌ぐであろう建築……」と称えている．

しかしながら，これに対する異論もあった．例えば，ニューヨークの建築家，A. J. ブルアは'Annual Address at the Tenth Annual A[merican] I[institute] of A[rchitec-

数層を埋めている．塔の真下には，賃貸オフィスとなるビルへの入口がある」．このビルは二つのエレベーターを備え，構造は防火対策のため，非露出型の床梁と屋根の架構以外はすべて石造である．「床梁はすべて石造りの基礎の上に乗せ，垂直の鉄支柱は注意深く排除された．経験から高熱に晒すと強度が失われることがわかったからである」（p. 1）．この記事からわかるように，商業建築では部分的に鉄架構が導入されはじめていたが，防火性能の高いテラコッタやレンガには勝てなかった．トリビューン·ビルが総レンガで建てられたときも決して消極的な理由からではなかったのである．

J·クリーヴランド·キャディによる，「ニューヨーク·トリビューン·ビルの設計競技案」は，1874年7月付の同誌Ⅶ号，図ＸＸⅤに複製されている．トリビューン·ビルの建設の歴史に関する詳細については，次資料を参照せよ．*New York City Architecture: Selections from The Historic American Buildings Survey, Number Seven,* July 1969, HABS no. NY–5468（typewritten pp. 30–43, prepared by Diana S. Waite April 1968）．このビルは1966年6月7日に取り壊された．Paul R. Baker, *Richard Morris Hunt,* Cambridge, Mass./ London, 1980 は pp. 221–223 にほんの一部だがトリビューン·ビルについて載せている．トリビューン·ビルを初の摩天楼として捉えるべきかどうかをめぐる議論に関しては，Baker, op. cit., p. 503, n. 28 に関連文献が載っているが，この設計競技に関する言及はなく，J. C. キャディの名も見当たらない．キャディに関しては次の文献を参照．Dennis Steadman Francis, *Architects in Practice in New York City*, 1840–1900, *for the Committee for the Preservation of Architectural Records,* New York, 1979; Montgomery Schuyler, 'The Works of Cady, Berg & See', *Architectural Record*, 6, 1897, pp. 517–556．キャディは1837年から1919年までニューヨーク市で建築の仕事をしていた．

★085——『スケッチブック』誌は，1874年から1875年までのわずか2年間しか続かなかった．Jeffrey K. Ochsner, *H.H. Richardson–The Complete Architectural Works,* Cambridge, Mass./ London, 1984, p. 16, n. 23.

★086——*Pictorial New York and Brooklyn, A Guide to the Same and Vicinity,* George F. Smith, ed., New York, 1890 and 1892, p. 40.

★087——同書 p. 40．その後「摩天楼（スカイスクレーパー）」として知られるようになる建物の分類はどうやら1883年にチャールズ·アトウッドがすでに始めていたようである．本章注30参照．「摩天楼」の語源については，J. Carson Webster, op. cit., p. 4, n. 11 と Stanley P. Andersen, 'American Ikon: Response to the Skyscraper, 1875–1934'（ミネソタ大学博士論文，1960, pp. 51 ff，未出版）参照．二人の著者は，摩天楼の創成期について異なる見解を示している．アンダーセンは1883年，ウェブスターは1891年という説を掲げる．Arnold Dudley Lewis, 'Evaluations of American Architecture by European Critics, 1875–1900'（ウィスコンシン大学博士論文，1962，未出版）では，次のように記している．「ウェスタン·ユニオン·ビルとトリビューン·ビルは，今でこそ摩天楼の草分けとして，もしくは1880年代にシカゴで建てられた数々の建築の後継者として捉えられているが，完成してから長い間，欧州の建築評論家の目に止まることはけではない．シュルツは摩天楼を純粋なビジネス戦略として説明しようと努力するが，没頭するあまり，ついには超越的な詩の力を借りてしか表現できなくなる．「摩天楼群はその運命に賭けようとした者たちの信頼を示し，同種の信頼感を他者にも芽生えさせる．それらはこのコミュニティの生きざまであり，進歩の極印である．世界に対して，この都市が選ばれしものとなったことをうたう告示板である．人類は，建てることを覚えたその日から，より高い建築物をつねに切望するようになった．バビロンの空中庭園に始まり，エジプトのピラミッド，ヨーロッパのゴシック聖堂をたちあげていったのだ．そしてついに，その究極の望みをアメリカのそびえたつ摩天楼群でかなえたのである」(同書)．20 世紀の超高層建築の商業的価値については，シュルツは他の批評家と同じく，収益性からは遠い代物であると評している．「……ニューヨークの多くの摩天楼は，無益を象徴するモニュメントにすぎない」(Reginald P. Bolton at the 1913 national convention of Building Owners and Managers in Cleveland)（同書 p.74.）．

★076——Ralph Waldo Emerson, ‘Nominalist and Realist’, *Essays,* London, 1906, p. 332.

★077——Ralph Waldo Emerson, ‘Fortune of the Republic’, *Miscallaneous Pieces,* London, 1913, p. 417.

★078——*The American Builder,* September 1873, ‘Press Palaces’, p. 202.

★079——Michael A. Mikkelsen, *A History of Real Estate and Architecture in New York City During the Last Quarter of a Century,* New York, 1898, pp. 67/67. ニューヨークの旧タイムズ·ビルは，実際には 1857 年にトマス·R·ジャクソンのデザインで建てられており，「現在のロマネスク風の建物」とは，1888－89 年にジョージ·B·ポストにより建てられ直に取り壊されたビルのことである．Winston Weisman, ‘The Commercial Architecture of George B. Post’, *J.S.A.H.,* XXXI, 1972, no. 1, p. 192.

★080——*King's Handbook,* op. cit., pp. 614, 624.

★081——同書 pp. 612–614.

★082——同書 pp. 611–612; Winston Weiman, ‘New York and the Problem of the First Skyscraper’ , *J.S.A.H.,* XII, 1953, p. 18, fig,10.

★083——James D. McCabe, Jr., *Lights and Shadows of New York Life, Or the Sights and Sensations of the Great City,* Philadelphia, etc., 1872, XIV, pp. 244–255. グリーリーとその論文に関しては pp. 250–252 を見よ．さらに詳細は次注 84 参照.

★084——*The New-York Sketch-Book of Architecture,* Vol. 1, Boston/ New York, 1974 は，ヘンリー·ホブソン·リチャードソンが監修し，創刊号の冒頭に「新しいトリビューン·ビル」と題した特集を載せている．その説明文より抜粋．「この建築の大まかな規模は次のとおりである．間口：新聞社街側 93 フィート，スプルース通り側 100 フィート，フランクフォート通り側 27 フィート．基礎部分は縁石から 25 フィート下から始まり，トップルーフまでは 135 フィート，タワーの突端までは 250 フィート，地上 9 階建である．一般用のオフィスが地上 1 階から上の建物基部を埋め，その主要玄関は広場に向いている．一方，創作，タイピング，編集などの部門は，切妻屋根部分の

★063——Thomas E. Tallmadge, *Architecture in Old Chicago,* Chicago, 1975(初版1941), p. 189.

★064——*The Inland Architect,* IV, 2, September 1884, p. 24 plus ill.は，計画中のホーム生命保険会社ビルが少なくとも60万ドルを要する規模であることを発表しているが，これはいくら装飾が豪華であるとは言え，オフィスビルとしては破格の値段である．当時，環状線地区のオフィスビルの建設費の相場は1万1千ドルから4万ドル程度だった．この価格差は，主として危機的なインフレに起因していた．

★065——Hugh Ferriss, *The Metropolis of Tomorrow,* New York, 1929, p. 59.

★066——Walt Whitman, 'Wicked Architecture', *Complete Poetry and Selected Prose and Letters,* London, 1938, p. 607 (Charles R. Metzger, 'Whitman on Architecture', *J.S.A.H.,* XVI, March 1957, p. 26 に引用).

★067——Mircea Eliade, *Images et symbols, essais sur le symbolisme magico-religieux,* Paris, 1952, pp. 47, 49 [*].

★068——Kenneth T. Gibbs, 'Business Architectural Imagery: The Impact of Economic and Social Changes on Tall Office Buildings 1870–1930'(コーネル大学博士論文，1976, p. 29,未出版)．『シカゴ建築年鑑1930』は，1929年から1930年の間にシカゴで建てられた建築を紹介する本だが，次のような記述が見られる．「シカゴはこれまで塔の街サン・ジミニアーノと並び称されてきた．この2年間で過去のあらゆる記録が打ち破られ，かつてない多くの商業建築が建てられた」(p. 9)．

★069——Stanislaus von Moos, *Turm und Bollwerk; Beiträge zu einer politischen Ikonographie der italienischen Renaissancearchitektur,* Zürich, 1974, pp. 18–19.

★070——Karl Lamprecht, *Americana,* Freiburg i.B., 1906, p. 81.

★071——Francis S. Swales, 'The Architect and the Grand Plan', 1, *Pencil Points,* XII, March 1931, p. 167.

★072——Richard A. Goldthwaite, *The Buildings of Renaissance Florence, An Economic and Social History,* Baltimore/ London, 1976, p. 102.

★073——Donald Hoffmann, *The Architecture of John Wellborn Root,* Baltimore/ London, 1973, p. 156.

★074——Charles H. Whitaker, op. cit., pp. 281/282. 本章注5も参照．

★075——Earle Shultz and Walter Simmons, *Offices in the Sky,* Indianapolis/ New York, 1959, p. 13.：「オフィスビルの大きな利点は，取引を行うビジネスを至近距離に配せることだ．この「近さ」の必要性のことをある作家(？)は「近さの能率性」と呼んでいるが，これこそアメリカの都市の本質である」．シュルツは，1920年代に建築監理責任者を務めていたが，この本を執筆したのは1950年代の後半である．彼の見解にどこまで信憑性があるのか，彼自身がどこまで確証を得て理論を組み立て，そこから抜け落ちた事実をどう捉えるべきなのか，判断するのは非常に難しい．「近さ」の理論を説明するために，彼は「医者でも医療センターで群れをなして働くではないか」と指摘しており，確かに正しいが，決まったルールではないし，ましてや金儲けのためにそうしているわ平方向の成長に満足した．当然イギリスは，空へと果敢に挑戦するために必要な技術をすべて兼ね備えていたが，それは彼らの欲するところではなかったのである．彼らにとって摩天楼の建設は，どう見ても説得力に欠けるものだった．われわれにもあまり説得力がある案のようには思えないのだが……．しかしながら，摩天楼を欲する強い野心が支配的となった時代では，その必要性について説くことは簡単だった」．つい最近（1984年），オランダで問題となっている人口密度の増大への解決案として「高層建築財団」が創設され，摩天楼に気乗りしないオランダ人を洗脳しようとしているが，いまだに効果がないようである（*De fascinatie van hoogbouw,* Rotterdam, 1985）．

★059——Montgomery Schuyler, 'The Evolution of the Skyscraper', *Scribner's Magazine*, 46, September 1909 (Jordy and Coe, op. cit., pp. 425/426 に再録）．

★060——*King's Handbook of New York,* Boston, 1893 のポター・ビルに関する報告．「ポター・ビルは，構法の面で二つの珍しい特徴を備えている．まずひとつ目は，テラコッタで精巧に装飾されたこの街初のビルであること．二つ目は，穴開きレンガで鉄と石の架構を覆い隠し，熱や炎から守るという試みをしたこの地方初のビルであることである」（p. 824）．11階建で，一部鉄架構，防火用の穴開きレンガを使用し，4台の客用高速エレベーターを採用したこのビルは（同書 p. 824），どこから見ても「摩天楼の草分け」と称されたジェニーズ生命保険会社ビル（シカゴ，1884/5）にひけをとらないものだった．ポター・ビルは，1883年に投資家で元連邦議会議員だった，オーランド・B・ポターのためにN・G・スタークウェザーが建てたビルであるが，どういうわけか，建築史家がくり広げた例の「一番手は誰だ？」という不毛な議論の対象からは逃れたのだった．*The AIA Guide to New York City,* Norval White and Elliot Willensky, eds., New York/London, 1978 では，このビルについて，「成型テラコッタでどぎつく飾りたてた砂糖菓子」と評しながらも，「表面には見えないが，テラコッタで防火した鉄の架構は，ニューヨークで初めての試みである」と付け加えている（p. 31）．もしも，あの鉄の架構が実際に使われているという確証を得られるようなデザインだったならば，ワイスマン，コンディット，ウェブスターなどの評価基準に従えば，このビルが「摩天楼の草分け」となる素質を備えていることに異論はないだろう（序章注11，本章注17参照）．ポター・ビルのイラストが*King's Handbook of New York* p. 825 に掲載されている．ポター・ビルの敷地には，元々ワールド・ビルが建っていたが，火災で崩壊し，次期オーナーのジョセフ・ピュリッツァーによって数ブロック北の敷地に再建されていることを付記しておこう．写真には新しいワールド・ビルが左端に写っている（図08, Michael A. Mikkelsen, *A History of Real Estate and Architecture in New York City During the Last Quarter of a Century,* New York, 1898, p. 115）．

★061——*The Real Estate Record and Builder's Guide,* New York, September 1, 1888, p. 1065．設計者はウィリアム・B・タビーだった．この建物は後に建てられるオランダの建築家ヘンドリック・P・ベルラーへの作品に驚くほど良く似ている．

★062——Thedore Turak, 'William Le Baron Jenney: A Nineteenth Century Architect'（ミシガン大学アナーバー校博士論文，1967, p. 240,未出版）．

★048——Le Baron de Hübner, *Promenade auteur du monde*, 2 Vols., Paris, 1881, p. 25. John Foster Fraser, *America at Work,* op. cit., p. 15には，「それでも，忙しいというよりはむしろ喧噪という場面が多く……」と記されている．

★049——W. G. Marshall, *Through America: or Nine Months in the United States,* London, 1881, pp. 100/101. ブルシャールとブッシュ・ブラウンによる電話の幅広い普及がもたらした結果に関する考察には，何とも当惑させられる．「電話機は，電信や交通システムとともに都市を拡張し，建物をさらに高層化し，生活を分散させることに貢献した」(著者による強調，Burchard & Bush-Brown, op. cit., p. 214)．

★050——同書 p. 101.

★051——Charles Harris Whitaker, *The Story of Architecture: From Rameses to Rockefeller,* New York, 1934, p. 277.

★052——同書 pp. 287/288.

★053——H.-R. Hitchcock, *Architecture, Nineteenth and Twentieth Centuries,* Harmondsworth, 1958, p. 239;「1873年の恐慌を尻目に，70年代中盤には摩天楼の草分けと言われる建物が建設された．9階建(260フィート[79m])のトリビューン・ビルと10階建(230フィート[70m])のウェスタンユニオン・ビルである」(著者による強調)．

★054——*The Real Estate Record and Builders' Guide,* New York, September 3, 1887, p. 1123.

★055——*The Inland Architect and Builder,* I, 1 February 1883, p. 12.

★056——*The Real Estate Record and Builders' Guide,* New York, September 3, 1887, p. 1123.

★057——*Michelin Guide to New York City,* New York, 1971, p. 16. もうひとつの偉大なメトロポリスと比して，マンハッタンの規模がどれほどか読者に示すために，「同スケールのマンハッタンとパリ」を描いた小さな地図を載せている(p. 27)．この地図は驚くほど明快に，二つの都市の利用可能な面積が同程度であることを示し，パリの人口がニューヨークの3倍にもおよぶ時期に「土地不足」などありえないことを証明している(パリの人口が300万人以上を数えたとき，ニューヨークの人口はわずか120万6千人だった)(Jean-Pierre Rioux, *La révolution industrielle,* Paris, 1971, pp. 149/150; New York,1880年集計)．ファニー・トロロープは，1830年に似たような見解を示している．「マンハッタンはおそらくパリと同じくらいの面積だが，人口密度はパリほど高くないように思える」(Fanny Trollope, *Domestic Manners of the Americans,* Oxford / New York, 1984 (初版1832), p. 297)．

★058——Eliel Saarinen, *The City,* New York, 1943, pp. 191/192:「人口密度の増大は，必ずしも垂直方向の成長をもたらすわけではない．ロンドンは，もっとも示唆に富む例としてあげられるが，ニューヨークが高層建築の巨大な建設現場と化した時期，そのニューヨークよりも規模が大きい都市だった．それでも，野心に富むニューヨーカーが空高く成長することを急務と捉えたのに対して，バランス感覚をもつロンドンっ子は，水

apolis/ New York, 1959, p. 63). これに先立って，シュルツは次のように公言している.「どのような都市でもその性質は，遠く離れた場所から見るスカイラインで知ることができる. これらの建物は，都市をたんに宣伝するだけではなく，その運命に賭けようとした多くの者たちの信頼を示し，同種の信頼を他者にも芽生えさせたのである」(同書 p.12).

★028——John Burchard and Albert Bush-Brown, *The Architecture of America, A Social and Cultural History,* Boston/ Toronto, 1961, p. 244.

★029——John A. Kouwenhoven, op. cit., p. 394.

★030——*The American Architect & Building News,* XIII, April 21, 1883, pp. 186–187.

★031——*The American Architect & Building News,* I, July 29, 1876, p. 247.

★032——Ralph Waldo Emerson, 'Stonehenge', *The Works of Ralph Waldo Emerson,* Vol. II, English Traits, London, 1913, p. 163.

★033——Rem Koolhaas, op. cit., pp. 71/72 [*].

★034——本章注 51 参照.

★035——Rem Koolhaas, op. cit., pp. 7, 103–105 [*].

★036——James Bryce, *The American Commonwealth,* New York, 1911, II, p. 887.

★037——Stuart Berg Flexner, *I Hear America Talking, An Illustrated History of American Words and Phrases,* New York, 1976, p. 180.

★038——「ヤン」からの手紙.「ニューヨーク・スカイライン」の便箋に 1907 年 4 月 16 日付でホボーケンから送られている.

★039——Le Corbusier, *Quand les cathédrals étaient blanches,* Paris, 1937, p. 55 [*].「ヤン」は「一アメリカ人から神の祝福を！」と記している.

★040——「ヤン」からの手紙(前注 38 参照).「今私はホボーケンという，ニューヨークから 5 分のところにある人口約一万人の町にいる. シカゴに行くのが私の計画だが，少しこのあたりを見てまわった後に再び道中を進む」.

★041——Charles Lockwood, *Manhattan Moves Uptown,* Boston, 1976.

★042——William Birkmire, *Skelton Construction in Buildings,* New York, 1894, p. 9.

★043——John Foster Fraser, *America at Work,* London, etc., 1904(初版 1903), pp. 14 ff.

★044——C. B. Berry, *The Other Side; How it Struck Us,* London, 1880 (Harold M. Mayer & Richard C. Wade, *Chicago, Growth of a Metropolis,* Chicago, 1973, p. 134 に引用).

★045——Mayer and Wade, op. cit., p. 36.

★046——同書，p. 216.

★047——Jacques Hermant, 'L'Art à l'exposition de Chicago', *Gazette des Beaux-Arts,* X, 3 ième période, 1 septembre 1893, p. 248.

★021——Paul Starrett, *Changing the Skyline,* New York/ London, 1938, p. 34.

★022——「独立宣言」の最初の一節は，やや過剰ではあるが，このことを良く言い表している．「人類の発展過程に，一国民が，従来，他国民のもとに存した結合の政治的紐帯を断ち，自然の法と自然の神の法とにより賦与される自立平等の地位を世界の諸強国の間に占めることが必要となる場合に，その国民がその離脱·並立を余儀なくさせられた理由を声明することは，人類一般の意見に対して抱く当然の尊重の結果である」(著者による強調；『世界の名著 40』「独立宣言」松本重治編，高木八尺訳，中央公論社，1980)．

★023——F. Scott Fitzgerald, *The Great Gatsby,* New York, 1953(初版 1925), p. 69 (『華麗なるギャツビー』野崎孝訳，新潮文庫，1974)．

★024——Montgomery Schuyler, 'The Sky-line of New York. 1881–1897', *Harper's Weekly,* March 20, p. 295. この一節は，John A. Kouwenhoven, *The Columbia Historical Portrait of New York,* New York, etc., 1972, p. 394 で引用され，William Taylor, 'New York et l'origine du skyline: la cité moderne comme forme et symbole', *Urbi,* III, Mars 1980, pp. XII/XIII でさらに詳しく説明されている．

★025——スカイラインが「変転する」という表現は，成長の指標となりうる摩天楼の本来的性質からきている．ウースワース·ビルの建築家，キャス·ギルバートは，Vernon Howe Bailey, *Skyscrapers of New York,* New York, 1928 の序文で次のように記している．「変転するスカイラインは，この驚くべき時代に生みだされた驚異のひとつである．摩天楼は，この時代特有の創造物である．つねに上をめざす熱望的な輪郭線に，われわれは大胆で冒険心に満ちた人間そのものを見る．彼らは，絶えず忙しく動き回り，野心に富み，自らの力を信じて疑わない」．

★026——Ethel Fleming, *New York,* with Illustrations by Herbert S. Kates, London, 1929, p. 5.

★027——*King's View of New York*, 1906, New York, 1905 [sic!][*]，p. 10．モーゼス·キングによるニューヨークのガイドブックには商業ビルの図版が数多く掲載されていたが，説明文は異例なほど無遠慮なものだった．建築家や施工者の名は掲載されず，代わりに施主の名前とそれぞれの企業の年間売上高が赤裸々に書かれている．前述した 1915 年以前のエクイタブル生命保険会社のビルについての説明書きを例にあげよう．「グラナイトの建築．ブロードウェイ 120 番地．ナッソー通りからシーダー·トゥー·パイン通りに挟まれた一画に建てられている．1859 年にヘンリー·B·ハイドが創設．世界最大級の生命保険会社．現行の事業規模は，総額 1,495,542,892 ドル，剰余金 80,494,861 ドル，資産 412,438,381 ドルにのぼる．1905 年に再建．取締役はポール·モートン」(同書 p. 27)．

1920 年代にビル経営者として活躍したアール·シュルツは，次のように記している．「初期のタワービルはマンハッタン島の南端に集中した．これらのタワーはたちまち威信と魅惑的な力を獲得し，オーナー会社の効果的な宣伝となったのである．初期のタワーはじつにスーパー広告板として建てられていた……」(*Offices in the Sky,* Indian-

★012——Louis J. Horowitz and Boyden Sparkes, *The Towers of New York,* New York, 1937, p. 134.

★013——同書 p. 134.

★014——Schultz and Simmons, op. cit., p. 79.

★015——「世界の高層建築の背比べ」(*The Architectural Forum*, 140, 1, Januray–February 1974, p. 29). 徐々に摩天楼の形態が商業的成長を示すグラフにそのまま重なっていくのがわかる.

★016——コーベットは，空間欠乏理論を否定した後，「能率の基本原理」もしくは「接近のパラドックス」と呼ばれる独自の理論をうちたてている(本章「集積した庭」と「遠距離矯正メディア」の項も参照). コーベットは，「摩天楼は時間，エネルギー，土地[?]の活用を最大限に効率化するニーズの増大から開発されたものである. アメリカの建築家は，もちろんすべて成功とは言い難いが，これまでも幾度か斬新で紛れもなく土着的な建築形態を生みだしてきたのである」(Harvey Wiley Corbett, 'American Builds Skyward', *America As Americans See It,* Fred J. Ringel, ed., New York, 1932, pp. 44–52 (loc. cit., p. 46)).

★017——Thomas E. Tallmadge, *The Story of Architecture in America,* New York, 1936, p. 180. どの街が最初に摩天楼を建設したかという疑問は，新たなニューヨーク，シカゴ論争を巻き起こした. 建築の構造を第一の判定基準とする考え方については，J·カルソン·ウェブスターがまとめている(J. Kulson Webster, 'The Skyscraper: Logical and Historical Considerations', *J.S.A.H.*, 18, 1959, pp. 126–139). シカゴが先か，ニューヨークが先か？ 摩天楼の起源はどこにあるのか？ といったくだらない言い争いは，当時の建築家たちさえをも幻滅させたにちがいない. キャス·ギルバートも自分にとっては「卵が先か，鶏が先か」と問うような議論は意味をなさないと発言している(Cass Gilbert, *Reminiscences and Addresses,* New York, 1935, p. 55).

★018——Robert Prestiano, 'R. C. McLean and The Inland Architect'(博士論文, 1973, *The Inland Architect, Review of Chicago Building for 1883* より引用). シカゴの都市計画家ダニエル·H·バーナムとエドワード·H·ベネットの言説も同じような響きをもっている.「シカゴの地勢は大きく二つに分けられる. ひとつはミシガン湖の広がりで，島や半島に妨げられることなく広い水平線に延びている，もうひとつは陸地の広がりで，起伏がまったくなく，北に西に南に広がっている. この土地で行われる人間の営みは，その内実も装いも無限なものでなければなるまい」. *American Skyline,* Boston, 1956, pp. 21/22 でこの文章を引用したヘンリー·ホープ·リードは，どうしようもなく矛盾する理論から，苦し紛れだが一応筋の通った結論に導いている.「見よ！ 限りある国から摩天楼が生みだされようか？」(同書 p. 22).

★019——本章注 16 参照.

★020——Montgomery Schuyler, 'Glimpses of Western Architecture: Chicago', *Harper's Magazine*, 83, 1891; *American Architecture and Other Writings,* William H. Jordy and Ralph Coe, eds., Cambridge, Mass., 1961, Vol. 1, p. 246.

都市がつぎつぎと生みだされたのはまったく自然なことである」(Henry Hope Reed, *American Skyline,* Boston, 1956, pp. 118/119).

アメリカ式のグリッド形式は，ローマの「ケンテュラシオ」と似通っている．このシステムは一辺20「アクトゥス」の方形の敷地割りで，1アクトゥスは百の小さな方形の「ケンテュリア」に分けられて，入植者に与えられた．このグリッドに関する詳細な記述については，John W. Reps, *The Making of Urban America,* Princeton, 1965.を見よ．メイ・ルイスの詩「ニューヨーク」には，都市のグリッドを植物の苗床に喩えた一編がある．

「空を背景に立ち上る都市よ！　お前の正体は如何に？

名を轟かせる都市，幾マイルも積み重ねられた石！

高くそびえ立つこの豊かな収穫の種はいかように播かれたのか？

ちっぽけな人間が？　まさか一階の窓の高さにも及ばないあのちっぽけな人間が？

その巨大な種の正体は如何に？

花崗岩のチェッカー盤を生みだした種．

かつてここではインディアンのトウモロコシが川の風に吹かれていた．

その最終的な収穫が意味する所は？」

(Alice Hunt Bartlett, *The Anthology of Cities*, London, 1927, p. 163).

セシル・バートンは著書*Portrait of New York,* London/ New York, etc., 1948(初版1938), p. 7に「より現実的なシカゴの建築家」が「マンハッタンについて，豊かな富の蓄積を肥料に，人口密集地から次々と剣のような若芽が芽吹く〈アスパラガスの苗床〉と言い表している」と記している．

★006——グリッド計画の中立的，ユートピア的，民主主義的側面については，次の文献を参照．Ciucci, Dal Co, Manieri-Elia & Tafuri, *The American City, From the Civil War to the New Deal,* London, etc., 1980, 152; Dolores Hayden, *Seven American Utopias,* Cambrige, Mass., 1976, p. 118, n. 24; Rem Koolhaas, *Delirious New York,* New York, 1978, p. 15 [*].

★007——Thomas Adams, op. cit., p. 50.

★008——Catherine Caulfield, *In the Rainforest,* London, 1985.を参照．

★009——例えば，次のような資料がある．Winston Weisman, ‘A New View of Skyscraper History’, *The Rise of an American Architecture,* Edgar Kaufmann, Jr., ed., New York, 1970, p. 149.「……1916年のニューヨーク市の建築条例に関して．この街と公衆に対して悪影響を及ぼす巨大なビルに対処するために考えだされ……」.

★010——1916年のニューヨーク・ゾーニング法は，商業地区における建築の高さ制限のガイドラインに留まるものではなく，はるかに大きな枠組で規制を行っている．ここではこの規制についてきわめて限定した見方をしている．Ciucci et al., op. cit., p. 207. n. 146参照．この法律の起草者のひとり，ジョージ・B・フォードは，「不動産価値を保守しようとする動き」から，当然妥協せざるをえない部分があったことを認めている．

★011——Earle Shultz and Walter Simmons, *Offices in the Sky,* Indianapolis/ New York, 1959, pp. 78/79.

pp. 203–4.

★067——*The Broadway Temple*, 1924 (?)

★068——*The Cathedral of Commerce,* op, cit., and H. Addington Bruce, *Above the Clouds & Old New York: An Historical Sketch of the Site and a Description of the Many Wonders of the Woolworth Building,* New York, 1913. レム・コールハースが寛大にもこれらの本を貸してくれた.

第4章

＊「自然成長の神話」は，1985年5月のチューリヒ大学芸術史学部でのセミナーと1985年にパリで行われた会議 *L'Américanisme et la modernité,* organized by L'Institut Français d'Architecture and L'École Pratique des Hautes Études en Sciences Sociales, Paris, 23–25 October 1985の内容をまとめたものである．私の考えを公表するようにすすめ，発表の機会を与えてくれたスタニスラウス・フォン・モース教授とユベール・ダミシュ教授に感謝する．

★001——「成長は，おのずとニューヨークにもたらされる．現代のイリアスとも言うべき天井知らずの塔の群れが，作り手の奔放な夢を超えて空高く伸びあがる」(Ethel Fleming & Herbert S. Kates, *New York,* London, 1929, p. 76)．

★002——Walt Whitman, *Leaves of Grass,* New York/ London (Norton), p. 475 [*].

★003——Thomas Adams, *Regional Plan of New York and Its Environs,* Vol. 2, *The Building of the City*, New York, 1931, p. 25.

★004——Claude Bragdon, *Projective Ornament,* New York, 1927, p. 5.

★005——ニューヨークの摩天楼群の成長はしばしば植物，とりわけ樹木に喩えられた．いくつか例を挙げよう．「毎週のように新たな土地が開拓され，数か月の間にみるみる建造物が青空に向かって伸びあがり，森林の松の木のようにぐんぐん高く成長するのだった」(Ethel Flemming and Herbert S. Kates, *New York,* London, 1929, p. 73)．エリエル・サーリネンは，「地面から芽を出し，真っ直ぐに成長する摩天楼の森」(*The City,* New York, 1943, p. 193)について語り，「ニューヨーク市の写真を手に入れたが，そこには摩天楼の森が写されている……」('A New Architectural Language for America', *The Western Architect,* XXXII, February 2, 1923, p. 13)と記している．ダンクマー・アドラーが，*The Engineering Magazine* IV, 1892, 'Light in Tall Office Buildings', p. 172で，摩天楼を「森林の樹木」と比較したのが，こうした言及の始まりのようだ(Donald Hoffmann, 'The Setback Skyscraper City of 1891: An Unknown Essay by Louis Sullivan', *J.S.A.H.*, 20, 1970, p. 103)．熱帯雨林のイメージは，商業都市が「ジャングル」を連想させるからだ．ヘンリー・ホープ・リードは次のように記している．「アメリカ人は，企業，富，労働力，社会問題，そして都市のすべてに関して，自由競争と適者生存の考え方を受け入れるとともに，「巨大さ」という価値基準をもつにいたった．かくして，誇りと絶望感を同時に打ち鳴らすあの忌まわしい工業都市や巨大なジャングルそる建築」としか書いていない(p. 100).

★064——Thomas van Leeuwen, 'De Commerciële stijl', in *Americana; Nederlandse architectuur 1880–1930*, Otterlo, 1975, p. 55.

★065——「スカイ・チャーチ」の暫定リスト

ニューヨーク市：コンヴォケーション・タワー，B・グッドヒュー，1921(未完)；ブロードウェイ・テンプル，D・バーバー，1924(ブロードウェイ&174 St.，一部完成)；ブルックリンの教会・店舗・アパート複合ビル，マレイ・クライン，1930(未完)；マンハッタン・コングリゲーショナル教会とホテル・マンハッタン・タワー群，ティリオン・アンド・ティリオン，1928(2166 ブローウェイ)；コミュニティ教会とアパートメント・ビル(10 パークアベニュー)；セカンド・プレスビテリアン教会，1929(9 W. 96 St.)；カルヴァリー・バプティスト教会とアパートメント・タワー(W. 56 St.).

シカゴ：シカゴカトリック司教区のための大聖堂ビル，A. グランガー，1922(未完)；シカゴ・テンプル，ホラバード・アンド・ローチ，1923 (77 W. ワシントン通り).

オハイオ州コロンブス市：セントラル・メソジスト教会，R. フッド，ゴドリー・アンド・フイユー，1931(未完).

ペンシルヴェニア州ピッツバーグ市：スミスフィールド教会，1926(不明)(未完？).

オクラホマ州タルサ市：ボストン・アベニュー・メソジスト教会，ブルース・ゴフ，1926(ボストン・アベニュー).

ミネソタ州ミネアポリス市：ウェズリー・メソジスト教会とオフィスビル，1926–1928，A.B. ボイヤー(一部実現図28). この重要なデータを提供してくれたミネアポリスのアラン・K・ラトロップに感謝する.

フロリダ州マイアミ市：ファースト・バプティスト教会とオフィス・ヘッドクオーター，1926年以後(未完).

次の文献も参照. Mouzon William Brabham, *Planning Modern Church Buildings,* Nashville, Tennessee, 1928, p. 233; Alfred Granger, 'A Modern Cathedral for an Industrial City', *The American Architect–The Architectural Review,* CXX I, 4 January 1922, pp. 5–10; G. H. Edgell, op. cit., pp. 369–72; *The Christian Advocate*, 9 September 1926, Part II, pp. 1245, 1247, 1255. 最近デニス・シャープが，英国の摩天楼建築家アルフレッド・C・ボッサムに関する興味深い記事を発掘した.「テキサス州ダラス市の教会とオフィスビルの提案」と題された図は *Journal of the Royal Society of Arts*, 8 June 1928, pp. 771 に掲載されている. この分野でのレイモンド・フッドによる一連の活動は次の二つの記事で紹介されている. Walter Kilham Jr, *Raymond Hood, Architect,* New York, 1973, p. 9; Rem Koolhaas, *Delirious New York,* New York, 1978, pp. 143–4 [*].

★066——*The Broadway Temple,* album, 1924 (?), Broadway Temple Archives. この資料を紹介してくれたリチャード・S. パーカー氏に感謝したい. ドン・ハーバーとヒュー・フェリスによるブロードウェイ・テンプルのプロジェクトは，Herbert D. Croly, 'The Skyscraper in the Service of Religion', *Architectural Record*, 55, February 1924,

に隣接する敷地に計画された．外観からもわかるようにメインフロアには豪華なオーディトリアム（じつは教会）が配され，オフィスを入れた巨大なシャフトは，なんと地上から数千フィートの高さまで立ちあがる計画だった(p. 40)．千フィートという単位は19世紀半ばから，高く伸びあがる建築のひとつの尺度となっていた．エッフェル塔の304.8メートルという半端な高さもちょうど千フィートであることは特記に値する」．

★059——*The Western Architect*, 31 (Aprl 1922), p. 50, plate 1．アメリカの建築史で進歩主義やモダニズムの流れからは距離をおくG. H. エッジェルなどがグッドヒューを当時もっとも独創的な建築家として高く評価していたことは意味深長である．エッジェルは著書，*The American Architecture of Today,* New York and London, 1928の扉絵にコンヴォケーション・タワーを載せて敬意を表したほどである．ちなみにこの本は非常に斬新で面白い．

★060——教会と世俗的な施設を融合するアイディアは1920年代に始まったものではない．欧州にはすでに店舗と教会の複合施設が存在していた．例えば，1583年に再建されたジェノヴァのサン・ピエトロ・デ・バンキの教会は，「聖と俗の世界が入り交じった奇抜な建物」だった(*Guida d'Italia: Liguria,* TCI Guide, Milan, 1967, p. 143)．また，アメリカ合衆国やニューイングランドに1830年代に建てられた教会の多くも複合型だった(*Journal of the Society of Architectural Historians,* May 1980, p. 178–9)．それどころか，アメリカのメソジスト派はこの分野ではかなりの経験の蓄積を自負しているようだ．「多くの傍観者には教会と商業建築のコンビネーションは珍奇なものに思えるだろう．つい先日，ある熱狂的な支持者が〈ジョン・ウェズリーの精神がいまだにキリスト教に命を吹きこむさまを見よ！　彼は発明の貴公子で，教会は革新的なものでなければ意味を成さないのだ〉と目を輝かせていた」．ボストンのトレモント・テンプルは店舗とオフィスを兼ね備えているが，32年も前に建てられた建築なのだ……．ボストンのオールドサウス会衆派は，1880年に教区牧師館と集会場の間に店舗を建てたが，その計画案は1771年まで遡る(*Finish the Broadway Temple,* New York, 1928, p. 23)．

★061——'Chicago Temple: Wonder of Churches', *Chicago Commerce*, 8 September 1923, pp. 9–10．この珍しい記事を紹介してくれたロバート・ブリッグマンに感謝したい．当時の高さ制限を超える高さの建築を実現するために市の法令まで破らなければならなかった．このことは市議会の匿名投票によって許可された．*The Western Architect,* XXXII, 1, January 1923, p. 1.

★062——理論的にも神話的にもこれはできすぎた話で，実際覆されている．ジュウェラーズ・ビル（ティールバー＆ファガード，1926）は建物着工直後に所有者が変わり，1927年には名前もピュアオイル・ビルに変えてしまっている．

★063——シカゴの建築について書いたコンディットの代表作，*The Chicago School of Architecture: A History of Commercial and Public Building in the Chicago Area 1875–1925*, Chicago and London, 1973では，シカゴ・テンプルについてはふれられていないし，1970年代の建築のガイドブックのリストにもその名はあがっていない．*Chicago 1910–1929*, Chicago and London, 1973でもコンディットは，「好奇心をそ

していくつか興味深い事例をあげている．例えば16世紀英国の「知識の城」やコペンハーゲンの三位一体聖堂にある円形の塔などである（pp. 153 ff）．

★053——Bowman, op. cit., p. 7．バウマンは次のように付記している．「この強い上昇の感覚は，ヴァーグナーが『ワルキューレ』の火の音楽で聴衆を山頂へと一気に運んでいく，あの上昇の感覚から発想を得ている」（p. 9）．

★054——John Henry Cardinal Newman, *The Idea of a University, Defined and Illustrated*，初版 1852; London, New York and Toronto, 1935, p. 82.

★055——Agnes Lynch Starrett, *Through One Hundred and Fifty Years: The University of Pittsburgh,* Pittsburgh, Penn., 1937, pp. 258 ff.

★056——Ralph Adams Cram, *Church Building: A Study of the Principles of Architecture in Their Relation to the Church*，初版 1899; Boston, 1924, p. 71．この異議申し立ては，1934年に聖パトリック大聖堂が同じ運命を辿ろうとしたとき，くり返されることになる．「ラジオシティの建設によって二千年の歴史をもつカトリック大聖堂が埋没してしまうだろう．かつては裾野に広がる低層の町並みを見下ろし堂々と力強くそびえていた尖塔も，ウォール街のトリニティ教会がかつて経験したように，面目を失墜し振り向かれなくなるだろう」（Ralph Adams Cram, 'Radio City Hall–And After', *Convictions and Controversies,* Boston, 1934, p. 41）．

★057——「矮小化」，「蝕」といった表現は，商業摩天楼群の間でくり広げられた競争で多用された．*Real Estate Record and Builders Guide*, 1 September 1888, p. 1064には，ニューヨーク市の新聞街に建てられたワールド社の新設ビルについて次のように記されている．「ワールド・ビルが完成すればサン（新聞社）は，影に隠れてしまうだろう．あの蝕になるはずのない輝かしい新聞が」．*Munsey's Magazine,* XII, February 1895, p. 526で，ジョージ・ホルムは次のように記録している．「トリニティの尖塔は長らくニューヨークでもっとも高い建築として誇らし気に立っていたが，今では巨大なオフィスビルがこの教会を矮小化している」．ザ・シティバンク＆ファーマーズ・トラストは，ニューヨーク市ウィリアム街22番地に建てられた新しいオフィス（クロス＆クロス，1931）の落成にあたって小冊子を刊行している．そこにはジョシュア・ビールが撮影したロウワー・マンハッタンのパノラマ写真が一部掲載されており（ちなみにこの写真には1875年に建てられたウェスタンユニオン・ビルやトリビューン・ビルなどの初期の摩天楼が写っているが，どの出版社も見過ごしている），次のようなキャプションが付けられている．「摩天楼競争にトリニティ教会が巻きこまれる以前のニューヨーク／1874年」（'The Oldest Trust', 1931, p. 15）．ビールの写真については，Mary Black, *Old New York in Early Photographs, 1853–1901*, New York, 1973, pp. vi–x．を参照．

★058——Charles Harris Whitaker, ed., *Bertram Grosvenor Goodhue—Architect and Master of Many Arts,* New York, 1925, plates cxcvi and cxvii; Jean Ferriss Leich, *Architectural Visions: The Drawings of Hugh Ferriss,* New York, 1980, pp. 80–1, 135．フェリスはこのドローイングを*Metropolis of Tomorrow,* New York, 1929, p. 39で公表し，次のように記している．「この建築物は，マディソン・スクエア・ガーデン

摩天楼に類するものはほぼ例外なく文明に有害なものであると批判している．1929年の大恐慌の余波が続くなかで，ホイッタカーは，摩天楼について次のように記している．「摩天楼を建てる目的はただひとつ．すなわち，個人あるいは集団を土地によって儲けさせることだ」(p. 287)．そして，「数百万ドルに膨れあがった赤字を埋めるために，人口密度の増加だけをあてにして際限なく摩天楼が建てられていった」(p. 295)．このような批判があるなかで，ウールワースは自分の摩天楼についてはできる限り「潔白」を守りたがっていたことに留意しなければなるまい．

★047――「古き大陸に対面して，この街(ニューヨーク)は新時代の「ヤコブの梯子」をうちたてた．われわれはこの衝撃的な事実を真摯に受け止めなければなるまい」(Le Corbusier, op. cit., p. 59 [*])．「世界の中心(Axis Mundi)」としてのヤコブの梯子については，Mircea Eliade, *The Sacred and the Profane: The Nature of Religion,* New York, 1961, pp. 26, 37 [*]を見よ．

★048――Colonel W. A. Starrett, *Skyscrapers and the Men Who Build Them,* New York and London, 1928, p. 63．アルヴィン・ボヤルスキー氏が親切にもこのすばらしい本のコピーを貸してくれた．Shultz and Simmons, op. cit., pp. 320–1にも参照すべき記述がある．「ものの本質において，建物が際限なく取り壊されては新しく建設される状況は，勢いと持続力の証明であり，永続的に破壊と創造がくり返されるだろう」．

★049――Eliade, op. cit., p. 55 [*]．

★050――Whitaker, op. cit., pp. 286 ff.; Shultz and Simmons, op. cit., p. 74; Horowitz, op. cit., pp. 117–118:「じつのところ，極度に高い建物は例外なく，投機対象としての可能性を潰すことをもくろんでいる」．；George F. Warren and Frank A. Pearson, ‘The Building Cycle’, *Fortune,* XVI, 84–8, 136, 140; Alfred C. Bossom, *Building to the Skies: The Romance of the Skyscraper,* London, 1934, p. 106：「初期の摩天楼が投資を上回る利益をあげることはほとんどなかった」．

★051――John G. Bowman, *The Cathedral of Learning of the University of Pittsburgh,* Pittsburgh, Penn., 1925, pp. 5–6：「何かを成し遂げようとする精神は大学の使命であると同時に，ピッツバーグの地方特有のめざましい成長そのものを表している．このように考えると，気高い高層建築によって大学の意義を表明できるとすれば，同様にピッツバーグ自体の精神を演出し内外に知らしめることができるのではないかと思えてくる」．p. 8の‘Height Tells Idea’(高さが理念を語る)も参照．

★052――Joseph Ponten, *Architektur die nicht gebaut wurde*, 2 vols, Stuttgart, Berlin and Leipzig, 1925, I, 41; II, 35：「頂点まで登りつめ天と地，そして父と聖霊たる神を崇拝し，永遠の栄光を称えるために存在する者を凝視せん．アーメン」．高い建物の階段室を昇っていくシーンは，識者の昇華を象徴するものとして良く知られている．Wolfram Printz, *Schloss Chambord und die Villa Rotonda in Vicenza: Studien zur Ikonologie,* Berlin, 1980, p. 63とJohann-Christian Klamt, ‘Der Runde Turm in Kopenhagen als Kirchturm und Sternwarte: ein bauikonologische Studie’, *Zeitschrift für Kunstgeschichte*, 38 (1975), 153–70．クラムトは学問の大聖堂のプロトタイプと

worth, Bantam Books, 1957, p. 120. ロウク・ティラノス博士が親切にもこの資料を提供してくれた.

★033——*The Imperial Highway,* pp. 166 ff.

★034——Horowitz and Sparkes, op. cit., p. 120. ウールワースのナポレオン熱は，明らかに当時流行していた挿絵入りの雑誌を情報源としていた. ニューヨークの『センチュリー・マガジン』で 1894 年 11 月から 1896 年 10 月にかけて「ナポレオン・ボナパルトの暮らし」という特集がウィリアム・ソーンの企画で連載されていた. この特集の豪華な挿絵の幾枚かは，ウールワースの重役室のモデルとなった可能性が高い.

★035——Winkler, op. cit., pp. 184–5.

★036——George Berkeley, *The Works,* III, Oxford 1871, p. 231. 第 2 章注 30 も参照.

★037——この連作は最近，*Architectural Design*, 52, Nov/Dec 1982 に掲載された.

★038——Lewis Mumford, *Sticks and Stones, A Study of American Architecture and Civilization,* New York, 1955, pp. 55–69 を見よ. マンフォードは，1890 年から 1910 年の期間を「帝国の時代」と呼んだ (p. 71). Henry S. Commager, *The American Mind:An Interpretation of American Thought and Character Since the* 1880's, New Haven, 1950, p. 11 も見よ.

★039——Winkler, op, cit., p. 232.

★040——Paul Starrett, op, cit., p. 115.

★041——Gorer, op. cit., pp. 127 ff.

★042——Henry James, *The American Scene,* London, 1907, p. 96 [*].

★043——Leopold Eidlitz, *The Nature and Function of Art, More Especially of Architecture,* New York, 1881, p. 333.

★044——John Ruskin, *The Seven Lamps of Architecture*, New York, 1885?), III, 170 (『建築の七燈』杉山真紀子訳，鹿島出版会，1997).

★045——Cesare Ripa, *Iconologia,* Roma,初版 1593； Edward A. Maser, ed., *Baroque and Rococo Pictorial Imagery: The 1758/60 Hertel Edition of Ripa's Iconologia with 200 Engraved Illustrations,* New York, 1971 も参照. ジョセフ・マシェックの博士論文(未出版)'Irish Church-Building Between the Treaty of Limerick and the Great Famine', New York, 1973 は，このオベリスク型ビルの解釈に導いてくれた.

★046——しばしばブーム・タウンと呼ばれるビジネス・センターに建てられた商業摩天楼の大半は，ビル投機と開発の産物であった. 1880 年代初頭から建てられるシカゴの高層ビルがその好例である. ボストンのピーター＆シェパード・ブルックス事務所は，この手の開発者のなかでもっとも儲けを生んだ事務所である (Carl W. Condit, *The Chicago School of Artitecture*, Chicago/ London 1973, pp. 51 ff; Earle Shultz and Walter Simmons, *Offices in the Sky,* Indianapolis/ New York, 1959, pp. 20 ff). 投機的なビルはつねに受けがいいというわけではなかった. チャールズ・ハリス・ホィッタカーは，*The Story of Architecture from Ramses to Rockefeller,* New York, 1934 のなかで，た．彼はこの現象を「原始的装飾」(おそらくサリヴァンの「有機的装飾」に関係づけている)と名づけて，分析している．「真に新しい創造，芸術における原始的なものは，無意識のうちに膨れあがり，他者の指摘により初めて気づくものだ('L'Art à l'exposition de Chicago', *Gazette des Beaux-Arts*, 1893, vol. X, 3 e série, pp. 245–6)．

★026――Lewis Mumford, *The Condition of Man,* London, 1944, p. 59(『人間の条件』生田勉訳，弘文堂，1971)．

★027――Carnegie, op. cit., p. 18.

★028――同書 p. 125; Paul Starrett, op. cit,. note 13,, p. 14．大きな成功を収めたスタレット兄弟は全員高等学校を中退してキャリアを積みはじめている．「テオドールはレーク・フォレスト高校から卒業する直前にグレゴリー先生から落第した宗教学のコースを修めない限り卒業できないと言い渡され，これを理由に中退して仕事を始めようと決意したのだ．ラルフと私も決意を固め，中退してしまった．テオドールが18歳，私が16歳，ラルフが14歳の時だった．私たちは就学をやめ，3人ともシカゴで仕事を始めた」．何とも話題を呼びそうな内容である．アメリカ民主主義の理想として万人に対する質の高い教育の普及が重視されたことには変わりないが，働くという選択肢は，男らしさと自立心の表れとして道徳的に優れているとみなされていた．このような反教育的なイデオロギーの見本として，オリソン・スウェット・マーデンの著作『サクセス』のなかの1章，「自立した社会(The Help Yourself Society)」が挙げられる(Orison Swett Marden, *Success,* Boston, Mass., 1897, pp. 140–168)．

アメリカの建築史家の教育に対する疑念は，1893年のシカゴ博覧会を「ヨーロッパ仕込みの秀才たちによるシカゴ派の独創性に対する裏切り」と評したころから現在に至るまで，払拭し難いものになっている．この傾向はすべての建築史にほとんど例外なく当てはまり，逆にこれといって特色のある議論が見られないほど，浸透した価値観だったのである．ウェイン・アンドリューの著作，*Architecture, Ambition and Americans,* New York/ London, 1947/64は，この手の教育批判のパロディとなっている．サリヴァンが高等教育で落第を幾度も経験した悲劇に対する讃美(pp. 214–217)，ライトが「ウィスコンシン大学の工学部を中退し仕事を探しはじめた時，わずか18歳だった」こと(pp. 230–1)，ホラバードが「ウェストポイントから卒業できなかった」(p. 210)のは，「東方の紳士から「有害な」影響を受けたからだった」(p. 220)など参照．アイン・ランドの『水源』[*]は，この種の英雄譚のなかでもずば抜けている．非常に示唆に富むのは，クリストファー・クリスとオットー・ワルツによる *Die Legende von Künstler: Ein geschichtlicher Versuch,* Vienna, 1934, p. 26である．

★029――Geoffrey Gorer, *The Americans; A Study in National Character*, London, 1948, p. 135.

★030――Ralph Waldo Emerson, *Essays: 1 st & 2 nd Series*, 1841/London, 1906, p. 33.

★031――Horowitz and Sparkes, op. cit., p. 119.(本章注13参照)

★032――John K. Winkler, *Five and Ten: The Fabulous Life of Frank W. Wool-*

白である．この講演でアサートンは1909年に建てられ記録破りとなったマディソン街のタワーの建設を想い起こしている．このタワーはヴェネチアのサンマルコ教会の鐘楼を模しており，ナポレオン・ル＝ブラン＆サンズが設計した，48階建，680フィート(207 m)の文字どおり世界一高い建造物だった(図n 15)．アサートンは言った．「あなた方は良き忠告者に恵まれ，真にすばらしいシンボルを選択された．昔から塔の光と鐘楼は，インスピレーションの源泉となってきたのだから．……故にあなた方が建てたタワーは古来の塔が担ってきた防御と避難の役割を引き受けることになるのだ．……そしてあなた方のタワーは，傑出して高く，万人にとって「神の象徴」でなければならない．ビジネス業界における正義と純潔を申し立て，貧しい者からの搾取に抗議して，堂々と直立しなければならないのだ」(William Henry Atherton, *The Metropolitan Tower: A Symbol of Refuge, Warning, Love, Inspiration, Beauty, Strength,* New York 1915, pp. 2, 4, 6; Kenneth Turney Gibbs, 'Business Architectural Imagery: The Impact of Economic and Social Changes on Tall Office Buildings, 1870–1930', コーネル大学博士論文，1976，p. 174未出版に引用)．ギッブズは，メトロポリタン・タワーが「ビジネス界の宗教」としての意味も担っていたことを指摘している．

図n 15———メトロポリタン生命保険会社ビル(ナポレオン・ルブラン＆サンズ，ニューヨーク，1909：絵葉書)。ヴェネチアの聖マルコ教会を模倣し、「神の象徴」であった。

★016——Louis Horowitz and Boyden Sparkes, *The Towers of New York: The Memoirs of a Master Builder,* New York, 1937, p. 120.

★017——Richard Colton, ed., *Santayana on America,* New York, 1968, p. 240.

★018——Richard L. Rapson, *Britons View America: Travel Commentary*, 1860–1935, Seattle and London, 1971, p. 12.

★019——Alexis de Toqueville, *De la démocratie en Amérique,* Paris, 1864, I, 85–7 (『アメリカのデモクラシー』松本礼二訳，岩波文庫，2005－)．

★020——Bryce, op, cit., II, 887.

★021——Andrew Carnegie, *The Empire of Business,* London and New York, 1902, pp. 144–5.

★022——Edward W. Bok, *Dollars Only,* New York and London, 1926, p. 157.

★023——Arthur Koestler, *Janus–A Summing Up*, London, 1978, pp. 216–218(『ホロン革命』田中三彦ほか訳，工作舎，1983)．

★024——同書 p. 219.

★025——ジャック・エルマンは1893年にガゼット・デ・ボザールを代表してシカゴを訪れた折に，単純，平明で冷酷なまでに高さで勝負しようとする摩天楼に強く感銘を受けニック・ビルを大きく取りあげている．注には，「90年代初頭のシカゴ．1891年ごろのランドルフ通り．写っている大きな建物は1891年にバーナム&ルートが建てたオフィス」と記しているが，この当時最高の高さを誇ったメイソニック・テンプルについての言及はない．ギーディオンの時代にはルートの作品はまだ十分に評価されておらず，アメリカ人の間ではメイソニック・テンプルのみならずウーマンズ・テンプルについても認めない風潮があった．とくにギーディオンに続いて活動を始めた中西部の建築史家の間ではそうだった．例えばカール・W・コンディットは，規範的なフラット・ルーフでもなく装飾を抑えてもいない点でこの二つの建物は不満だった(*The Chicago School of Architecture,* Chicago, 1964, pp. 105–7)．

★012——Edgar Allen Poe, 'Mellonta Tauta', *Tales,* New York, 1914, III, 341 (*Godey's Lady's Book,* February 1849に初出[*])．この一節に私を導いてくれたアントワーヌ・ボダールに感謝する．

★013——この表現は前にも使われている．エミール・ゾラは*Au bonheur des dames*, 1833(『ボヌール・デ・ダム百貨店』[ゾラ・セレクション5]吉田典子訳，藤原書店，2004)のなかで，模範的なデパート，オ・ボン・マルシェについて次のように記している．「それは現代の商業の大聖堂である．堅固な躯体に軽快な空間を伴い，大衆を相手にした近代の大聖堂である」．ウールワースは施工者との交渉の早い段階から，この「大聖堂」という表現を使っていたようである．ホロウィッツと競合していたポール・スタレットは，フレームの装飾にテラコッタを使わないようにウールワースを説得するさいに，「大聖堂」を引き合いに出して成功している．「彼の発想源だった偉大な大聖堂はすべて石でできている」という理由で，テラコッタの代わりに石を用いることを強く勧めたのである(Paul Starett, *Changing the Skyline,* New York and London, 1938, p. 167)．

★014——「商業の大聖堂」(New York, 1916)の前書き．この小冊子には少なくとも四つの改訂版がある(1916，1917，1920，1921年)．

★015——同書．自分が建てたビルを宗教的，キリスト教的な意味合いで捉えたのはウールワースだけではなかった．

ニューヨーク『ワールド』紙のオーナーであるジョゼフ・ピュリッツァーは(第4章，198頁以下も参照)，新しい社屋ビルに次のようなメッセージを添えている．1899年11月10日付のドイツ，ヴィスバーデンから送られた電報である．「神よ，願わくばこの建築を永久(とわ)の新聞の館とし給え．ここで作られる新聞は，永久に単なるニュースの供給だけでは満足せず，永久に倫理的な影響力をもつことを大志に抱き，永久に公共機関として完璧の域をめざす」．開館式のパンフレットの編集者は次のように付記している．「これらの石には自然の教訓が，この建築の威光には重要なモラルが隠されている．……より高尚な理想を追い求める永続的な熱望である」(*The World, Its History and Its New Home: The Pulitzer Building,* New York, 1899 (?), n.p.)(第4章，188頁以下も参照)．

本来は教会の機能である宗教性の奪取は，歴史家ウィリアム・ヘンリー・アサートンが1915年にニューヨークのメトロポリタン生命保険会社の会議で行った講演でさらに明

★068――ジョン・マーティンの作品に関する昨今の言及のなかでもとくに興味深いのがエマーソンによるものである．「エマーソンは1947年にロンドンから妻に宛てて，ウェスト・エンドの建物群が醸しだす〈陰気で荘厳な雰囲気〉のなかでの夢うつつな散歩や，ジョン・マーティンによるバビロンの絵を想い起こさせる光や暗闇，建築の感じについて書き記している」(Vivian C. Hopkins, *Spires of Form, A Study of Emerson's Aesthetic Theory,* Cambridge, 1951, p. 88.から抜粋)．

★069――コニーアイランドで行われた大火や噴火，ポンペイ滅亡，サンフランシスコ大地震などの一連の類似災厄体験は，ドリームランドやルナパークが潤っていた時期のもっとも過激なパブリック・アミューズメントに数えられる(Rem Koolhaas, op. cit., pp. 42, 47/48 [*])．

★070――Fiedrich Nietzsche, *Thus Spoke Zarathustra–A Book for Everyone and No One,* Harmondsworth, 1983 (1892), p. 178(『こうツァラツストラは語った』高橋健二ほか訳，河出書房新社，1965)．

第3章

★001――Le Corbusier, *Quand les cathédrales étaient blanches,* Paris, 1937, p. 102 (『伽藍が白かったとき』生田勉ほか訳，岩波書店，1957)．この本ではゴシック大聖堂とニューヨークの摩天楼との隠喩的な関係について，もっとも説得力のある分析を行っている．

★002――「レストランの大聖堂」と自慢げに記したレストランのファサードを写した絵葉書を見たことがある．ブルックリンのセント・ジョージ・ホテルに入っているレストランだったかもしれない．

★003――Edward Dicey, *Six Months in the Federal States,* London, 1863, II, 204. Richard L. Rapson, *Britons View America: Travel Commentary*, 1860–1935, Seattle and London, 1971, p. 145.に引用．

★004――Paul de Rousiers, *La vie américaine, Paris*, 1892, pp. 650–1.

★005――James Bryce, *The American Commonwealth*, New York, 1922, II, 770.

★006――同書II, 781.

★007――Montgomery Schuyler, 'Architecture in Chicago: Adler & Sullivan', in *American Architecture and Other Writings,* edited by William H. Jordy and Ralph Coe, Cambridge, Mass., 1961, II, 378–9. この記事の原文の発表は1895年．

★008――同書II, 377.

★009――同書II, 378.

★010――De Rousiers, op. cit., p. 655.

★011――ジークフリート・ギーディオンはシカゴの商業建築を高く評価していたが，摩天楼にも目がなかった．『空間・時間・建築』(1947)でも，1892年から暫くして撮られたランドルフ通りの写真を1ページ大にして目立たせ，アシュランド，シラー，メイソ

★057——Donald Hoffmann, *The Architecture of John Wellborn Root,* Baltimore/London, 1973, p. 27, n. 11.

★058——Theodore James, Jr., *The Empire State Building,* New York, etc., 1975, pp. 158–161. エンパイアステート・ビルの図には，次のように記されている.「世界第8の不思議．それは史上もっとも高く，もっとも名の知れた建築．エンパイアステート・ビル．それは建築とエンジニアの天才による功績．世界第8の不思議．それは1472フィート(449 m)まで空高くそびえ立つ．かつて建てられた建築7不思議をすべて積みあげても足りない高さ．それそのものが都市である．実存する驚異の都市である．エンパイアステート・ビルでは16,000人が働き，毎日35,000人が訪れる．かつての建築7不思議への来訪者をすべて足し合わせても及ばない数」(p. 161)．この誇らし気な記述こそ，かつての建築7不思議を誇示した記述のどれをとっても及ぶまい．

★059——Eugune Clute, 'Dr. John Wesley Kelchner's Restoration of King Solomon's Temple and Citadel: Helmle and Corbett Architects', *Pencil Points,* Vol. VI, no. 11, 1925, pp. 69–86 (p. 69).

★060——Manfredo Tafuri, "Neu-Babylon":das New York der Zwanziger Jahre und die Suche nach Amerikanismus', *Metropolis 3, Archithese* 1976, Vol. 20, pp. 20/21.

★061——Eugene Clute, op. cit., pp. 69/71.

★062——このプロジェクトは一度も実現されることはなかったようである．しかしながら，その図面やドローイングは広く世に知れ渡った．*Ausstellung neuer Amerikanischen Baukunst,* Akademie der Künste, Berlin, January 1926と同様に，The Architectural League of New York, New Yorkでも展示された．最近では下記の出版物で言及されている．Cervin Robinson & Rosemarie Haag Bletter, op. cit., pp. 11/12, n. 21; Manfredo Tafuri, op. cit., pp. 12–13, n. 7; Alison Sky & Michelle Stone, *Unbuilt America,* New York, etc., 1976, pp. 128–131; Jean Ferriss Leich, *Architectural Visions–The Drawings of Hugh Ferriss,* New York, 1980, pp. 22, 31.

★063——Cervin Robinson & Rosemarie Haag Bletter, op. cit., p. 12.

★064——Eugene Clute, op. cit., pp. 70/71.

★065——摩天楼の建設は，大抵は不可能への挑戦として，無謀な行為に映ることが多かった．コロネル・ウィリアム・W・スタレットは，摩天楼を「絶対にできない」ことの達成として捉えている(次注66のp. 63を見よ)．ヨーロッパの観察者はこの傾向について，不可能なことを成就しようとする典型的なアメリカ人の性格の反映として見ている．「伝統の破壊や実現不可能に見える提案への抗議に対して，答えはいつも"Why not?(いいじゃないか)"というものだった」(Geoffrey Gorer, *The Americans, A Study in National Character,* London, 1948, p. 152)．

★066——Col. William A. Starrett, *Skyscrapers and the Men Who Build Them,* New York/ London, 1928, p. 63.

★067——Earle Shultz and Walter Simmons, *Offices in the Sky,* Indianapolis/New York, 1959, p. 320/321.

ican Architect and Building News などの建築雑誌が多々登場し，国家主義的な含みをもつ記事，「アメリカン様式を探して」(*American Architect and Building News*, Vol. XXI, January 8, 1887, pp. 16–17.のような記事が目立つようになった．1885年の11月には西部建築家協会による二度目の集会がセント・ルイスで開かれ，国民的様式の必要性に関するレクチャーもあった．良く知られているのは，ルイス・サリヴァンによる「アメリカの建築の特徴と傾向」で，*Kindergarten Chats and Other Writings*, ed. Isabella Athey, New York, 1976 (1947), pp. 177–182 に収録されている．

★047――オリジナリティに対する義務感がどこまで真剣なものであったか，商務長官ハーバート・フーバーを通してアメリカ政府が1925年のパリ万国現代装飾美術工芸博への参加を正式に辞退した一件で明らかだ．辞退の理由は，実行委員会が公式化した近代性とオリジナリティの基準を満たせるような商品をアメリカは開発していないというものだった(Rosemarie Haag Bletter in: Cervin Robinson and Rosemarie Haag Bletter, op. cit., p. 45, n. 25)．

★048――「前例がない」ことへの問いは，進化論者の間で論争を巻き起した．例えばハーバート・スペンサーは，*The Principles of Biology*, London, 1864, Vol. I, p. 406. で，「前人未到の行為をなそうとする願望がいかにして生じるのか？」と論じている．

★049――William R. Lethaby, *Architecture, Mysticism and Myth*, New York, 1891, pp. 2/3.

★050――Hans Sedlmayr, *Die Entstehung der Kathedrale*, Zürich, 1950. ブロムフィールドとゼードルマイヤーの双方は，ヴィオレ＝ル＝デュクを中心とする構成主義者の間で有力だった，ゴシック様式の突如の出現を建築構造の発展から説明しようとする説に異論をもっていた．ゼードルマイヤーの説に対する抵抗は異常なほど過激だった．レビューは*Kunstchronik*, 4, 1951, 14; 78, 84,著者による反論は304, 323に収録されている．

★051――Sir Reginald Blomfield, *The Touchstone of Architecture*, Oxford, 1925, p. 93.

★052――John Ruskin, *Lectures on Architecture and Painting*, Vol. XII of *The Works of John Ruskin*, edited by E. T. Cook and A. Wedderburn, London, 1904, p. 37.

★053――Jorge Luis Borges, op. cit., p. 27 [*].

★054――Carlo Ginzburg, 'Hoch und Niedrig—Erkenntnisverbote im 16. und 17. Jahrhundert', *Freibeuter*, X, 1981, p. 17. この貴重な資料はアントン・ボシュロー教授に提供してもらった．

★055――Samuel Philips Day, *Life and Society in America*, London, 1880, p. 175.

★056――William L. B. Jenney, 'Lectures delivered at the University of Chicago', *The Inland Architect and Builder*, Vol. 1, no. 2, 1883, p. 18. ジェニーが提示している資料の多くは，エマニュエル・ヴィオレ＝ル＝デュクの著作，とりわけ*Histoire de l'Habitation Humaine*, Paris, 1875からの引用である．

★040——Helen Rosenau, *Boullée and Visionary Architecture,* London/ New York, 1976, p. 7, n. 5.

★041——フランシスコ・ムジカは *History of the skyscraper,* New York, 1929, p. 35.のなかで，こう記している.「アメリカ合衆国の建築史において，アメリカのプリミティヴな建築様式を発展させるようなルネッサンス運動を実現する機会がこれまで3度はあった. 1度目は植民地化の始まりによって消えてしまった. 2度目はアメリカ独立後のデカダンス期直後に訪れた. 3度目はまさに今のわれわれの時代であり，これまでのなかでもっとも恵まれている. アメリカのプリミティヴ建築は現代の摩天楼を通して奇跡的にたち現れた. それは建築家たちが，われわれのプリミティヴ・スタイルに似通う独立した建築のスタイルから発想源を得ようとしているからにほかならない」.

★042——1ドル札に印刷された国璽に関する「至福千年」に基づく解釈については，Ernest Lee Tuveson, *Redeemer Nation–The Idea of America's Millennial Role,* Chicago/ London, 1968, p. 119.を見よ.「……後者の鷹(アメリカの紋章の鷹)が一方のつめで戦争の矢を持ち，もう一方で平和のオリーブの枝を持っていることは，地上の王国が待ち受ける宿命に関するミレニアリストの2通りの考え方を象徴している. 暴力的な悪の打倒と壊滅と，平和的な進歩である. 国璽の裏面に記されたモットー「Annuit Coeptis Novus Ordo Seculorum(時代の新秩序[アメリカ]の誕生告知)」が至福千年にとって重要な意味をもっていることは想像に難くない.「至福千年」の教義は，ヨハネの黙示録，XX, 1–5で預言しているとおり，千年もの間サタンの力が抑制されキリストが地上に君臨する豊かな時代が到来するという信奉に基づいている.「至福千年」のイデオロギーはアメリカ合衆国で強い支持を受け，とくにシェーカー教徒，ハーモニスト，オナイダ完全論者，末日聖徒(LDS)もしくはモルモン教徒などのコミュニタリアン諸派に浸透している(Dolores Hayden, *Seven American Utopias: The Architecture of Communitarian Socialism*, 1790–1975, Cambridge, Mass./ London, 1976).

★043——James Early, *Romanticism and American Architecture,* New York etc., 1965, p. 14.

★044——ニューヨークの論客たちは，恥じらいもなく彼らの功績をバビロンのもっとも繁栄した時代と比較した. *The History of Architecture and the Building Trades of Greater New York,* Vol. II, New York, 1899, p. 184.では，1857年の『ニューヨーク・タイムズ』紙から次のように引用している.「新世界の商業メトロポリスは，あと一歩でかのネブカドネザルが描いた空想を現実のものにしようとしている. 1857年4月3日の時点で『ニューヨーク・タイムズ』紙はこのように報道した」. この引用文が書かれた時期に，モーゼス・キングはその代表作'Views of New York' [*]を著していた.

★045——Washington Irving, op. cit., p. 61.

★046——熱烈な国民的建築様式の模索は，James J. Jarves, *The Art-Idea:Sculpture, Painting and Architecture,* New York, 1864 や Horatio Greenough, *The Travels, Observations, and Experience of a Yankee Stonecutter,* New York, 1852 が出版されるころには，かなり深刻化していた. 1876年の建国百周年記念に創刊された *Amer-*

(translatio imperii)」をもとにしていることからもわかるように，この考え方は当然新しいものではない．

★029——Frederick Jackson Turner, *The Frontier in American, History*, New York, 1921, p. 2/3.

★030——George Berkeley, *The Works*, III, Oxford, 1871, p. 231. オリジナルの'Verses on the Prospect of Planting Arts and Learning in America'は，1752年にバークリーの「論文集(*Miscellany*)」に収録されている．Ernest Lee Tuveson, op. cit., pp. 92–95も参照．

★031——トーマス・コールが1833年から1836年にかけて描いた連作「帝国の進路」は，最近Robert Geddes, 'The Forest Edge', *Architectural Design*, 52, no. 11/12, 1982, pp/2–23に再録された．5つの状態とは，「未開」「田園」「完成」「破壊」「荒廃」である．ここでは，「グレート・サークル」やバークリーの詩への言及は見当たらない．

★032——Schulte Nordholt, op. cit., p. 16; Walt Whitman, *Leaves of Grass,* edited by Sculley Bradley & Harold W. Blodgett, New York, 1973 (1965), p. 412(『草の葉』酒本雅之訳，岩波文庫，1998)．

★033——Walt Whitman, op. cit., editorial note, p. 411.

★034——William C. Conant, 'Will New York Be The Final Metropolis?', *The Century Magazine,* XXXVI (new series, IV), 1883, p. 688.

★035——Ibid., p. 689.

★036——Ibid., pp. 690, 693.

★037——ルイス・サリヴァンは*Autobiography of an Idea*, New York, 1956 (1924；『サリヴァン自伝』竹内大ほか訳，鹿島出版会，1977)のなかで，1891年のジョン・ルートとダニエル・バーナムによるメイソニック・テンプルが史上初めて「摩天楼」と呼ばれた建物であったことを回顧している．「ジョン・ルートによるメイソニック・テンプルが空高くそびえて〈摩天楼〉という名称が使用されるようになるまでは……(p. 316)．しかし，メイソニック・テンプルはきわめて反シカゴ風で，寄せ棟の屋根をもち過剰な装飾が施されていた．ジークフリート・ギーディオンのような，機能主義的で装飾を廃するシカゴ派の擁護者は，この殿堂が当時もっとも高い建物であったにもかかわらず，それを無視した(Sigfried Giedion, *Space, Time and Architecture*, Cambridge/ London, 1946, p. 301, 図177 [*])．ギーディオンの思想的後継者，カール・コンディットは，ルートがこの建物のデザインでは「摩天楼にはまだ不馴れ」で，むしろフラットルーフをもつモナドノック・ビルやグレート・ノーザン・ビルにその本領が発揮されているとまで言い切っている(Carl Condit, *The Chicago School of Architecture,* Chicago/ London, 1973 (1956), p. 106)．

★038——ここで使用している「往時(Illud tempus)」というフレーズは，Mircea Eliade, *The sacred and The Profane*, New York, 1961 (1957), p. 70 ff [*]から引用している．

★039——Athanasius Kircher, *Mundus Subterraneus*, 1682; Dutch translation: *De Onderaardse Wereld,* Amsterdam, 1682, lib. VIII, p. 29.

23–26.を見よ．G. H. Edgell, *The American Architecture of To-Day*, New York/ London, 1928ですでにフェリスによるドローイングのいくつかが「バビロン式の構成をもつテラスやジグラット」として紹介されている（pp. 371–375）.

★022——Rem Koolhaas, *Delirious New York, A Retroactive Manifesto for Manhattan*, New York, 1978, pp. 173–176 [*]; 'The Hanging Gardens of Babylon: A Vision of What the Future May or May Not Bring', *Literary Digest*, June 14, 1924, p. 31; 'The Hanging Gardens of Manhattan', in: Earle Shutz and Walter Simmons, *Offices in the Sky*, Indianapolis/ New York, 1959, pp. 172–179.

★023——Mircea Eliade, *The Sacred and the Profane, The Nature of Religion*, New York, 1961 (1956), p. 40/41 [*]. セットバック摩天楼は，その類型ができあがるとすぐに「ジグラット」と別称されるようになった．フランシスコ・ムジカは*History of the Skyscraper*, New York, 1929のなかで，H・D・アイヴスの1927年2月付の*The Voice*から引用してフレンチ・ビル（図09参照）について次のように言及している．「フレンチ・ビルの量感が，アッシリアのジグラット，もしくはバビロンにあった〈七惑星の塔〉などの観測塔を想い起こさせるように……」．偶然にも，フランク・ロイド・ライトもバベルの塔の先端を切り取り逆さにしたデザインに「ジグラット」と書き添えている（*Daidalos*, V, 15 September 1982, p. 13.を見よ）.

★024——この事例はレム・コールハースがそのすばらしい著作*Delirious New York*, 1978.12 [*]）のなかで指摘したコニーアイランドとマンハッタンとの関係に似ている．「19世紀と20世紀の合流点に登場するコニーアイランドは，マンハッタンの胎動期のテーマと幼児期の神話の孵化装置なのである．のちのマンハッタンを形成する戦略と機構は，まずコニーアイランドという実験室でテストされたのち，最終的により大きな島に適用される．コニーアイランドはマンハッタンの胎児である」.

★025——Athanasius Kircher, *Turris Babel*, Lib. II, cap. V, p. 51.

★026——Giuliano Gresleri and Dario Matteoni, *La Città Mondiale; Andersen, Hébrard, Otlet, Le Corbusier,* Venezia, 1982を見よ．とくに1912年のアンダーセンとエブラールによる「インターナショナル・ワールド・センター」のためのデザイン（pp. 21–36）とル・コルビュジエによる「ムンダネウム（1928）」（pp. 161–196）を参照．Stanislaus von Moos, *Le Corbusier: Elements of a Synthesis,* Cambridge/ London, 1979 (1968), pp. 243–245（『ル・コルビュジエの生涯―建築とその神話』住野天平訳，彰国社，1981）も参照．ル・コルビュジエが「ムンダネウム（世界博物館）」としてデザインしたバビロン式の塔がヘルムール，コーベット，フェリス，ケルクナーのプロジェクトに影響されているというフォン・モースの指摘は正しい（ibid., p. 244, n. 12）.

★027——最良の事例は，Thomas Adams, *Regional Plan of New York and Its Environs; The Building of the City,* Vol. II, New York, 1931に掲載されている．特記すべきはフランシス・S・スウェイルズによる正真正銘のバビロン風構成である．例：pp. 384, 385, 387, 419, 465.

★028——J. W. Schulte Nordholt, *Amerika, Baarn*, 1965, p. 15. 古代の「帝国の移動

★011——Robert Koldeway, *Das Wiederstehende Babylon*, Leipzig, 1925; Walter Andrae, *Babylon. Die versunkene Weltstadt und ihr Ausgräber Robert Koldeway*, Berlin, 1952.

★012——Fischer von Erlach, op. cit., 'Vorrede', p. 4 a [*].

★013——Mircea Eliade, *Images et Symboles, Essais sur le Symbolisme Magico-Religieux*, Paris, 1952, pp. 54 ff (『イメージとシンボル』前田耕作訳，せりか書房，1971). Anthony Vilder, 'The Idea of Type: The Transformation of the Academic Ideal', *Oppositions*, Spring 1977, 8, pp. 95–115.

★014——'Discourse on Architecture. By Sr. C. W.', *Parentalia, or the Memoirs of the Family of the Wrens*; viz. of Sir Christopher Wren (etc.)，息子クリストファーが編集し，孫のスティーヴン・レンが出版．London, 1750(復刻版，1965)pp. 1–3.

★015——Athanasius Kircher, *Turris Babel, sive Archontologia,* Amsterdam, 1679.

★016——R.W.B. Lewis, *The American Adam, Innocence, Tragedy, and Tradition in the Nineteenth Century*, Chicago/ London, 1975, p. 42.

★017——Washington Irving, *A History of New York from the Beginning of the World to the End of the Dutch Dynasty,... by Diedrich Knickerbocker*, London, 1900 (1809), p. 6.

★018——同上 p. 14.

★019——Ernest Lee Tuveson, *Redeemer Nation–The Idea of America's Millennial Role*, Chicago/ London, 1968, ch. IV,とくに pp. 94–97．本章注 42 も参照.

★020——いくつかの有名な建築物に関する記述を列挙しよう．グレイバー・ビル：「この建築は，巨大なバベルの塔の数々が，これらの塔を建てるまでにいたらしめた時代のエネルギー，われわれが生きる時代の成長，繁栄，進取の気性を支える巨大なエネルギーを象徴するものとなっていく兆候を示している」(S. J. Vickers, 'The Graybar Building', *Architectural Record,* LX II, 1927, p. 189)．；シンガー・ビル：「数千人の旅行者がこの〈バベルの塔〉を一目見るためにニューヨークまでやってきた」(W. Parker Chase, *New York–The Wonder City*, New York, 1932, p. 184)．；フラティロン・ビル：「1902 年にバビロンの時代以来世界で初めての摩天楼，フラティロン・ビルが 23 ストリートにたち現れた」(Charles A. Beard & Mary R. Beard, *The Rise of American Civilization*, London, 1949, Vol. II, p. 818)．；ウールワース・ビル：「現代のバベルの塔．過去の驚異が今日の現実となる」(*New York Staatszeitung*, Sonntagsblatt, 23 Juni, 1912, Heinrich Reinhold Hirsch, 'Der Moderne Thurm zu Babel'．建築家ハーヴィ・ウィリー・コーベットは，W・K・オルター＝ジェヴスキーとともに *Contemporary Babylon,* New York, 1933 を著している．ヒュー・フェリスによる *Metropolis of Tomorrow,* New York, 1929 は，バビロンの現代版とも言うべきものだった．フェリスは「それはどこかしらバベルの塔を想わせる」(p. 62)と記している.

★021——Hugh Ferriss, *The Metropolis of Tomorrow*, New York, 1929. Jean Ferriss Leich, *Architectural Visions–The Drawings of Hugh Ferriss,* New York, 1980, pp.

tra Wunderkammer e museo scientifico , Venice, 1986.として出版された．本稿も同書籍の pp. 176–194 に同タイトルだが多少異なるバージョンで掲載されている．

★001――John O'Henry,‘Psyche and the Pskyscraper’(1910), *The Complete Works of O'Henry*, Garden City, New York, 1953, p. 1564/5.

★002――Joseph Aug. Lux, *Ingenieur-Ästhetik*, München, 1910, p. 1.

★003――David Watkin, *The Rise of Architectural History*, London, 1980, p. 1 [*].

フィッシャーがジョヴァンニ・ピエトロ・ベローリと親交関係を持ち，ベローリの貨幣コレクションを古建築復元のために研究していたことに留意しなければならない．ベローリ修道院長はクリスティナ女王の宮殿に頻繁に出入りしていた．アタナシウス・キルヒャー神父も同様である．

現在の建築の思想，元型，類型(タイプ)，モデルを考えるうえで，ベローリの権威的かつ新プラトン主義的な学術論文，‘L'Idea del Pittore, Dello Scultore e Dell' Architetto, Scelta Dalle Bellezze Naturali Superiore Alla Natura’は，*Le Vite de' Pittori, Scultori et Architetti Moderni*, Rome, 1672 の序章であるという意味でも，もっとも重要な論文である．その考え方自体については，エルヴィン・パノフスキーの古典的研究，*Idea, A Concept in Art Theory*, New York, 1924(『イデア，美と芸術の理論のために』伊藤博明ほか訳，平凡社，2004)を見よ．建築史の編纂におけるアタナシウス・キルヒャーの役割については，今までまともに取りあげられたことがない．

★004――Rene Taylor,‘Architecture and Magic, Considerations on the Idea of the Escorial’, *Essays in the History of Architecture Presented to Rudolf Wittkower*, London, 1976, p. 90; Joseph Rykwert, *On Adam's House in Paradise, The Idea of the Primitive Hut in Architectural History*, New York, 1972, p. 120 [*]; Robert Jan van Pelt, *Temple van de Wereld, de Kosmische Symboliek van de Tempel van Salomo*, Utrecht, 1984, pp. 42 ff.

★005――フィッシャーはソロモン王の宮殿に明らかに重きを置いている．*Entwurff* (『歴史的建築の構想』)の初版で宮殿そのものを大きく取りあげたように，第５版の序章では「種々の骨董，エジプト，ギリシア，ローマ，近代様式)」と銘打って，列王紀第７章 23－26 節に描かれた宮殿前庭の伝説的な「真鍮の海」までも掲載している．

★006――Van Pelt, op. cit., p. 59 ff.

★007――Taylor, op. cit., p. 81.

★008――Marcello Fagiolo,‘Le Mervigle e il Meraviglioso’, *Psicon*, III, 7, 1976, p. 3/4.

★009――Fischer von Erlach, *Entwurff einer historischen Architectur*, Wien 1721, p. 36 and 37 [*].

★010――カール・グスタフ・ユングがあたかも曼陀羅を再導入し，方形と円形の組み合わせで 20 世紀中ごろの世界観を示しているように見えるが，この方法論は決して目新しいものではなく，西側諸国の建築と建築理念に不可欠なものとしてつねに存在していた．例えば，Hermann Kern,‘Abbild der Welt und heiliger Berzirk. Labyrinthstädte’, *Daidalos*, 15 März 1982, 2, pp. 10–25 を見よ．

編)』高橋正雄訳，早川書房，1969)．この重要な節に私の関心を向けたのはアントニー・ボダーだった．

★073——次の文献に再掲載されたものから引用．Charles Lockwood, *Manhattan Moves Uptown*, Boston, 1976, p. 277．この漫画はおそらく1年前の1880年に描かれたものだろう．次の文献も参照．William Bonner, *New York, The World's Metropolis,* New York, 1924; Albert Bigelow Paine, *Th. Nast, His Period and His Pictures,* Princeton, 1904, p. 444.

★074——本章注50参照.

★075——Jan Rutten and Hans Wijnant, 'Wolkenkrabbers zijn uitdrukking van vertrouwen in de toekomst'(摩天楼は未来に対する確信の表現である)．シザー・ペリのインタビュー(*Bouw,* Vol. 30, no. 11, 1983, special issue, *Wolkenkrabbers in New York*, p. 25)．植民地の終焉が目前に迫っても未来に対する確固とした信頼を持ちつづけた香港の熱狂的な建築活動以上にこの態度を説明するものはなかった．10億ドル近くをかけて，香港上海銀行は，イギリス人建築家ノーマン・フォスターの設計になるもっとも高い建物となるべき摩天楼に新しい本社を移そうとしていた(Peter Brusse, De Volkskrant, 15 December 1984, Saturday Supplement, p. 1)．

★076——*Real Estate Board and Builders' Guide*, Vol. 16, no. 402, November 27, 1875, p. 776.

★077——Athanasius Kircher, *Mundus Subterraneus of De onderaardse Weereld*, Amsterdam, 1682, book 8, p. 29.

第2章

＊「万物の復興」(Apokatastasis)とは，時が経過するなかで同じことがくり返されるとする永劫回帰思想のことをさす．ホルヘ・ルイス・ボルヘスは *Historia de la Eternidad* (1936；『永遠の歴史』土岐慎二訳，筑摩書房，1986)のなかで，使徒言行録第3章21節を原典とするこの言葉をうちたてた．ここではオランダ語訳の *Geschiedenis van de Eeuwigheid*, Amsterdam, 1985, p. 82から引用した．ミルチャ・エリアーデ *Le Mythe de l'Eternel Retour, Archetypes et Repetition*, Paris, 1949 [*]も参照.

本稿は1985年5月8日ローマ国会図書館にて，アタナシウス・キルヒャーとコレジオ・ロマーノに捧げられた会議(Athanasius Kircher e il Museo del Collegio Romano tra Wunderkammer e Museo Scientifico)で発表した小論に手を加えたものである．この会議は次の組織による資金提供と遂行により実現した．Ministero per i Beni Culturali e Ambientali, Il Università di Roma, 'Tor Vergata', Dipartimento di Ingegneria Civile e Edile, II Università degli Studi di Roma, 'La Sapienza', Facoltà di Scienze Matematische, Fisiche e Naturali.

会議の記録は，Maristella Casciato, Maria Grazia Iansiello, Maria Vitale, eds., *Enciclopedismo in Roma Barocca, Athanasius Kircher e il Museo del Collegio Romano*

★058──Thomas Eddy Tallmadge, *The Story of Architecture in America*, New York, 1936, p. 292.

★059──同上，pp. 293-294.

★060──敗北者としてのサーリネンの勝利ゆえに，*The Western Architect* は，背景に朝日をあしらったサーリネンのデザインをモチーフとする新しい飾り模様で戯れた(図23参照).

★061──'Dr. John Wesley Kelchner's Restoration of King Solomon's Temple and Citadel, Helmle & Corbett, Architects', *Pencil Points*, Vol. 6, no. 11, 1925, pp. 69-86.

★062──フェリスの図面をジョン・マーティンのものと関連づけるという発想は新しいものではない．次の文献を参照．Oechslin, *Skyscraper und Amerikanismus*, op. cit., n. 12, pp. 6-7.

★063──Mircea Eliade, *The Sacred and the Profane*, New York, 1961, pp. 20 ff [*].

★064──Eliel Saarinen, 'Project for Lakefront Development of the City of Chicago', *The American Architect and the Architectural Review*, 134, 1923, pp. 487-514. 次の文献も参照．Manfredo Tafuri, 'La montagna disincantata—Il grattacielo e la city', *La città Americana della Guerra Civile al New Deal*, Rome, Bari, 1973, p. 453; Mario Manieri-Elia, 'Trois architectes européens en Amérique: Eliel Saarinen, Mendelsohn, Neutra', *Archithese*, 17, 1976; *Metropolis* I pp. 16-17;Eliel Saarinen, *The City, Its Growth, Its Decay, Its Future*, New York, 1943, p. 193.

★065──Thomas Adams, *Regional Plan of New York and its Environs*, Vol. 2, *The Building of the City*, New York, 1931, pp. 384-385 (Swales), p. 387 (Price).

★066──Athanasius Kircher, *Turris Babel*, op. cit. キルヒャーは，ストラボンとヘロドトスの描写に従った.

★067──Francis Swales, 'The Architect and the Grand Plan—An Important Discussion of a Vital Topic', *Pencil Points*, Vol. 2, no. 3, March 1931, pp. 166-177. 節引用 pp. 167-174.

★068──David Watkin, *The Rise of Architectural History*, London, 1980, p. 1(『建築史学の興隆』桐敷真次郎訳，中央公論美術出版，1993). Bruno Taut, *Die Stadtkrone*, Jena, 1919. 彼はフィッシャー・フォン・エルラッハについて言及しなかったが，典拠はほぼ明らかである.

★069──Hans Aurenhammer, *J.B. Fisher von Erlach*, London, 1973, pp. 19-20; Harald Keller, Johann Bernhard Fischer von Erlach, *Entwurff einer historischen Architectur*, Dortmund, 1978 (Wien, 初版 1721), n.p.(「後記」) [*].

★070──Adolf Behne, 'Wiedergeburt der Baukunst', in: Taut, *Die Stadtkrone*, op. cit., p. 1160.

★071──Taut, *Die Stadtkrone*, op. cit., p. 93, 図60－61.

★072──Edgar Allan Poe, 'Mellonta Tauta', *Tales*, III, New York, 1914, p. 341 (Godey's Lady's Book, February 1849.に初出．「メロンタ・タウタ」『世界のSF(現代

1964, pp. 1–13)のなかで，この考え方を引きついでいる．

★046――J. J. P. Oud, ‘Bij een Deensch ontwerp voor de Chicago Tribune’, *Bouwkundig weekblad*, Nov. 10, 1923, p. 457.

★047――同上，pp. 457–458.

★048――Jacob Needlebaum, ed., *The Sword of Gnosis*, Harmondsworth, England, 1974, p. 148.

★049――Sigfried Giedion, *Space, Time and Architecture*, op. cit., p,24 [*].

★050――*The Origin of the Skyscraper, Report of the Committee Appointed by the Trustees of the Estate of Marshall Field for the Examination of the Structure of the Home Insurance Building*, Chicago, 1931. トールマッジは，建築家のグラハム，ショウ，シュミット，リード，そしてレボリからなる委員会の委員長だった．次の文献も参照のこと．Thomas Eddy Tallmage, *The Story of Architecture in America*, New York, 1936, pp. 180–181. 最初の摩天楼がどれかという探求は，建築の起源は始原の小屋の再構築のなかに見出せると考えた「esprits simples」のいくぶん天真爛漫な楽観主義と似ている．次の文献を参照のこと．Joseph Rykwert, *On Adam's House in Paradise–The Idea of the Primitive Hut in Architectural History*, New York, 1972(『アダムの家：建築の原型とその展開』黒石いずみ訳，鹿島出版会，1995).

★051――*The International Competition for a New Administrative Building for the Chicago Tribune* 1922, New York, 1980, p. 3.

★052――オランダ人建築家のH.J.M.ワーレンカンプは次のように書いている．「彼(サーリネン)は旧世界が建てたであろう塔を設計した(*De bouwwereld*, Vol. 23, No. 20, 1923, p. 1)．

★053――J.J.P.アウトの反応も同じ調子だった(本章注44参照)．J. Huizinga, *Mensch en menigte in Amerika*, Haarlem, 1918; J. Huizinga, *Amerika-levend en denkend*, Haarlem, 1926.

★054――J. Huizinga, *Amerika—levend en denkend*, op. cit., pp. 173–174. とくに以下の文献を参照のこと．Roland van Zandt, *The Metaphysical Foundations of American History*, The Hague, 1959, p. 34:「アメリカの精神のもっとも深い仮定は，それ自体と奇妙にも争い，その現実を否定しようとする仮定である．これは，理論と実践，精神と行動，観念と事実の間には分裂があるという哲学的二元性の大仮定である」．

★055――同上，p. 174.

★056――この歴史的クリーシェ(決まり文句)に説明は必要ないだろう．「模倣的で折衷的な建築は，トリビューンでほぼ終息したが，古典と中世様式に対する情熱は，ついに力尽きるまでその後2年間生きつづけた」．Carl Condit, *Chicago 1910–1929, Building, Planning and Urban Technology*, Chicago, 1973, p. 114.

★057――シェルドン・チェニーの著書(Sheldon Cheney, *The New World Architecture*, New York, 1930)は，アメリカではなく，モダニストのユートピア一般を参照している．この本は，ヨーロッパ大陸ではあまり宣伝されなかった．

★035——Walter Curt Behrendt, *Der Sieg des neuen Baustils*, Leipzig, 1927．この小冊子の表題が示唆するように，建築分野の発展は，軍隊の歴史に匹敵すると考えられた．戦闘がくり広げられ，勝利が勝ち取られ，敗北を味わわされた．

★036——Nikolaus Pevsner, *An Outline of European Architecture*, Harmondsworth, 1963, p. 446(『ヨーロッパ建築序説新版』小林文次ほか訳，彰国社，1989)．

★037——Sigfried Giedion, *Space, Time and Architecture*, op. cit., p. 311 [*].

★038——同上，p. 311.

★039——同上，p. 312.

★040——同上，p. 311–312.

★041——Walter Curt Behrendt, *Modern Building*, New York, 1937, p. 110．ホアン・パブロ・ボンタは，自著 *Architecture and its Interpretation* (New York, 1979)のなかで，いかに建築写真がいくつかの建築が公認される過程において錯覚をおこす操作の手段となったか，面白おかしく説明した．カーソン・ピリー・スコット百貨店が典型的な例として示されている．普通なら見えない窓を縁取る奥まったモールディングが見えるように上層階を斜めから撮った写真を最初に見せたのはウィリアム・ジョーディである (*American Buildings and Their Architects*, Vol. 3, *Progressive and Academic Ideals at the Turn of the Twentieth Century*, Garden City, New York, 1976, pp. 140–141)．著書 p.311 の図 183 としてギーディオンが示した裂け目のある写真は，おそらく彼のサリヴァンに対する評価のよりどころである 1935 年に出版されたモリソンの本(第 5 章注 25 参照)からとられたものにちがいない．

★042——Walter Curt Behrendt, *Der Sieg des neuen Baustils*, p. 121; Sigfried Giedion, *Space Time and Architecture*, op. cit., p. 312 [*]．装飾の責任を，つまるところモリソンの「主な情報源」だったエルムスリーに転嫁するというのはヒュー・モリソンのアイディアだった．次の文献も参照．William Jordy, *American Buildings and Their Architects*, op. cit., Vol. 3.

★043——Hendrik P. Berlage, *Amerikaansche reisherinneringen*, op. cit., pp. 34–35.

★044——同上，p. 35. Cf. Tom van Leeuwen, 'De commerciële stijl', *Americana*, Otterlo, 1975, p. 78.

★045——Sigfried Giedion, *Space, Time and Architecture,* p. 312 [*]．芸術上の自由思想と前の時代の寛容を理解することに明らかに失敗したマンフォード，ペヴスナー，ギーディオン，モリソンは，19 世紀は「混乱」と「内なる葛藤」の時代であると信じた．ギーディオンは，フランスは内なる矛盾に満ちていると確信していた．「この国は，頑強なアカデミズムの国である一方……絵画と建造物はフランスなくしては考えられない」(Sigfrid Giedion, *Mechanization Takes Command, A Contribution to Anonymous History*, New York, 1969, p. 496)．「考えられない(inconceivable)」という言葉は，彼らの歴史認識に特徴的である．もっとも忠実なギーディオンの信奉者であるカール・コンディットは，自著(*The Chicago School of Architecture*, Chicago/ London, *the Chicago Tribune* 1922, New York, 1980, p. 10.

★022——ヨーロッパ人は，アメリカの語法における「世界」という言葉の相対的価値を見逃さなかった．例えば，ポール・ブラグドンは次のように書いている．「控えめな広告でも〈世界一〉，ボクシングの勝者が〈世界チャンピオン〉……純朴さは失われ，山師が登場する」*Outre-Mer*. I. p. 54.

★023——シカゴ・アート・インスティテュートの建築部門キュレーター，ジョン・ズコウスキーに宛てた1979年3月23日付のミネの手紙より．この有益な関連づけをを手助けしてくださったズコウスキー氏に感謝する．

★024——Frank Lloyd Wright, *Ausgeführte Bauten und Entwürfe/Studies and Executed Buildings*, Berlin, 1910, Introduction, n.p.

★025——「サリヴァンは，このデザインを，彼が唱道者であり模範であった原理の再来であり進展として認めた．すべての図面を前もって見たライバルのバートラム・グッドヒューは，サーリネンのデザインは比類なくすばらしいもので，他を超越していたと私に語った． そしてそれは，専門家も素人も一致した見解だった」． Claude Bragdon, *The Frozen Fountain*, p. 31. より詳細な解説は第5章246頁以下および同章注110，111，112参照．

★026——Sigfried Giedion, *Space, Time and Architecture*, Cambridge, Mass., 1946, p. 303 [*],および Montgomery Schuyler, 'Architecture in Chicago: Adler and Sullivan', *The Architectural Record* , 1895, p. 8.

★027——Nikolaus Pevsner, *Pioneers of the Modern Movement, from William Morris to Walter Gropius*, London, 1936, p. 20 [*].

★028——Colin Rowe, 'Chicago Frame', *The Mathematics of the Ideal Villa, and other Essays*, London, 1967, p. 90.

★029——Sigfrid Giedion, *Space, Time and Architecture*, op. cit., p. 314 [*].

★030——Paul T. Frankl, *New Dimensions, The Decorative Arts of Today in Words and Pictures*, New York, 1928, p. 52. 近代建築の「親であり預言者」としてのサリヴァンについては，次の文献を参照．F. Pokinski, *The Development of the American Modern Style*, Ann Arbor, Michigan, 1984, p. 57.

★031——Hendrik P. Berlage, *Amerikaansche reisherinneringen*, Rotterdam, 1913, p. 33.「……アメリカにおける近代建築の先駆者の名誉はサリヴァンに帰する」．

★032——Henry-Russell Hitchcock, *Modern Architecture, Romanticism and Reintegration* (1929)，再版 New York, 1970, p. 110. 彼は，フィスケ・キンバルの引用を言い換えたようだ. Dimitri Tselos, 'The Chicago Fair and the Myth of the "Los Cause"', *J.S.A.H.*, 26, December 1907, pp. 259–268. そしてより最近のものとして Deborah Pokinski, op. cit., pp. 3–4, 20 ff.を参照.

★033——Lewis Mumford, *The Brown Decades: A Study of the Arts in America*, 1865–1895, New York, 1971, p. 64.

★034——同上，p. 64.

Europa und Amerika, pp. 4–12 および Manfredo Tafuri, '"Neu-Babylon": Amerikanismus', *Archithese*, 20, 1976, pp. 12–15; (*Metropolis 3*), *Amerikanismus, Skyscraper und Ikonografie*. アメリカ建築に関する 3 巻からなる重要な文献を送ってくださったスタニスラウス・フォン・モース教授に感謝する．以下の文献も参照．Daniele Baroni, *Grattacieli–Architettura Americana tra Mito e Realtà* 1910–1939, Milano (Electa), 1979, p. 5, また前注 11. 挿絵として，第 2 章図 19 参照.

★013——フェリスとムジカの仕事はサリヴァンのものに比べて知名度が低いと思われるため，以下の文献をあげておく．Claude Bragdon, *The Beautiful Necessity*, London, 1922(初版 1910), Irving Pond, *The Meaning of Architecture,* Boston, 1918．そして，ハーヴィ・ウィリー・コーベットによる名著：Harvey Wiley Corbett, 'America Builds Skyward', *America as Americans See It*, New York, 1932, p. 44–52．この本は明らかにヨーロッパ人のために書かれたものである．ブラグドンのフェリスに関する見解は，*The Frozen Fountain*, New York, 1932, p. 32 に由来する.

★014——このテーマに関する基礎研究には，以下の文献がある．Mircea Eliade, *Le mythe de l'eternel retour*, Paris, 1949(『永遠回帰の神話』堀一郎訳，未来社，1963).

★015——Irving Pond, *The Meaning of Architecture*, Boston, 1918, p. 11.

★016——Louis Althusser, 'Les défauts de l'économie classique, Esquisse du concept de temps historique', *Lire le capital,* Paris, 1968, pp. 112–149．および Fernand Braudel, *Civilisation matérielle, économie et capitalisme*, *XVe–XVIIIe siècles*, I–III: *Les structures du quotidien, Le possible et l'impossible; Les jeux de l'échange; Le temps du monde*, Paris, 1979(『物質文明・経済・資本主義：15－18 世紀』1－3，村上光彦ほか訳，みすず書房，1985－99)．エルヴィン・パノフスキーは，「短い期間同様，〈膨大な期間《メガピリオド》〉」を区別した彼の論文 '"Renaissance"—Self-Definition or Self-Deception' において，歴史的時間の二面的アプローチについて示唆している(Erwin Panofsky, *Renaissance and Renascences in Western Art*, London, 1970, p. 4. 1944 年初版，1965 年と 1970 年に改訂).

★017——「地質学的時間」という考え方は，以下の文献から借用した．P. Th. Hugenholtz, *Tijd en creativiteit*, Amsterdam, 1959．この文献をはじめとする興味深い書籍に私の関心を向けてくれた哲学者のフォンス・エルダースに感謝する.

★018——この用語は，以下の文献からとったものである．Claude Bragdon, *The Beautiful Neccessity*, London, 1922, p. 34．ブラグドンは，相反する力の法則を有名なティエポロの絵画に基づいたドローイングを用いて説明している.

★019——Walter Curt Behrendt, *Der Sieg des Neuen Baustils*, Stuttgart, 1927, p. 11.

★020——いわゆる 19 世紀における建築家と技術者の敵対心は，二つの相反する力として描写された，建築と構造物の神話的な人格化の結果のように思える(以下の文献参照. Peter Collins, *Changing Ideals in Modern Architecture*, 1750–1950, Montreal, 1967, pp. 128–149).

★021——*The International Competition for a New Administration Building for*

動機を形で表現する．建物は，ウールワース氏の死後に生命をもたらすものであり，同時に技術的進歩を実証するものであった（第３章参照）．

★002——Paul Bourget, *Outre-Mer, notes sur l'Amérique*, Paris, 1895, Vol. 1, p. 39.

★003——この分野のもっとも徹底した研究は次の文献である．Lewis A. Dudley, 'Evaluations of American Architecture by European critics, 1875–1900'（ウィスコンシン大学博士論文，1962，未出版）．この分野は，しかしながら，建築を専門とする建築ライターと雑誌に限られている．

★004——Athanasius Kircher, *Turris Babel, sive Archontologia, Amsterdam*, 1679; Johann Bernhard Fischer von Erlach, *Entwurff einer historischen Architectur,* Dortmund, 1978（Wien，初版 1721；『歴史的建築の構想・注解』中村恵三編，中央公論美術出版，1995）．

★005——Karl Lamprecht, *Americana*, Freiburg i.B, 1906, p. 81.

★006——Hendrik P. Berlage, *Amerikaansche reisherinneringen*, Rotterdam, 1913, pp. 6, 7, 10. この詩の作者の名前をいまだ突き止めることができていない．

★007——Rem Koolhaas, *Delirious New York*, New York, 1978, pp. 217/218 [*].

★008——ル・コルビュジエは，『伽藍が白かったとき』（1937；生田勉ほか訳，岩波書店，1957）のなかで，摩天楼はそれを設計した建築家にかかわらずそれ特有のスタイルを見出すべきであり，その成長がバベルの塔としてのみ説明されうることを確信している．「唯一，バベルの塔の神話のみが今日も生きのびている」（p. 62）．

★009——オランダのテレビ局が最近，オランダ人の合衆国移民に関する興味深い視点を提示した番組を放送した．議論は主に，移民たちが期待はずれだったとは認めたがらなかった点に注目していた．飢えと貧しさの時代においても，彼らが祖国に送った手紙は，すてばちの陽気さと豊かさと好況を自慢する逸話で満ちていた．明らかに，飢えと貧しさという物理的な現実よりも，物質的豊さがもたらす希望に対する移民たちの信念が勝っていた．Arthur Holitscher, *Amerika, Heute und Morgen, Reiseerlebnisse*, Berlin, 1923, pp. 98 ff. も参照のこと．

★010——J. W. Schulte Nordholt, *Amerika, land, volk, cultuur*, Baarn, 1965, p. 11. この文献の最初の章において，著者は「新世界の過剰な神話的価値」を有する大陸としてのアメリカについて詳細に述べている．とりわけ，アメリカが創造の完成，先立つ偉大な文化の最後の実現，そして死と復活の大陸（ジョン・ドン：「すべての平らな地図において東西はひとつであるように〈私もひとつである〉，死も復活につながっている」）と説明された「グレート・サークル」の理論はたいへん参考になる（同上，p. 10）．

★011——Washington Irving, *A History of New York, from the Beginning of the World to the End of the Dutch Dynasty*, *by Diedrich Knickerbocker,* London, 1900（初版 1809）, pp. 13, 61. ニッカーボッカーの「聖ニコラスの庇護のもとオランダからギベット島（首吊り島）に漂泊した巨大な方舟（そこから奇妙な動物が下船した）の記述を含む」という記述は，創世記 9 および 10（部分的に）のパロディである．

★012——Werner Oechslin, *Skyscraper und Americanismus, Mythos zwischen*

★031——前出注 7 参照.

★032——「天空志向」は，次の会議で発表された．*American Architecture: Innovation and Tradition*, Columbia University, Graduate School of Architecture and Planning, New York, April 21–24, 1983．また，多少変更したものが次の文献に掲載された．*American Architecture: Innovation and Tradition*, David G. De Long, Helen Searing, and Robert A. M. Stern eds., New York, 1986, pp. 57–83.

「万物の復興，あるいは摩天楼の再興」は，次の会議で発表された．*Athanasius Kircher e il Museo del Collegio Romano tra Wunderkammer e museo scientifico*, Biblioteca Nazionale, Rome, May 8, 1985．また，その後，同じタイトルで出版された（Marsilio editori, Venice, 1986, pp. 176–195）.

「聖なる摩天楼と世俗的な大聖堂」は，1984 年 5 月に，ロンドンの AA スクールにおける二つの講義として発表され，その後以下の文献に同タイトルで掲載された．*AA Files, Annals of the Architectural Association School of Architecture*, 8, January 1985, pp. 39–57.

「自然成長の神話」は，次の会議で発表された．*L'Americanisme et la modernité*, organized by l'École des Hautes Études en Sciences Sociales, Institut Français d' Architecture and The American Center, 1985, October 23–25．講演集録は現在準備中.

第1章

＊このタイトルは，モーゼス・キングが 1905 年に *King's View of New York*（抄訳『100 年前のニューヨーク』鈴木智子訳，マール社，1996）のなかで，「前の橋梁局長官だったグスタヴ・リンデンタールおよび建築家のヘンリー・E・ホーンボステルとジョージ・B・ポストによって計画された 45 階建，高さ 650 フィート（198 m）の巨大な建物のデザイン」につけたキャプションから借用している（序章図 03 参照）．この研究論文の初出については序章注 32 参照.

★001——マグダ・レベス＝アレキサンダーのやや時代遅れの研究（Magda Révész-Alexander, *Der Turm als Symbol und Erlebnis,* The Hague, 1953）を除いて，塔の図像学，イデオロギー，そして意味論に関する包括的な研究で目に留まったものはない．しかしながら，ある特定の種類の塔に関する興味深い研究はいくつかある．Wolfram Prinz, *Schloss Chambord und die Villa Rotonda in Vicenza*（Berlin: Frankfurter Forschungen zur Kunst, 1980）および Johann-Christian Klamt, 'Der runde Turm in Kopenhagen als Kirchturm und Sternwart', *Zeitschrift für Kunstgeschichte* 38, 1975, pp. 153–170．である．記念の塔は，しかるべき永遠性の価値を天国に届くことによって表現する（*Encyclopedia of Religion and Ethics*, James Hastings, ed., New York, 1913, p. 745 参照）．一方，進歩の塔は，同じく空へと向かうが，理由が異なる．それは，天と地を結ぶというよりも，重力の法則に対する挑戦である．ひとりの人物の業績を称えるために設計されたウールワース・ビルのような摩天楼は，しばしば二つのよって描写される．建築史においては，勢力はそれぞれ「工学」と「建築」に置き換えられる．(7)大衆を満足させたいという欲求において，神話は大量の感覚と意味をその発現にまとわせる．ゆえに，ジャンバッティスタ・ヴィーコが *Scienza Nuova*（1728；『新しい学』［世界の名著33『ヴィーコ』］清水純一ほか訳，中央公論社，1979）のなかで「神の寓話は風俗の真の歴史である」と述べているように，神話はしばしば，真実とデータを連ねるよりもある文化について伝達する．

本書において，私は神話をその反対のものに置き換える，つまり虚偽を真実に置き換えることを意図していない．私が試みたのは，ある神話を，これまで不問に付されてきた芸術的創造の問題に，より適切かつ確かで効果的な洞察を提供してくれる神話に取り替えることである．

★022――Maurice Girodias, ed., *The Olympia Reader*, New York, 1965, p. 326.

★023――William R. Lethaby, *Architecture, Mysticism and Myth*, New York, 1975（初版1891）, p. 4.

★024――同上 p. 127.

★025――Mircea Eliade, *The Sacred and the Profane, The Nature of Religion*, New York, 1961（初版1957）, pp. 29–36（『聖と俗』風間敏夫訳，法政大学出版局，1969）．神話は，歴史的らしきものに関連づけられ，もうひとつの秩序をつくりだす．神話的思考は，始まりと終わりがはっきりと確定された論理的連続を前提とする．注意のほとんどは，適切でなにより説得力のある説明が見出される「ものごとの源」に注がれる（前出の注21参照）．

★026――George Holme, 'Famous Towers', *Munsey's Magazine*, XII, February 1895, 5, p. 518.

★027――Henry James, *The American Scene*, London, 1907, p. 78（「アメリカ印象記」『アメリカ古典文庫10』青木次生訳，研究社，1976）．

★028――Louis H. Sullivan, 'The Chicago Tribune Competition', *The Architectural Record*, LIII, January 1923, p. 153:「このようにシカゴ・トリビューン・ビルによって明らかにされた美への切望は，本質であり活気に満ちたハイロマンスに鼓舞された」等々．この一節は，1922年の有名なシカゴ・トリビューン社設計競技を記念した1923年の豪華版におさめられている（*The International Competition for a New Administration Building for the Chicago Tribune, MCMXXII*, Chicago, 1923, p. 2）．

★029――Narciso G. Menocal, *Architecture as Nature: The Transcendentalist Idea of Louis Sullivan*, Madison,Wis., 1981, pp. 149–151.

★030――Frank Lloyd Wright, 'The Art and Craft of the Machine', *Chicago Architectural Club Catalogue of the 14th Annual Exhibition*（1901）．レイナー・バンハムは，機械を自らの利益のために用いた建築家というヨーロッパにおけるライトの受け取り方は，実際の文章を見ずにライトの講演のタイトルを勝手に解釈した結果だと指摘している（Rainer Banham, *Theory and Design in the First Machine Age*, London, 1972, p. 146;『第一機械時代の理論とデザイン』石原達二ほか訳，鹿島出版会，1976）．

た．例えば，ダニエル・バーナムは「摩天楼の父のひとり」だった（Starrett, op. cit., p. 7）．

★019――Carl W. Condit, *The Chicago School of Architecture, A History of Commercial and Public Building in the Chicago Area*, 1875–1925, Chicago/ London, 1973, pp. v–vii, 1–13; Winston Weisman, 'Carl W. Condit, The Rise of the Skyscraper, The Genius of Chicago Architecture from the Great Fire to Louis Sullivan', book review in: *J.S.A.H.*, XII, October 1953, pp. 30–31.

★020――Winston Weisman, 'The Commercial Architecture of George B. Post', *J.S.A.H.*, XXXI, March 1972, pp. 176–203.

★021――現状の文脈では，神話と神話体系の適切な一般的定義をつくることはきわめて困難である．アメリカの摩天楼の源流に関する問いを扱ううえで，私は範囲を限定し，主に文化，宗教史，文化人類学の研究における神話と神話体系の扱いに重点をおくべきだと考えた．「神話」の実用的な使い方の主な要素を以下の資料から抽出することを試みた．Ernst Cassirer, *Philosophie der symbolischen Formen*, II, *Das mythische Denken*, Berlin, 1925（『シンボル形式の哲学』第２巻，神話的思考，生松敬三ほか訳，岩波文庫，1991）; Mircea Eliade, *Mythes, rêves et mystères*, Paris, 1957（『神話と夢想と秘儀』岡三郎訳，国文社，1972）；Claude Lèvi-Strauss, *The Raw and the Cooked* (*Le cru et le cuit*), New York, 1975（初版 1964；『神話論理Ｉ生のものと火を通したもの』早水洋太郎訳，みすず書房，2006）; Claude Lévi-Strauss, *Structural Anthropology* (*Anthropologie structurale*) New York, 1963（初版 1958；『構造人類学』荒川幾男ほか訳，みすず書房，1972）．

これらの資料から得られる結果およびこの問題特有の性質を考えると，以下の要素を考慮に入れる必要がある．アメリカの摩天楼は，関係者を驚かせながら，なかば意識的な自然生長性の雰囲気のなかで生まれた．短期間のうちに摩天楼の源流が暫定的に再構築されたとき，適切な理論的解釈とともに，その出現の原因と性質が即座に示された．私があえて神話的とよんだ結果生まれた構造は，以下の要素から構成される．(1)混沌とした無秩序な過去が必要な手がかりを残さなかったとしても，源流に対する「なぜ(why)」，そして「いかに(how)」という問いは，位置づけられ解決されなければならない．(2)無秩序と非合理性は「いかに」という問いのなかで説明される．(3)「なぜ」という問いを「いかに」という観点から説明することの利点は，「あいまいな」観測の不在と制御可能なデータと事実の処理である．(4)議論のレトリックは主にもっとも細かい詳細の信頼性の高さに帰する．大衆を納得させる神話的判断は，一般的な所説を嫌い，データと事実と因果関係の論理が大いなる皮肉屋でさえ拒否することができないほど凝縮され，適宜整理された部分を注視する．つまり，大きく複雑な問題が小さく簡単なものに縮小される．(5)神話はきわめてレトリックの力に頼るところが大きいため，大衆の果たす役割はもっとも重要である．したがって，この問題は，身元の証明が容易なように提示されなければならない．(6)身元の証明を容易にするために，この問題の要素は「人間化」されなければならない．つまり，反対勢力が紹介されることによって．例えば美術史において，美術の進歩の神話は，「アヴァンギャルド」とブルジョアの保守主義にィットと分かちあったこの理由づけは，おそらく論理的には説得力をもつものの，甚大な語義上の誤解をもたらした．エクイタブル・ビル(ワイスマン，前掲書中，p. 119，図3−6)は確かに「エレベーターの可能性を実現した」かもしれないが，エレベーターは，その5階分といわず，3階分のナポレオン3世の低い張り出しの外観も変えることはまったくできなかった．エクイタブル・ビルこそは，摩天楼を定義するために選ばれた用語の無力さの証明であろう(図01)．最近の研究からは，この種のものを取り扱うのは控えておこう．摩天楼は，この用語が伝達された瞬間に現代人のイマジネーションに現れるものすべてである．誰しも摩天楼が何たるか知っている．すなわち空(天)を摩(こ)するものである．上昇の対象は雲ではなく，はるかに野心的に，空なのである．摩天楼のデノテーション(明示的意味)は一様だが，コノテーション(暗示的意味)は活動停止状態である．これらのコノテーションを活性化することがこの研究の目的である．1975年に一度「とてもとても高く見えるという野心を明らかに表明した建物」とそのアウトラインを描いたことがある(Thomas van Leeuwen, 'De commerciële stijl', *Amer-ican, Nederlandse architectuur*, 1880–1930, Otterlo, 1975, p. 58)．私はこの初期の立場を変える必要性はないと考えている．逆に，以下のエッセイはこの立場を援護し，商業建築が「目立ち」，「話題になり」，野心的で，まもなく「摩天楼」となった不思議な要因を洞察している．「最初」がどれかという問いに対する包括的な対応は以下の文献を参照．J. Carson Webster, 'The Skyscraper: Logical and Historical Considerations', *J.S.A.H.*, XVIII, 4, Dec. 1959, pp. 126–140.

★012――Col. W. A. Starrett, op. cit., p. 1.

★013――同上 p. 2.

★014――同上 p. 26．第2章「万物の復興，あるいは摩天楼の再興」(74頁以下)および，ヨーゼフ・アウグスト・ルックスの著書の序における記憶すべき所見も参照．「大衆は技術が人間の観念を実現するさまを未だ目にしていなかった．技術は夢や詩，ユートピアとして描かれなかったものを実現することはできない．……バベルは人間には完成できない塔の象徴になった．バビロンの超人的な塔は人類の夢．しかし今日の技術はこの夢を実現し，地上のもっとも高い塔すら矮小化するような摩天楼を建設した」(Joseph Aug. Lux, *Ingenieur-Ästhetik*, München, 1910)．

★015――Ayn Rand, *The Fountainhead*, New York, 1971(初版1943；『水源』藤森かよこ訳，ビジネス社，2004)．ハワード・ロークは，学ぶために学校に行ったという印象を与えなかった．彼はすでに知っていたのである．スタントン工科大学を退学になったが，ロークの知性への疑念を避けるために，彼の数学の教授同様，工学の教授も，彼を守る「十字軍のような」役割を演じたことが強調された(p. 20)．

★016――Col. W. A. Starrett, op. cit., pp. 4/6.

★017――同上 p. 4.

★018――ウィリアム・ル・バロン・ジェニーが摩天楼の「父」と考えられた事実は，摩天楼がシカゴで「生まれた」とされ，擬人化されがちの摩天楼の概念の性向を表している．スタレットにとって，摩天楼の父がひとり以上いるかどうかはとるに足らないことであっンは，『空間·時間·建築』のなかで，シカゴ·モデルを最大限に取りあげ，ペヴスナーは彼の最新の著書である *A History of Building Types* (London, 1976)のなかで，「〈20世紀のスタイル〉の最初の一歩は，……何年か先にシカゴで踏みだされた」(p. 218)となんのためらいもなく述べている．

★009——Oswald W. Grube, Peter C. von Seidlein & Wend Fischer with a contribution by Carl W. Condit, *100 Jahre Architektur in Chicago, Kontinuität von Struktur und Form*, Die Neue Sammlung, Staatliches Museum für angewandte Kunst, München, 1973, p 3.

★010——Paul Goldberger, *The Skyscraper*, New York, 1981, p. 42 [*].

★011——Col. W. A Starrett, op. cit., p. 4.「その(摩天楼の)歴史について書いた本がいまだ無いことを知った」．彼は摩天楼がほとんど尽きることのない魅力の問題であることを証明したと述べる．とりわけこの特定の対象をめぐる悲劇的な状況は，(a)モノとして科学的に説明し，かつ(b)概念のインパクトを損なわずに定義するのが難しい点にある．物質的な側面に集中するあまり定義の論理的な過程において摩天楼の本質的な意味を完全に破壊してしまい，中途半端にその地位が低められてしまった．例えばウィンストン·ワイスマンは，1953年の記事('New York and the Problem of the First Skyscraper', *J.S.A.H*. [*Jurnal of the Society of Architectural Historians*], XII, March 1953, pp. 13–21)を，半世紀前にモンゴメリー·シュイラーが 'The "Skyscraper" Up To Date' (*The Architectural Record*, VIII, January–March 1899, p. 232)で示した先例に従って書きはじめている．シュイラーは，最初の摩天楼はニューヨーク·トリビューンとウェスタン·ユニオン·ビルであり，その理由はこの二つのビルが「エレベーターの可能性が実現された最初のオフィスビル」であり「当時のロウワーNYのスカイラインにおいて，教会の尖塔を除いて，この二つのビルが一段高くまた離れていたために他に比べてはるかに目立った」からだと主張した．しかし1970年にメトロポリタン美術館で開かれた百周年記念展覧会「アメリカ建築の興隆」展にさいして，ワイスマンはシュイラーの見解から離れ，エレベーターが，そしてエレベーターのみがこの二つのビルの垂直方向の高さを押しあげたとする原理をきわめた理論を展開した．'A New View of Skyscraper History' (*The Rise of American Architecture,* Edgar Kaufman, Jr., ed., New York/ Washington/ London, 1970, p. 125)のなかで彼は次のように公言している．「熟考の末，私は初期の立場を変えたいと思う．〈最初の摩天楼〉として，私はニューヨークに1868年から1870年にかけてギルマン&ケンドールとジョージ·P·ポストによって建てられたエクイタブル生命保険会社社屋に一票を投じる．その理由は，このビルこそ，エレベーターの可能性が実現された最初のオフィスビルだからである」．そして，ワイスマンはわずか5階建，高さ130フィート(40 m)のこのビルが後続の二つのビルほど「目立」たず「話題」にならなかったことを認めざるをえなかったが，それでも，「ひとたびエクイタブル·ビルによって高さの障壁が破られるや，わずか数年の間に他のビルが瞬く間にたちあがることの証明とみるべき」という意味で，高さにおいてある程度の「跳躍」を示した．10年ほど前に似たような見解を示したシカゴの論敵カール·コンデ

ture in America, New York, 1927; S. Fiske Kimball, *American Architecture*, Indianapolis, 1928; Sigfried Giedion, *Space, Time and Architecture, The Growth of a New Tradition*, Cambridge, Mass., 1941(『空間・時間・建築』太田実訳，丸善，1954); James M. Fitch, *American Building, I, The Historical Forces that Shaped It; II, The Enviromental Forces that Shaped It*, Boston, 1947; Carl W. Condit, *The Rise of the Skyscraper,* Chicago, 1952(序章注 19 参照); Henry-Russell Hitchcock, *Architecture: Nineteenth and Twentieth Centuries*, Harmondsworth, 1958; James M. Fitch, *Architecture and the Esthetics of Plenty*, New York/ London, 1961; John Burchard and Albert Bush-Brown, T*he Architecture of America, A Social and Cultural History*, Boston/ Toronto, 1961; Wayne Andrews, *Architecture, Ambition and Americans, A Social History of American Architecture,* New York, 1964; Vincent Scully, *American Architecture and Urbanism*, London, 1969(『アメリカの建築とアーバニズム』上・下，香山壽夫訳，鹿島出版会，1973); *The Rise of an American Architecture*, Edgar Kaufmann, Jr., ed., New York/ Washington/ London, 1970; Leland M. Roth, *A Concise History of American Architecture*, New York, 1979; Paul Goldberger, *The Skyscraper,* New York, 1981(『摩天楼：夢の尖塔』渡辺武信訳，鹿島出版会，1988); G. H. Edgell, *The American Architecture of Today,* New York, 1928.

次の著書は，摩天楼の解釈を多少異にしている． G. H. Edgell, *The American Architecture of Today,* New York, 1928; Sheldon Cheney, *The New World Architecture*, New York, 1932; Charles H. Whitaker, *The Story of Architecture from Rameses to Rockefeller*, New York, 1932; Rem Koolhaas, *Delirious New York*, New York, 1978(『錯乱のニューヨーク』鈴木圭介訳，筑摩書房，1995)が伝統的な意見の有効性を初めて問うたのに対し，William H. Jordy, *American Buildings and their Architects*, III & IV, Garden City, New York, 1976 は注意深く中立的な調和を保っている．

★008――「近代運動」という言葉は，次の著書があつかった 20 世紀の特定の神話的かつ歴史的言説の再構築を意味している．Nikolaus Pevsner, *Pioneers of the Modern Movement, from William Morris to Walter Gropius*, 1936(『モダン・デザインの展開：モリスからグロピウスまで』白石博三訳，みすず書房，1973); Sigfrid Giedion, *Space, Time and Architecture, The Growth of New Tradition*, 1941 [*] ; Henry-Russel Hitchcock, *Modern Architecture-Romanticism and Reintegration*, 1929.

[*]：原注に邦訳既出(以下同)

ペヴスナーは「正真正銘の適切な私たちの世紀のスタイル」(第 1 刷，p. 41)あるいは「私たちの時代に承認され，受け入れられたスタイル」(1974 年以降の版，p. 179)と形容し，様式的に近代運動の概要を描いている．近代建築の先駆者としてのシカゴの商業スタイルという考え方は，「新しいスタイル」は「われわれが生きて働いている科学と技術の世界，速度と危険，葛藤と不安を克服しようとするこの世界の創造的エネルギー」を反映するものであるべきという確信から生まれた(ペヴスナー，同上，1949, p. 207)．シカゴのような都市がこうした条件をもっとも満たしているということは 20 世紀のはじめごろには一般的に認識されていた(本書 42 頁以下参照)．ジークフリート・ギーディオ

原注

まえがき／序章

★001――Herbert Spencer, *The Principles of Biology,* London, 1864, Vol. 1, p. 406.

★002――Col. W. A. Starrett, *Skyscrapers and the Men Who Built Them*, New York/ London, 1928, p. 2.

★003――Ford Madox Ford, *New York Is Not America*, New York, 1927, p. vii.

★004――最後の二つの形容詞は，次の本を参照している．Lewis Mumford, *The Brown Decades, A Study of the Arts in America*, 1865–1895, New York, 1931, Thomas Beer, *The Mauve Decade, American Life at the End of the Nineteenth Century*, New York, 1926.

★005――R. Fleming, 'A Half Century of the Skyscraper', *Civil Engineering*, IV, December 1934, p. 634, Stanley P. Andersen, 'American Ikon: Response to the Skyscraper, 1875–1934'（ミネソタ大学の博士論文，1975，p. 1.未出版）で引用．

★006――Lewis Mumford, *The Brown Decades, A Study of the Arts in America*, 1865–1895, New York, 1971（初版 1931）, p. 63.

★007――施工者の視点から見た摩天楼の歴史に関する主な資料は，スタレット兄弟，ルイス・ホロウィッツ，アール・シュルツ（年代順）の回顧録である．Col. W. A. Starrett, *Skyscrapers and the Men Who Built Them*, New York/ London, 1928; Louis J. Horowitz and Boyden Sparkes, *The Towers of New York, The Memoirs of a Master Builder*, New York, 1937; Paul Starrett, *Changing the Skyline, An Autobiography*, with the collaboration of Webb Waldron, New York/ London, 1938; Earle Shultz and Walter Simmons, *Offices in the Sky*, Indianapolis/ New York, 1959. 美術史，建築史，建築批評は類似の，あるいは少なくとも関連のある見地からとった．有力な批評家であるモンゴメリー・シュイラーは，摩天楼に関する自らの初期の三つの重要なエッセイのリストを公開している．'The "Sky-Scraper" Up To Date', *The Architectural Record*, Vol. VIII, Jan.–March 1899, no. 3, pp. 231–260; 'The Skyscraper Problem', *Scribner's Magazine*, Vol. 34, August 1903, pp. 253–256; 'The Evolution of the Skyscraper', *Scribner's Magazine*, Vol. 46, September 1909, pp. 257–271（後半の二つの記事は，次の本に全文再収録された．Montgomery Schuyler, *American Architecture and Other Writings*, William H. Jordy and Ralph Coe, eds., 2 Vols., Cambridge, Mass., 1961）．彼の後を次の人々（年代順）が追随した．Talbot Hamlin, *The American Spirit in Architecture*, New Haven, 1926; Thomas E. Tallmadge, *The Story of Architec-*

1954, 298.

Winston Weisman 'New York and the Problem of the First Skyscraper', *Journal of the Society of Architectural Historians*, XII, March 1953, 1, pp. 13–22.

Lloyd Wendt *The Chicago Tribune: The Rise of a Great American Newspaper*, Chicago, 1979.

Charles Harris Whitaker *The Story of Architecture: From Rameses to Rockefeller*, New York, 1934.

Raymond Williams *The Country and the City*, New York, 1973.→ウィリアムズ／山本和平訳『田舎と都会』晶文社，1985.

Edmund Wilson *Abbitte an die Irokesen: mit einer Studie 'Die Mohawks im Stahlhochbau', von Joseph Mitchell*, Frankfurt am Main/Berlin/Wien, 1977.

John Kennedy Winkler *Five and Ten: The Fabulous Life of F. W. Woolworth*, New York, 1940.

Arthur Woltersdorf, ed. *Living Architecture, A Discussion of Present-Day Problems in a Collection of Essays Written for and Sponsored by the Chicago Chapter of the American Institute of Architects*, with contributions by Irving Pond, George L. Rapp, Richiard Schmidt, Thomas E. Tallmadge, Hubert Burnham, etc., Chicago, 1930.

Arthur Woltersdorff 'The Father of the Steel Frame Building', *The Western Architect*, Vol. XXXIII, February 1924, no. 2, pp. 21/22.

The World, its History and its New Home: The Pulitzer Building, New York. 1899 (?).

Irvin G. Wyllie *The Self-Made Man in America*, New Brunswick, New York, 1954.

Frances Yates *Giordano Bruno and the Hermetic Tradition*, London, 1964.

Frances Yates *The Art of Memory*, London/Chicago, 1966.→イエイツ／青木信義ほか訳『記憶術』水声社，1993.

Roland Van Zandt *The Metaphysical Foundations of American History*, The Hague, 1959.

E. Idell Zeisloft *The New Metropolis*, New York, 1899.

Bruno Zevi *Towards an Organic Architecture*, London, 1950.

Edward Robert de Zurko *Origins of Functionalist Theory*, New York, 1957.→デ・ザーコ／山本学治・稲葉武司訳『機能主義理論の系譜』鹿島出版会，1972.

shall Field for the Examination of the Structure of the Home Insurance Building, Chicago, 1939.

Thomas E. Tallmadge *The Story of Architecture in America*, New York, 1936.

Thomas E. Tallmadge 'A Critique of the Chicago Tribune Building Competition', *The Western Architect*, Vol. XXXII, January 1923, no. 1, p. 7–8.

Christopher Tunnard & Henry Hope Reed *The American Skyline, The Growth and Form of Our Cities and Towns*, New York, 1956(1953[1]).

Alexis de Toqueville *De la démocratie en Amérique*, 3 Vols., Paris, 1864.→トクヴィル／井伊玄太郎訳『アメリカの民主政治』上・中・下，講談社学術文庫，1987／松本礼二訳『アメリカのデモクラシー』全4冊，岩波文庫，2005－.

Towers of Manhattan, The New York Edison Company, New York, 1928.

Fanny Trollope *Domestic Manners of the Americans*, Richard Mullen ed., New York. 1984(1832[1]).

Theodore Turak *William Le Baron Jenney: A Nineteenth Century Architect*, Unpublished Doctoral dissertation, University of Michigan, 1967.

Frederick Jackson Turner *The Frontier in American History*, New York, 1921.

Turris Babel, special issue of Rassegna, V, 16, 4, dicembre 1983, with contributions by: Massimo Scolari, Helmut Minkowski, et al.

Ernest Lee Tuveson *Millennium and Utopia, A Study in the Background of the Idea of Progress*, New York/Evanston/London, 1964(1949[1]).

Ernest Lee Tuveson *Redeemer Nation–The Idea of America's Millennial Role*, Chicago/London, 1986.

Thorstein Veblen *The Theory of Business Enterprise*, New York, 1917(1904[1]).→ヴェブレン／橋本勝彦訳『アメリカ資本主義批判』白揚社，1940.

Thorstein Veblen *The Theory of the Leisure Class*, Harmondsworth, 1979(1889[1]).→ヴェブレン／高哲男訳『有閑階級の理論：制度の進化に関する経済学的研究』ちくま学芸文庫，1998.

Cornelis Verhoeven *Symboliek van de voet*, Assen, 1956.

Don Vlack *Art Deco Architecture in New York 1920–1940*, New York/Evanston/San Francisco/London, 1974.

George F. Warren, Frank A. Pearson 'The Buillding Cycle'. *Fortune*, XVI, August 1937, 2, pp. 84–88; 136, 138, 140.

J. Carson Webster 'The Skyscraper: Logical and Historical Considerations', *Journal of the Society of Architectural Historians*, XVIII, December 1959, 4, pp. 126–139.

Winston Weisman 'The Commercial Architecture of George B. Post', *Journal of the Society of Architectural Historians*, XXXI, March 1972, 1, pp. 176–203.

Winston Weisman 'Commercial Palaces of New York: 1845–1875', *The Art Bulletin*,

Andrew Saint *The Image of the Architect*, New Haven/London, 1983.

George Santayana *Santayana on America*, ed. Richard Colton Lyon, New York, 1968.

Montgomery Schuyler *American Architecture and Other Writings*, edited by William H. Jordy and Ralph Coe, 2 Vols, Cambridge, Mass., 1961.

Montgomery Schuyler 'The "Sky-scraper" Up To Date', *The Architectural Record*, Vol. VIII, January–March 1899, no. 3, pp. 231–260 (not complete in Jordy & Coe).

Montgomery Schuyler 'The West Street Building', *Architectural Record*, XXII, 1907, pp. 102–109 (not in Jordy & Coe).

Vincent Scully *American Architecture and Urbanism*, London, 1969.→スカーリー／香山壽夫訳『アメリカの建築とアーバニズム』上・下，鹿島出版会，1973.

Sémiotique de l'espace, architecture, urbanisme, sortir de l'impasse, contributions by Jean Zetoun, A.J. Greimas, et al., 1979.

O.F. Semsch, ed. *A History of the Singer Building Construction, Its Progress from Foundation to Flagpole*, New York, 1908.

R.W. Sexton *American Commercial Buildings of Today, Skyscraper Office Buildings–Banks–Private Buisiness Buildings–Stores and Shops*, New York, 1928.

I.N. Phelps Stokes *The Iconography of Manhattan Island 1498–1909*, New York, 1928.

Russell Sturgis *The Great American Architects Series, The Architectural Record*, nos. 1–6; May 1885–July 1899 (Reprint).

Russell Sturgis ed. *A Dictionary of Architecture and Building*, New York/London, 1902.

Louis H. Sullivan *The Autobiography of an Idea*, with an introduction by Claude Bragdon, New York, 1956 (1924[1]).→サリヴァン／竹内大ほか訳『サリヴァン自伝：若き建築家の肖像』鹿島出版会，1977.

Louis H. Sullivan *Kindergarten Chats and Other Writings*, Isabella Athey, ed., New York, 1976 (1918[1]).

Louis H. Sullivan 'The Chicago Tribune Competition', *The Architectural Record*, LIII, February 1923, 293,pp. 151–157.

Francis S. Swales 'The Architect and the Grand Plan', *Pencil Points*, Vol. XII, May, November 1931, issues 1–3, Vol. XIII, January, April, issues 4–5, pp. 166–177 (1), pp. 21–28 (4), pp.229–235 (5).

Manfredo Tafuri '"Neu-Babylon", Das New York der zwanziger Jahre und die Suche nach dem Amerikanismus', *Archithese* (*Metropolis 3*), 20, 1976, pp. 12–25.

Thomas E. Tallmadge *Architecture in Old Chicago*, Chicago, 1975 (1941[1]).

Thomas E. Tallmadge *Committee Appointed by the Trustees of the Estate of Mar-*

Wolfram Prinz *Schloss Chambord und die Villa Rotonda in Vicenza, Studien zur Ikonologie*, Berlin, 1980.

Frank Alfred Randall *History of the Development of Building Construction in Chicago*, Berlin, 1980.

Otto Rappold *Der Bau der Wolkenkratzer*, München/Berlin, 1913.

Richard L. Rapson *Britons View America, Travel Commentary, 1860–1935*, Seattle/London, 1971.

Real Estate Record and Builders Guide, Established March 21st 1868, New York City.

Adolf Reinle *Zeichensprache der Architektur: Symbol, Darstellung und Brauch in der Baukunst des Mittelalters und der Neuzeit*, Zürich, 1976.

John W. Reps *The Making of Urban America, A History of City Planning in the United States*, Princeton, 1965.

John B. Reynolds *77 Stories–The Chrysler Building*, New York, 1930.

Paul Ricoeur *History and Truth*, Evanston, III., 1965.

Fred J. Ringel, ed. *America as Americans See it*, New York, 1932.

Cervin Robinson & Rosemarie Haag Bletter *Skyscraper Style–Art Deco New York*, New York, 1975.

Heinz Ronner 'Skyscraper: à propos Oekonomie', *Archithese*（Metropolis 2）, 18, 1976, pp. 44–50.

John Wellborn Root *The Meanings of Architecture*, New York, 1967.

Franco Rosso *Alessandro Antonelli e la Mole di Torino*, Torino, 1977.

Paul de Rousiers *La vie Américaine*, Paris, 1892.

G.S. Rousseau, ed. *Organic Form, The Life of an Idea*, London/Boston, 1972.

Colin Rowe 'Chicago Frame', *The Mathematics of the Ideal Villa*, Cambridge, Mass., 1976, pp. 89–119.

Leland M. Roth *A Concise History of American Architecture*, New York, etc., 1980.

John Ruskin *The Works*, Vol. XII, *Lectures on Architecture and Painting, etc.*, London, 1904.

Joseph Rykwert *On Adam's House in Paradise–The Idea of the Primitive Hut in Architectural History*, New York, 1972.→リクワート／黒石いずみ訳『アダムの家：建築の原型とその展開』鹿島出版会，1995.

Joseph Rykwert 'Lodoli on Function and Representation', *Architectural Review*, CLX, 1976, 2, pp. 21–26.

Eliel Saarinen *The City, Its Growth, Its Decay, Its Future*, New York, 1945（1943[1]）.

Eliel Saarinen *The Search for Forum in Art and Architecture*, New York, 1985（1948[1]）.

Werner Oechslin 'Dinokrates–Legende und Mythos megalomaner Architekturstiftung', *Daidalos*, 15 Juni 1982, 4, pp. 7–27.

Werner Oechslin 'Skyscraper und Amerikanismus. Mythos zwischen Europa und Amerika', *Archithese* (Metropolis 3), 20, 1976, pp. 4–12.

John O'Henry *The Complete Works*, Garden City, New York, 1953.

The Oldest Trust Company and Its Newest Home, published by the City Bank and Farmers' Trust, New York, 1931.

Richard Oliver *Bertram Grosvenor Goodhue*, New York/London, 1983.

Rudolf Otto *Das Heilige*, 1918.→オットー／山谷省吾訳『聖なるもの』岩波文庫, 1968.

Sherman Paul *Louis Sullivan–An Architect in American Thought*, Englewood Cliffs, N.J., 1962.

Wolfgang Pehnt, *Die Architektur des Expressionismus*, Stuttgart, 1973.→ペーント／長谷川章訳『表現主義の建築』鹿島出版会，1988.

Robert Jan van Pelt *Tempel van de Wereld, De kosmische symboliek van de Tempel van Salomo*, Utrechit, 1984.

Stow Persons *American Minds, A History of Ideas*, New York, 1958.

Pictured Encyclopedia of the World's Greatest Newspaper: A Handbook of the Newspaper as Exemplified by the Chicago Tribune, Issued to Commemorate Its Eightieth Birthday, Chicago, 1928.

Nikolaus Pevsner *Pioneers of the Modern Movement, from William Morris to Walter Gropius*, 1936→ペヴスナー／白石博三訳『モダンデザインの展開：モリスからグロピウスまで』みすず書房，1957.

Deborah Frances Pokinski *The Development of the American Modern Style, 1893–1933*, Ann Arbor, Mich., 1984.

Irving Kane Pond *The Meaning of Architecture, An Essay in Constructive Criticism*, Boston, 1918.

Irving Kane Pond 'High Buildings and Beauty', Part I and II, *Architectural Forum*, 38, February 1923, pp. 42–77.

Irving Kane Pond 'How I Approach an Architectural Problem', *Pencil Points*, Vol. XIII, July 1932, 7, pp. 459–465.

Irving Kane Pond 'Toward an American Architecture', *Living Architecture*, Chicago, 1930.

Joseph Ponten *Architektur die nicht gebaut wurde*, Stuttgart/Berlin/Lipzig, 1925, 2 Vols.

Robert Prestiano *Robert Craick McLean and the Inland Architect*, Unpublished Ph.D. Thesis, 1973.

C. Matlack Price *The Practical Book of Architecture*, Philadelphia/London, 1916.

Bilder aus 1000 Jahren, Berlin, 1960.

Stanislaus von Moos *Turm und Bollwerk, Beiträge zu einer politischen Ikonographie der italienischen Renaissancearchitektur*, Zürich, 1974.

Alfred Morgan *The Story of the Skyscrapers*, New York, 1934.

Hugh Morrison *Louis Sullivan, Prophet of Modern Architecture*, New York, 1962 (1935[1]).

John Moser 'American Architectural Form of the Future', *American Architect and Building News*, XIII, January–June 1883, pp. 303–305.

Frank Moss *The American Metropolis from Knickerbocker Days to the Present Time: New York City Life in All Its Various Phases*, 3 Vols, New York, 1897.

Frank Luther Mott *American Journalism, A History: 1690–1960*, New York, 1962.

Hugo Münsterberg *The Americans*, New York, 1905 (1904[1]).

James Fullarton Muirhead *America The Land of Contrasts, A Briton's View of his American Kin*, London/New York, 1907 (1898[1]).

Francisco Mujica *History of the Skyscraper*, New York, 1929.

Lewis Mumford *The Brown Decades, A Study of the Arts in America 1865–1895*, New York, 1971 (1931[1]).

Lewis Mumford *The Condition of Man*, London, 1944.→マンフォード／生田勉訳『人間の条件』弘文堂，1971.

Lewis Mumford *From the Ground Up*, New York, 1956.

Lewis Mumford *Roots of Contemporary American Architecture*, New York, 1952.

Lewis Mumford *Sticks and Stones: A Study of American Architecture and Civilization*, New York, 1924.

Roger Hale Newton 'New Evidence on the Evolution of the Skyscraper', *Art Quarterly*, IV, Spring 1941, pp. 56–70.

New York Life Insurance Company's Home Office Building, Madison Square, New York, Souvenir, Commemorating the Dedication of, New York, 1929.

The New York Sketch-Book of Architecture, I–II, January–December 1874/Jannuary–December 1875, Boston/New York, 1874–1876.

Pictorial New York and Brooklyn, A Guide to the Same and Vicinity with Maps and Illustrations, George F. Smith, ed., New York, 1959.

M.H. Nicholson *Mountain Gloom and Mountain Glory: The Development of the Aesthetic of the Infinite*, Ithaca, New York, 1959.→ニコルソン／小黒和子訳『暗い山と栄光の山』国書刊行会，1994.

Arthur Tappan North *Raymond Hood*, New York, 1931.

Werner Oechslin 'Apotheose einer monumentalen Architektur', *Archithese* (Metropolis 2), 18, 1976, pp. 13–22.

ics, 1875–1900, unpublished Ph.D. Thesis, University of Wisconsin, 1962.
R. W. B. Lewis *The American Adam, Innocence, Tragedy, and Tradition in the Nineteenth Century*, Chicago, 1955.
Sinclair Lewis *Babbit*, London, 1973(1922[1]).
Charles Lockwood *Manhattan Moves Uptown*, Boston, 1976.
Arthur Lovejoy *Essays in the History of Ideas*, New York, 1948.
Joseph Aug. Lux *Ingenieur–Ästhetik*, München, 1910.
James D. McCabe Jr. *Lights and Shadows of New York Life, or Sights and Sensations of the Great City*, Philadelphia/Cincinnati/Chicago/St. Louis, 1872.
Henry P. Manning *The Fourth Dimension Simply Explained, A Collection of Essays Selected from Those Submitted in the Scientific American's Prize Competition*, London, 1921.
Orison Swett Marden *Success, A Book of Ideals, Helps, and Examples for All Desiring to Make the Most of Life*, Boston, 1897.
W. G. Marshall *Through America, or Nine Months in the United States*, London, 1881.
Leo Marx *The Machine in the Garden, Technology and the Pastoral Ideal in America*, London/Oxford/New York, 1979(1964[1]).→マークス／榊原胖夫·明石紀雄訳『楽園と機械文明』研究社，1972.
Claude Massu *L'architecture de l'école de Chicago, architecture fonctionnaliste et idéologie Américaine*, Paris, 1982.
The Master Builders, A Record of the Construction of the World's Highest Commercial Structure, New York, 1913.
F.O. Matthiesen *American Renaissance, Art and Expression in the Age of Emerson and Whitman*, New York, 1968(1941[1]).
André Maurois *Chantiers Américains*, Paris, 1933.
André Maurois *États-Unis 39, Journal d'un voyage en Amérique*, Paris, 1939.
Harold M. Mayer & Richiard C. Wade *Chicago, Growth of a Metropolis*, Chicago/London, 1973.
Narciso G.Menocal *Architecture as Nature, the Transcendentalist Idea of Louis Sullivan*, Madison, Wisconsin, 1981.
Charles Merz *The Great American Band Wagon, A Study of Exaggerations*, Decorations by Howard W. Willard, New York, 1928.
Michael A. Mikkelsen, et al. *A History of Real Estate Building and Architecture in New York During the Last Quarter of the Century*, New York, 1898.
Percy Miller *The Transcendentalists*, Cambridge, Mass., 1950.
Robert M. Miller *History of American Methodism*, New York, 1964.
Helmut Minkowski *Aus dem Nebel der Vergangenheit steigt der Turm zu Babel,*

World, Boston, 1894.

Moses King, ed. *King's Handbook of New York City, An Outline History and Description of the American Metropolis*, Boston, 1893(1892[1]).

Moses King, ed. *King's Views of New York 1906*, Boston, 1905. 鈴木智子訳『100年前のニューヨーク』マール社，1996(抄訳).

Moses King, ed. *King's Views of New York 1896–1915 and Brooklyn 1905, An Extraordinary Photographic Survey Compiled by Moses King*, with a new introduction by A. E. Santaniello, New York 1980.

Athanasius Kircher *Mundus Subterraneus of De onderaardse wereld*, Amsterdam, 1682.

Athanasius Kircher *Turris Babel, sive Archontologia*, Amsterdam, 1679.

Edward C. Kirkland *Dream and Thought in the Business Community 1860–1900*, Ithaca, New York, 1956.

Rem Koolhaas *Delirious New York, A Retroactive Manifesto for Manhattan*, New York, 1978.→コールハース／鈴木圭介訳『錯乱のニューヨーク』筑摩書房，1995；ちくま学芸文庫，1999.

John A. Kouwenhoven *The Columbia Portrait of New York, An Essay in Graphic History*, New York/Evanston/San Francisco/London, 1972(1953[1]).

Sarah Bradford Landau 'The Tall Office Building Artistically Reconsidered: Arcaded Buildings in New York, c.1850 to 1890', *In Search of Modern Architecture: A Tribute to Henry-Russell Hitchcock*, Cambridge, Mass., 1982.

Karl Lamprecht *Americana: Reiseeindrücke, Betrachtungen, geschichtliche Gesamtansicht*, Freiburg i.B., 1906.

The Last Rivet, The Story of Rockefeller Center, Merle Crowell, ed., New York, 1940(?).

Alfred McClung Lee *The Daily Newspaper in America: The Evolution of a Social Instrument*, New York, 1937.

Jean Ferriss Leich *Architectural Visions: The Drawings of Hugh Ferriss*, with an essay by Paul Goldberger, New York, 1980.

Ann Tizia Leitich *New York*, Bielefeld and Leipzig, 1932.

William R. Lethaby *Architecture, Myisticism and Myth*, with illustrations by the author, New York, 1975(1891[1]).

Claude Lévi-Strauss *Structural Anthropology*, New York, 1963.→レヴィ＝ストロース／荒川幾男ほか訳『構造人類学』みすず書房，1972.

Claude Lévi-Strauss *The Raw and the Cooked, Introduction to a Science of Mythology*, Vol. 1, 1975(1964[1]).→レヴィ＝ストロース／早水洋太郎訳『神話論理 I 生のものと火を通したもの』みすず書房，2006.

Dudeley Arnold Lewis *Evaluations of American Architecture by European Crit-*

from June 18 to August 8, 1975, Cooper Hewitt Museum of Design and, the Smithsonian Institution, Designed by Works. Text by Donald M. Reynolds, et al., 32, pp. fol.

Industrial Chicago, 2 Vols., Chicago, 1891.

Washington Irving *A History of New York, from the Beginning of the World to the End of the Dutch Dynasty, by Diedrich Knickerbocker*, London, 1900(1809[1]).

Jeter Allen Isely *Horace Greeley And The Republican Party, A Study of the New York Tribune*, Princeton, 1947.

Henry James *The American Scene*, London, 1907. ジェイムズ／青木次生訳「アメリカ印象記」[『アメリカ古典文庫10』研究社，1976]所収.

Theodore James Jr. *The Empire State Building*, New York/Evanston/San Fransisco/London, 1975[1].

William James *The Varieties of Religious Experience*, ed. Martin E. Marty, Harmondsworth, 1985(1902[1]).→ジェイムズ／桝田啓三郎訳『宗教的経験の諸相』上・下，岩波文庫，1969−70.

James Jackson Jarves *The Art-Idea: Sculpture, Painting and Architecture in America*, New York, 1866.

Robert Allen Jones *Cass Gilbert, Midwestern Architect in New York*, unpublished Ph. D. Thesis, Case-Western Reserve University, 1976.

William H. Jordy *American Buildings and their Architects*, III, *Progressive and Academic Ideals At the Turn of the Century*, Garden City, New York, 1976.

William H. Jordy *American Buildings and their Architectures*, IV, *The Impact of Modernism in the Mid-Twentieth Century*, Garden City, New York, 1976.

Michael Kammen *People of Paradox, An Inquiry Concerning the Origins of American Civilization*, New York/Toronto, 1980(1972).→カメン／岩野一郎訳『逆説の国アメリカ』研究社，1976.

Edgar Kaufmann, ed. *The Rise of an American Architecture*, New York/Washington/London, 1970.

Gerard Keller *Amerika in beeld en schrift, Tussen New York en de Meren*, Amsterdam, 18?.

Robert Kerr 'The Problem of National American Architecture, The Question Stated', *The Architectural Record*, Vol. III, October–December 1893, 2, pp. 121–132.

Walter C. Kideney *The Architecture of Choice: Eclecticism in America 1880–1930*, New York, 1974.

Walter H. Kilham *Raymond Hood, Architect, Form Through Function in the American Skyscraper*, New York, 1973.

S. Fiske Kimball *American Architecture*, Indianapolis, 1928.

Moses King, ed. *New York: The American Cosmopolis, The Foremost City of the*

Ernst von Hesse Wartegg *Nord-Amerika, seine Städte und Naturwunder, sein Land und seine Leute*, Leipzig, 1880.

Georg Hill 'Some Practical Limiting Considerations in the Design of the Modern Office Building', *The Architectural Record*, II, 4, April–June 1893, pp. 443–468.

Karl Hinckeldeyn 'Hochbau–Constructionen und innerer Ausbau in den Vereinigten Staaten', *Centralblatt der Bauverwaltung*, VII,(12, 19 März 1887), pp. 102–103, 116–118.

Henry-Russell Hitchcock *Modern Architecture–Romanticism and Reintegration*, New York, 1970(1929[1]).

Henry-Russell Hitchcock 'Frank Lloyd Wright and the Academic Tradition of the Early Eighteen-Nineties', *Journal of the Warburg and Courtauld Institutes*, 7, 1944, pp. 46–63.

Henry-Russell Hitchcock 'Sullivan and the Skyscraper', *R.I.B.A. Journal*, 60, 1953, pp. 353–360.

Donald Hoffmann *The Architecture of John Wellborn Root*, Baltimore/London, 1973.

Donald Hoffmann 'The Setback Skyscraper City of 1891: an Unknown Essay by Louis H. Sullivan', *Journal of the Society of Architectural Historians*, XX, 1970, pp. 181–187.

Richard Hofstadter *Anti-intellectualism in American Life*, New York, 1974.→ホーフスタッター／田村哲夫訳『アメリカの反知性主義』みすず書房，2003.

Richard Hofstadter *Social Darwinism in American Thought*, Boston, 1971 (1944[1]).

Arthur Holitscher *America, Heute und Morgen: Reiseerlebnisse*, Berlin, 1923.

Vivian C. Hopkins *Spires of Form: A Study of Emerson's Aesthetic Theory*, Cambridge, 1951.

Louis jay Horowitz and Boyden Sparkes *The Towers of New York: The Memoirs of a Master Builder*, New York, 1937.

Le Baron de Hübner *Promenade autour du monde*, 2 Vols, Paris, 1881.

J. Huizinga *Amerika, levend en denkend, Losse opmerkingen*, Haarlem, 1926.

J. Huizinga *Mensch en menigte in Amerika, Vier essays over moderne beschavingsgeschiedenis*, Haarlem, 1918.→ホイジンガ／橋本富郎訳『アメリカ文化論：個人と大衆』世界思想社，1989.

Jules Huret *L'Amérique moderne*, Paris, 1911.

Ada Louise Huxtable 'The Tall Building Artistically Reconsidered: The Search for the Skyscraper Style', *The Architectural Record*, January, 1984, pp. 63–75.

Immovable Objects Exhibition, An outdoor exhibition about the city design on view throughout lower Manhattan from Battery park to Brooklyn Bridge the City, Oscar Handlin, ed., Cambridge, Mass., 1966, pp. 115–120.

Kenneth Turney Gibbs *Business Architectural Imagery: The Impact of Economic and Social Changes on Tall Office Buildings 1870–1930*, Unpublished Ph. D. Thesis, Cornell University, 1976.

Sigfried Giedion *Space, Time and Architecture, The Growth of a New Tradition*, Cambridge, 1946(1941[1]).→ギーディオン／太田実訳『空間·時間·建築』1·2，丸善，1954.

Cass Gilbert *Reminiscences and Addresses*, New York, 1935.

Albert Gobat *Croquis et impressions d'Amérique*, Berne, 1905(?).

Jocelyn Godwin *Robert Fludd, Hermetic Philosopher and Surveyor of Two Worlds*, Boulder, Co., 1979.→ゴドウィン／吉村正和訳『交響するイコン：フラッドの神聖宇宙誌』平凡社，1987.

Paul Goldberger *The Skyscraper*, New York, 1981.→ゴールドバーガー／渡辺武信訳『摩天楼：アメリカの夢の尖塔』鹿島出版会，1988.

Richard A. Goldthwaite *The Building of Renaissance Florence, an Economic and Social History*, Baltimore/London, 1980.

Rev. E. J. Goodspeed, D. D. *History of the Great Fires in Chicago and the West*, Chicago, 1871.

Geoffrey Gorer *The Americans: A Study in National Character*, London, 1948.

Dean Gottman 'Why the Skyscraper ?', *Geographical Review*, Vol. LVI, 2, April. 1966, pp. 190–212.

Jacques Gréber *l'Architecture aux États-Unis, preuve de la force d'expansion du génie français*, Paris, 1920.

Horatio Greenough *Form and Function*, Berkeley/Los Angeles, 1957.

Angelo de Gubernaits *La mythologie des plantes ou les légendes du règne végétal*, 2 Vols, Paris, 1882.

Alfred C. Haddon *Evolution in Art: As Illustrated by the Life-Histories of Designs*, London, 1895.

Talbot Faulkner Hamlin *The American Spirit in Architecture, in:, The Pageant of America*, XIII, New Haven, 1926.

Neil Harris *The Artist in American Society*, New York, 1982(1966[1]).

Dolores Hayden 'Skyscraper Seduction–Skyscraper Rape', *Heresies*, 2(1977), pp. 108–115.

Jhon L. Heaton *The Story of a Page*, New York/London, 1923.

Georg Wilhelm Friedrich Hegel *Ästhetik*, 2 Vols., Berlin/Weimar, 1984(1842[1]).→長谷川宏訳『ヘーゲル美学講義』上·中·下，作品社，1995－96.

Linda Dalrymple Henderson *The Fourth Dimension and Non-Euclidian Geometry in Modern Art*, Princeton, NJ, 1983.

Henri-Paul Eydoux *Monuments curieux et sites étranges*, Paris, 1974.

James Fergusson *An Historical Inquiry into the Principles of Beauty in Art more Especially with Reference to Architecture*, London, 1849.

James Fergusson *History of the Modern Styles of Architecture, being a sequel to the Handbook of Architecture*, III, London, 1862.

James Fergusson *History of Indian and Eastern Architecture*, 2 Vols., London, 1910.

James Barr Ferree *The Modern Office Building*, New York, 1896.

James Barr Ferree 'An American Style of Architecture', *The Architectural Record*, Vol. I, July–Sept. 1891, pp. 39–45.

James Barr Ferree 'The High Building and Its Art', *Scribner's Magazine*, XV, March 1894, pp. 297–318.

Hugh Ferris *The Metropolis of Tommorow*, New York, 1929.

Hugh Ferris *Power in Building, An Artist's View of Contemporary Architecture*, New York, 1953.

Johann Bernhard Fischer von Erlach *Entwurff einer historischen Architectur*, Wien, 1721(Reprint Dortmund, 1978).→フォン・エルラッハ／中村恵三編『歴史的建築の構想・注解』中央公論美術出版，1995.

James Marston Fitch *American Building, I: The Historical Forces that Shaped It*, New York, 1973(1947[1]).

James Marston Fitch *American Building, II: The Environmental Forces that Shape It*, Boston, 1972(1948[1*]).

James Marston Fitch *Architecture and the Esthetics of Plenty*, New York/London, 1961.

Ethel Fleming *New York*, with illustrations by Herbert S. Kates, London, 1929.

Robins Flemming 'A Half Century of the Skyscraper: Tracing the Expansion and Refinement of a Brilliant American Achievement', *Civil Engineering*, 1934, Vol. 4, 12, pp. 634–638.

Ford Madox Ford *New York Is Not America, Being a Mirror to the States*, New York, 1927.

Ford Madox Ford *Great Trade Route*, London, 1937.

Pierre Francastel *Art et technique aux XIXe et XXe siècles*, Paris, 1962.

Paul Frankl *New Dimensions, The Decorative Arts of Today in Words & Pictures*, New York, 1928.

John Foster Fraser *America at Work*, London, 1904.

James G. Fraser *The Golden Bough, The Roots of Religion and Folklore*, London, 1890.→フレイザー／吉川信訳『金枝篇』上・下，ちくま学芸文庫，2003.

Frank Friedel 'Boosters, Intellectuals and the American City', *The Historian and*

→ディケンズ／常盤新平訳「アメリカ覚書」[コーエンほか編『ニューヨーク拝見』白水社，1993]所収．

S.H.Ditchett *Marshall Field and Company, Die Lebensgeschichte eines großen Amerikanischen Warenhaus-Konzerns*, Berlin, 1925.

John Dos Passos *The 42nd Parallel*, London, 1938.→ドス・パソス／渡辺利雄訳『北緯42度線』[『U.S.A.』1]岩波文庫，1977.

John Dos Passos *Manhattan Transfer*, Leipzig, 1932(1925[1*]).→ドス・パソス／西田実訳『マンハッタン乗り換え駅』研究社，1984.

Joan E. Draper *Edward H. Bennett–Architect and Ciy Planner, 1874–1954*, Chicago, 1982.

Theodore Dreiser *Newspaper Days*, New York, 1922.

Henry Drummond *The Ascent of Man*, London, 1896.

R. L. Duffus *Mastering a Metropolis, Planning the Future of the New York Region*, New York/London, 1930.

James Early *Romanticism and American Architecture*, New York/London, 1965.

Leonard K. Eaton *American Architecture Comes of Age: European Reaction to H. H. Richardson and Louis Sullivan*, Cambridge, Mass., London, 1972.

G. H. Edgell *The American Architecture of To-Day*, New York/London, 1928.

Donald Drew Egbert 'The Idea of Organic Expression and American Architecture'. *Evolutionary Thought in America*, Stow Persons, ed., New Haven, Conn., 1950, pp. 344–366.

Leopold Eidlitz *Nature and the Function of Art, More Especially of Architecture*, New York, 1881.

Mircea Eliade *Images et symboles, essais sur le symbolisme magico-religieux*, Paris, 1952.→エリアーデ／前田耕作訳『イメージとシンボル』[『エリアーデ著作集』4]せりか書房，1971.

Mircea Eliade *Le Mythe de l'éternel retour, archetypes et répétition*, Paris, 1961. →エリアーデ／堀一郎訳『永遠回帰の神話：祖形と反復』未来社，1963.

Mircea Eliade *Mythes, réves et mystères*, Paris, 1957.→エリアーデ／岡三郎訳『神話と夢想と秘儀』国文社，1972.

Mircea Eliade *The Sacred and the Profane, the Nature of Religion*, New York, 1961.→エリアーデ／風間敏夫訳『聖と俗』法政大学出版局，1969.

Mircea Eliade *Traité d'histoire des religions*, Paris, 1964.→エリアーデ／久米博訳『宗教学概論』1−3[『エリアーデ著作集』1−3]せりか書房，1974.

Ralph Waldo Emerson *First and Second of Essays*, London/New York, 1906.

Ralph Waldo Emerson *The Works*, 5 vols., London, 1913/1914.

Exhibitive of the Features and Attractions of the Masonic Temple, New York, 1892.

can City from the Civil War to the New Deal, London/Toronto/Sydney/New York, 1980(1973[1]).

Allen Churchill *Park Row*, New York, 1958.

William Gilford Clark & J. L. Kingston *The Skyscraper: A Study in the Economic Height of Modern Office Buildings*, New York, Cleveland, 1930.

Eugene Clute 'Dr. John Wesley Kelchner's Restoration of King Solomon's Temple and Citadel by Helme and Corbett, Architects', *Pencil Points*, Vol. VI, 11, 1925, pp. 69–86.

Peter Collins *Changing Ideals in Modern Architecture, 1750–1950*, Montreal, 1975.

John P. Comer *New York City Building Control, 1800–1941*, New York, 1942.

Henry Steele Commager *The American Mind, an Interpretation of American Thought and Character, since the 1880's*, New Haven, 1950.

Carl W. Condit *American Building Art, The Nineteenth Century,* New York, 1960. Id., *The Twentieth Century*, New York, 1961.

Carl W. Condit *The Chicago School of Architecture. A History of Commercial and Public Building in the Chicago Area, 1875–1925*. Chicago etc., 1966. Originally: *The Rise of the Skyscraper*.

Carl W. Condit *Chicago 1910–1929, Building, Planning and Urban Technology*, Chicago, 1973.

Harvey Wiley Corbett 'America Builds Skyward' in: *America as Americans See It*, ed. Fred. J. Ringel. The Literary Guild–New York, 1932.

Le Corbusier *Quand les cathédrales étaient blanches*, Paris, 1937.→ル・コルビュジエ／生田勉・樋口清訳『伽藍が白かったとき』岩波書店，1957.

Ralph Adams Cram *Convictions and Controversies*, Boston, 1934.

Ralph Adams Cram *The Substance of Gothic, Six Lectures on the Development of Architecture from Charlemagne to Henry VIII, Given at the Lowell Institute, Boston, in November en December, 1916*, Boston, 1917.

Walter L. Creese *American Architecture from 1918 to 1923, With Special Emphasis on European Influence*, unpublished doctoral thesis, Harvard, 1949.

Harbert D. Croly 'The Skyscrapers in the Service of Religion', *The Architectural Record*, 55, February 1924, 2, pp. 203/204.

Merle Curti *The Growth of American Thought*, New York/London, 1943.

Charles Darwin *The Expression of the Emotions in Man and Animals*, London, 1904(1872[1]).→ダーウィン／浜中浜太郎訳『人及び動物の表情について』岩波文庫, 1931.

Samuel Philips Day *Life and Society in America*, London, 1880.

Charles Dickens *American Notes and Pictures from Italy*, London, 1868(1842[1]).

the Site and a Description of the Many Wonders of the Woolworth Building, New York, 1913.

Raymond Bruchberger, Dominican *One Sky to Share, The French and American Journal of*, New York, 1952.

Ursula Brumm *Die religiöse Typologie im Amerikanischen Denken*, Leiden, 1963.

James Bryce *The American Commonwealth*, 2 Vols., New York, 1911 (1888[1]).

Maria Brzóska *Anthropomorphe Auffassung des Gebäudes und seine Teile*, Jena, 1931.

Building Trades *History of Architechture and the Building Trades of Greater New York*, Vol. I and II, New York, 1899.

Perter Buitenhuis 'Aesthetics of the Skyscraper: The Views of Sullivan, James and Wright', *American Quarterly*, IX, 1957, pp. 316–324.

John Burchard and Albert Bush-Brown *The Architecture of America, a Social and Cultural History*, Boston, 1961.

Hezekiah Butterworth *ZIG-ZAG Journeys in the White City with Visits to the Neighbouring Metropolis*, Boston, 1894.

M. A. Caparu 'The Riddle of the Tall Building: Has the Skyscraper a Place in American Architecture ?', *The Craftsman*, X, July 1906, 4, pp. 477–488.

Andrew Carnegie *The Empire of Business*, London/New York, 1902[1].

The Cathedral of Commerce, The Hightest Building in the World, Woolworth Building, New York, with contributions by S. Parker Cadman and Edwin A. Cochran, New York, 1917.

Sheldon Cheney *The New World Architecture*, New York, 1935, 2nd ed., 389 ills.

Sheldon Cheney & Martha Cheney *Art And The Machine, An Account of Industrial Design in 20th Century America*, New York, 1936.

Chicago 150 Ans d'Architecture 1833–1983, eds. Ante Glibota & Frédéric Edelman, Paris, 1984.

Chicago, + 100 Jahre Architektur in Kontinuität von Struktur und Form, with contributions by Carl W. Condit, Oswald W. Grube et al., die Neue Sammlung-Staaliches Museum für Angewandte Kunst, München, 1973.

Chicago, The World's Youngest Great City, Chicago, 1919. 'The Chicago Civil Geria and Its New Home' by Herbert M. Johnson, p. 67.

Chicago Tribune *The International Competition for a New Adiministration Building for the Chicago Tribune, MCMXXII*, Chicago, 1923.

Albert Christ-Janer *Eliel Saarinen, Finnish-American Architect and Educator*, Chicago and London, 1979 rev. ed.

Giorgio Giucci, Francesco Dal Co, Mario Manieri-Elia, Manfredo Tafuri *The Ameri-*

Augst 1909, pp. 85–96.→詳細は第5章注 69 参照.

Claude Bragdon *The Beautiful Necessity, Seven Essays on Theosophy and Architecture*, London, 1922(?)(1910[1]).

Claude Bragdon *Man the Square, A Higher Space Parable*, Rochester, 1912.

Claude Bragdon *A Primer of Higher Space the Fourth Dimension*, New York, 1929[2](1913[1] en 1923[1]).

Claude Bragdon, Ralph Adams Cram, Thomas Hastings *Six Lectures on Architecture, The Scammon Lectures for 1915*, published for the Art Institute of Chicago by the University of Chicago Press.

Claude Bragdon *Projective Ornament*, Rochester, 1915.

Claude Bragdon *Four-Dimensional Vistas*, London, 1916.

Claude Bragdon *The Secret Springs, An Autobiography*, London, 1917.

Claude Bragdon *Architecture and Democracy*, New York, 1918.

Claude Bragdon & Peter D. Ouspensky *Tertium Organum, the Third Canon of Thought, A Key to the Enigmas of the World*, translated from the Russian by Nicholas Bessaraboff and Claude Bragdon–with an introduction by Claude Bragdon, New York, 1929(1920[1]).→ウスペンスキー／高橋弘泰訳『ターシャム・オルガヌム』コスモスライブラリー，2000.

Claude Bragdon(alias Tesseract) 'Space and Hyperspace', in Henry P. Manning, *The Fourth Dimension Simply Explained, A Collection of Essays Selected from Those Submitted in the Scientific American's Prize Competition*, London, 1921, pp. 91–99.

Claude Bragdon 'Louis H. Sullivan', *Journal of the American Institute of Architects*, 12, May 1924, p. 241.

Claude Bragdon *The New Image*, New York, 1928.

Claude Bragdon *Merely Players*, New York, 1929.

Claude Bragdon 'The Frozen Fountain', *Pencil Points*, XII, October 1931, 10, pp. 721–724.

Claude Bragdon *The Frozen Fountain, Being Essays on Architecture and the Art of Design in Space*, New York, 1932.

Fernand Braudel *Civilisation matérielle, économie et capitalisme, XVe–XVIIIe siècle, I–III: Les structures du quotidien; Le possible et l'impossible; Les jeux de l'échange; Le temps du monde*, Paris, 1979.→ブローデル／村上光彦ほか訳『物質文明・経済・資本主義：15－18世紀』1－3，みすず書房，1985－99.

Elie Brault *Les Architectes par leurs Oeuvres*, 4 Vols., Paris 18?.

Horst Bredekamp 'Die Erde als Lebewesen', *Kritische Berichte*, Jahrgang 9, Heft 4/5, 1981, p. 5–38.

H. Addington Bruce *Above the Clouds & Old New York, An Historical Sketch of*

ties and Habits, Chicago, 1888 (1881[1]).
Eugenio Battisti 'Claude Bragdon: Teosofia e Architettura', *Psicon*, 2/3, Gennaio/Giugnio 1975, pp. 147–151.
Charles A. Beard, ed. *A Century of Progress*, New York/London, 1933.
Tomas Beer *The Mauve Decade: American Life at the End of the Nineteenth Century*, New York, 1926[1].
Walter Curt Behrendt *Der Sieg des neuen Baustils*, Stuttgart, 1927.
Walter Curt Behrendt *Modern Building, its Nature, Problems and Forms*, New York, 1937[1].
Edward Bellamy *Looking Backward, 2000–1887*, New York, 1960 (1888[1]).→ベラミー／山本政喜訳『顧みれば』岩波文庫，1953.
Henri Bergson *Les deux sources de la morale et de la religion*, France, 1946 (1932[1]).→ベルクソン／平山高次訳『道徳と宗教の二源泉』岩波文庫，1953／1977.
Henri Bergson *L'Évolution créatrice*, Paris, 1911 (1907[1]).→H. ベルクソン／真方敬道訳『創造的進化』岩波文庫，1979.
Edwyn Bevan *Symbolism and Belief*, Boston, 1957.
George L. Bird and Frederic E. Merwin, eds. *The Press and Society*, New York, 1951.
William Harvey Birkmire *Skeleton Construction in Buildings*, New York/London, 1900 (1893[1]).
Rosemarie Bletter 'Metropolis réduite', *Archithese, (Metropolis 2)*, 18, 1976, pp. 22–28.
Sir Reginald Blomfield *The Touchstone of Architecture*, Oxford, 1925.
Edward Bok *The Americanization of Edward Bok, the Autobiography of a Dutch Boy, Fifty Years After*, New York, 1920.
Edward Bok *Dollars Only*, New York/London, 1926.
William Bonner *New York: The World's Metropolis*, New York, 1929.
Juan Pablo Bonta *Architecture and its Interpretation, A Study of Expressive Systems in Architecture*, New York, 1979.
Alfred C. Bossom *Building to the Skies, The Romance of the Skyscraper*, London, 1934.
Alfred C. Bossom's American Architecture 1903–1926, Dennis Sharp, ed., London, 1984.
Paul Bourget *Outre-Mer, Notes sur l'Amérique*, Paris, 1895.
Mouzon William Brabham *Planning Modern Church Buildings*, Nashville, 1928.
Claude Bragdon 'Architecture in The United States', I, 'The Birth of Taste', *The Architectural Record*, XXV, July–Augst 1909, pp. 426–433; II, 'The Growth of Taste', XXVI, June–Augst 1909, pp. 38–45; II, 'The Skyscraper', XXVI, June–

参考文献

James Truslow Adams *The Epic of America*, Garden City, New York, 1941.(1931[1]).

Thomas Adams & Harold M. Lewis, Lawrence M. Orton *Regional Plan of New York and Its Environs*, Volume 1: *The Graphic Regional Plan*, New York, 1929; Volume 2: *The Building of the City*, New York, 1931.

Walter Raymond Agard *The New Architectural Sculpture*, New York, 1935.

Diana Agrest, ed. *A Romance with the City–Irwin S. Chanin*, New York, 1982.

Diana Agrest 'Architectural Anagrams: The Symbolic Performance of Skyscrapers', *Oppositions*, Winter 1977: 11, pp. 26–51.→アグレスト／大島哲蔵訳「建築のアナグラム：スカイスクレーパーの象徴的展開」[『圏外からの建築：映画・写真・鏡・身体』鹿島出版会，1995]所収.

Jean-Jacques Ampère *Promenade en Amérique*, Paris, 1887.

Stanley Peter Anderson *American Ikon: Response to the Skyscraper 1875–1934*, unpublished Ph.D. thesis, University of Minnesota, 1975.

Wayne Andrews *Architecture, Ambition and Americans; A Social History of American Architecture*, New York/London, 1964(1947[1]).

Roger Ward Babson *Religion and Business*, New York, 1922.

Gaston Bachelard *L'Air et les songes*, Paris, 1947.→バシュラール／宇佐見英治訳『空と夢』法政大学出版局, 1968／02.

Vernon Howe Bailey *Magical City, Intimate Sketches of New York*, New York/London, 1935.

Paul R. Baker *Richard Morris Hunt*, Cambridge, Mass., 1980.

Alan Balfour *Rockefeller Center, Architecture as Theatre*, New York, 1978.

Günther Bandmann *Mittelalterliche Architektur als Bedeutungsträger*, Berlin, 1951.

Günther Bandmann *Ikonologie der Architektur*, Darmstadt, 1969.

Daniele Baroni *Grattacieli, Architettura Americana tra Mito e Realtà 1910–1939*, Milano, 1979.

Roland Barthes *La Tour Eiffel*, Paris, 1964.→バルト／花輪光訳『エッフェル塔』みすず書房，1991.

Alice Hunt Bartlett, ed. *The Anthology of Cites*, London, 1927.

Jerome Paine Bates, A. M. *The Imperial Highway, or The Road To Fortune and Happiness with Biographies of Self-Made Men, Their Business Traits, Quali-*

ビル　Metropolitan Life Building　138, 146, 第 3 章 n 15, 第 5 章 n 16
モナドノック・ビル　Monadnock Building　179, 第 2 章 n 37
モーレ・アントネリアーナ　Mole Antonelliana　第 4 章 n 120

ヤ

ヤコブの梯子　Jacob's ladder　132, 136, 194
US 不動産ビル　U. S. Realty and Development Company Building　158
有機的建築　Organic architecture　228–29, 242, 256, 第 5 章 n 103
ユートピア　Utopia　74–75, 82, 序章 n 14
ユニオンカーバイド・ビル　Union Carbide Building　142
ユニオントラスト・ビル　Union Trust Building　224, 259
幼形進化　Paedomorphosis　120–22
『四次元の眺望』 *Fourth Dimensional Vistas*　242–43
ヨセミテの尖塔岩　The Cathedral Spires of Yosemite　110, 113

ラ

リライアンス・ビル　Reliance Building　44
リンカーン・タワー　Lincoln Tower　142, 150
ルナパーク　Lunapark　104
レヴァー・ビル　Lever Building　14
『歴史的建築の構想』 *Entwurff einer historischen Architectur*　30, 66, 75
ロックフェラー・センター　Rockefeller Center　82
ロードス島の巨人像　The Colossus of Rhodos　17, 29, 76

ワ

ワシントン記念碑　Washington Monument　128, 142
ワシントン・ハイツ　Washington Heights　144
ワシントン・ビル　The Washington Building　174
『ワルキューレ』 *Die Walkure*　第 3 章 n 53
ワールド・トレード・センター　World Trade Center　第 5 章 n 94
ワールド・ビル（ヴァンクーバー）　The World Building, Vancouver　200, 203
ワールド・ビル（ニューヨーク）　The World Building, New York　175, 200–10, 第 5 章 n 16

94
フラティロン（フラー）・ビル　Flatiron (Fuller) Building　138, 第 2 章 n 20
プラハ大聖堂　Prague Cathedral　130, 133
ブラフマン　Brahma　102
フランケンシュタイン　Frankenstein　192
ブルックリン橋　Brooklyn Bridge　182, 199
フレンチ・ビル　The French Building　84–85
ブロードウエイ・テンプル　Broadway Temple　144–49
ブロモ＝セルツァー・タワー　Bromo-Seltzer Tower　第 4 章 n 100
フロンティア　The Frontier　16, 88, 219
噴水　Fountain　244–51, 266–78
ベイヤード・ビル　Bayard Building　50, 224, 234, 236
ベルシャザール王の饗宴　Belshazzar's Feast　60, 107
ベルシャザールの宮殿　The Palace of Belshazzar　104
ヘルシンキ国立博物館　Helsinki National Museum　264
『ヘルメス文書』　*Corpus Hermeticum*　229, 243
ベルリン大劇場　Grosses Schauspielhaus, Berlin　266–67
『ポイマンドレース』　*Book of Pimander*　229
『棒と石』　*Sticks and Stones*　223
ボザール仮装舞踏会（1931）　Beaux-Arts Ball　282
ポター・ビル　Potter Building　174–75, 183
ホテル・ニューヨーカー　Hotel New Yorker　103
『ボヌール・デ・ダム百貨店』　*Au Bonheur des Dames*　第 3 章 n 13
ホーム生命保険会社ビル　Home Life Insurance Company Building　18, 56, 100
ホワイトシティ　The White City　44, 260
香港上海銀行　Hong Kong and Shanghai Bank　第 1 章 n 75
ポンペイ滅亡　The Fall of Pompei　第 2 章 n 69
ボンマルシェ百貨店　Bon Marché　第 3 章 n 13

マ

マウソロス王霊廟　The Mausoleum　100
マーケット・アンド・フルトン銀行　The Market and Fullton Bank　174
『マジカル・シティ、ニューヨークの詳細スケッチ』　*Magical City–Intimate Sketches of New York*　218
『摩天楼の興隆』　*The Rise of the Skyscraper*　19, 237
摩天楼の時代　The Skyscraper Era　12
マンジャの塔　Torre della Mangia　第 4 章 n 100
マンハッタン銀行ビル　The Bank of Manhattan Building　150, 278–81
ミシガン・タワー　Michigan Tower　150
ミュンヘン国立装飾美術館　State Museum of Decorative Art, Munch　13
ミララゴ・ボールルーム　The Miralago Ballroom　268, 272
ミルズ・ビル　Mills Building　174
ムンダネウム（世界博物館）　Mundaneum　第 2 章 n 26
メイザー（リンカーン）タワー　Mather (Lincoln) Tower　150
メイソニック・テンプル　The Masonic Temple　49–51, 115, 第 2 章 n 37, 第 3 章 n 11
メイル・アンド・エクスプレス・ビル　Mail and Express Building　210
メソジスト教会　The Methodist Church　115, 143
『メトロポリス』　*Metropolis*　250
メトロポリタン・ライフ（生命保険会社）

ニューヨーク・サン・ビル　The New York Sun Building　208, 211, 224
ニューヨーク・シヴィック・センター　Civic Center, New York　62, 64
ニューヨーク(旧)市庁舎　New York City Hall　22–23, 64
ニューヨーク市庁舎　New York Municipal Building　22–23, 66–67, 212
ニューヨーク・ゾーニング法(1916)　New York Zoning Ordinance　82, 100, 158, 第4章n 10, 第5章n 87
ニューヨーク・タイムズ・ビル　The New York Times Building　198–214, 224
ニューヨーク・トリビューン・ビル　New York Tribune Building　72, 173–74, 182–93, 197–212, 序章n 11, 第4章n 53, n 87
『ニューヨークの歴史』 *History of New York*　33, 81
ノアの方舟　The Ark of Noah　33, 80
ノイエ・ザッハリッヒカイト　Neue Sachlichkeit　40

ハ

パーク街ビル　Park Row Building　214
ハーグ平和宮殿　The Hague Peace Palace　264
パゴダ　Pagoda　68, 115, 194
バター・タワー　Butter Tower　40
パニック映画　Disaster movies　第5章n 108
バビロン　Babylon　21, 27–28, 33, 74, 76–83, 86–94, 97, 99, 101, 104, 121
バベルの塔　*Tower of Babel*　16–17, 21, 30, 33–34, 64, 74, 80–86, 102–04, 第2章n 20
『バベルの塔』 *Turris Babel*　30, 80, 84, 94
ハムデン・カウンティ・コートハウス　Hamden County Courthouse　189–90, 第4章n 100
パラッツォ・ヴェッキオ　Palazzo Vecchio　190
パラッツォ・ストロッツィ　Palazzo Strozzi　236
パラッツォ・プブリコ　Palazzo Pubblico　190
パラマウント・ビル　Paramount Building　110–12
パリ万国現代装飾美術工芸博覧会(1925)　Exposition Internationale des Arts Décoratifs et Industriels Modernes, Paris　第2章n 47
パリ万国博覧会(1889)　The Paris World Fair　44, 196
パンヘレニック・ビル　Panhellenic Building　268–69
ピサの斜塔　Leaning Tower of Pisa　17
『美術と建築の形態探求』 *The Search for Form in Art and Architecture*　276
『人及び動物の表情について』 *The Expression of the Emotions in Man and Animals*　197–99
ピュリッツァー・ビル　→ワールド・ビル
ピラミッド　Pyramid　32, 34, 66, 80, 94, 195–96, 222, 第4章n 75
ピルグリム・ファーザーズ　The Pilgrim Fathers　32, 56
ファインアート・ビル　Fine Arts Building　44
フィラデルフィア博覧会(1926)　The Philadelphia Exhibition　60
フィラデルフィア百年記念博覧会(1876)　The Philadelphia Centennial Exhibition　96
フィンランド国会議事堂　Finnish Parliament House　264
フォーシャイ・タワー　The Foshay Tower　128–31
物質主義　Materialism　22, 58–59, 92, 118–20, 134
『不動産記録と建物ガイド』 *Real Estate Record and Builder's Guide*　72, 172–74
普遍学　Universal Learning　136
プラグマティズム　Pragmatism　58, 92,

ストーンヘンジ　Stonehenge　166
聖パトリック大聖堂　St. Patrick's Cathedral　第3章n 56
聖ピエトロ大聖堂　St. Peter's Dome　207
『正方形人間』　*Man the Square*　238
聖マルコ教会　St. Mark's Temple　第3章n 15
世界の軸　Axis mundi　206, 282
世界の七不思議　Seven Wonders of the World　76, 90, 100
　八番目の世界の不思議　The Eighth Wonder of the World　100
セットバック摩天楼　Set-back skyscraper　73, 83–84, 100, 103, 110, 156–59, 266
セントポール教会　St. Paul Curch　233–34
セントポール大聖堂(寺院)　St. Paul Cathedral　17
セントポール・ビル　St. Paul Building　214
装飾　Ornament　46–47, 226, 238
ゾーニング法　→ニューヨーク・ゾーニング法
ソロモン神殿　Solomon's Temple　34, 60–61, 73, 76, 100–03, 107

タ

大恐慌　The Great Crash　72, 136, 146–150, 172
大聖堂　Cathedral　109–51
　映画の大聖堂　The Cathedral of Motion Pictures　110–12, 144
　学問の大聖堂　The Cathedral of Learning　132–37
　商業の大聖堂　The Cathedral of Commerce　110, 116–18, 144
『ターシャム・オルガヌム』　*Tertium Organum*　239
タマニーホール　Tammany Hall　182
『タワーリング・インフェルノ』　*Towering Inferno*　102
『地下世界』　*Mundus Subterraneus*　72, 92
知識の城　Castle of Knowledge　第3章n 52
『中西部の建築家と施工者』　*The Inland Architect and Builder*　100, 160, 172, 175
超越主義　Transcendentalism　25, 122, 134, 231
『ツァラトゥストラはこう語った』　→『こうツァラツストラは語った』
『ティマイオス』　*Timaeus*　第5章n 35
鉄骨造の高層ビル　Steel-framed tall building　19, 160, 224, 240
デミウルゴス　Demiurge　162, 229–231, 243
電信　Telegraph　171
電話　Telephone　171, 179
『投影装飾』　*Projective Ornament*　238–39, 242
塔の街　Urbs Turrita　70–72, 92–93, 96
徳の館　House of Virtue　134
『都市、その成長、衰退、未来』　*The City, Its Growth, Its Decay, Its Future*　276
「都市の冠」　'Die Stadtkrone'　65–66
都市のグリッド　Urban grid　154, 160, 162, 178
土地投機　Land-gambling　171–80, 223
トーテム　Totems　72
トランスアメリカ・ビル　The Transamerica Building　102, 105
トリニティ教会　Trinity Church　21–22, 138–39, 第3章n 56, n 57
トリニティ・ビル　Trinity Building　158

ナ

ニッカーボッカー族　Knickerbocker Tribe　68, 115
ニューヨーク・イヴニングニュース・ビル　The New York Evening News Building　268
『ニューヨーク建築スケッチブック』　*The New York Sketch-Book of Architecture*　184–86, 190

コンヴォケーション・アンド・オフィスビル　Convocation and Office Building　138–42, 264

サ

サマリテーヌ百貨店　La Samaritaine Department Store　48
サン・ジミニアーノ　San Gimignano　30–31, 177
サン・タワー　The Sun Tower　208
サント・シャペル　La Sainte-Chapelle　142
サンフランシスコ大地震　The San Francisco Earthquake　第2章n69
サンリス大聖堂　Senlis Cathedral　269
CIAM(近代建築国際会議)　36, 227
シカゴ環状線　The Chicago-Loop　142, 160, 174
シカゴ建築の百年　100 Jahre Architektur in Chicago　13
シカゴ建築連盟　Architectural League of Chicago　264
シカゴ証券取引所ビル　Chicago Stock Exchange Building　224, 234
シカゴ・テンプル　Chicago Temple　141–43
シカゴ・トリビューン設計競技(1922)　Chicago Tribune Tower Competition　36–54, 59, 143, 250–52, 256, 260, 263, 269
シカゴ・トリビューン・ビル　Chicago Tribune Building　33, 35, 224
『シカゴ派建築』　→『摩天楼の興隆』
シカゴ万国博覧会1893　Chicago World's Columbian Exhibition 1893　43–45, 88, 第3章n28
シカゴ・レイクフロント計画(1923)　Chicago Lake Front Plan　62–64
ジグラット　Ziggurat　20, 73, 83–86, 91, 100–01, 206, 250
シーグラム・ビル　Seagram Building　14
時代の新秩序　Novus Ordo Seculorum　94–95
シティコープ・ビル　Citicorp Building　71–72
収益型ビル　Revenue Type Building　140
ジュウェラーズ・ビル　Jeweler's Building　142
シュトラスブルク大聖堂　Strasbourg Cathedral　256
消滅する都市　Vanishing City　43–44
鐘楼(ジョットの)　Camapanile, Giotto's　212–13
女性キリスト教禁酒同盟　Woman's Christian Temperance Union　115
ジョン・ハンコック・センター　John Hancock Center　第5章n94
シンガー・ビル　Singer Building　193, 214, 221–22, 第2章n20, 第5章n16
『シンガービル建設史』　*History of the Singer Building Construction*　222
『新世界の建築』　*The New World Architecture*　36, 237
神智学　Theosophy　238–39, 242
真の摩天楼　True skyscraper　16, 56, 60–64, 188, 240, 第5章n89
新バビロン　The New Babylon　82
新聞街　Newspaper Row　22, 183, 197
新聞社街　Printing House Square　181–83
『水源』(『摩天楼』)　*The Fountainhead*　17, 序章n15, 第3章n28
スエズ運河　The Suez Canal　90
スカイチャペル(チャーチ)　Sky-chapel　142–43, 150, 第3章n65
スカイライン　Skyline　64, 66, 110, 136–47, 155, 163–66, 177, 200, 218, 222, 254, 260
『スカイラインを変える』　*Chainging the Skyline*　161–62
ステップバック摩天楼　→セットバック摩天楼
ストックホルム市庁舎　Stockholm Town Hall　第4章n100

sodes from an Unwritten History 239
カーソン・ピリー・スコット百貨店 45–52, 259
『褐色の時代』 *The Brown Decades* 44, 223, 237
カーテンウォール Curtain wall 16
カーバ神殿 The Ka'aba 18
『観念の自伝』 *The Autobiography of an Idea* 44–45, 229, 232, 250
機械館 Galerie des Machines 110
「機械によるアーツ・アンド・クラフト」 'The Art and Craft of the Machine' 25
擬人的建築 Anthropomorphic architecture 128, 131
貴族の塔 Torre Gentilizie 178, 第 4 章 n 100
ギャランティ・ビル Guaranty (Prudential) Building 224, 233–36, 240, 244, 256
驚異の都市 The Wonder City 93
『キングのニューヨーク案内』 *King's Views of New York* 22–23, 96, 164
『キングのニューヨーク便覧』 *King's Handbook of New York City* 183
『金枝篇』 *The Golden Bough* 97
『キンダーガーデン・チャット』 *The Kindergarten Chats* 229, 238, 240, 242
『空間・時間・建築』 *Space, Time and Architecture* 44, 237
空中庭園 Hanging Garden 76, 82–84, 第 4 章 n 75
クライスラー・ビル Chrysler Building 150, 218, 246–47, 254, 276–82
グランドテトン山脈 The Grand Tetons 33
クランブルック芸術学院 Cranbrook Academy of Art 270–79
グレイバー・ビル Graybar Building 第 2 章 n 20
グレート・サークル Great Circle 88–89, 96, 99, 第 1 章 n 10,
「芸術的な価値をもつ高層オフィスビル」 'The Tall Office Building Artistically Considered' 226–28, 231–36, 252
ゲージグループ(ビル) The Gage Group 51, 254–55
ケルン大聖堂 The Cologne Cathedral 222
元型 Architype 21, 32, 64, 80, 99, 202, 第 2 章 n 3
『建築、神秘主義、神話』 *Architecture, Mysticism and Myth* 20, 97
『建築装飾の体系』 *A System of Architectural Ornament* 228, 231, 243
『建築と民主主義』 *Architecture and Democracy* 242
『建築に関する六つの講義録』 *Six Lectures on Architecture* 242
『建築の意味』 *The Meaning of Architecture* 248, 254
『建築物語：ラムセスからロックフェラーまで』 *The Story of Architecture : From Ramses to Rockefeller* 172, 238
『高次空間入門』 *A Primer of Higher Space* 238, 242
『こうツァラツストラは語った』 *Thus Spoke Zarathustra* 106, 206
凍れる音楽 Frozen music 243–45, 254
『凍れる噴水』 *Frozen fountain* 239–50
『ゴシック建築の原理』 *Principles of Gothic Architecture* 256
ゴシック大聖堂 Gothic cathedral 98, 116, 136, 256, 258, 第 4 章 n 75, 第 5 章 n 103
ゴシック摩天楼 Gothic skyscraper 14, 254
コニーアイランド Coney Island 第 2 章 n 24
コペンハーゲン市庁舎 Copenhagen Town Hall 第 4 章 n 100
コール・ビル Call Building 200, 203
コロンブス万国博覧会 →シカゴ万国博覧会

事項索引

［n○○は原注番号］

ア

アーヴィング・トラスト・ビル　Irving Trust Building　139
『明日のメトロポリス』 *The Metropolis of Tomorrow*　82, 150–51, 250, 266
アメリカ共和国の歴史的モニュメント　The Historical Monument of American Republic　95–96
『アメリカ現代建築の起源』 *Roots of Contemporary American Architecture*　238
『アメリカのメトロポリス』 *The American Metropolis*　184, 202, 208
アメリカン・シュアティ・ビル　The American Surety Building　224
『アメリカン・シーン』 *The American Scene*　127, 192
アメリカ・トラクト協会ビル　The American Tract Society Building　209–10
アララト山　Mount Ararat　20, 33, 35
RCA ビルと噴水　R. C. A. Building and Fountain　246, 268, 271
アール・デコ摩天楼　Art deco skyscrapers　268, 272
アール・ヌーヴォー　Art Nouveau　48–50
ヴィシュヌ　Visnu　102
ヴィラ・ボルゲーゼ　Villa Borghese　250
ウェインライト・ビル　Wainwright Building　224, 234, 256
ウェスタンユニオン・ビル　Western Union Building　72, 173–74, 序章 n 11, 第 4 章 n 53, n 87
ウェストストリート・ビル　West Street Building　14, 240–41
ウェストミンスター寺院　Westminster Abbey　17
ウェズリー教会　Wesley Church　148
ヴェネチアの鐘楼　Campanile of Venice　17
ヴェルサイユ　Versailles　125
ウォードルフ＝アストリア・ホテル　Waldorf-Astoria Hotel　218, 246, 249
ウォール街 40　Wall Street 40　→マンハッタン銀行ビル
宇宙山　Cosmic mountain　80, 84, 206, 212
宇宙創造　Cosmogony　20–21, 28, 33, 54–56, 73, 81,104, 282
『美しい必然』 *The Beautiful Necessity*　242–43
ウーマンズ・テンプル　The Woman's Temple　115–17, 第 3 章 n 11
ウールワース・ビル　The Woolworth Building　14, 37–39, 117, 124, 130–33, 144–47, 254, 第 2 章 n 20, 第 5 章 n 16, n 48
永劫回帰　L'éternel retour　33, 56, 68, 94, 99, 第 2 章 n＊
エクイタブル・ビル　Equitable Building　72, 157, 序章 n 11, 第 4 章 n 27
エコール・デ・ボザール　The Ecole des Beaux-Arts　第 5 章 n 140
エジプト　Egypt　32, 64, 100
エッフェル塔　Eiffel Tower　195–96, 202, 221, 278, 第 3 章 n 58, 第 4 章 n 120
エデン　Eden　20–21, 42
エルサレム神殿　→ソロモン神殿
エレベーター　Elevator　73, 142, 175, 227–28, 234, 序章 n 11
エンパイアステート・ビル　Empire State Building　100–01, 126, 146, 161, 218, 245–46, 254
億万長者街　Millionaires' Row　123
オベリスク　Obelisk　128, 第 5 章 n 48

カ

『書かれざる歴史のエピソード』 *Epi-*

レンベルク＝ホルム Lönberg-Holm, Knut 53–54, 143
ロウ Rowe, Colin 42
ロース Loos, Adolf 224
ロート＆ヤマサキ Roth & Yamasaki 第5章n 94
ロバートソン Robertson, R. H. 200, 210–11, 214

ワ

ワシントン Washington, George 128
ワーズワース Wordsworth, William 256
ワトソン Watson, J. B. 58

224
ボック Bok, Edward 120
ボッサム Bossom, Alfred C. 236
ホフマン Hoffman, Donald 179
ホメロス Homer 15
ホラバード Holabird, William 18
ホラバード&ローチ Holabird & Roche 14, 51, 141–42, 254–55
ポール Paul, Sherman 25
ボルヘス Borges, Jorge Luis 第2章n*, n 53
ホルム Holm, Lilian 274, 279
ホロウィッツ Horowitz, Louis J. 116–18, 123–26, 158
ホワイトウェイ Whiteway, W. T. 203
ポンド Pond, Irving K. 33, 66, 238, 248, 254–55

マ

マコーミック McCormick, Colonel 190, 256, 第4章n 92
マーシャル Marshall, W. G. 184
マッキム, ミード&ホワイト McKim, Mead & White 66–67, 184
マーティン Martin, John 60, 104, 107
マーデン Marden, Orison Swett 119
マーフィ&アソシエイツ Murphy & Associates 14
マンフォード Mumford, Lewis 12–13, 44, 59, 223, 237–38
ミケランジェロ Michelangelo 200
ミケルセン Mikkelsen, Michael A. 182
ミース・ファン・デル・ローエ Mies van der Rohe, L. 14
ミテッリ Mitelli, Giuseppe Maria 31
ミネ Mine, Richard Yoshijiro 37–38
ミュンスターベルク Münsterberg, Hugo 220
ミルトン Milton, John 93
ムジカ Mujica, Francisco 33
ムニヒュイセン Munnichuysen, J. van 84
メノカル Menocal, Narcisco 9, 25, 229–30, 243
メンゲルソン Mengelson, Charles F. 183
メンデルスゾーン Mendelssohn, Felix 123
モス Moss, Frank 184, 202, 208
モース Moos, Stanislaus von 10
モーティマー Mortimer, George T. 158
モリソン Morrison, Hugh 238
モルガン Morgan, J. P. 27
モーロワ Maurois, André 30

ヤ

ユーゴー Hugo, Victor 127
ユレ Huret, Jules 30
ユング Jung, Carl Gustav 96, 第2章n 10

ラ

ライト Wright, Frank Lloyd 25, 40, 43, 119, 122, 237–38, 256, 274
ラスキン Ruskin, John 98, 127, 256
ラング Lang, Fritz 250
ランド Rand, Ayn 17
ランプレヒト Lamprecht, Karl 30, 177
リスト Liszt, Franz 123
リチャードソン Richardson, Henry Hobson 184, 189–90
リード Reid, James M. 203
リード Reid, Whitelaw 186
リパ Ripa, Cesare 128
ルジエ Rousiers, Paul de 30, 113–15
ルックス Lux, Joseph August 74, 序章n 14
ルート Root, John Welborn 18, 117, 243
ルドゥー Ledoux, Claude-Nicolas 66, 第4章n 104
ルートレッジ&サンズ Routledge, George & Sons 242
ルブラン LeBrun, Napoleon, & Sons, architects 第3章n 15
レサビー Lethaby, William 20, 97
レレス Lairesse, Gerard de 84–87
レン Wren, Christopher 80

ヒュブナー男爵 Hübner, Baron de 170
ピュリッツァー Pulitzer, Joseph 192, 198–206, 216, 第3章n15
ヒル Hill, Jim 127
ファジオロ Fagiolo, Marcello 76
フィッシャー・フォン・エルラッハ Fischer von Erlach, Johann Bernhard 30, 65–66, 75–78, 102
フィラレーテ Filarete →アヴェルリーノ
フィールド Field, Cyrus 165
フィレモン Philemon 206
フェリス Feriss, Hugh 33, 82–83, 100–03, 107, 138, 146, 150–51, 167, 176, 250–53, 264–67
フォーシャイ Forshay, Wilbur 128–29
フォスター Foster, Norman 第1章n75
フォード Ford, Ford Madox 7,
ブース Booth, George C. 270, 第4章n110
フッド Hood, Raymond 59, 268–69, 271
フッド&ハウェルズ Hood & Howells 38–41, 52–56, 260, 268
フラー Fuller, Margaret 217
ブライス Bryce, James 114, 119, 167
プライス Price, Chester B. 64
プライス Price, Bruce 208, 224
ブラグドン Bragdon, Claude Fayette 24–25, 33, 66, 154, 208, 218, 225, 229, 237–56, 266–68, 276, 第5章n69
フラッグ Flagg, Ernest 193, 221
ブラック Black, Harry 127
フラッド Fludd, Robert 136
プラトン Plato 15, 99
ブランクーシ Brancusi, Constantin 121
フランクル Frankl, Paul 43
フリードリッヒ Friedrich, Caspar David 250
ブルゲ Bourget, Paul 28, 40, 218
ブルックス Brooks, Peter 179
ブーレー Boullée, Etienne-Louis 66, 94
フレイザー Frazer, James 20, 97
フレミング Fleming, Ethel 254
フレンチ&アイヴズ French, Fred & Ives, Douglas H. 84–85
ブローデル Braudel, Fernand 34
ブロムフィールド Blomfield, Reginald 98
ヘイスティングス Hastings, Thomas 242
ベイリー Bailey, Vernon Howe 218
ペヴスナー Pevsner, Nikolaus 13–14, 42, 45
ヘーゲル Hegel, G. W. F. 70, 230–32, 236, 248
ベートーヴェン Beethoven, Ludwig van 123
ベーネ Behne, Adolf 66
ペリ Pelli, Cesar 70
ベルグソン Bergson, Henri 33, 243, 276
ペルツィッヒ Poelzig, Hans 266–67
ヘルムール Helmle, Frank 60–61, 100–03, 107
ヘルメス・トリスメギストス Hermes Trismegistos 243
ベルラーヘ Berlage, Hendrik Petrus 30, 43, 50,–51, 266
ペレー Perret, Jacques 94, 134–37, 210
ペレイラ&アソシエイツ Pereira, William & Associates 102–05
ベーレント Behrendt, Walter Curt 36, 44–50, 59
ペロー Perrault, Claude 102
ベローリ Bellori, Giovanni Pietro 76
ペン Penn, William 99–100, 180
ベントン Benton, Tomas Hart 88
ホイジンハ Huizinga, Johan 58
ホイッタカー Whitaker, Charles Harris 171–72, 180, 238
ホイッティヤー Whittier, John G. 260
ホイットマン Whitman, Walt 89–90, 99, 153, 176, 239
ポオ Poe, Edgar Allen 66, 115–16
ホガース Hogarth, William 第5章n88
ポスト Post, George Browne 19, 24, 174, 184, 188, 198, 200, 211, 214,

スコット Scott, Geoffrey 238
スコット・フィッツジェラルド Scott Fitzgerald, F. 163
スタークウェザー Starkweather, N. G. 174–75
スターリング Stirling, James 121
スタレット Starrett, Colonel William A. 7, 16–19, 104, 132, 146, 196
スタレット Starrett, Paul 126, 161
ステッドマン Steadman, Philip 229
スフォルツァ Sforza, Francesco 192
スペンサー Spencer, Herbert 6, 177, 197, 230
スミス Smith, George F. 186
セヴァランス Severance, H. Craig 278–80
ゼードルマイヤー Sedlmayer, Hans 98
ゾラ Zora, Emile 第3章 n 13
ソロー Thoreau, Henry David 239

タ

ダーウィン Darwin, Charles 197–99
タウト Taut, Bruno 40, 65–66, 94
ダナ Dana, Charles 220
ターナー Turner, Frederick J. 88, 94
タフーリ Tafuri, Manfredo 101
ダリ Dali, Salvador 32
チェニー Cheney, Sheldon 36, 59, 237, 266
デイ Day, Samuel Philips 99
デッカー Decker, C. 79, 81, 84
デューイ Dewey, John 58
デュポン Du Pont, Coleman 158
デュラン Durand, J. N. L. 96
トゥラク Turak, Theodore 174
トクヴィル Toqueville, Alexis de 114, 119
ドラキュラ伯爵 Dracula, Count 124
トールマッジ Tallmadge, Thomas Eddy 13, 28, 53–60, 160, 174, 262

ナ

ナポレオン Napoleon 124–32, 194, 202
ニーチェ Nietzsche, Friedrich 106, 206, 243
ニッカーボッカー，ディートリッヒ → アーヴィング
ニムロデ Nemrod 64, 86
ネイスト Nast, Thomas 68–69
ネブカドネザル Nebchadnezzar 200–02
ネモ船長 Nemo, Captain 124

ハ

ハウェルズ Howells, John Mead 217, 236, 268–69
バウキス Baucis 206
バウマン Bowman, John G. 134–36
バークマイア Birkmire, William 169, 210
バークリー Berkeley, George 89–90, 126, 128
バシュラール Bachelard, Gaston 194, 197, 206
ハースト Hearst, William Randolph 164, 192, 200, 第4章 n 93
パーセル Purcell, William Gray 51
バッハ Bach, J. S. 15
バーナム Burnham, Daniel H. 18, 51
バーナム&ルート Burnham & Root 14, 50, 115
パノフスキー Panofsky, Erwin 第1章 n 16, 第2章 n 3
バーバー Barber, Donn 146
ハムリン Hamlin, Talbot 13
パーラー Parler, Peter 130, 133
パラディオ Palladio, Andrea 15, 94, 97
ハリマン Harriman, Edward H. 127
パルミジアニーノ2世 Parmigianino，II 150
ハント Hunt, Richard Morris 184–90, 211
バンハム Banham, Reyner 序章 n 30, 第5章 n 28
ピカソ Picasso, Pablo 121
ビーチャー Beecher, Henry Ward 186
ヒッチコック Hitchcock, henry-Russell 13, 36, 44
ピット Pitt, William 120

グッドヒュー Goodhue, Bertram Grosvenor 138–40, 264–66
クノップフ Knopf, Alfred A. 242
クラウダー Klauder, Charles Z. 134–35
クラーク Clarke, James Freeman 258
グラハム Graham, Ernest R. 157
グラハム Graham, Charles 164
クラム Cram, Ralph Adams 137–38, 242
クリスティナ女王 Christina, Queen 66, 第2章n3
グリーナフ Greenough, Horatio 193
グリーリー Greeley, Horace 167, 183–90, 第4章n93
クルフト Kruft, Hanno-Walter 25
クレー Klee, Paul 121
グレゴリオス（ナジアンサスの） Gregory of Nazianzus 76
クローデル Claudel, Paul 206
グロピウス Gropius, W. 40–42, 45
ケストラー Koestler, Arthur 121
ケック&ケック Keck & Kwck, architects 268, 272
ゲーテ Goethe, J. W. von 220, 243–44, 256
ケルクナー Kelchner, John Wesley 60, 100–03, 107
ケンドール Kendall, Edward 174
コナント Conant, William C. 90
コーベット Corbett, Harvey Wiley 33, 60–61, 100–01, 107, 159, 167
ゴーラー Gorer, Geoffrey 122
コール Cole, Thomas 89, 126
ゴールズウェイト Goldthwaite, Richard A. 178
コールドウェイ Koldewey, Robert 78
ゴールドバーガー Goldberger, Paul 14–15, 19
コールハース Koolhaas, Rem 8, 167
コルビュジエ Corbusier, Le 32, 36, 110, 132, 168
コンディット Condit, Carl W. 13, 19, 143, 237
ゴンブリッチ Gombrich, Ernst 28

サ

サイモンズ Simmons, Walter 104
サリヴァン Sullivan, Louis H. 14, 24–25, 42–52, 66, 122, 184, 194, 224–56, 259, 262–63, 276
サーリネン Saarinen, Eliel 40, 54–64, 225, 250–52, 260–76
サーリネン Saarinen, Pipsan 274
サルトル Sartre, J. P. 20
サンタヤナ Santayana, George 119
シェイクスピア Shakespeare, William 15
ジェイムズ James, William 58
ジェイムズ James, Henry 21, 127, 192
ジェニー Jenney, William LeBaron 18, 42, 56, 100, 174
ジェファーソン Jefferson, Thomas 94
シェリング Schelling, Friedrich W. J. 230, 244, 第5章n103
シャンプロニエール Champronnière, Lucas De 98–99
シュイラー Schuyler, Montgomery 13, 114–15, 161, 164, 173, 192, 222–25, 240, 256
シュリーヴ,ラム&ハーモン Shreve, Lamb & Harmon 146
ジュルダン Jourdain, Frantz 48
シュルツ Shultz, Earle 104
シュルツ&ウィーヴァー Schultze & Weaver 249
シュレーゲル Schlegel, Friedrich 244–45, 256
ジョセフィーヌ皇后 Josephine, Empress 125
ジョット Giotto 212–213
ショーペンハウアー Schopenhauer, Arthur 230, 243
スウェイルズ Swales, Francis S. 62–66, 177
スウェデンボルグ Swedenborg, Emanuel 230, 243–44
スキッドモア,オウィングス&メリル（S.O.M.） Skidmore, Owings & Merrill 14, 第5章n94

人名（設計事務所名）索引

［n○○は原注番号］

ア

アインシュタイン Einstein, A. 243
アーヴィング（ディートリッヒ・ニッカーボッカー） Irving, Washington 33, 68, 81–82, 96
アヴェルリーノ（フィラレーテ） Averlino, Antonio 94, 134–36
アウグスティヌス Augustine, St. 82
アウト Oud, J. J. P. 52–54, 143
アダムス Adams, Thomas 154
アップジョン Upjohn, Richard 184
アトウッド Atwood, Charles 43–44, 165
アドラー＆サリヴァン Adler & Sullivan 14
アーリー Early, James 256
アリストテレス Aristotle 224, 232
アルチュセール Althusser, Louis 34
アルベルティ Alberti, Leon Battista 192
アルベルトゥス・マグヌス Albertus Magnus 98
アンドリュース Andrews, Wayne 188
アンペール Ampère, A. A. 30
ヴァーグナー Wagner, Richard 123
ヴァン・アレン Van Alen, William 247, 278, 281
ヴィオレ＝ル＝デュク Violet-le-Duc, E. E 第2章n 50, n 56
ヴィーコ Vico, Giambattista 序章n 21
ウィトルウィウス Vitruvius 15
ヴィリャルパンダ Villalpando, Juan Bautista 102
ウィンクラー Winkler, John K. 123
ヴェブレン Veblen, Thorstein 220
ヴェルヌ Verne, Jules 68
ヴォー Vaux, Calvert 184
ウォレス Wallace, Horace B. 258
ウスペンスキー Ouspensky, P. D. 239, 243
ヴールヒース, グメリン＆ウォーカー Voorhees, Gmelin & Walker 146
ウールワース Woolworth, Frank W. 116–18, 123–32, 200, 202
エイドリッツ Eidlitz, Cyrus 212–13
エイドリッツ Eidlitz, Leopold 127, 230–31
エッジェル Edgell, G. H. 237
エッフェル Effel, Gustave 195–96, 202
エフルッシ Eprhrussi, Elizabeth 58
エマーソン Emerson, Ralph Waldo 122, 166, 181, 186, 232, 239, 258, 276
エリアーデ Eliade, Mircea 21, 33, 177, 194, 202
エルマン Hermant, Jacques 170
エルムスリー Elmslie, George 50
オテンドーファー Ottendorfer, Oswald 182
オーヘンリー O'Henry, John 73

カ

カドモス王 Cadmus, King 200
カーネギー Carnegie, Andrew C. 119–20, 122, 220
ガーフィールド大統領 Garfield, President 122
カーフット Kerfoot, William D. 258
カーライル Carlyle, Thomas 166
カレル＆ヘイスティングス Carère & Hastings 210
ギーディオン Giedion, Sigfried 13, 15, 36, 40–54, 59, 143, 218–20, 226, 237
キプリング Kipling, Rudyard 119
キャディ Cady, Josiah Cleaveland 184–90, 200
キャドマン Cadman, Parkes 116–18
キリスト Christ 132, 142–43
ギルバート Gilbert, Cass 14, 38, 73, 116–18, 130–33, 240–41, 254, 第4章n 25
キルヒャー Kircher, Athanasius 30, 66–72, 80–86, 92–94, 104, 117
キング King, Moses 22–23, 96, 164, 183

訳者あとがき

三宅理一

今を去ること四半世紀、時代はまだ米ソ対立の構図の中にあり、世界はきれいなまでに東西の陣営に分けられていて、そのため地図上には地政学的な意味で微妙な境目が走っていた。アメリカとソ連という二大国が世界を二分していたわけである。それが一九九〇年を迎えるころになると状況は一変する。ジャパンマネーが台頭しヨーロッパが急速な追い上げをはかり、それに相対するようにアメリカの凋落が喧伝され、東側の社会主義陣営は内部崩壊で一気に消え去ってしまった。ヨーロッパというより古い勢力の巻き返しと日本という新興勢力の登場によって、世界がより分極化の方向に進んでいくかのように見えたのである。ところが、それからわずか一五年ほどで世界の構図は再び大きく変わった。ひところの予想に反してアメリカはスーパーパワーへと変貌し、強大な軍事力と情報産業に支えられた経済を後ろ盾として地球上に君臨するようになった。まさにアメリカひとり勝ちの時代なのである。その反動とでもいうのだろうか、9・11同時多発テロに代表される空前の規模のテロリズムがアメリカを標的に勃発し、安定した世界秩序に真っ向から挑戦する有象無象の勢力がじわじわと浸透して、来るべき未来に暗雲がたちこめるようになった。古代のスーパーパワーたるローマ帝国の再読が盛んなのもうなずける所以《ゆえん》である。

確かに、アメリカの存在は過去一世紀にわたって決定的な意味をもつようになってきている。第一次世界大戦が終わった後に、戦火に見舞われなかったアメリカが世界の経済の鍵を握るようになり、アメリカの存在が世界史を決定的に動かすようになった。特に第二次世界大戦後の国際世界では晴れの舞台は常にアメリカが主導権をとっていたといっても過言ではない。東西冷戦が叫ばれていたころ、アメリカの大都市といえば、そこかしこに超高層ビルが林立し、片側六車線のハイウェイが縦横に走り抜ける、まさに資本主義の富の産物そのものというイメージを伝えていた。逆に、ソ連に代表される東側陣営の町は、画一的で精度の悪いビルが建ち並び都市の魅力に欠けるということで世界中からそっぽを向かれ、さらに棚にほとんど商品が置かれていない貧弱な店舗の存在がそのイメージにだめ押しを与えていた。アメリカは自由主義の賜物であり、資本の力を指し示し、世界から頭脳と資本を集める約束の土地であったのだ。資本の力は超高層ビルに集約され、人と富と情報を高い密度で詰め込んだそれらの器がまさに世界を制覇する道具立てとなったわけである。

漢字圏では、超高層ビルのことを伝統的に「摩天楼」と呼ぶ。この「摩天楼」という語が我国でアメリカを表す代名詞のように使われるようになったのは、昭和の始め、一九三〇年代に入ったころからである。第一次大戦の前からニューヨークやシカゴといった大都市では、中心街に一〇〇メートルを越える建造物が続々と建ち始め、街のスカイラインがみるみる高くなっていった。そうしたアメリカの都市を遠くから眺めていた極東の人間が、畏怖の気持ちをこめて「摩天楼」という中国起源の用語を使い始めるようになったとしてもおかしくはない。「摩天」とは上空に向かって聳《そび》え立つ様をさしており、天に向かってそそり立つ絶壁を摩天崖、頂上を摩天嶺と呼んでいたが、二〇世紀に入って英語のスカイスクレーパーを「摩天楼」、観覧車(フェリス・ウィール)を「摩天輪」と訳出するに到る。そのころ、まだ無声映画時代の我国の映画に、「摩天楼」というタイトルが散見されるようになり、いち早く高層ビルを建て始めた香港や上海の都市イメージが、大衆的な文脈の中でやや扇情的な響きをもって迎え入れられた。第二次大戦後の一九四九年に封切られたゲーリー・クーパー主演の映画『摩天楼』は、一連の摩天楼ブームに決定的な影響を与えた。もっともこの映画の原題は『ファウンテンヘッド(水源)』で、日本での興行用に日本人受けするタイトルに変更したようだ。

この「摩天楼」の原語たる「スカイスクレーパー」は、文字通り、空をつんざくものという意味をこめており、キリスト教圏の伝統では神の警告を無視して天高く築き上げられたバベルの塔のニュアンスを含み込んでいる。本書の狙いはまさにそのあたりの意味の構造を掘り下げるところにあって、アメリカという新天地にあって聖書的なモチーフを内包した超高層建築の建設を広く文明論的に読み取ろうとするものである。本書の原題は『*The Skyward Trend of Thought : Metaphysics of the American Skyscraper*』つまり『天空志向：アメリカの摩天楼の形而上学』となっていて、アメリカの超高層ビルに文字通り摩天（天空志向）の思想を読み取ろうとする著者トーマス・ファン・レーウェンの意志が働いている。一般にアメリカ最初の摩天楼は、建築家ウィリアム・ルバロン・ジェニーによるシカゴのホーム生命保険会社ビル（1885）とされ、その後二〇世紀を迎えるころに、ダニエル・バーナムやキャス・ギルバートといったヒロイックな建築家がシカゴやニューヨークで超高層ビルに挑むようになる。特に後者によるウールワース・ビル（1913）は、ゴシック風のデザインをまといニューヨークのダウンタウンに神々しくそびえたつ「商業の大聖堂」と形容されたほどだ。このころにはニューヨークやシカゴの都市ガイドに摩天楼の記述が欠かせないようになり、すでにヨーロッパとは異なった都市の景観がアメリカの売り物となる。さらに、第一次大戦後の一九二〇年代後半になると、企業家たちがこぞって超高層ビルを建てるようになり、当時世界最高の建造物であったパリのエッフェル塔を越える建築を求めてその高さを競うのである。ニューヨークの名物たるクライスラー・ビル（1930）やエンパイアステート・ビル（1931）はまさにこの時代の摩天楼競争の産物である。

こうした摩天楼の建設は、アメリカが世界の覇権を競うようになる時期に開始されている。だからこそ、アメリカという文明を知ろうとすればこの摩天楼に触れざるをえない。そもそもアメリカとは何かという問いに対して、本書では冒頭に「旧体制のヨーロッパにおいては受け入れがたいすべてのもののイデオロギー的反映」とややシニカルな口調で記されている。実際、建国から今日に到るアメリカの歴史は、ヨーロッパ人が数千年にわたって観念の中で思い描いてきたもろもろの理想形を一気に実現していった観があり、その意味でヨーロッパからはじき出されたもの、実現しようとして果たせなかったもの、異端とされたものの一切合財が詰め込まれた国であるといってもよい。ピルグリム・ファーザーズの移住に始まり、古代ギリシア人の掲げたデモクラシーの理想を憲法に入れ込み、フリーメーソン思想に端を発する「ピラミッドと神の眼」を一ドル札紙幣に刷り込み、約束の地「大西部」へとエクソドスをはかり、ヘレニズム的な都市概念である「メトロポリス」を近代都市に置き換えてバビロニア風のジグラット（塔）で埋め、豊かな資源と地勢に将来の帝国を夢見たエンパイアステート（ニューヨーク州の別称）の理想を超高層に託す、といった一連の行為が、アメリカであって初めて可能であったということだ。

著者が発している、なぜシカゴのような大平原上の都市に超高層を建てねばならなかったかという問いは、本質的である。いくらでも土地があり、土地造成を可能にする高度の土木技術がありながら、初期の企業家たちは狭い土地の中での超高層にこだわった。結局は不動産投機のメカニズムが中心部への集中をもたらすにしても、その背後の心理や経済原理を知るにはアメリカ資本主義の構造をより深く掘り下げなければならない。都市計画家や行政の思い描く均一に発展する近代都市のモデルはここでは有効ではなく、必然的に「空間がありあまるがゆえに都心が過密化するという格言めいた矛盾」をもたらすことになる。つまり、「合衆国では土地は売られるために存在し、グリッドはその土地を手ごろな値段で誰でも買えるように切り分ける便利な手段だった」わけで、建国の精神だったデモクラシーにもとづく平等主義は、資本家のビジネス・チャンスに対する機会の提供へと姿を変えていく。次から次に登場する新興のビジネスマンに機会の均等性と競争の正当性を保証し、その結果として「商業活動の中心に打ち込まれた…自由貿易、自由主義《レセ・フェール》競争、競争などの原理を表すためのモデル」が成立した。

建築の成立をこのように不動産や社会システムの分析に加えて企業や経済現象の深層構造に立ち入って導き出す見方は従来の建築史や都市史にはありえなかった。技術論では捉えることのできないメタ心理を手がかりに、アメリカ大都市の表象たる摩天楼という建築類型を対象にしつつ、都市基盤という裾野を視野に入れて文明論的な語り口で論を展開する。本書の著者ファン・レーウェンは、オランダ人でライデン大学の教授を務めているが、一九七〇年代から八〇年代のアメリカに渡り、徹底したアメリカ研究を行った人物である。彼の視点には、ヨーロッパの中でも特異な文明を育んだオランダ（ネーデルランド）の価値観が色濃く反映されており、アメリカというスーパーパワーに対する懐疑主義的な態度を貫きながら二〇世紀文明のあり方に対して鋭い視線を投げかけている。アメリカに渡ったピルグリム・ファーザーズたちを保護し、ニューヨークの前身のニュー・アムステルダムを建設し、キルヒャーに代表されるバベルの塔の思想を生み、王制下のアンシャン・レジームにおいてヨーロッパの自由思想の避難場所となり、さらには近代に入ってモンドリアンやファン・ドゥースブルフの抽象絵画を成立させ、フランク・ロイド・ライトの有機体思想を全世界に紹介し、近年ではレム・コールハースという稀代の建築家を生み出した、徹底して自由で、なおかつビジネスには執拗な関心を寄せるオランダの風土が、本書の随所に見え隠れしているのである。

本文を読めばわかるように、筆者の博覧強記には眼を見張らされる。摩天楼の背後に神話の構造を見てとり、フレイザー、エリアーデ、ブローデルと宗教学や歴史学をめぐる言説を渉猟する。「世界の七不思議」をキーワードとしてバロックの建築家フィッシャー・フォン・エルラッハから二〇世紀の画家ヒュー・フェリスに到る「驚異の建築」の系譜を整理して、二〇世紀のバビロンの原点を探り当てようとする。さらには進化論の観点から摩天楼に着目したイギリスの哲学者ハーバート・スペンサーからシンボルの構造をめぐるエルンスト・ゴンブリッジの言説に到る精神史の流れを検証する。とりわけ著者がアメリカ滞在中に収集した文献は大量に及び、図書館の稀覯本から市井の絵葉書やパンフレットの類までを徹底的に集め、整理をしている。実際、ニューヨークやシカゴの古書店からかき集めた無名の資料が本書の下敷きとなったことは間違いない。一般に受け入れられているトールマッジ、マンフォード、ヒッチコックと流れるアメリカの建築史家の系譜に疑問を挟み、クロード・ブラグドンのように忘れ去られていた歴史家を発掘し、チャールズ・ハリス・ホイッタカーといったマイナーな批評家を引用する。あえて主流ではないところに摩天楼を解く秘密を嗅ぎ取り、いったんヨーロッパのロジックに引き寄せてそこから別個の論理を構築しようとする意欲は見上げたものである。同国人のコールハースとは関心を共有し、彼が摩天楼が密集するニューヨークに記号的な意味作用を見てとって『錯乱のニューヨーク』と題した著書を世に問うたのに対して、ファン・レーウェンはその歴史のメタフィジックスを展開するわけである。

本書がMITプレスから刊行されたのは一九八八年ですでに二〇年近くも前のことである。まさに米ソの構造が崩れ、新たな世界の秩序が生まれようとしていた時代であった。翻訳を始めたのが一九九五年であり、それから一〇年余りを経てようやく日本語版の刊行に到ったが、摩天楼の世界はむしろ本書が指し示していた方向に向かって加速され、本書の内容がますます新鮮なものに見えるようになったのは、偶然とはいえ、感慨無量である。我国の大都市事情も本書が提起する内容に近くなってきた。

翻訳は、木下壽子君がまず基本訳をつくり、その後、難解で回りくどい言い回しのある本文をめぐって議論を交わしながら文章をアップグレードしていった。そのため予想をはるかに上回る時間がかかってしまったが、その分、内容的には詰めることができた。また、本文と同量の註釈の訳出にあたっては、慶應義塾大学大学院生（博士課程）の澤田和華子君、鈴木環君、柘植雅美君の力を借りた。この場を借りてお礼申し上げたい。また、結果的に世紀をまたがって進められることになった翻訳作業の遅れを辛抱強くお待ちいただいた工作舎の十川治江氏には、心より感謝の意を表したい。

●著訳者紹介

トーマス・ファン・レーウェン　Thomas van Leeuwen　1941–

ライデン大学教授として、長年にわたり建築史・文化史・芸術批評を講ずる。一九七一年にアメリカに渡り、ドキュメンタリーフィルムの制作スタッフやコロンビア大学の客員教授、ワシントンDCのナショナルギャラリー研究員などを歴任。アメリカ建築史のみならずヨーロッパ精神史全般にわたる該博な知識とジャンルにとらわれない軽快なフットワークにより多彩な活動を展開。著書は本書のほかに、『池の中の飛込台―プールの詳細な歴史』(1998)がある。空、水に続いて、地、火、および運動も加えた五部作を構想している。

三宅理一　Riichi Miyake　1948–

一九七二年、東京大学工学部建築学科卒業。七五年よりフランス政府給費留学生としてエコール・デ・ボザール、パリ=ソルボンヌ大学に留学。七九年卒業。芝浦工業大学教授、リエージュ大学客員教授を経て九九年より慶應義塾大学大学院政策メディア研究科教授。専門は、建築史、地域計画、デザイン理論で、文明論的な視点から世界各地で文化振興、遺産保護、地域振興等のプログラムを手がける。ルーマニア、中国での世界遺産保護、フィンランドのアートガーデン計画などを実施する一方、ポンピドーセンターやドイツ建築博物館、ヴィトラ・デザイン・ミュージアム等で共同展示企画を実現。著書に、『世紀末建築』全六巻(講談社 1984)、『エピキュリアンたちの首都』(学藝書林 1989)、『次世代街区への提案』(鹿島出版会 1998)、『文化をつむぎ文化をつくる』(鹿島出版会 2004)など。

木下壽子　Toshiko Kinoshita　1969–

一九九三年、日本女子大学家政学部住居学科卒業。芝浦工業大学大学院修士課程修了後、英国に留学。九六年、ロンドン大学大学院修士課程を修了後、ロータリー財団国際親善奨学生としてグラスゴー大学マッキントッシュ建築学校で研究を行う。東京理科大学非常勤講師などを経て、現在、東京大学大学院工学系研究科松村研究室博士課程に在籍。研究、執筆、翻訳活動のかたわら、(株)アビターレ代表取締役として、集合住宅の企画・管理事業も推進。編著書『20世紀のモダン・ハウス：理想の実現』(エー・アンド・ユー 2000)。

摩天楼とアメリカの欲望

発行日――――二〇〇六年九月一一日
著者――――トーマス・ファン・レーウェン
翻訳――――三宅理一+木下壽子
エディトリアル・デザイン――宮城安総+松川祐子
印刷・製本――――株式会社新栄堂
発行者――――十川治江
発行――――工作舎　editorial corporation for human becoming
〒104–0052　東京都中央区月島1–14–7–4F
phone: 03–3533–7051　fax: 03–3533–7054
URL: http://www.kousakusha.co.jp
e-mail:saturn@kousakusha.co.jp
ISBN4–87502–397–9

空間に恋して

◆象設計集団＝編著
神と人の交信の場「アサギ」テラスを設けた名護市庁舎、台湾の冬山河親水公園、十勝の氷上ワークショップなど、象設計集団の場所づくり三三年の軌跡の集大成。
●B5変型●512頁●定価　本体4800円＋税

茶室とインテリア

◆内田　繁
靴を脱ぎ、床に座る日本人。その身体感覚を活かす空間デザインとは？　日本を代表するインテリア・デザイナーが、伝統的な日本のデザインを通じ、暮らしの将来を描き出す。
●A5変型上製●152頁●定価　本体1800円＋税

東京オペラシティ物語

◆LOK＝編
新国立劇場、ICCなどの文化施設、高層オフィスビル、ショッピング街から成る「劇場都市」東京オペラシティ。その構想・空間・事業の全貌を明かす。武満徹語録を特別収録。
●四六判上製●192頁●定価　本体1900円＋税

ジオメトリック・アート

◆カスパー・シュワーベ＋石黒敦彦　土肥博至＝監　杉浦康平＝編・造本
黄金比、万華鏡、フラーの「ジタバッグ」など幾何学から生まれたデザイン、アート、建築の不思議なかたちが集うビジュアル・ブック。神戸芸工大レクチャーシリーズ最新刊。
●A4変型●230頁オールカラー●定価　本体3900円＋税

ホロン革命

◆アーサー・ケストラー　田中三彦＋吉岡佳子＝訳
スターリニズムとナチズムの暗黒を体験した著者が、組織と個人、部分と全体、全体主義と還元主義の矛盾を超えるべく提示した画期的コンセプト〈ホロン〉。現代になお示唆的な一書。
●四六判上製●496頁●定価　本体2800円＋税

夢の場所・夢の建築

◆吉武泰水　杉浦康平＝造本
なぜ夢には自分が育った場所がよく現われるのか。二五年間にわたってとり続けた自らの夢の記録をもとに、建築計画学の第一人者が、夢に現われる場所／建築の考察に取り組む。
●A5変型上製●200頁●定価　本体2500円＋税

クリストファー・アレグザンダー
◆スティーブン・グラボー　吉田 朗+長塚正美+辰野智子=訳
「パタン・ランゲージ」「センタリング・プロセス」など重要なコンセプトを提出、建築パラダイムの再構築をはかるアレグザンダー。現代思想界にも衝撃を与える傑作評伝。
●A5判上製●368頁●定価　本体3689円+税

夢の消費革命
◆ロザリンド・H・ウィリアムズ　吉田典子+田村真理=訳
一九世紀末のパリに出現したデパートは《消費の快楽》を大衆にもたらした。ダンディズム、アール・ヌーボー、消費者協同組合の構想などが芽生えた世紀末ムーヴメントを追う。
●A5判上製●416頁●定価　本体4800円+税

迷宮
◆ヤン・ピーパー　和泉雅人=監訳　佐藤恵子+加藤健司=訳
クノーソスの迷宮神話は都市の隠喩である。これを始点に、祝祭行列、地震都市など建築・都市計画の中に見出される「迷宮的なるもの」という元型観念の変容を解読する。
●A5判上製●436頁●定価　本体4200円+税

記憶術と書物
◆メアリー・カラザース　別宮貞徳=監訳
記憶力がもっとも重視された中世ヨーロッパでは、数々の記憶術が生み出され、書物は記憶のための道具にすぎなかった!　F・イエイツの『記憶術』を超え、書物の意味を問う名著。
●A5判上製●540頁●定価　本体8000円+税

キルヒャーの世界図鑑
◆ジョスリン・ゴドウィン　川島昭夫=訳
中国文明エジプト起源説、地下世界論、暗号論、作曲コンピュータや幻燈器の発明など、ルネサンス最大の幻想的科学者の奇怪で膨大な業績を、140点余のオリジナル図版で紹介。
●A5判上製●318頁●定価　本体2900円+税

森の記憶
◆ロバート・P・ハリスン　金 利光=訳
森を切り開くことから文明は始まった。ヴィーコの言葉に導かれて、古代神話、中世騎士物語、グリム童話からソローの森まで、西欧文学に描かれた「森」の意味をたどる。
●A5判上製●376頁●定価　本体3800円+税